Travaux
d'Humanisme et Renaissance

N° CCCLXVIII

Isidore Silver (1970)
Washington University Olin Library, Special Collections
Photo Herb Weitman

RONSARD
FIGURE DE LA VARIÉTÉ

En mémoire d'Isidore Silver

Textes réunis et présentés par
Colette H. Winn

Ouvrage publié
avec le concours de la Faculté des Lettres et des Sciences
de l'Université de Washington à Saint Louis.

LIBRAIRIE DROZ S.A.
11, rue Massot
GENÈVE
2002

Etudes Ronsardiennes, VIII

Etudes Ronsardiennes déjà parues

I.   *Ronsard en son IVe centenaire*. Actes du Colloque international Pierre de Ronsard organisé sous la présidence de Henri Weber (Paris-Tours, septembre 1985). Tome I: *Ronsard hier et aujourd'hui*. Etudes réunies par Yvonne Bellenger, Jean Céard et Daniel Ménager. 1988, 236 p.; (Travaux d'Humanisme et Renaissance, 230)

II. *Ronsard en son IVe centenaire*. Actes du Colloque international Pierre de Ronsard organisé sous la présidence de Henri Weber (Paris-Tours, septembre 1985). Tome II: *L'art de la poésie*. Etudes réunies par Yvonne Bellenger, Jean Céard et Daniel Ménager, 1989, 248 p., 2 pl.; (Travaux d'Humanisme et Renaissance, 232)

III. Doranne Fenoaltea, *Du palais au jardin. L'architecture des* Odes *de Ronsard*. 1990, 184 p., 9 ill.; (Travaux d'Humanisme et Renaissance, 241)

IV. Olivier Pot, *Inspiration et mélancolie. L'épistémologique poétique dans les* Amours *de Ronsard*. 1990, 500 p.; (Travaux d'Humanisme et Renaissance, 240)

V.   Denis Bjaï, *La Franciade sur le métier: Ronsard et la pratique du poème héroïque*. 2001, 512 p.; ISBN: 2-600-00495-5 (Travaux d'Humanisme et Renaissance, 350)

VI. Jean-Eudes Girot, *Pindare avant Ronsard. De l'émergence du grec à la publication des* Quatre premiers livres des Odes *de Ronsard*. 2001, 8-496 p.; ISBN: 2-600-00617-6 (Travaux d'Humanisme et Renaissance, 355)

VII. Anne-Pascale Pouey-Mounou, *L'imaginaire cosmologique de Ronsard*. 2001, 864 p.; ISBN: 2-600-00618-4 (Travaux d'Humanisme et Renaissance, 357)

www.droz.org

ISBN: 2-600-00801-2
ISSN: 0082-6081

IN MEMORIAM

BIOGRAPHICAL NOTE

Our friend, Isidore Silver, passed away in January 1999. In October of that year, we gathered for the first Isidore Silver Memorial Lecture, delivered by Philip Ford, of Clare College, University of Cambridge. This commemorative volume provides me with the opportunity to expand briefly on the remarks that I made at that time.

Iz, as we knew him, was born in New York City in 1907. His baccalaureate degree came in 1929 from the City College of New York, intellectual incubator of so many outstanding young Jewish men who were, in those days, denied admission to the more prestigious and expensive major universities. Those were difficult times, and after graduating he taught in city high schools for several years, before starting his graduate studies at Columbia University. He earned his doctorate there in 1938, with a dissertation on "The Pindaric Odes of Ronsard."

Iz had a gift for languages. During his undergraduate years, he had taught himself Greek, feeling that this would be needed for his later work. During the war he learned Japanese, when he was with the U.S. Army Signal Corps, as a civilian research analyst, working on a French-Japanese dictionary.

After the war, Iz held faculty positions at Brown University (1945-1948) and the University of Connecticut (1949-1957), with interludes in France where he held a Guggenheim Fellowship (in 1948-1949) and a Fulbright Scholarship (1955-1956). During his 1949 visit he continued his intensive study of the works of Pierre de Ronsard, including supervising the microfilming of the first editions of Ronsard in the Bibliotèque Nationale, for the Library of Congress.

The preparation of the critical edition of Ronsard's works was a giant project that had been started by the great French scholar, Paul Laumonier, later assisted by Raymond Lebègue. At Laumonier's death in 1949, the project was incomplete. However, during the period 1945-1950, Iz's numerous publications had so firmly established his position at the forefront of Ronsard scholars, that Mme Laumonier invited him to participate in the completion of what is now known as the Laumonier-Silver-Lebègue edition.

Washington University was fortunate to attract Iz to join our faculty in 1957 as Professor of Romance Languages. In 1968, he was named the first Rosa May Distinguished University Professor in the Humanities, a title he held until his retirement in 1975. On the occasion of his retirement, a special commemorative volume of French Renaissance Studies was produced. This was edited by Frieda Brown and contained papers on Ronsard as well as related studies of the French Renaissance.

After retirement, Iz's studies continued to receive recognition through a grant from the National Endowment for the Humanities for the completion of his last book.

The commanding nature of his contributions to French culture was twice recognized by the French Government. In 1975, he became the first American to be honored with the award of insignia of *Chevalier* of the National Order of the Legion of Honor and in 1985 he was designated as *Commandeur de l'Ordre des Palmes Académiques.*

Others are better qualified than I am to comment in more detail on his scholarship, but I would like to note here some more personal items. Major universities have many scholars of international repute. Their campus personae vary widely. In his quiet way, Iz very firmly expressed and held to his opinions, always meticulously developed. I first met Iz in the early 1960s, when we were on the local committee of the American Association of University Professors. Faculty can come under attack for their opinions or actions, and their protection is vital for independence of the academy. His standards for academic freedom were absolute.

Iz and Edith Schuman met through their interest in music, as members of the Bach Cantata Singers, and were married in 1943. My wife and I have rejoiced in their friendship for many years. Edith has now endowed this annual lecture, to bring to the campus major scholars in the area Iz so loved. In the coming years, these lectures will provide not only a personal memorial to Iz but also an annual reminder of the things that a great university represents—scholarly values and intellectual integrity.

Michael FRIEDLANDER
Professor of Physics
Washington University in Saint Louis

BIBLIOGRAPHIE SÉLECTIVE DES TRAVAUX PUBLIÉS

PAR ISIDORE SILVER

LIVRES

The Pindaric Odes of Ronsard, Paris, 1937.

Pierre de Ronsard, Œuvres complètes, édition critique avec une introduction et un commentaire par Paul Laumonier, et avec la collaboration de Raymond Lebègue, Paris, 1953-1957 (vol. XV) ; 1959-1960 (vol. XVII) ; 1967 (vol. XVIII).

Ronsard and the Hellenic Renaissance in France, vol. I, *Ronsard and the Greek Epic*, St. Louis, Washington University Press, 1961.

Les Œuvres de Pierre de Ronsard (texte de 1587), vol. I-VIII, St. Louis, Washington University Press ; Chicago, University of Chicago Press ; Paris, Librairie Marcel Didier, 1966-1970.

The Intellectual Evolution of Ronsard, vol. I, *The Formative Influences*, St. Louis, Washington University Press, 1969 ; vol. II, *Ronsard's General Theory of Poetry*, St. Louis, Washington University Press, 1973.

Pierre de Ronsard, Œuvres complètes, vol. XV, 2 ; XVII & XVIII, 1, revus et corrigés par I. Silver and R. Lebègue, Paris, Droz, 1914-1975.

Three Ronsard Studies, Genève, Droz, 1978.

Ronsard and the Hellenic Renaissance in France, Genève, Droz, 1981-1985.

ARTICLES

« Ronsard Imitator of Du Bellay », *Studies in Philology,* XXXVIII, 1941, pp. 165-87.

« Pindaric Parallelism in Du Bellay », *French Review,* XIV, 1941, pp. 461-72.

« Did Du Bellay know Pindar? », *PMLA,* LVI, 1941, pp. 1007-19.

« Ronsard and Du Bellay on their Pindaric Collaboration », *Romanic Review,* XXXIII, 1942, pp. 3-25.

« Du Bellay and Hellenic Poetry : A Cursory View », *PMLA,* LX, 1945, pp. 66-80 (« The Poet's Hellenizing Program and his Translations from Homer ») ; pp. 356-63 (« Allusions to, and Imitations of, the Non-Lyric Poets of Greece ») ; pp. 670-81 (« The Poet's Knowledge of the Theory and Methodology of the Greek Ode ») ; pp. 949-58 (« Imitations of the Greek Lyric Poets »).

The Paul Laumonier Collection of Ronsard Microfilms, Paris, 1949. (Library of Congress Z8757.23.S5)

« Ronsard Studies (1936-1950) », *Bibliothèque d'Humanisme et Renaissance,* XII, 1950, pp. 332-64.

« A Flame among the Fagots : Ronsard on his Education as a Hellenist », *Mélanges Chamard,* Paris, 1951, pp. 81-90.

« Bibliographical Checklist of Desiderata in French Literature for the Years 842 to 1700 », Storrs, CT, University of Connecticut, 1952.

« Differences between the Third and Fourth Collective Editions of Ronsard », *Bibliothèque d'Humanisme et Renaissance,* XV, 1953, pp. 92-104.

« Pierre de Ronsard : Panegyrist, Pensioner, and Satirist of the French Court », *Romanic Review,* XLV, 1954, pp. 89-108.

« Ronsard Comparatist Studies », *Comparative Literature,* VI, 1954, pp. 148-73.

« Ronsard in European Literature », *Bibliothèque d'Humanisme et Renaissance,* XVI, 1954, pp. 241-54.

« Ronsard's Use of the Greek Language », *Studies in Philology,* LII, 1955, pp. 433-62.

« Ronsard's Homeric Imagery », *Modern Language Quarterly,* XVI, 1955, pp. 344-59.

« The Birth of the Modern French Epic : Ronsard's Independence of Jean Lemaire's Homeric Historiography », *PMLA,* LXX, 1955, pp. 1118-32.

« Ronsard's Independence of the Salel-Jamyn Translation of Homer », *Bibliothèque d'Humanisme et Renaissance,* XVIII, 1956, pp. 37-45.

« Les études sur Ronsard aux États-Unis », *Bulletin de la Société Archéologique, Scientifique et Littéraire du Vendômois,* 1956, pp. 44-46.

« La prima fortuna di Omero nel Rinascimento francese », *Convivium,* XXIV, 1956, pp. 30-49, 560-78.

« Joachim Du Bellay », in A *Critical Bibliography of French Literature,* éd. D. C. Cabeen, Vol. Il, *The Sixteenth Century,* éd. A. H. Schutz, Syracuse, N.Y., Syracuse University Press, 1956, pp. 120-36.

« Aperçu sur l'étude de la langue française aux États-Unis », *Revue Universitaire,* LXVI, 1957, pp. 8-19.

« Ronsard e la religione omerica », *Studi Francesi,* 2, 1957, pp. 177-97.

« Deux points de vue sur Ronsard 'Aristarque de ses œuvres' », *Revue d'Histoire Littéraire de la France,* LVIII, 1958, pp. 1-15.

« Ronsard et les divinités célestes d'Homère », *Lettres d'Humanité, Bulletin de l'Association Guillaume Budé,* t. XVII, 4ᵉ. sér., nᵒ 4, 1958, pp. 93-106.

« La Renaissance française à Saint-Louis », *Technique-Art-Science,* nᵒ 129-30, juin-juillet 1959, pp. 15-35.

« Ronsard Studies (1951-1955) », *Bibliothèque d'Humanisme et Renaissance,* XXII, 1960, pp. 214-68.

« Ronsard débutant et la *Théogonie* d'Hésiode », *Revue d'Histoire Littéraire de la France,* LX, 1960, 153-64.

« Ronsard's Ethical Thought », *Bibliothèque d'Humanisme et Renaissance,* XXIV, 1962, pp. 88-117 & 339-74.

« Dionysiac Elements in the Poetry of Ronsard », *Romance Notes,* IV, n° 1, 1962, pp. 41-45.

Articles on Ronsard and the Pléiade, in *Collier's Encyclopedia, with Bibliography and Index*, éd. en chef Louis Shores, New York, Crowell-Collier Pub. Co., 1962.

« Humanism, the Conscience of the Renaissance », *Studi Francesi,* 17, 1962, pp. 201-07; *Washington University Magazine*, février 1963, pp. 27-30.

« Ronsard's Reflections on Cosmogony and Nature », *PMLA,* LXXIX, 1964, pp. 219-33.

« Archaism in Ronsard's Theory of a Poetic Vocabulary », in *French and Provençal Lexicography. Essays Presented to Honor Alexander H. Schutz*, Columbus, Ohio, 1964.

Articles sur le *coq-à-l'âne,* le *dizain,* le *fatras,* le *chante-fable,* le *blason* et sur Guillaume Crétin, in *Encyclopedia of Poetry and Poetics*, éd. A. Preminger, F. J. Warnke et O. B. Hardison, Princeton, Princeton University Press, 1965.

« Ronsard's Reflections on the Heavens and Time », *PMLA,* LXXX, 1965, pp. 344-64.

« The Formative Influences on Ronsard's Career as a Poet », *Studies in Philology,* LXIII, 1966, pp. 630-60.

« Marc-Antoine de Muret et Ronsard », in *Lumières de la Pléiade,* Neuvième Stage International d'Études Humanistes (Tours, 1965), Paris, J. Vrin, 1966, pp. 33-48.

« Pontus de Tyard, Scève, and Ronsard : Comments Suggested by the First Edition [by J. C. Lapp] of Tyard's *Œuvres poétiques complètes* », *Romance Philology,* XXI, 1968, pp. 601-05.

« Creative Imitation, Originality, and Tradition in Ronsard », in *Renaissance and Other Studies in Honor of William Leon Wiley*, éd. George Bernard Daniel, Jr., Chapel Hill, N. C., University of North Carolina Press, 1968, pp. 215-27.

« The Qualities and Conditions of the True Poet According to Ronsard », *Mélanges d'histoire littéraire (XVIe-XVIIe siècle) offerts à Raymond Lebègue par ses collègues, ses élèves et ses amis*, Paris, A. G. Nizet, 1969, pp. 83-90.

« Pierre de Ronsard, A Hellenic Teacher of France », *Washington University Magazine,* vol. 39, n° 2, Hiver 1969, pp. 11-17.

« Ronsard, the Theological Reaction, and the Creation of a National Poetic Language », *L'Esprit Créateur,* X, n° 2, 1970, pp. 95-103.

« Ronsard poète rusé », *Cahiers de l'Association Internationale des Études Françaises,* n° 22, mai 1970, pp. 41-52 ; & in *Homenaje a Sherman H. Eoff,* éd. José Schraibman, Madrid, Editorial Castalia, 1970, pp. 272-83.

« Ronsard's Theory of Allegory : The Antinomy between Myth and Truth », *Kentucky Romance Quarterly,* XVIII, 1971, pp. 363-407.

AVANT-PROPOS

> Mais sur tout on ne peut assez haut loüer la
> memoire du grand Ronsard [...] Il a en nostre
> langue representé uns Homere, Pindare, Theocrite,
> Virgile, Catulle, Horace, Petrarque, et par mesme
> moyen diversifié son style en autant de manieres
> qu'il luy a pleu, or d'un ton haut, ores moyen, ores
> bas.
>
> Estienne Pasquier,
> *Les recherches de la France*[1]

Le lecteur trouvera ici l'hommage collectif que plusieurs chercheurs
européens, américains et canadiens ont tenu à rendre à Isidore Silver, l'humaniste, le
ronsardisant — témoignage de leur estime, de leur fidélité et de leur respectueuse
affection. Ces contributions[2] prolongent, chacune à sa manière, les intérêts du
dédicataire pour la poésie française en son âge d'or, et en particulier pour celle de
Pierre de Ronsard, auquel Isidore Silver consacra lui-même d'importants travaux très
souvent mentionnés dans ces pages. Ce volume se place sous le signe de la variété,
variété des inspirations, des thèmes, des formes — un élément essentiel de la
poétique ronsardienne[3] —, variété des images que le poète a laissées de lui-même.
C'est en définitive la variété, propre à celui qui se plut à jouer tous les personnages,
qui constitue le trait dominant du grand poète Pierre de Ronsard.

---

[1]   *Les recherches de la France*, éd. Marie-Madeleine Fragonard et François Roudaut, 3 t., Paris,
      Champion, 1996, t. II, p. 1423.
[2]   Plusieurs de ces essais ont été présentés lors d'une journée d'études à la mémoire d'Isidore Silver,
      organisée à Washington University (Saint Louis) le 27 octobre 1999.
[3]   « La variété des inspirations », dit Daniel Ménager, « est un aspect essentiel de la théorie poétique
      de Ronsard. Elle engendre la diversité des recueils, peut-être aussi, à l'intérieur de ceux-ci, la
      diversité des pièces qui le composent ». Cf. « Ordre et variété dans les *Hymnes* mythologiques »,
      in *Les* Hymnes *de Ronsard*, Paris, Université de Paris VII, « Sciences des Textes et Documents »,
      Cahiers Textuel, 34-44, n° 1, 1985, p. 101.

I

· *Jamais ne voira-l'on, que Ronsard amoureux ?*
Joachim Du Bellay, *Regrets* (XXIII)[4]

De toutes les images associées au nom de Ronsard, « le chantre des Amours » est de loin la plus fréquente[5], même si, avec la publication des *Amours* en 1552, Ronsard n'arpentait pas un sentier nouveau. Maurice Scève le devançait d'une petite dizaine d'années avec sa *Delie* à la mode de l'amoureux florentin et de ses imitateurs du *quattrocento*. En 1549, Joachim Du Bellay inaugurait le recueil de sonnets pétrarquistes avec ses *Cinquante sonnetz à la louange de l'Olive*[6]. La même année, Pontus de Tyard lançait ses *Erreurs amoureuses*. Si Ronsard prévaut comme « chantre des Amours », c'est peut-être parce qu'il s'était construit une *persona* qui le différenciait nettement de ses prédécesseurs. En 1550, il se présente dans sa préface aux *Quatre premiers Livres des Odes*[7] en travailleur indépendant et prévient tout rapprochement qu'un lecteur mal informé pourrait faire entre lui et les « Poëtes François » :

> Tu jugeras incontinant, Lecteur, que je suis un vanteur, et glouton de louange : mais si tu veus entendre le vrai, je m'assure tant de ton accoustumée honnesteté, que non seulement tu me favoriseras, mais aussi quand tu liras quelques trais de mes vers, qui se pourroient trouver dans les œuvres d'autrui, inconsiderément tu ne me diras imitateur de leurs écris, car l'imitation des nostres m'est tant odieuse (d'autant que la langue est encores en son enfance) que pour cette raison je me suis éloigné d'eus, prenant stile apart, sens apart, euvre apart, ne desirant avoir rien de commun avecq' une si monstrueuse erreur[8].

---

[4] *Les antiquitez de Rome et les regrets*, avec une introduction de E. Droz, Genève, Droz; Paris, Minard, 1960, p. 52.

[5] Jadis comme aujourd'hui. C'est encore « le chantre des Amours » qui fait l'objet des cinquièmes Journées du Centre Jacques de Laprade (voir les actes *Pierre de Ronsard. À propos des Amours*, sous la dir. de James Dauphiné, Évelyne Berriot-Salvadore et Paul Mironneau, Biarritz, Atlantica, 1997) et qui en 2001 est au programme d'agrégation.

[6] Estienne Pasquier rend hommage au mérite de Du Bellay pour avoir le premier apporté l'usage du sonnet (*Les recherches de la France*, t. II, Livre VII, ch. vi, p. 1415). C'est aussi Du Bellay qui avec ses *Regrets* (1558) élargit l'inspiration du recueil de sonnets.

[7] L'ode, sans porter ce nom, existait depuis longtemps. Le terme même se trouve avant Ronsard chez J. Lemaire, B. Aneau, J. Martin et bien d'autres.

[8] « Au lecteur », *Les quatre premiers Livres des Odes de Pierre de Ronsard, Vandomois* ([1550] pièce définitivement retranchée en 1553), in Pierre de Ronsard, *Œuvres complètes*, éd. Jean Céard, Daniel Ménager et Michel Simonin, 2 vol., Paris, Gallimard, Coll. La Pléiade, 1993, vol. I, p. 995 (désignée ci-après par *Céard et al.*). Toutes les citations proviennent de cette édition.

Un an auparavant, son ami et condisciple, Joachim Du Bellay, affichait le plus complet mépris pour les poètes des Puys :

> me laisse toutes ces vieilles poësies Françoyses aux Jeuz Floraux de Thoulouze et au Puy de Rouan : comme rondeaux, ballades, vyrelaiz, chantz royaulx, chansons, et autres telles episseries, qui corrumpent le goust de nostre Langue, et ne servent si non à porter temoingnaige de notre ignorance[9].

Gérard Defaux traite ici de la poésie mariale née des Puys de Rouen dont Maurice Scève est tout nourri. Bien qu'il ne concerne pas spécifiquement Ronsard, le premier essai de la première partie donne à réfléchir sur les résistances (bien injustifiées) que rencontrent auprès de la Pléiade les « Poëtes François ».

Le second essai par Jerry C. Nash considère l'apport de Pétrarque, dont s'inspire Ronsard pour élaborer une poétique, voire une thérapeutique « *per angusta ad augusta* », qui donne aux poèmes d'amour leur tour propre. Enfin le dernier essai interroge la manière dont Ronsard cherche à renouveler le langage amoureux pour qu'il s'adapte à ses personnages de femmes. La question, déjà posée par Daniel Ménager[10], est rouverte ici par Cathy Yandell qui compare l'« Elegie pour une dame enamourée d'une autre dame » de Pontus de Tyard (1573) à la fameuse élégie de 1565 (« Pour vous monstrer que j'ay parfaite envie », in *Elegies, Mascarades et Bergerie*), dont Tyard s'est probablement inspiré.

II

Promeine-toy dans les pleines Attiques,
Fay nouveaux mots, rappelle les antiques,
Voy les Romains et destiné du ciel,
Desrobe ainsi que les mouches à miel
Leurs belles fleurs par les Charites peintes.
Ronsard, « Caprice au seigneur Simon Nicolas »[11]

La deuxième partie évoque le Ronsard restaurateur des Classiques et reprend des questions essentielles : la manière dont le poète se perçoit en référence aux modèles anciens, la question d'« innutrition », le processus d'appropriation et de transfiguration dont procède la réécriture des mythes. François Rigolot attire notre attention sur la conception de l'imitation (« progressiste » ou « méliorative ») que Ronsard

---

9   Cf. *La Deffence et Illustration de la langue françoyse*, éd. Henri Chamard, Paris, Librairie Marcel Didier, 1970, pp. 107-09.

10   « L'amour au féminin », in *Sur des vers de Ronsard, 1585-1985*. Actes du colloque international, éd. Marcel Tetel, Paris, Aux amateurs de livres, 1990, pp. 105-16.

11   *Céard et al.*, t. II, p. 1148.

adopte très probablement de son ami Peletier du Mans. Si Ronsard reconnaît sa dette envers Virgile, il compte bien se faire l'égal, sinon le supérieur du grand poète romain.

Philip Ford se propose de chercher dans l'expérience de Ronsard lecteur la source de son écriture, non seulement les auteurs anciens qu'il cite et dont il s'inspire, mais aussi les commentaires érudits dont il a tiré profit. Examinant la représentation d'Ulysse dans la poésie de Ronsard à la lumière du *Mythologicum* de Jean Dorat[12], il rappelle l'importance qu'a pu avoir dans la formation intellectuelle du poète la fréquentation du grand helléniste. Le troisième essai par Ann Moss met en lumière la valeur psychologique, voire la dimension « personnelle » du mythe. L'intérêt manifesté par le Ronsard des années 1563-1569 pour les figures ambivalentes n'est en réalité que le reflet et le symptôme de la crise d'identité que traverse le poète et peut-être aussi une manière de revendiquer « l'honneste liberté ».

La mise en jeu des mythes classiques permet d'apprécier le génie créateur de Ronsard. La même démarche créatrice s'observe au niveau du langage. Une des préoccupations majeures de Ronsard au cours de sa carrière fut en effet de régénérer le vocabulaire de son temps, qu'il jugeait pauvre et insuffisant. Dans la préface posthume de la *Franciade*, il invite les poètes à « inventer des vocables nouveaux », « remettre en usage les antiques vocables », « choisir les mots les plus preignants & significatifs, non seulement dudit langage, mais de toutes les Provinces de France », « provigner, amender & cultiver »[13]. Russon Wooldridge recense les citations contenues dans plusieurs dictionnaires entre 1564 et 1611. Leur fréquence et leur diversité attestent la grande autorité de Ronsard en matière de créativité poétique et lexicale.

---

[12] Ce manuscrit qui contient les notes des cours de Dorat sur l'interprétation des mythes homériques (c. 1560), a été découvert par Paul Oskar Kristeller et récemment édité par Philip Ford: Jean Dorat, *Mythologicum ou interprétation allégorique de l'Odyssée X-XII et de l'Hymne à Aphrodite*, texte introduit, traduit et annoté par Philip Ford, Genève, Droz, 2000.

[13] *Céard et al.*, t. I, pp. 1174-75. Voir à ce sujet Colette Demaizière, « Quelques avatars de la création lexicale dans la *Franciade* », in *Mélanges de poétique et d'histoire littéraire du XVIe siècle*, textes recueillis et publiés par Jean Balsamo, Paris, Champion, 1994, pp. 69-85.

III

Si d'un cœur liberal tu m'invites chez toy,
Ton Palais me voirra menant avecque moy
Les maistres des Chansons Phebus et Calliope,
Pour te celebrer Roy le plus grand de l'Europe.
Ronsard, « Hynne de Henry deuxiesme de ce nom roy de France »[14]

La troisième partie ressuscite la figure du « Ronsard des Palais », celle du courtisan habile, du poète de l'actualité moderne. Grâce aux études très stimulantes parues ces dernières années sur « Ronsard poète engagé »[15], de nouvelles questions peuvent être explorées : quelle part Ronsard, devenu poète officiel, prit-il dans les grands débats intellectuels de son temps, dans la polémique politico-religieuse ? Quelles relations entretient-il avec les grandes figures du monde culturel et politique ? Quel rôle l'actualité (littéraire, politique) joue-t-elle dans sa poésie et, dans une perspective plus large, quelle est la fonction sociale et politique de l'art ?

À partir d'un passage du *Discours des miseres de ce temps* (1562) et de plusieurs traités parus à la même époque (le *Discours du temps, de l'an et de ses parties* de Pontus de Tyard [1556], *De l'institution des heures canoniques* de Viret [1564]), Max Engammare s'interroge sur les réflexions que suscite au seizième siècle la notion de temps. De son analyse il ressort que le temps tel que le conçoivent Ronsard et Pontus de Tyard — temps marqué par le loisir lettré (*otium literatum*) et le plaisir — contraste radicalement avec le temps utile que prônent alors Viret, Calvin et Ribit. L'essai suivant traite des discours philosophiques prononcés à l'Académie du Palais. Ronsard, à l'encontre des autres *académiques*, proclamait la supériorité des vertus morales sur les vertus intellectuelles. Yvonne Bellenger s'interroge sur le sens de ce discours. On a cru qu'il s'agissait d'« une bravade de circonstance visant le concurrent Desportes »; elle montre ici qu'il s'agit d'une critique adressée au roi Henri III pour son goût excessif, en période de troubles, pour les vertus « contemplatives ». Cynthia Skenazi étudie les implications esthétiques et politiques de la *dispositio* dans une séquence de poèmes consacrés à la paix, puis dans quinze odes pindariques du premier livre des *Odes* (1560-1587). Cette analyse lui permet d'éclairer l'idée que Ronsard se fait de son rôle de conseiller et *poëte du roi* et de l'efficacité de son art à ramener l'ordre et la paix en France.

Restituant les discours politiques dans leur contexte historique et culturel, Hervé Campangne met l'accent sur les nombreuses affinités qui les lient aux « genres du tragique » qui fleurissent dans le dernier tiers du seizième siècle: la nouvelle historico-littéraire pratiquée par Boaistuau et Poissenot et la nouvelle tragique

---

[14]   *Céard et al.*, t. II, p. 470.
[15]   Voir entre autres *Ronsard et Montaigne, écrivains engagés ?*, éd. Michel Dassonville, Lexington, Kentucky, French Forum Publishers, 1985, en particulier les études de Jean Céard, François Rigolot et Michel Simonin.

d'actualité colportée par les canardiers, qui deviendra un outil de propagande sous la plume des écrivains catholiques et protestants. Le dernier article par Sylvie Davidson examine la manière dont Ronsard traite l'actualité des années 1561-1563 sous le règne tumultueux de Catherine de Médicis, en rapprochant la production de cette époque (le *Discours des miseres de ce temps* et sa suite et l'*Institution de Charles IX*) de celle méconnue de Nicolas Houel, savant humaniste et émule du Vendômois.

IV

De quele fleur vint le miel de tes vers ?   Mais sur tout on ne peut assez
Montre le moy, qui te prise, et honnore.   haut loüer la memoire du
Joachim Du Bellay, L'Olive[16]   grand Ronsard. [...]
                                              Car quant à tous les Poëtes qui ont écrit
                                              en leurs vulgaires, il n'a point son pareil.
                                              **Estienne Pasquier, Les recherches de la France,
                                              Livre VII, ch. vi**[17]

La quatrième partie fait revivre le chef de brigade, le Prince des Poètes français, le Ronsard qui fascina son siècle[18]. Son objet est double: 1. évaluer la nature et la portée de l'influence ronsardienne en examinant un large éventail d'opinions, de réactions à l'homme et à l'œuvre ; 2. faire découvrir ou redécouvrir ceux de l'entourage de Ronsard, simples relations ou vieux amis, disciples ou admirateurs lointains, trop longtemps éclipsés par l'ombre du grand Vendômois.

---

[16]   In *Poésies françaises et latines de Joachim Du Bellay* avec notice et notes par E. Courbet, 2 t., Paris, Librairie Garnier Frères, 1918, t. I, p. 68.
[17]   *Les recherches de la France*, t. II, p. 1423.
[18]   Ses contemporains l'admirèrent même s'il se vante parfois d'avoir appris aux autres à faire des vers ou s'il revendique un peu trop hautement le rôle inaugural qui fut le sien : « Mais quand tu m'appelleras le premier auteur Lirique François, et celui qui a guidé les autres au chemin de si honneste labeur, lors tu me rendras ce que tu me dois » (*Les quatre premiers Livres des Odes*, « Au Lecteur », in *Céard et al.*, t. I, p. 994).

> Tu ne le peux nyer : car de ma plenitude
> Vous estes tous remplis, je suis seul vostre estude,
> Vous estes tous yssus de la grandeur de moy,
> Vous estes mes sujets, je suis seul vostre loy.
> Vous estes mes ruisseaux, je suis vostre fonteine,
> Et plus vous m'espuisez, plus ma fertile veine
> Repoussant le sablon, jette une source d'eaux
> D'un surgeon eternel pour vous autres ruisseaux.
> (*Response de Pierre de Ronsard aux injures et calomnies de je ne sçay quels Predicantereaux et Ministreaux de Genéve*, in *Céard et al.*, t. II, p. 1066)

Du Bellay et Ronsard furent compagnons d'études, amis et rivaux. Ils eurent le même maître, ils partagèrent les mêmes idées, ils professèrent la même doctrine, ils s'encouragèrent l'un l'autre à exceller. Marie-Dominique Legrand nous invite à suivre dans l'œuvre de Du Bellay les traces « moins d'une relation amicale parfois tumultueuse, que celle d'une *réception* d'un grand poète sous la plume d'un autre grand poète ». Il était bien normal que Pontus de Tyard, ami de Ronsard, occupât ici une place de choix. Il fut annexé à la Brigade et reçut plusieurs hommages de Ronsard même s'il ne partageait pas l'opinion de celui-ci sur les « Poëtes François »[19]. Jean-Claude Carron s'occupe du *Solitaire premier* afin de montrer les interférences entre littéralité et référentialité et l'importance accordée dans l'édition de 1587 (parue sous le titre de *Discours philosophiques*) au *dialogue* au détriment du *discours*. Autre membre tardif de la Brigade, Guillaume Des Autelz[20]. À la lumière des textes consacrés ou adressés à Ronsard par Des Autelz, Daniel Martin examine l'attitude changeante du poète charolais à l'égard du maître vendômois. Certes, l'admiration que lui portait Des Autelz n'était pas sans ambiguïté mais lorsque les deux poètes se trouvèrent engagés dans la défense d'une même cause, il se créa entre eux une empathie, voire un véritable « esprit de corps ».

Ronsard était lu dans la France entière, son influence, très vivace dans toutes les provinces, suscita partout des échos. Les Languedociens lui firent d'abord un accueil chaleureux, au concours des Jeux Floraux ils lui décernèrent « la fleur de l'Églantine », mais lorsque parut son *Hercule chrestien,* leur attitude changea radicalement[21]. Je décris l'attitude mitigée de la toulousaine Gabrielle de Coignard pour qui le nom de Ronsard évoque tout ce qui est divin sur terre (la poésie savante, inspirée) mais, en même temps, les multiples dangers qui éloignent l'homme de Dieu : l'amour profane, la poésie mondaine, les honneurs bien vains de ce monde.

---

[19] Dans son *Chant en faveur de quelques excellens poëtes de ce tems*, Tyard met sur un plan d'égalité les Marotiques, les Lyonnais et les poètes de la Pléiade. Il se pose en général en disciple de Maurice Scève.

[20] Cf. « Je voy Thiar, des Autels, et Belleau [...] » (*Les Isles Fortunees*, in *Céard et al.,* t. II, p. 781).

[21] Sur Ronsard à Toulouse, voir Georges Fabre, « Toulouse ronsardisante » et « suite », *L'Auta*, n° 460 & 461, 1980, pp. 237-56 & 260-67 ; Georges Soubeille, « Le secret de Pierre Paschal », *Revue de Comminges*, n° 107, 1992, pp. 13-14.

V

Je ne veux sur mon front la couronne attacher
D'un Laurier de jardins bien facile à chercher,
Il faut que je le trouve au plus haut d'une roche
À grimper mal-aisée où personne n'approche :
Je veux avec travail brusquement y monter,
M'esgrafignant les mains avant que l'apporter [...]
Pierre de Ronsard, *Hynne de l'Hyver*,
« A Monsieur de Bourdin, Seigneur de Villennes »[22]

La dernière partie fait resurgir une image chère à Ronsard lui-même, celle du poète au travail (et toutes celles qui se sont greffées sur elle comme « le jardinier à son ante », « l'Aristarque de ses Livres »[23], l'architecte soigneux)[24]. Tout au long de sa carrière et surtout à partir des années 60, date où devait paraître la première édition collective, Ronsard ne cesse de revenir sur ce qu'il a écrit, que ce soit pour corriger, épurer son langage, compléter ou rectifier pour exprimer toujours mieux sa pensée[25], ou encore réorchestrer les recueils antérieurs et les refondre en un ensemble monumental capable d'assurer la survie de l'œuvre[26]. Si le poète s'impose un travail considérable, c'est en partie à cause de l'évolution du goût mais c'est aussi et surtout à cause de sa propre évolution en tant que poète et de sa conception de l'art. Les deux premiers essais nous invitent à suivre l'évolution de sa pensée théorique. S'efforçant de dégager l'idée que se fait Ronsard de l'épitaphe — un genre pour lequel il manifesta une véritable prédilection —, Claudine Jomphe examine les propos théoriques disséminés dans diverses pièces (l'*Hymne au Cardinal de Lorraine* publiée dans les *Œuvres* posthumes de 1587, la préface posthume à la *Franciade* [1587]), puis la manière dont Ronsard pratique l'épitaphe dans son poème héroïque afin de voir l'écart qui existe entre les deux. L'étude du recueil d'épitaphes

---

[22]   *Céard et al.,* t. II, p. 570.

[23]   *Les recherches de la France*, t. II, Livre VII, ch. vi, p. 1425.

[24]   Voir François Rouget, « Ronsard en protée : le poète et ses doubles (Orphée, Protée, l'abeille et le jardinier) », in *Les figures du poète. Pierre de Ronsard*, Paris, Université Paris X-Nanterre, *Littérales*, n° 26, 2000, surtout pp. 149-55. Cet ouvrage est désigné ci-après par *Figures*.

[25]   Louis Terreaux a montré l'énorme travail que Ronsard investit dans ses *Odes* et les deux premiers livres des *Amours*. Cf. *Ronsard correcteur de ses œuvres, les variantes des Odes et des deux premiers livres des Amours*, Genève, Droz, 1968.

[26]   Cet aspect de l'œuvre ronsardienne a reçu des interprétations diverses. Voir entre autres Terence Cave, *Cornucopie. Figures de l'abondance au XVIe siècle*, 1979, trad. française par G. Morel, Paris, Éditions Macula, 1997; Michel Simonin, « Ronsard et la poétique des Œuvres », in *Ronsard en son IVe centenaire*, 2 vol., Genève, Droz, 1989, vol. I, pp. 47-89 (désigné ci-après par *Centenaire*) ; Doranne Fenoaltea, *Du palais au jardin. L'« architecture » des Odes de Ronsard*, Genève, Droz, 1990 ; Michel Jeanneret, *Perpetuum Mobile. Métamorphoses des corps et des œuvres, de Vinci à Montaigne*, Paris, Éditions Macula, 1997.

de 1567[27] vient compléter sa réflexion. Après avoir déterminé la part de l'héritage classique, Roberto Campo s'arrête sur les transformations apportées par Ronsard et met au jour le souci, prévalent à cette époque, de démontrer la suprématie de la poésie sur les arts plastiques. Enfin François Rouget retrace l'histoire de l'édition collective de 1578. L'examen attentif des révisions effectuées par Ronsard, des ajouts, des omissions lui permet d'éclairer le travail minutieux auquel le poète s'est livré ainsi que « le principe de mouvance et d'inachèvement » propre à l'esthétique ronsardienne.

* * *

Au terme de cette présentation, j'adresse une pensée à Madame Edith Schuman Silver, décédée à Saint Louis le 27 décembre 2001. Désormais, grâce à sa générosité, Washington University pourra bénéficier d'une conférence annuelle sur la Renaissance, dédiée à la mémoire d'Isidore Silver. En outre, un fonds important contenant des documents précieux (lettres de Silver et de divers correspondants, témoignages d'amitié, préparations de cours, comptes rendus de livres, notes sur des travaux en préparation, etc.) a été mis à la disposition du public.

Je souhaite aussi dire ma gratitude aux nombreux collègues et amis qui ont participé à la journée d'études consacrée à Isidore Silver et, tout particulièrement, à Cynthia Skenazi qui m'a fait l'amitié de relire cette présentation. Que soient enfin remerciées Nina Davis, chef du département de langues et de littératures romanes, qui a contribué à la réalisation de la journée commémorative et à celle de ce volume, et Christine Hitchcock qui m'a assistée dans la dactylographie.

Colette H. WINN
Washington University in St. Louis

---

[27]   Publiées d'abord séparément dans des recueils divers ou encore dans les diverses sections des *Œuvres* de 1560, les épitaphes parurent collectivement en 1567 dans un recueil qui leur était consacré.

I

LE CHANTRE DES AMOURS

———————

DE MARIE À DÉLIE :
LE CÈDRE, LE VENIN, LA LICORNE
ET LA *COLONNE DU DIEU VIVANT*

Si iracunda, aut avaritia, aut carnis illecebra naviculam concusserit
mentis, respice ad Mariam.

Bernard, *In laudibus Virginis Matris*

Factat animam Vulcanus, vestes aptat Pallas, fucat Venus, & cesto
cingit, ornant cæteræ Deæ, docet pessimos mores Mercurius. Et
quia omni genere rerum a Diis donata esset, Pandoram appellat.

Jean Olivier, *Pandora*

Celle qui est la Vertu, et la Grace [...] Monstre, qu'en soy elle a
plus, que de femme.

Délie, D354 et 284

Une précision pour commencer, précision qui pour moi se teinte d'une
réelle reconnaissance : c'est à Jehan Marot, au travail qu'il m'a coûté, que je dois
d'avoir découvert les liens très étroits qui, dans l'esprit de Scève et dans son
canzoniere, unissent Délie à Marie. Ces liens, des liens que rien désormais ne
pourra plus pour moi délier, me sont clairement apparus le jour où mes
recherches m'ont amené à examiner ce que les deux grands spécialistes actuels
de la poésie mariale, Gérard Gros et Denis Hüe[1], appellent le « recueil Vidoue »,
cette collection de poèmes palinodiques imprimée aux environs de 1525 à Paris
par le rouennais Pierre Vidoue sous le titre *Palinodz / Chantz royaulx //
Ballades / Rondeaulx / et Epigrammes // a lhonneur de limmaculee Conception
de // la toute belle mere de dieu Marie (Patron- // ne des Normans) presentez au*

---

[1]   Gérard Gros, *Le poète, la Vierge et le Prince du Puy. Étude sur les Puys marials de la France
du Nord du XIVe siècle à la Renaissance*, Paris, Klincksieck, 1992 ; *Le poème du Puy marial.
Étude sur le serventois et le chant royal du XIVe siècle à la Renaissance, ibid.*, 1996 ; Denis
Hüe, *La poésie palinodique à Rouen, 1486-1550*, thèse actuellement en cours de publication
chez Champion. À compléter par les actes (en cours de publication) du Colloque international
de Rouen, 30 septembre-2 octobre 1999, « Première poésie de la Renaissance, Autour des
puys poétiques normands ».

Cliché I: Gravure de la page de titre du « Recueil Vidoue »
(Cliché Johns Hopkins University)

puy a Rouen [...]². J'ai très vite compris, en consultant ce recueil, que Maurice
Scève l'avait lu avec beaucoup d'attention et qu'il s'en était servi pour composer
un nombre considérable de ses épigrammes. C'est grâce, notamment, aux
symboles marials qui ornent la page de titre (cliché I) — la cité, la tour, la
fontaine, le jardin, le puits, le miroir, la porte, le cèdre, le lis, la rose, l'olivier, le
soleil, la lune, l'étoile, etc. — ainsi qu'aux citations qui accompagnent ces
symboles — citations empruntées pour l'essentiel au *Cantique des Cantiques* et à
l'*Ecclésiastique* — , que je suis parvenu à proposer de nouvelles lectures — des
lectures mariales — de quelques dizains de *Délie*, et que j'ai de surcroît très vite
acquis la conviction que la Bible a joué dans la conception et la composition du
canzoniere de Maurice Scève un rôle au moins aussi important que celui que
nous accordons habituellement à Pétrarque ou au néoplatonisme.

   Et n'allons surtout pas nous méprendre sur l'importance de ce que,
instruit par ma propre expérience, je n'hésite pas à appeler l'intertexte marial de
Délie. Nous n'avons pas affaire, de la part de Scève, à une rencontre fortuite, à
un geste sans conséquence et sans lendemain, mais à une stratégie délibérée et
voulue, à une pratique parfaitement consciente d'elle-même — aussi consciente
d'elle-même que celle qui voit Scève mobiliser, par exemple, en D77 et ailleurs,
le mythe de Prométhée/Pandora³. À y bien réfléchir, la rencontre de Marie et de
Délie était pour Scève inévitable. Elle était inscrite dans la nature même de son
projet, dans l'esprit et dans la lettre de son *canzoniere*. Comme le dit si bien leur
porte-parole Pierre Fabri dans son *Defensore de la Conception*⁴, un autre ouvrage
qui date de 1514 et que Maurice Scève a incontestablement lu lui aussi de très
près, il s'agissait, pour les « devotz facteurs » du Puy, de commémorer de façon
solennelle la fête du 8 décembre en défendant bien haut « l'honneur et la gloire
de nostre saincte mere, patronne et advocate tres-glorieuse, et sacree Vierge,
mere de Dieu, Marie », Marie lis ou rose entre les épines, Marie palme, cèdre ou

---

2   Admirable réimpression en facsimilé, Rouen, Léon Gy, 1897, « par les soins de la Société des
     Bibliophiles Normands, avec Introduction et notes par M. Eugène de Robillard de
     Beaurepaire ». J'ai consulté l'exemplaire de Dartmouth.
3   Voir à ce sujet mon étude, « L'idole, le poète et le voleur de feu : erreur et impiété dans
     Délie », *French Forum*, 18/3, 1993, pp. 261-95.
4   Pierre Fabri, *Ensuyt ung petit traicté // dialogue fait en l'honneur de Dieu et de sa mere,
     nommé Le De // fensore de la Conception, auquel trai // té sont produictz deux personnes //
     C'est assavoir l'amy et le sodal qui // par maniere de argumentacion ramainent toutes les
     auctoritez et raisons qui sont de la part de // ceulx qui dient qu'elle est conceue en peché
     originel. Et l'amy les declare / glose / ou efface selon le // cas, et avec ce amaine à son pro //
     pos toutes les opinions et auctoritez des modernes docteurs // avec la saincte escripture et de //
     cretz de l'eglise comme de Balle [sic pour Basle] et // de Sixte en les soustenant et de //
     fendant vertueusement*, Rouen, Martin Morin, 1514. Un ouvrage qui certes mérite d'être lu, et
     qui peut l'être, puisqu'il a été reproduit au moins deux fois depuis 1514 : une première fois par
     Petrus Alva y Astorga, *Le Defensoire de la Conception de la Glorieuse Vierge Marie*, in
     *Monumenta italo-gallica ex tribus auctoribus materna lingua scribentibus pro Immaculata
     Virginis Mariæ Conceptione*, vol. 2, Louvain, 1666. Une seconde fois à Bruxelles en 1967
     (Reprint de l'édition précédente).

cyprès, Marie étoile, soleil et lune, Marie miroir, Marie myrrhe, aloès, et manne, harmonie, baume, parfum et encens, *benedicta (et pulcherrima) inter mulieres, tota pulchra, sine macula, gratia plena, quasi aurora consurgens, prœelecta a Deo super omnes creaturas, omnibus virtutibus ornata, exaltata super choros Angelorum ad cœlestia regna* — Celle qui a sauvé l'humanité et à qui cette dernière, éperdue de reconnaissance, confite en adoration, ne peut que vouer le plus fervent des cultes. Il s'agit parallèlement, pour Scève, de célébrer lui aussi une merveille divine et humaine, une femme miraculeusement parée, Dieu et la Nature aidant, de toutes les « beautés », de toutes les « graces » et de toutes les « vertus » imaginables, une femme qui est aussi bien « lune infuse dans ses veines » (voyez D22, 35, 106, 111, 176, 193) que « soleil de sa vie » (D79, 92, 223, 386 et 387, 409, 443). Scève ou plutôt, soyons prudents, le Poète et l'Amant de Délie, celui que Scève fait parler, passe donc son temps à genoux, « incliné », il nous le dit lui-même, « Devant les piedz de [s]a divinité » (D381), de la « Deesse de [s]a vie » (D322), vénérant d'un « amour si saint » (D442) son « sainct nom » (D259), adorant la « divine » et « celeste face » (D124 et 207) de « cest Ange en forme humaine » (D409), saluant cette créature qui a en soi « plus, que de femme » (D284), qui est de soi « la Vertu, et la Grace » incarnées (D354), la décrivant « sur toutes belles » (D387), « la plus belle du monde » (D399), « De corps tresbelle et d'ame bellissime [...] Parfaicte au corps, et en l'ame accomplie » (D424) — admirable et subtil travail d'*amplificatio* et de *variatio poetica* à partir de la formule *pulcherrima inter mulieres* du *Cantique des Cantiques*, 2 : 17. Partout chez Scève l'adoration se veut et se fait mariale, elle emprunte les mots et les gestes mêmes du rituel chrétien. À l'office de Marie répond celui de Délie. Tout se passe comme si l'amour, qu'il soit humain ou divin, n'avait au fond pour s'exprimer qu'un seul langage — celui du *Cantique des Cantiques* ou de l'*Ecclésiastique*. Et la ressemblance est si forte que, souvent, nous pourrions, nous *devrions*, sans presque même y penser, substituer le nom de Marie à celui de Délie : « Celle tu fus, es, et seras MARIE, / Qu'Amour a joinct à mes pensées vaines / Si fort, que Mort jamais ne l'en deslie »... Comment d'ailleurs définir l'ouvrage de Scève, sinon en disant qu'il est en fait un acte d'adoration perpétuelle, un acte qui, nous le savons aujourd'hui, se répète exactement autant de fois que saint Paul a prononcé le nom divin du Christ dans ses quatorze *Épîtres* ? De même que — et je cite ici l'« Epistre exhortatoire » qui figure en tête du Tome II de la traduction du *Nouveau Testament* publié par Lefèvre d'Etaples à Paris en 1523 — de même que « quatre cens quarante neuf fois ou plus, [l'Apôtre] a en ses epistres nommé le nom de Jesuchrist », Scève, dans son *canzoniere*, célèbre à quatre cent quarante-neuf reprises la passion idolâtre qu'il voue à sa Délie, c'est-à-dire à son « idole », les cris, les bonheurs, les révoltes et les « morts » que cette passion « renouvelle » en lui.

Pour illustrer le rôle essentiel qu'a joué la poésie mariale dans le « concept » de *Délie*, j'aurai ici recours, faute de pouvoir m'étendre davantage, à ces trois exemples, véritables joyaux poétiques, que sont D372, D15 et D418. C'est un Chant royal de Nicolle Lescarre qui, en D372 et D15, nous permettra de découvrir la présence infuse de Marie en Délie. Et, concernant D418, j'aurais, pour me livrer au même exercice, recours à des poèmes de Guillaume Thibault, de Jean Marot et de Guillaume Cretin, poèmes qui, comme celui de Lescarre, figurent tous en bonne place dans le Recueil Vidoue.

I. D372 ET D15 : LE CÈDRE, LE VENIN, LA LICORNE (NICOLE LESCARRE)

Regardons ensemble, d'un œil qui cette fois s'attarde sur les détails, l'éloquente gravure de la page de titre de ce recueil (cliché I). Parmi tous les emblèmes mariaux qui y figurent, c'est incontestablement, le long de la bordure, à gauche, celui du cèdre, CEDRUS EXALTATA — emprunt à *Sir.* 24 :17 : « Quasi cedrus exaltata sum in Libano, & quasi cypressus in monte Sion » — qui retient d'abord et surtout l'attention, faisant immédiatement naître à l'esprit du lecteur scévien l'idée d'un rapprochement possible avec le début du Dizain 372 de *Délie* :

> *Tu m'es le Cedre encontre le venin*
> *De ce Serpent en moy continuel,*
> Comme ton œil cruellement benin
> Me vivifie au feu perpetuel,
> Alors qu'Amour par effect mutuel
> T'ouvre la bouche, et en tire à voix plaine
> Celle doulceur celestement humaine,
> Qui m'est souvent peu moins, que rigoureuse,
> Dont spire (ô Dieux) trop plus suave alaine,
> Que n'est Zephire en l'Arabie heureuse.

Rapprochement certes des plus fragiles à l'origine, provoqué, de façon toute fortuite, par un jeu de mémoire et de libre association, mais à qui le « Serpent » du second vers donne déjà pourtant comme une allure de vraisemblance, un parfum léger — et d'autant plus irrésistible — de possibilité. Ouvrant alors le recueil en question, il ne faut pas beaucoup de temps pour découvrir, aux feuillets XVII-XVIII, dans un magnifique chant royal de Dom Nicole Lescarre, comme un début de confirmation de l'hypothèse qui commence à germer dans les esprits. Je ne citerai ici que les deux premières strophes, mais c'est tout le poème que, pour sa remarquable facture, il conviendrait de lire et de savourer. Notre canon littéraire, nous le savons tous aujourd'hui, demande des révisions constantes et parfois radicales. Et il ne fait pour moi aucun doute que Nicole Lescarre devrait, avec quelques autres « facteurs » des Puys, trouver sa place dans notre panthéon culturel. Car il n'est pas ici question de croyances religieuses, mais de poésie, et de littérature. Gardons-nous bien, comme l'ont trop souvent fait nos prédécesseurs, et comme nous le faisons encore parfois aujourd'hui, aveuglés par nos idéologies et nos croyances — ou nos incroyances — respectives, de confondre sottement les deux. C'est cette sottise, cette erreur grossière, qui, dans le sillage de Lefranc, de Busson ou de Pintard, nous a trop longtemps permis de voir en Marot un « gamin espiègle et irresponsable », d'audacieux athées en Bonaventure des Périers et en Rabelais, et en ce dernier une sorte d'incarnation idéale (et combien prophétique) de l'instituteur de la Troisième République :

> Le filz de Amos remply de prophetie
> Veit ung hault mont sur tous mons preparé
> Ouquel viendroit le prophete Messye
> Affin que Adam fut du tout reparé /
> 5   Lequel estoit par peché separé
> Et interdit de la grace divine,
> Dont pleur survint, mort misere et ruyne
> Au ge[n]re humain dolent et gemissant :
> Mais dieu puissant pour son reclinatore
> 10   Luy ordonna ce lieu resplendissant
> Mont distillant / paix / salut / grace et glore.
>
> Le mont Thamor où Moyse et Helye
> Furent jadis bien nous a figuré
> Ce mont plaisant, où Dieu tant se humilie
> 15   Qu'en corps humain si est transfiguré.
> Moralement il est prefiguré
> Mont de Syon preservé de vermine,
> *Mont de Lyban qui serpens extermine :*
> *Par la vertu de son cedre odorant,*
> 20   Cypre fleurant et palme de victoire
> Qui le monstroit en tout fruict prosperant
> Mont distillant paix / salut / grace et glore.

Puisque, comme dit le proverbe, un bonheur ne vient jamais seul, je tombai ensuite très vite sur cet autre passage, emprunté, lui, aux feuillets xxxvi-xxxvii du même Recueil Vidoue, dans un chant royal de Maître Nicolle Le Vestu, « Le parc d'honneur / muny de toute grace ». Ce « parc d'honneur », nous dit le poète dans sa seconde strophe — il s'agit bien sûr du « pur corps » de la Vierge Marie, corps destiné à « porter fruict de grand suavité » — , ce « parc d'honneur »

> Bien fut planté d'arbres melliflueux
> Non tortueux : mais parfaictz en droicture,
> Garny de fleurs / *de cedres fructueux*
> *Moult vertueux : contre aspique poincture.*

Et enfin, pour consolider définitivement le rapprochement, je me souvins que le ms. 385 de la Bibliothèque Inguimbertine de Carpentas, contient, pp. 19-22, un Chant royal d'un certain Jehan Couppel, pièce au demeurant assez médiocre, mais qui offre pour nous le double intérêt et d'invoquer Pline dans son « Argument » — « Pline dict que le pur oliban / Qui croist sur le mont de Liban / Estre sur tous le pur encens », etc. — et de reprendre dans son palinod, « Le pur encens chassant venin du monde », le motif de « la Vierge au Serpent » déjà utilisé par Nicolle Lescarre dans le Chant royal dont je viens de rappeler l'existence, motif par ailleurs très présent, tous les spécialistes en mariologie le savent[5], dans l'iconographie et la statuaire monumentale chrétiennes.

Nous savons tous de quelle nature sont, dans nos éditions modernes, les commentaires qui accompagnent le Dizain 372. L'excellent McFarlane, par exemple, nous dit — je traduis — que le cèdre avait la réputation d'être nuisible aux serpents — « harmful to snakes » — et de constituer un antidote à leur morsure. Et il cite, pour corroborer ses dires, son prédécesseur Parturier, lequel citait, lui, Vincent de Beauvais — mais qui a donc dit que nous ne faisions que nous entregloser ? : « Cedrus est arbor [...] cujus odor serpentes fuget, et interimit ». Et, plus récemment, Françoise Joukovsky, dans son édition jaune des « Classiques Garnier », complète utilement les précisions données par McFarlane en évoquant « l'huile de cèdre ou *pissélaeon* », huile dont Pline atteste l'existence au quinzième livre, § 28, de son *Histoire naturelle*. Tout ceci certes intéressant, mais insuffisant, réducteur. Car si, après la lecture des Chants royaux du Recueil Vidoue et du ms. de Carpentras, une certitude semble solidement établie, c'est bien qu'à l'avenir, dans les gloses que nous consacrerons à D372, il

---

5   Voir par exemple le Chapitre II, « La Vierge au Serpent », du livre de Maurice Vloberg, *La Vierge notre médiatrice*, ouvrage orné de 162 héliogravures, Grenoble, B. Arthaud, 1938, pp. 41-64. Nous y apprenons entre autres choses (p. 47), textes et représentations à l'appui, que—relisez D1—« le Basilic est la bête d'Enfer par excellence ». Comme l'indiquent ses noms grec et latin (respectivement, *basileus*, empereur ; *regulus*, petit roi), il est, explique Vloberg, « le roi des serpents » : « Il a le venin dans ses yeux qui peuvent tuer comme la foudre et qui fascinent l'oiseau en plein vol. Son souffle empoisonne l'homme, dit Honorius d'Autun [...] Il est le premier né de la race maudite. 'Du serpent', dit Isaïe [14 : 29], 'sortira un basilic et son fruit sera un dragon volant'. [*de radice enim colubri egredietur regulus, et semen ejus absorbens volucrem.*] La plupart des commentateurs, saint Jérôme, Cassiodore, saint Grégoire le Grand, s'accordent à reconnaître dans le basilic la figure de l'envie, par laquelle la mort est entrée dans l'univers ». Plus loin (p. 56), à propos des puys d'Amiens et de Rouen, Vloberg précise : « Aux jours de la Rogation, à Rouen, les confrères de Notre-Dame, précédés de joueurs d'instruments, menaient en procession une image de la Vierge brisant du pied la tête du dragon ». Et il rappelle, de façon pour nous fort opportune, que le fol. 50 du ms. palinodique rouennais BNF fr. 1537 contient une miniature représentant la Vierge immaculée écrasant sous ses pieds la Mort et le Dragon d'enfer (cf. *infra* cliché III, p. 39). Quand donc, dans nos commentaires au premier dizain de *Délie*, nous nous contentons, en bons humanistes laïques (et républicains), de renvoyer à Pétrarque, à Platon, au *Physical Dictionary* de 1657 ou encore aux *Hieroglyphica* d'Horapollo, il est clair que nous oublions ce qui, pour le clerc tonsuré que fut Maurice Scève, pourrait bien avoir été l'essentiel. Dans cette perspective chrétienne, ne pas oublier, à propos du « basilisque » de D1, le ps. 91 (90), verset 13 : « *Super aspidem et basiliscum ambulabis,* / et conculcabis leonem et draconem ». Longtemps appliqué au Christ, ce verset, par association entre la Mère et le Fils, avait peu à peu fini par symboliser chez les conceptionnistes les immenses pouvoirs de la Vierge.

conviendrait, aux côtés de Pline ou de Vincent de Beauvais, de faire une place à Dom Nicolle Lescarre, à Nicolle Le Vestu et à Jehan Couppel, en soulignant du même coup le fait que, dans ce Dizain comme dans beaucoup d'autres, de façon certes discrète mais finalement très perceptible, Scève n'a pas hésité à orner Délie, sa Délie, cet « object de plus haulte vertu » qu'il appelle son « idole », de certains des symboles jusqu'alors exclusivement réservés par les poètes des puys à Marie, la Mère de Dieu et le seul être humain à avoir échappé à la souillure, à la « peste » et au « venin » du péché originel.

C'est d'ailleurs, en l'occurrence, au premier d'entre eux, Dom Nicolle Lescarre, lauréat au concours du Puy de Rouen au moins à sept reprises, en 1512, 1513, 1514, 1515, 1517, 1521 et 1524 — un record dépassé, je crois, seulement par Pierre Apvril, couronné dix fois, et presque égalé par trois Guillaume, Guillaume Tasserie, Guillaume Thibault (récompensés chacun 6 fois) et Guillaume Cretin (récompensé 5 fois) — qu'il conviendrait surtout de faire une place, puisque, outre le Chant royal dont je viens de citer deux strophes, « Mont distillant paix / salut / grace et glore », il en a composé un autre, tout aussi remarquable, qui va nous permettre de comprendre comment chez Scève, en dépit de l'« eruditio inaudita, & nova » qui est la sienne — érudition saluée dès 1538 par Étienne Dolet dans ses *Carmina*[6] — , en dépit de la richesse incomparable des échos et des références dont son texte est nourri — à Dante, à Pétrarque ou à Marot, à Catulle, à Virgile, à Ovide ou à Platon, à Érasme ou à Marguerite de Navarre, à Jean Olivier, à Sperone Speroni ou à la Bible — , tout finalement s'intègre et se tient. Il s'agit d'une pièce, un autre Chant royal, qui apparaît dans plusieurs manuscrits, notamment le précieux ms. 385 de la Bibliothèque Inguimbertine de Carpentras (p. 271) et le ms. 2205 du fonds français de la BNF (fol. 39v°). Replacé dans la perspective scévienne qui est ici la nôtre, son refrain, « Pure licorne expellant tout venin », nous invite expressément à rapprocher le « Cedre » de D372 de l'*impresa* du premier des cinquante Emblèmes de la *Délie*, celui qui, apparaissant entre D5 et D6, représente une Dame tenant sur son giron et entourant de ses bras, dans un geste d'amour et de miséricorde qui n'est point sans rappeler celui du Bien-aimé du *Cantique des Cantiques*, 2 : 6 (« Son bras gauche est dessous ma tête, et son bras droit m'étreint » — *Læva ejus sub capite meo, / et dextera illius amplexabitur me*), une licorne blessée d'une flèche (cliché II). Rarement, à vrai dire, un texte se sera aussi facilement plié au rôle de commentaire explicatif que je lui fais jouer ici malgré lui, le Chant royal de Lescarre remplissant en fait presque mieux son rôle que la devise et l'épigramme composées par Maurice Scève. Rapproché de l'*impresa* du premier emblème de la *Délie*, il semble en effet, en dépit même du sens particulier que le poète lui a donné dans son *canzoniere* — la licorne *blessée* ne symbolise plus du tout chez lui la Vierge, mais bien l'Amant — , avoir

---

[6]   *Stephani / Doleti / Galli Aurelii / Carminum Libri / Quatuor*. / Lugduni. / Anno M.D.XXXVIII, p. 86 : « Te iure laudant multi ob eloquentiam, / Atque eruditionem inauditam, & novam ».

Cliché II: *Impresa* du premier emblème de *Délie* (cliché Johns Hopkins University)

enfin trouvé sa place, sa véritable raison d'être. En quelque sorte, sa présence familière nous rassure, elle confirme pour nous des choses depuis longtemps entrevues ou connues au sujet de cet animal fabuleux qu'est la licorne, symbole marial par excellence, non seulement, comme on l'a souvent dit, figure virginale et christique de l'Incarnation — du fameux *Et verbum caro factum est* de l'Évangile de Jean — , mais, comme nous le rappelle Gérard Gros, à propos d'ailleurs de ce même poème de Lescarre, figure de la Vierge sans macule ; sans aucun doute représentation d'une « sublimation miraculeuse de la vie charnelle » (d'où l'idée de purification qui semble indissolublement, dans le mythe, s'attacher à la licorne), mais bien davantage encore, en l'occurrence, figure et source de pureté, divin remède contre toute forme de tentation, de pollution ou de souillure — contre ce que les théologiens appellent *fomes peccati*. Comme le proclament en effet presque toutes les pièces palinodiques, qu'elles sortent des Puys d'Amiens, de Dieppe ou de Rouen, Marie est le seul être humain à avoir échappé à cette loi universelle qui, comme le dira encore, après saint Paul (Rom. 3 : 23), Marguerite de Navarre dans son *Heptameron*, veut que nous soyons « tous enclos en peché » ; la seule à avoir été miraculeusement « préservée », « exemptée » de la malédiction originelle[7]. Tous les poètes des Puys chantent à l'envi « le pur concept » — comprenez l'immaculée conception — « d'une parfaicte au monde »[8]. Née d'Adam sans aucun doute, et fille d'Ève assurément, mais aussi bénie de toute éternité, non pas simplement élue de Dieu, mais bien « preesleue »[9], prédestinée par Lui pour être « Vray reconfort de l'humaine lignée » (Nicaise Sanale), « Source d'eau douce au parmy de la mer » (Geuffin Roger), « Femme qui feist l'impossible possible » (Guillaume Thibault), « Aube du jour qui le monde illumine » (Jean d'Ardre), « Mere de grace et de misericorde » (Antoine Louvel), « Royne des cieulx sans tache et toute belle » (Louis Chapperon), « Saincte cité : contre Sathan fermée » (Jacques Le Lieur), « Maison de dieu : de peché separée » (Guillaume Columbe), « Seule sans si divinement tyssue » (Guillaume Cretin), « Sans vice aucun toute belle conceue » (de nouveau Jacques Le Lyeur), « Vaisseau esleu preservé de tout vice » (Nicole

---

[7]   Voir le palinod d'un Chant royal de « Maistre Jacques Lelyeur », ms. BNF fr. 379, fol. 8 (il s'agit bien évidemment de la Vierge) : « De tout peché exempte et preservée » (incipit : « Salut te rend vierge sans vilité »).

[8]   Refrain d'une ballade ou plutôt d'un « demy champ royal » anonyme, dont le texte est reproduit par Gros dans son premier livre, *Le poète, la Vierge*, pp. 152-53. À rapprocher impérativement du dernier vers de D15, cité *infra*.

[9]   Voir sur ce thème de la pré-élection les commentaires très informés de P. Fabri dans son *Defensore* de 1514, éd. citée, pp. 112-16 : « Il ne t'a pas seulement esleüe *super omnes Choros Angelorum ad cælestia regna*, mais il t'a faicte Royne des Royaumes celestes [...] *Deus elegit eam et præelegit eam*, & habitare eam facit in tabernaculo suo [...] ». Plus loin, p. 127, Fabri ajoute : « Et comme l'Eglise dit : *Ab initio & ante sæcula creata sum, & c. Eccle. 24. Proverb 8. Necdum erant abyssi, & ego jam conceptam eram* ». Le terme apparaît d'ailleurs p. 243 : « Ceste lumiere donc de MARIE, a esté *ab æterno* preesleüe de Dieu, & en l'instant de sa Conception Dieu dit : *Fiat lux, id est, voluit*, qu'elle fust conceüe lumiere du monde [...] ».

Ravenier)[10] ; ou encore, pour dire l'essentiel, et pour laisser ici le dernier mot aux deux Marot et à leur collègue et mentor Guillaume Cretin, nous ajouterons que Marie, « belle de corps et d'ame », « Pure en concept oultre loy de nature », est à la fois le « Parc virginal exempté de vermine », « La fleur de liz preservée entre espines », « La porte close, où peché n'eust entrée », « L'humanité joincte à divinité », la « saincte closture » et la « Tige d'honneur », « La digne Couche, où le Roy reposa », « Le jardin clos, à tous humains promis, / La grand Cité des haulx Cieulx regardée, / Le lys royal, l'Olive collaudée » — *L'honneur,* enfin, *de la terre et des cieulx*[11]. La *Genèse* (3 : 15) avait précisé qu'une grande inimitié règnerait après la chute entre la femme et le serpent. Marie est celle qui, comme Dieu l'avait prédit — *ipsa conteret caput tuum* — , est venue pour écraser la tête de la « vipere » ou de l'« aspic » — « conterer », dit Lescarre, qui conserve à dessein le verbe latin de la Vulgate, « conterer l'orgueil serpentin » — , vaincre le grand Dragon à sept têtes de l'*Apocalypse* (12 : 1-4), affronter, comme le dit aussi Guillaume Cretin dans l'un de ses palinods[12], affronter victorieusement « Le fier regard du dragon basilique » :

Chant royal[13]

> Le grand veneur, qui tout mal nous pourchasse,
> Portant espieux aguz et affilez,
> Tant pourchassa par sa mortelle chasse
> Qu'il print ung cerf en ses laqz et fillez,

---

[10] J'emprunte ces palinods soit aux listes dressées par Gros dans ses deux ouvrages, *Le poète, la Vierge* (pp. 79-97 pour Amiens et, pour Rouen, pp. 182-96), *Le poème du Puy marial*, notamment pp. 192-99 et 212-22, soit aux chants royaux figurant dans le Recueil Vidoue, soit encore à la « Table des Chants Royaux sur la Conception » qui apparaît aux fol. 4-6 v° du ms. BNF fr. 1537.

[11] Pour G. Cretin, Recueil Vidoue, fol. viii-ix (incipit : « L'extreme dueil de noire couverture ») ; ou l'édition critique de Kathleen Chesney, *Œuvres poétiques*, Genève, Slatkine Reprints, 1977. Pour Clément Marot, Recueil Vidoue, fol. lvii.v°-lviii.v°, ou le Tome I de mon édition critique des *Œuvres poétiques complètes*, Paris, « Classiques Garnier », pp. 127-29. Pour Jean Marot, Recueil Vidoue, fol. x.v°-xii.v° ; ou la récente édition critique des *DEUX RECUEILS* que Thierry Mantovani et moi avons publiée chez Droz dans la série des « Textes Littéraires Français ».

[12] De même, dans une Moralité de 383 vers qu'il compose pour le concours du Puy de Rouen en 1520, Guillaume Thibault met en scène l'affrontement on ne peut plus symbolique de la « Dame à l'Agneau », aidée de son champion « Noble Cueur », et de la « Dame à l'Aspic », épaulée par « Cueur Villain », avec le résultat que l'on devine : « Deux dames, dont l'une a l'aigneau, / L'autre un serpent en l'armarie, / Assemblerent en la prayrie / Deux gendarmes en un troppeau : / Mais l'ung d'eux y laissa la peau ». Cité d'après Gros, *Le poète, la Vierge*, pp. 174-76.

[13] Précédé d'un argument — « Champ royal d'un veneur qui corne / Voullant prendre en impurité / Une pure et blanche licorne / Qui se vint rendre à purité » —, le texte de ce Chant royal figure dans l'ouvrage posthume d'Eugène de Robillard de Beaurepaire (publié par son frère Charles), *Les Puys de Palinod de Rouen et de Caen*, Caen, Henri Delesques, 1907, pp. 134-36.

5   Lesquelz avoit par grand despit fillez
        Pour le surprendre au biau parc d'innocence.
        Lors la licorne en forme et belle essence
        Saillant en l'air comme royne des bestes,
        Sans craindre abboy envyeux et canyn,
10   Montrer se vint au veneur à sept testes
        Pure lycorne expellant tout venin.

        Ce faulx veneur cornant par fiere audace
        Ses chiens mordantz sur les champs a rengez,
        L'esperant prendre en quelque infecte place
15   Par la fureur de telz chiens arragez,
        Mais desconfictz, laz et descouragez,
        De luy ont faict morsure ou violence :
        Car le leon de divine excellence
        La nourrissoit d'herbes et fleurs celestes,
20   En la gardant par son plaisir begnin,
        Sans endurer leurs abboys et molestes,
        Pure lycorne expellant tout venyn.

        Sur elle estoit prevencion de grace
        Portant les traictz d'innocence empanez,
25   Pour repeller la veneneuse trace
        De ce chasseur et ses chiens obstinez,
        Qui furent tous par elle exterminez
        Sans luy avoir inferé quelque offense.
        Sa dure corne eslevoit pour deffense,
30   Donnant espoir aux bestes trop subjectes
        A ce veneur cauteleux et maling,
        Qui ne print oncq, par ses dardz et sagettes,
        Pure lycorne expellant tout venin.

        Ainsy saillit par dessus sa fillace
35   Et dardz poinctuz d'ach[i]er mortel ferrez,
        Se retirant sur hautaine tarrace
        Sans estre prinse en ses lacz et ses rethz,
        Lesquels avoit fort tyssus et serrez
        Pour luy tenir par sa fiere insolence.
40   *Mais par doulceur et par benivolence*
        Rendre se vint entre les bras honnestes
        De purité plaine d'amour divin,
        Qui la gardoit sans taches deshonnestes
        Pure lycorne expellant tout venin.

45   Pour estre es champs des bestes l'outrepasse
        Et conforter tous humains desolez,
        Triumphamment seule eschappe et surpasse
        Ses laqz infectz par icelle adnullez.
        Dont icy bas nous sommes consolez
50   Par la lycorne où gist toute affluence
        D'immortel bien par celeste influence :

Cliché III : *Ipsa conteret caput tuum* (*Gen.* 3 : 15)
Entourée des sept Vertus, Marie, Lumière du monde, terrasse sous ses pieds la Mort
et le dragon d'Enfer
(Cliché BnF, ms. fr. 1537, fol. 50)

Car, par ses faictz et meritoires gestes,
A conteré tout l'orgueil serpentin,
En se monstrant, par vertus manifestes,
55   Pure lycorne expellant tout venyn.

Envoy

Veneur maudict, retourne à tes tempestes,
Va te plonger au gouffre sulphurin,
Puis que n'as prins, par tes cors et trompettes,
Pure lycorne expellant tout venyn.

Comme le savent tous les amateurs de poésie mariale, derrière cette lutte exemplaire de Dieu, « leon de divine excellence », contre Satan, « le grand veneur », se profile cette autre lutte, tout aussi symbolique, entre *Eva* et *Ave*, l'ancienne et la nouvelle Ève. Car il fallait que le Démon, celui qui avait vaincu la femme, fût à son tour vaincu par elle. Marie est donc la « femme forte » que cherchait Salomon dans les *Proverbes* (31 : 10), C'est d'elle dont dépend à vrai dire le salut de l'humanité. Elle est celle dont la médiation assure au genre humain la restauration de l'innocence et la victoire sur l'ennemi. Dans cette perspective précise, elle trouve peut-être son symbole le plus évocateur et le plus puissant — car elle est aussi la Force et la Lumière du monde, *pulchra ut luna, electa ut sol, terribilis ut castrorum acies ordinata* — dans ce Serpent de bronze, *Serpentem æneum*, élevé par Moïse au désert sur l'ordre de Yahvé (*Nombres*, 21 : 4-9). Et c'est bien pour cette raison, et nullement par hasard ou par accident, que Scève reprendra l'image pour clôre de la façon que l'on sait sa superbe évocation de D 143 — « En mon penser soubdain il te regarde, / Comme au desert son Serpent eslevé » ; pour cette raison ausi que, dès D15, en des termes qui, pour être spécifiquement déliens, pourraient cependant tout aussi bien s'appliquer à Marie — voyez surtout les v. 7-10, nourris de références précises à l'Écriture, *Apoc.* 12 : 3, *Gen.* 3 : 15 —, il avait dit de son idole ce que disaient de la Vierge les poètes des Puys. Marie, avait déjà rappelé le grand Nicolle Lescarre dans un autre de ses Chants royaux (Recueil Vidoue, fol. xv-xvi), ne s'est jamais « assise en la chaire de peste », la *cathedra pestilentiæ* du premier psaume[14] ; elle

---

[14]   Ps. 1 : 1-2 : « Beatus vir qui non abiit in consilio impiorum, / et in via peccatorum non stetit, / *et in cathedra pestilentiæ non sedit* ; sed in lege Domini voluntas ejus / et in lege ejus meditabitur die ac nocte ». Ce qui, dans la traduction de Clément Marot nous donne : « Qui au conseil des malins n'a esté, / Qui n'est au trac des pecheurs arresté, / Qui des moqueurs au banc place n'a prise : / Mais nuit & jour, la Loy contemple & prise / De l'Eternel, & en est desireux : / Certainement cestuy-là est heureux ». Voir mon édition critique des *Cinquante pseaumes de David mis en françoys selon la verité hebraïque*, Paris, Champion, 1995, p. 101. Sur ce double thème de la contagion et de la purification, de la guérison miraculeuse, voir aussi le Chant royal de « Guynguart appotycaire », « L'air cler & pur : venant du port de grace », Recueil Vidoue, fol. .liii.-.liiii. Argument de ce poème (fol. .liii.) : « Cest air si pur / que je veulx dire / Cest Marie en concept sans tache / Et le port que je nomme grace : /

est non seulement celle qui a purifié pour nous « L'Air putrefaict mortel & veneneux » du peché, mais elle est encore, de toute nécessité, celle qui n'a jamais été elle-même offensée de cet « air infect » et « corrompu », de ce « mal contagieux » répandu par le serpent sur toutes les autres créatures. Et après lui Maurice Scève, dont l'adoration imite et démarque fidèlement celle des dévots normands de la Vierge — pour mieux, sans doute, se faire comprendre en se distinguant d'elle :

> Toy seule as fait, que ce vil Siecle avare,
> Et aveuglé de tout saint jugement,
> Contre l'utile ardemment se prepare
> Pour l'esbranler à meilleur changement :
> Et plus en hayt l'honneste estrangement,
> Commençant jà à cherir la vertu.
> *Aussi par toy ce grand Monstre abatu,*
> *Qui l'univers de son odeur infecte,*
> *T'adorera soubx tes piedz combatu,*
> *Comme qui est entre toutes parfaicte.*
>
>   (D15)

II. D 418 : « COLUMNA DEI VIVENTIS » (GUILLAUME THIBAULT ET JEAN DELATTRE, JEHAN MAROT, GUILLAUME CRETIN)

Il semble donc établi, les indices s'accumulant peu à peu, que Scève a manifesté un intérêt très vif pour la poésie mariale, et qu'il a sans doute moins travaillé à partir des manuscrits qui alors, peut-être, circulaient encore[15], qu'aux ouvrages imprimés sur lesquels il a pu mettre la main, le plus important de ces ouvrages étant sans aucun doute le recueil Vidoue de 1525. S'il fallait ajouter une confirmation à celles déjà recueillies à propos de D372 et de D15, nous la trouverions, par exemple, dans un rapprochement inévitable, dans un rapprochement à faire et qui pourtant n'a pas jusqu'à présent été fait, entre D418 et deux Chants royaux qui, comme on pouvait s'y attendre, figurent tous deux

---

Jentends le divin ciel empire : / Lair infect qui tout corps empire / Cest peché regnant lors au monde / Le triacleur faulx & immunde : / Cest Sathan des maulvais le pire ».

[15] On ne peut à cet égard que s'interroger sur la troublante similitude existant entre l'actuel ms. BNF 1537, ms. qui, à l'époque de Scève, figurait parmi les trésors de la Bibliothèque royale, et la *Délie*. De même que le *canzoniere* de Scève comprend cinquante emblèmes, le ms. 1537 comprend cinquante Chants royaux illustrés de cinquante magnifiques miniatures en pleine page. S'agit-il d'une rencontre fortuite, fruit de l'importance que, depuis saint Augustin la numérologie chrétienne accorde au Jubilé ? Ou bien Scève aurait-il pu avoir ce splendide ouvrage entre les mains ? Après tout, la Cour, sous François Ier, fait de fréquents et longs séjours à Lyon. Et rien ne semble *a priori* interdire l'hypothèse d'une consultation du ms. 1537 par Maurice Scève. Selon Gros, *Le poète, la Vierge*, p. 226, ce ms., autrefois numéroté 7584, aurait été exécuté « au deuxième quart du XVIe siècle ». « C'est », précise Gros, « une anthologie des cinquante meilleurs chants royaux présentés au Puy de la Conception, de 1519 à 1528 ». Tout cela fait rêver...

dans le recueil Vidoue ; l'un de Guillaume Cretin, où il y occupe les feuillets v-vi ;
l'autre, de Guillaume Thibault, qui y apparaît aux feuillets xxxviii-xxxix. Quand
ils annotent ce dizain de Scève, nos commentateurs modernes — McFarlane et
Joukovsky — renvoient avec la même conviction à Pétrarque et à la tradition
pétrarquiste ; et ils s'appuient à juste titre sur cette partie du *Microcosme*
consacrée par le poète à l'architecture (III, vv. 2725 sq.). Il est vrai que Pétrarque
pourrait bien avoir dicté au moins en partie à Scève le choix de sa métaphore ;
non point tant, d'ailleurs, comme le prétend Joukovsky, par le biais des premiers
vers de R269, « *Rotta è l'alta colonna* e 'l verde lauro / che facean ombra al mio
stanco pensero », etc., que par l'intermédiaire des vv. 45-50 de la *canzone*
précédente, « Che debb'io far ? che mi consigli, Amore », vers que nous allons
maintenant citer ainsi que ceux (vv. 145-47) de la *canzone* 360, qui reprennent
eux aussi exactement la même métaphore. On retrouve en effet clairement dans
ces deux poèmes de Pétrarque l'origine de l'expression même qu'utilisera Scève
au dernier vers de son dizain. Et le lien ainsi établi d'un texte à l'autre est
d'autant plus probant qu'il entraîne à sa suite le motif entre tous scévien du
« nom divin » (« l'altra è 'l suo ciaro nome »). Nous donnons d'abord l'extrait
des deux chansons de Pétrarque, puis le Dizain de Scève. Les échos existant d'un
texte à l'autre ne s'en apercevront que mieux :

> Piú che mai bella et piú leggiadra donna,
> tornami inanzi, come
> là dove piú gradir sua vista sente.
> Questa è *del viver mio l'una colomna*,
> l'altra è 'l suo ciaro nome,
> che sona nel mio cor sí dolcemente.
> (R269, v. 45-50)

> Or m'à posto in oblio con quella donna
> ch'i' li die' *per colonna*
> *de la sua frale vita...* [c'est Amour qui parle]
> (R360, v. 145-47)

> Soubz le carré d'un noir tailloir couvrant
> Son Chapiteau par les mains de Nature,
> Et non de l'art grossierement ouvrant,
> Parfaicte fut si haulte Architecture,
> Où entaillant toute lineature,
> Y feuilla d'or à corroyes Heliques,
> Avec doulx traictz vivement Angelicques,
> Plombez sur Base assise, et bien suyvie
> Dessus son Plinte à creux et rondz obliques
> Pour l'eriger Colomne de ma vie.

Mais, de la même façon qu'en Délie Pandora s'unit à la Vierge Marie —
ne partagent-elles pas toutes trois cette caractéristique d'avoir vu le Ciel, Dieu ou
les dieux, leur prodiguer tous ses dons ? — , en D418 la présence de Pétrarque se
double de celle de Guillaume Cretin et de Guillaume Thibault. À y bien regarder,

Scève en effet ne fait rien d'autre dans son épigramme que de fondre en un tout deux symboles chers aux poètes des Puys : d'une part celui du Dieu Architecte et de la Vierge Architecture, qui trouve entre autres sa raison d'être et sa justification dans *Ezéchiel* 40-44 (vision prophétique du Temple d'Israël), dans 3 *Rois* (la construction par Salomon de la « Maison » en cèdre du Liban, et en particulier le passage consacré à l'érection des deux colonnes de bronze) ainsi que dans ce verset des *Proverbes*, 9 : 1 : « Sapientia ædificavit sibi domum, excidit columnas septem », verset dont nous verrons bientôt qu'il trouve un écho précis dans le Chant royal de Cretin consacré au motif architectural, les sept colonnes de la Sagesse en étant venues à symboliser tout naturellement pour les dévots de la Vierge les sept vertus, c'est-à-dire la miraculeuse perfection de ce vaisseau d'élection ; de l'autre, celui de Marie lumière du monde, Soleil ou *Stella maris*, guide et gardienne des âmes ou plutôt, et plus précisément ici, « Colonne du Dieu vivant », *Columna dei viventis*, figure qui trouve, elle, son origine dans ce passage de l'*Exode* qui, après la sortie d'Égypte, voit Moïse et son peuple échapper, sur le chemin du désert de la mer des Joncs, à l'armée de Pharaon lancée à leur poursuite, grâce à la « colonne de nuée et de feu » de Yahvé qui, jour et nuit, les protège et les guide. Le passage vaut d'être cité ici en entier, car il permet de comprendre à quoi tend obstinément la stratégie de Scève dans *Délie*, ce geste sans cesse recommencé par lequel il parvient à sacraliser l'amour qu'il voue à son idole, à faire partager à ses lecteurs la spiritualité profonde et douloureuse, la dimension authentiquement religieuse de sa « passion ». Et la « colonne de [s]a vie » acquiert du coup une signification beaucoup plus riche que celle qu'elle possédait chez Pétrarque. Ce qui était chez le chantre de Laure métaphore d'un moi brisé par la mort de l'être aimé, d'un moi essayant littéralement de se refaire et de se retrouver, de se reconstruire dans une fidélité proclamée à ce qui n'est plus, devient chez Scève un éclatant symbole religieux. Délie est au poète ce que Yahvé, dans le désert, fut au peuple d'Israël, divinité tutélaire et toute-puissante, certes protectrice et nourricière, mais en même temps impérieuse, exigeante et jalouse ; bien évidemment, comme le chante Moïse après le passage de la Mer Rouge, « splendide en sainteté, terrible en exploits, artisan de merveilles », mais aussi redoutable incarnation de la Loi, toujours prête à rompre l'Alliance nouée avec son peuple, à châtier durement la désobéissance et le moindre murmure. Divinité d'amour mais aussi de mort, d'une main tenant la manne, et la foudre de l'autre. Il ne s'agit pas avec elle de demander « Que boirons-nous ? », mais d'obéir et de marcher. Pour bien comprendre en fait la nature des liens tissés par Scève entre l'Amant et son idole, l'*Exode* est ici le livre qu'il faut impérativement lire (13 : 20-22)[16] :

---

[16] Voyez par exemple, dans cette perspective du Dieu terrible et sanguinaire de l'Ancien Testament, l'admirable et violente évocation de D194, dont les rimes « dorer/adorer » renvoient inévitablement à la maléfique Pandora : « Suffise toy, ô Dame, de dorer / Par tes vertus nostre bienheureux aage, / Sans efforcer le monde d'adorer / Si fervement le sainct de

Ils partirent de Soukkot et campèrent à Étam, à l'extrémité du désert. Yahvé marchait devant eux, le jour dans une colonne de nuée pour les guider sur le chemin, et la nuit dans une colonne de feu pour les éclairer ; ils pouvaient ainsi marcher le jour et la nuit. La colonne de nuée ne se retirait pas le jour devant le peuple, ni la colonne de feu la nuit.

Dominus autem præcedebat eos ad ostendendam viam, per diem in columna nubis, et per noctem in columna ignis, ut dux esset itineris utroque tempore. Numquam defuit columna nubis per diem nec columna ignis per noctem, coram populo.

C'est avec ce texte présent à l'esprit que Molinet, dans l'une de ses nombreuses « Oraison[s] à la Vierge Marie »[17], avait déjà dit d'elle qu'elle était « du mondain fabricque / Chief d'œuvre exquis, *colunne* et bricque, / Precieuse pierre angulaire, / Pillier de la foy catholicque » ; et c'est aussi par rapport à lui qu'il convient de lire le Chant royal de Guillaume Thibault — ou celui, antérieur, de Jean Delattre, bâti sur cette même métaphore de Marie « columne lumineuse » et figurant, lui, dans un manuscrit offert à Louise de Savoie[18]. Nul doute que Scève n'y ait trouvé ample matière à admirer et à méditer. Et c'est peut-être cette admiration qui, plus que le *canzoniere* de Pétrarque, lui a donné l'idée de la « si haulte Architecture » par laquelle il élève son dizain jusqu'aux nues :

            Chant royal

            Columna dei viventis. de qua Exod xiii.

            Les ennemis de la chair virginale
            Sont à grand honte abolis & vaincuz.
            Le hault seigneur en bataille finale
            Leur a rompu / lances / picque & escuz,
     5   Et devant luy sont demourez percuz
            Sur la coulumne où la Vierge est congneue,
            Portant de jour couleur de blanche nue
            Et par la nuyct jectant feu lumineux.
            Ses vrays amys en la nue el conforte.
    10   Et garde au feu contre aspicz veneneux
            Du hault seigneur : la coulumne tresforte.

---

son image, / Qu'il faille à mainctz par un commun dommage / Mourir au joug de tes grandz cruaultez. / N'as tu horreur, estant de tous costez / Environnée et de mortz, et de tombes, / De veoir ainsi fumer sur tes Autelz / Pour t'appaiser, mille, et mille Hecatombes ? »

[17] *Faitz et dictz*, éd. Dupire, I, pp. 487-88.

[18] Il s'agit de l'actuel ms. fr. BNF 145, lequel au fol. 29, contient un chant royal présenté par Jean Delattre au Puy d'Amiens en 1478 (d'après Gérard Gros, *Le poète, la Vierge*, p. 87) : *Du feu d'amour columne lumineuse*. Je reproduis ici (cliché IV) la miniature qui, dans le ms. illustre le poème—miniature de toute beauté représentant la Vierge-Colonne tenant l'enfant Jésus dans ses bras, protégeant et guidant dans le désert le « peuple hebrieu ». On pourra consulter à ce sujet la communication de Marie-Christine Gomez-Géraud au récent Colloque de Rouen, colloque dont les Actes seront prochainement publiés chez Champion : « Espace et symbole. Figurations typologiques dans les miniatures du manuscrit offert à Louise de Savoie ».

Cliché IV : « Du feu d'amour columne lumineuse »
Chant royal de Jean Delattre (1478)
(Cliché BnF, ms. fr. 145, fol. 29)

La blanche nue en sentence morale
Representant grace aux cueurs d'elle infuz,
Menoit hebreux plains de fierté rurale
15   Par les desertz : qui se tenoient confuz
Si de la nue ilz eussent faict refuz
Du dieu en gloire / & en voix entendue.
Manne donnoit des haultz cieulx descendue
Pour substanter les povres crimineulx
20   Et pour monstrer / que celuy qu'elle porte
Conduyt sans choir par desertz espineux
Du hault seigneur : la coulumne tresforte.
Le feu en elle ardant sans intervalle
Amour divin est dit pour ses vertuz
25   Dont la tempeste / & la fouldre devalle
Sur les serpentz / contrefaictz & tortuz
Dessoubz les piedz de la vierge abbatuz
Ce que monstra une figure presceue
Pharaon roy quant luy fust apperceue
30   Celle columne en feu si merveilleux
Qu'e[m]my la mer / apres sa vertu morte
Sentist brouyr sur son chef orgueilleux
Du hault seigneur : la coulumne tresforte.

Si forte fut sur la force infernalle
35   Que infernaulx sont par elle rompuz.
Si forte fut / par vertu cardinalle
Qu'on voit sans elle humains tous corrompuz,
Qui toutesfoys restaurez & repeuz
Se sont jadis de manne d'elle yssue.
40   Si forte fut que le mal rigoureux
Jadis causé de sa serpente torte
N'a faict branler par peché douloureux
Du hault seigneur : la coulumne tresforte.

Le hault seigneur plain d'amour cordialle
45   Voyant à paine humains par faulx art deuz,
Descend en elle, & soubz loy specialle,
Descouvre à nous ses misteres arduz,
En nous rendant biens de grace perduz
Par le transgrez d'Eve salle & polue.
50   C'est la coulumne en nostre esglise esleue
Pour vaincre erreur contre elle impetueux :
C'est la coulumne & la celeste porte,
Celle qui rompt le serpent tortueux,
Du hault seigneur : la coulumne tresforte.

Renvoy

55   Prince du Puy, pour conclusion deue,
Force adversaire est par elle fondue.
La main de dieu qui joint la terre aux cieux

En une vierge avecques soy s'assorte
Pour denoncer sans reprise en tous lieux
60   Du hault seigneur : la coulumne tresforte.

Par Guillaume Thibault

Quant au motif architectural proprement dit, il trouve sans aucun doute, dans le recueil Vidoue, sa plus belle expression chez Guillaume Cretin. L'acte créateur y est décrit en des termes d'une résonance beaucoup plus biblique — « temple », « paraclit », « fondement », « portail », « nef », etc. — que celle qu'ils prendront dans le dizain de Scève. Il est clair que Cretin se soucie davantage de Dieu, de son Église, des mystères et des miracles du dogme que des « traictz » et autres attraits « Angelicques » du corps de Délie, précieuse et ondoyante «lineature» se déployant « sur Base assise et bien suyvie », « creux et rondz obliques » du « Plinte » — rien ne manque, tout est là — , splendeurs que caresse et dont se repaît d'autant plus passionnément le regard que la précision technique des termes utilisés, « tailloir », « chapiteau », « Base », « Plinte », « Heliques », ne parvient pas à faire oublier la Vénus de chair[19] inscrite et taillée dans cette colonne de marbre. Mais il s'agit bien du même geste, et du même symbole. L'on y voit même déjà paraître, au v. 16 — est-ce un hasard si nous le retrouverons chez Scève ? — le verbe « eriger ». Et le chantre de Délie n'a pu rester insensible au fait que, comme le redoutable Καλὸν Κακόν de la *Théogonie*, Marie est elle aussi le réceptacle élu de tous les dons du Ciel, une nouvelle Pandora, ici ornée — voyez les vv. 27-30 — , non seulement de la plénitude des sept vertus — pour l'exégète chrétien, sept est le nombre entre tous parfait — , trois théologales et quatre cardinales[20], mais encore de l'humilité et de la vérité. Cet inattendu rapprochement entre le mythe païen et le mythe chrétien va d'ailleurs tellement de soi que les poètes marials y font tous plus ou moins clairement allusion, et en des termes qui souvent évoquent davantage Pandora

---

[19] L'admirable dizain de Scève évoque irrésistiblement le palinod d'un chant royal reproduit par G. Gros dans son ouvrage sur *Le poème du Puy marial,* pp. 319-21, d'après le ms. BNF 25534, fol 28-29 : « Sur marbre froid une image en chair vive ».

[20] Ces sept vertus réapparaissent par exemple dans l'une des plus belles miniatures du ms. BNF 1537, au fol. 50, cliché IV. On y voit, symboliquement entourée de la ronde—ou plutôt de l'ovale—des sept vertus, la Vierge de lumière tenant sous ses pieds la Mort et le Dragon d'enfer. Cette miniature est aussi reproduite par Vloberg, *op. cit.*, p. 96. Miniature qui fait inévitablement surgir à la mémoire un rondeau présenté au Puy de 1533 par un certain Tourmente (ms. BNF fr. 1715). C'est la Vierge qui parle, une Vierge très marotique qui a sans aucun doute lu la *Deploration de Florimond Robertet* : « Pour tous humains, j'ay mys à mort la mort ; / J'ay conteré peché qui l'homme mord ; / Destruict sera tout infernal palud : / Car mon fils vient, qui de faict absolut / Rompra enfer et brisera son fort. // Mort et enfer ont perdu leur effort, / Car leurs captifz brief auront reconfort : / Ce jour je viens apporter le salut / Pour tous humains. // Où est la mort, qui maint homme rend mort ? / Où est peché, dont Adam se remord ? Mort ne me mord, peché ne me pollut : / Devant les cieulx, mon fils me preesleut, / Sa fille et mere, à estre sceur confort / Pour tous humains ».

que la Vierge. Comme par exemple Jean Marot dans son Chant royal « Pour traicter paix entre dieu et nature »[21], où nous voyons le soleil, les éléments et les planètes collaborer à la fabrication de ce corps miraculeux, c'est-à-dire jouer le rôle que, dans le mythe de Pandora, jouent les dieux de l'Olympe — Vulcain, Vénus, Pallas, Mercure, Apollon, etc. — sur l'ordre de Jupiter ; et où, nous dit le poète (vv. 34-35), une fois ce corps dûment formé, « vindrent en sa closture / Toutes vertus, & logis y ont faict ». Et c'est cette même assimilation implicite entre Marie et Pandora qui lui fait pareillement composer la ballade, à ce jour inédite, que nous avons découverte dans deux manuscrits, le ms. n° 385 de la Bibliothèque Inguimbertine de Carpentras, pp. 331-32 ; et le ms. BNF fr. 19369, fol. 79-80v° — ballade qui, à la bien regarder, n'est d'ailleurs rien d'autre qu'une réécriture, une délicate et subtile refonte du Chant royal que nous venons tout juste d'évoquer :

<blockquote>

Quant dieu voullut former Marie,
Il appela dame nature
Et luy dit : Il fault que marie
Mon filz à une creature
5   Que produyras par geniture
Exempte de cas vitieux,
Pour estre dicte en l'escripture
L'honneur de la terre et des cieulx.

Nature

J'enrichiray son armarie
10   De tous mes biens. J'en prens la cure.
Sur elle n'auront seigneurie
Le fier dragon, Mars ne Mercure,
Ny Saturne, planette obscure :
Car l'aspect doulx et gratieulx
15   De Jupiter si luy procure
L'honneur de la terre et des cieulx.

Dieu

Ton vieil peché te contrarie
A former si belle figure.
Donc fault que de moy soit cherye
20   Par dons divins en sa facture.
Du manteau d'innocence pure
Vestiray son corps precieux,
Affin qu'il porte en sa closture
L'honneur de la terre et des cieulx.

</blockquote>

---

[21]   Jehan Marot, LES DEUX RECUEILS, éd. Defaux/Mantovani, Genève, Droz/TLF, 1999, pp. 182-84.

Envoy

25   Adonc chacun fit ouverture
            De ses tresors à qui myeulx myeulx,
            Pour bastir sans tache ou laidure
            L'honneur de la terre et des cieulx.

Encore une fois se vérifie donc la raison d'être de ces rapprochements de
texte à texte, le jeu subtil des échos et des similitudes n'en faisant que mieux
ressortir les différences, dessinant pour nous sur la page ce que nous pourrions
appeler la signature du poète, sa marque de fabrique, ce à l'aide de quoi il définit
son faire, c'est-à-dire à la fois sa poétique et son identité. Par souci de mesure, je
ne retranscris ici qu'un peu plus des trois premières strophes du poème de Cretin,
soit trente-six vers sur soixante — le « supreme plasmateur » s'abandonnant, au
début de la quatrième strophe, face à son chef-d'œuvre, à un vertige qui n'est pas
sans rappeler une fois encore celui de Pygmalion[22], vertige né de la
contemplation de son propre pouvoir, qui a sa racine dans l'amour de soi et qui
nous permet de saisir, pour ainsi dire à nu, la dimension sexuelle implicite, la
dimension jupitérienne, du mythe. Après tout, et en dépit de toutes les différences
proclamées, il n'y pas davantage chez Cretin que chez Scève de distance
infranchissable entre l'Architecte et l'Amant. Comme l'Amant de Délie, le bien
nommé « Altitonant » de Cretin ne rêve que de se fondre dans sa création, de
s'introduire et de loger en elle, et d'empêcher à tout prix les autres — le
« Serpent » — d'y entrer — « artifice » on ne peut plus « divin ». *Et vidit deus
quod esset bonum* :

Chant royal

            L'Altitonant supreme plasmateur,
            Monarque & chief en l'art de architecture,
            Avant qu'il fut des siecles formateur
            Feist ung pourtraict de nouvelle structure
5   Pour reparer l'offence et fourfaicture
            Du pere Adam / et lors la trinité
            Preordonna ça bas ung edifice,

---

[22] Ce mythe est exploité de façon encore plus explicite dans le Chant royal cité dans la note
précédente et reproduit par Gros. On y lit en effet (vv. 25-33) : « Ce grand ouvrier, pour faire
tribut taire, / Fit tel pourtraict parfaict en ses valleurs / Que veu l'image en ses traictz et
coulleurs, / Gecta dessus les yeulx de son couraige / *Si qu'amoureux fut de son propre
ouvrage, / Et pour pourvoir à ses grandz appetitz, / Il l'embrassoit en voullant qu'elle vive* »,
etc. Ce qui est prêter à Dieu des désirs très humains. On se souvient cependant que, dans la
Genèse, à intervalles réguliers (1 : 4, 1 : 10, 1 : 18, 1 : 25, 1 : 31, etc.), Dieu s'arrête pour
contempler ce qu'il vient de créer et constate à chaque fois que « cela était bon » : *Et vidit
Deus quod esset bonum [...] Viditque Deus cuncta quæ fecerat : et erant valde bona*. Il suffit
au poète du Puy de relire ces versets dans une perspective mariologique pour arriver à
Pygmalion.

Où decreta le filz en deité
Y desdier en sa solemnité
10   Temple construict / par divin artifice.

Le paraclit de l'œuvre conducteur
Tel fondement y assit et closture
Que le maling serpent faulx seducteur
Ne sceut jamais [y] congnoistre fracture.
15   De droict compas et juste quadrature
Fut erigé en telle summité
Que le renom : richesse : et dignité
Du temple où feist Salomon sacrifice
Moult exceda. Lors sacrée unité
20   De dieu et homme eust en sublimité
Temple construict / par divin artifice.

Or pur et net le portail / nef / et cueur,
Murs : pavement : pilliers : et couverture,
Furent bastis du magnificque aucteur
25   Ouvrant sus tous à l'antique sculpture,
Tresbien gardant perspective paincture,
Autour du cueur paignant humilité,
Foy : esperance : avecques charité,
Et en la nef attrempance, justice,
30   Prudence et force : au surplus verité.
Pour tiltre mist l'escript d'auctorité
Temple construict / par divin artifice.
Si plaisant fut ce temple au createur
Qu'en luy voulut se faire creature.
35   C'est le sainct corps où nostre redempteur
Fut incarné et print sa nourriture...

Dernière touche à ce tableau marial incomplet[23], en guise de conclusion toute provisoire. Dans son ouvrage *Le poète, la Vierge et le Prince du Puy*, Gérard Gros nous apprend que de 1486, date de la constitution officielle du Puy de Rouen, à 1510, un seul genre, le chant royal, est primé au concours du 8 décembre. Le vainqueur reçoit *la palme*, le second le *chapeau de laurier*. En 1510, le Prince Jean Le Lieur (ne s'agirait-il pas plutôt de Jacques ?) fonde le prix du rondeau, lequel consiste en un *signet*, ou *cynet*, c'est-à-dire « une marque, un cachet ou un sceau », voire, par métonymie, « un anneau portant un cachet ». En 1514, enfin, le Prince en exercice, Jacques des Hommets, institue le prix de la ballade ; et celui-ci, *la rose*, fut alloué pour la première fois, cette année-là, à

---

[23]   À compléter par deux autres études du même genre : 1) « La myrrhe, l'aloès et la manne : pour une lecture mariale de *Délie* », à paraître chez Champion dans les Actes du colloque de Rouen ; 2) « Du nouveau sur Délie : Maurice Scève et la poésie mariale », in *A French Forum : Mélanges de littérature française offerts à Raymond C. et Virginia A. La Charité*, Paris, Klincksieck, 2000, pp. 179-94.

Pierre Apvril[24]. C'est je crois à la lumière de cette dernière précision — *la rose* à celui qui écrit la plus belle ballade — et dans une perspective de toute façon résolument mariale, qu'il convient de lire D251, dizain que Scève semble avoir écrit pour faire comprendre à son lecteur l'injustice criante, insupportable, dont il vient d'être victime. Mais de quelle injustice s'agit-il ? On se croirait presque revenu au bon vieux temps de la querelle littéraire entre Marot et Sagon, celle qui, au début, voit Sagon, un Sagon triomphant, « Palme, Lys, Signet [et] Rose » en main, un Sagon quatre fois couronné au Puy de Rouen, rabattre de très insolente façon le caquet de Frippelippes et de son maître le « rat pelé ». C'est à moi, nous dit Scève, et non pas à mon rival « indigne », qu'aurait dû être décerné le prix. Par la maîtrise qu'elle suppose, la lucidité aussi joueuse que mordante et la souveraine densité du propos, l'ironie tient ici proprement du miracle. La *rose* est non seulement Délie, Délie que le mari vient de lui prendre pour la mettre dans son lit — « Hà, luy *indigne*, il la tient, il la touche » (D161) — , elle est aussi le prix accordé par le Prince du Puy au meilleur « facteur » de l'année. Lorsque « la rose entre espines fleurit », c'est toujours, Guillaume de Lorris nous l'avait déjà fait comprendre, le poète qui finit par se piquer :

> Au commun plainct ma joye est convertie
> De dueil privé et mon particulier,
> Par la Fortune en mon sort compartie,
> Quasi pour moy un malheur familier,
> Qui m'a frustré de ce bien singulier,
> Par qui raison contre debvoir opine.
> Doncques voyant la tresriche rapine
> En main d'aultruy, indigne d'elle, enclose,
> *De mon labeur me fault cueillir l'Espine*
> *Au loz, & heur de qui a eu la Rose.*

Gérard DEFAUX
The Johns Hopkins University

---

[24]   Gérard Gros, *op. cit.*, pp. 132-36.

PER ANGUSTA AD AUGUSTA: RONSARD AND THE RENAISSANCE BELIEF IN POETRY AS THERAPY

This study will go beyond the commonly held critical view that the legacy of Renaissance love poetry, and of Pierre de Ronsard's in particular, resides in the Petrarchan thematics and final picture of anguish, confusion, and torment. Such a view is exemplified by what Henri Weber and Catherine Weber write in their "Introduction" to the Classique Garnier edition of Ronsard's *Amours*: "Faut-il en conclure que Cassandre fut surtout un prétexte littéraire, permettant à Ronsard de rivaliser avec Pétrarque? [. . .] encore est-il possible qu'il réponde à une mode mignarde et sensuelle". And we all know what the conventions of this lachrymose "mode" or "douleur pétrarquiste" were. The editors continue: "Les sentiments et les images sont aussi fixés par les exigences de la tradition pétrarquiste et précieuse: l'amour, son arc et ses flèches, logent dans les yeux de la belle, le rets d'or des cheveux emprisonne la liberté du poète, le venin du regard est entré dans son cœur où se trouve à jamais gravé le portrait de Cassandre. L'émotion rend l'amoureux tour à tour *de glace et de flammes*, ses yeux se changeront *en fontaines, ses soupirs* en zéphirs, il confie *sa douleur* aux taillis, aux bois et aux ruisseaux". Thus ends the Petrarchan experience in love for Ronsard, or at least that is how it has been interpreted and presented time and again as being the unfulfilled and defeated condition of love sickness or melancholy.[1]

---

[1] Ronsard, *Les Amours* (Paris: Garnier Frères, 1963), X-XI. All italics in this study are mine, unless otherwise indicated. A shorter version of this study was presented at the 2001 annual meeting of the Renaissance Society of America in Chicago. Any number of other critical works could be cited in support of Petrarchan "douleur" constituting the main ingredient in Ronsardian love. In his own study that helps to put the "enormous topic of Pléiade Petrarchism" into better perspective, Stephen Minta says that Ronsard, in order to rid love poetry of abstraction, allegory, and psychology and thus to "simplify" it, was content to "describe the sufferings he experience[d] in love [. . .] in making [no]thing more than a dramatic statement of this position", just like his Petrarchan "predecessors" had described the same "suffering [of] a living death". *Love Poetry in Sixteenth-Century France* (Manchester: Manchester UP, 1977), 139-40. And if one consults the "Index of Selected Themes and Images" (155-57) in *Ronsard II Poems of Love* edited by Grahame Castor and Terence Cave (also Manchester UP, 1975), the reader will find only two references to "poetry as consolation" but a preponderance of poems supposedly concerned with "combat (of love)", "illusion (deception, self-deception)", "inconstancy", "love (abandonment or rejection of)",

As implied in my title (*"Per angusta ad augusta . . ."*), we will focus instead on the curative or therapeutic role and value of poetry to console and to lead Ronsard (as they do other Renaissance writers) from a psychological state of sorrow and suffering to one of personal contentment and satisfaction. The nature of melancholy stemming from the condition of unrequited love and its negative effects upon the Poet-Narrator are a powerful and poignant motif in the literature of the Renaissance, to be sure, but they are not the final picture given by these writers of their dilemma. The resolution or cure of melancholy through literature is a central issue, albeit neglected or underestimated, in Ronsard and in other writers. Ronsard announces and emphasizes his therapeutic preoccupation and purpose throughout his *Œuvres*. One of his best statements is found in Sonnet 57 written to Hélène (XVII. 246–47[2]):

> Si j'ay bien ou mal dit en ces Sonets, Madame,
> Et du bien & du mal vous estes cause aussi:
> Comme je le sentois, *j'ay chanté mon soucy,*
> *Taschant à soulager les peines de mon ame.*
> Hà qu'il est mal-aisé, quand le fer nous entame,
> S'engarder de se plaindre, & de crier mercy!
> *Tousjours l'esprit joyeux porte haut le sourcy,*
> *Et le melancholique en soymesme se pâme.*
> *J'ay suivant vostre amour le plaisir poursuivy,*
> Non le soin, non le dueil, non l'espoir d'une attente.
> S'il vous plaist, *ostez moy tout argument d'ennuy:*
> Et lors j'auray *la voix plus gaillarde & plaisante.*
> Je ressemble au mirouer, qui tousjours represente
> Tout cela qu'on luy montre, & et qu'on fait devant luy.

The psychological and literary evolution so clearly delineated in Sonnet 57, and that we will be concerned with in Ronsard, is encapsulated in the highly cherished and old classical, humanist adage: *per angusta ad augusta* (literally, "through anguish to augustness/dignity/self-worth", "to greatness through hardship"). What Ronsard really experienced and practiced was a healing art (". . . j'ay chanté mon soucy,/ Taschant à soulager les peines de mon ame"; "Tousjours l'esprit joyeux porte haut le sourcy"), with its emphasis on renewed health and regeneration (i.e., consolation and satisfaction ["poursuivre le

---

"solitude", and so forth. For a more recent treatment of the thematics of love sickness or "melancholy" in Ronsard, the reader can consult the sizeable study by Oliver Pot, *Inspiration et mélancolie. L'épistémologie poétique dans les Amours de Ronsard* (Geneva: Droz, 1990). My purpose in the present essay is to show that the sorrow and lamentation of melancholy are seldom, for Ronsard, the final response to love.

[2]   References to Ronsard's texts will be from *Lm*. The volume and page numbers from this edition will be given in parentheses either before or following each quotation.

plaisir"]) through the writing process itself (poetic discourse and self-fulfillment ["Si j'ay bien ou mal *dit* en ces Sonets"; "la voix plus gaillarde & plaisante"]). Ronsard's belief in the healing power of poetry has not, to be sure, escaped all his readers, especially his early ones in the Renaissance. Étienne Pasquier was right, early on in 1565, when he observed concerning the emergence of Pléiade poetry that "en ses premieres Amours [in the Cassandre cycle], [Ronsard] voulut contenter son esprit".[3] Even in his very first love poems, as in the last ones and those in between, Ronsard was not content (*pace* Minta) merely to "describe the sufferings he experience[d] in love" ("*Non* le soin, *non* le dueil, *non* l'espoir d'une attente", as the poet says above) and to provide the reader with "a dramatic statement" of his "living death" (Minta, *Ibid.*). As Pasquier first recognized, Ronsard clearly had in mind other, more important issues for poetry.

The literary recognition by other Renaissance writers who support Ronsard's view of this central therapeutic purpose of poetry, which I am calling the "art" of *per angusta ad augusta,* is expressed in many different ways. Joachim Du Bellay reveals it to the reader this way: "S'ils [his love verses] furent ma folie, ils seront ma raison,/ S'ils furent ma blessure, ils seront mon Achille,/ S'ils furent mon venin, le scorpion utile,/ Qui sera de mon mal *la seule guerison*"; and again when he tells us: "Si ne veulx-je pourtant delaisser de chanter,/ Puis que *le seul chant* peult mes ennuys *enchanter*".[4] Maurice Scève struggles, successfully, to come to terms with *per angusta ad augusta* or artistic augustness in virtually every poem of the *Délie*: "Et toutesfoys telz accomplissementz [the poet's "struggles" — his "trauaulx" to overcome the negative consequences of unrequited love and to give it a higher meaning]/ Rendent tousiours ma peine *glorieuse*"; or, as the poet assures us and himself: "De mes trauaulx *me bienheurantz* ma peine,/ Ie m'extermine . . .".[5] The healing and redeeming art of *per angusta ad augusta* is not, of course, limited to poetry. The main purpose of Hélisenne de Crenne's epistolary writing is to test this consolatory premise: "Si oncques lettres ou parolles fidelement referées, eurent *vigueur & puissance de pouvoir prester salut . . .*".[6] Ronsard's own poetic understandings and practice of *per angusta ad augusta* will become more apparent as this essay unfolds.[7]

---

[3]   *Recherches de la France* (Paris: Guillaume de Luyne, 1660; Slatkine Reprints, 1971) VII. 6.

[4]   *Les Regrets* 13 and 11, in J. Jolliffe, editor, *Les Regrets et Autres Oeuvres poëtiques* (Geneva: Droz, 1966) 72 and 70.

[5]   *Délie* 177 and 384, in I.D. McFarlane, editor, *The Délie of Maurice Scève* (Cambridge: Cambridge UP, 1966) 217 and 329-30.

[6]   *La seconde epistre familiere,* in Jerry C. Nash, editor, *Les epistres familieres et invectives* (Paris: Champion, 1996) 67.

[7]   For the notion of therapy in the three Renaissance writers quoted above, see these studies by me: "Cette 'beauté nompareille': Du Bellay et l'écriture de l'impossible," in Georges Cesbron,

So as not to be misunderstood, I hasten to repeat that Ronsard and other Renaissance writers indeed believed, just as Petrarch did before them, that all great art springs from suffering, and that no poet-writer can wield the bow unless he has first been deeply wounded himself. They also believed deeply, however (and this is the point often overlooked or at least not sufficiently appreciated by modern readers of Renaissance texts), that psychological anguish and artistic disharmonies could be resolved and reconciled in the formal coherence and pleasure-giving possibilities of poetic discourse. Petrarch himself, in addition to pointing the way to the thematics of sorrow and lamentation, also points Ronsard and other writers in the direction of poetry's consolation and therapy and toward the art of *per angusta ad augusta*: "Toward where love spurs me I must turn my sorrowful rhymes . . . [but, Petrarch goes on to recognize] however much of the story of my suffering I find written by his very own hand, in the midst of my heart where I so often return, I shall speak out, *because sighs take a truce and there is help for sorrow when one speaks*".[8] Petrarch's view (in)forms the basis, as we shall see, of Ronsard's belief in poetry as therapy, just as it does for other Renaissance writers. As Ronsard avowed above in Sonnet 57 to Hélène, "speaking" or "singing" for him, too, is for the purpose of alleviating sorrow and pain: "Taschant à soulager les peines de mon ame".

Ronsard's statements and observations on the high value he placed in poetry/literature as therapy are numerous and significant. For Ronsard, literature had a utilitarian justification and purpose because it offered real consolatory values to both reader and writer.[9] Like Petrarch, Ronsard "offered a timely

---

editor, *Du Bellay: Actes du Colloque International d'Angers du 26 au 29 Mai 1989* (Angers: Presses de l'Université d'Angers, 1990) 15-31; *The Love Aesthetics of Maurice Scève: Poetry and Struggle* (Cambridge: Cambridge UP, 1991); "'Si oncq' lettres ou parolles . . . eurent vigueur & puissance de pouvoir prester salut': Writing as Therapy in Hélisenne de Crenne," in Anna Maria Raugei, Michel Simonin, *et al.*, editors, *Parcours et rencontres: Mélanges de langue, d'histoire et de littérature françaises offerts à Enea Balmas* (Paris: Klincksieck, 1993) 519-26. Of course, Montaigne (in "De l'oisiveté" [I, 8]) and Rabelais (in his various "Prologues") could be added to the list of Renaissance authors who regarded writing as a form of therapy. See Jean Starobinski, *Montaigne en mouvement* (Paris: Gallimard, 1982) and Guy Demerson, "Le 'Prologue' exemplaire du *Gargantua*," in "Prologues au XVIᵉ siècle", *Versants* 15 (1989): 35-57.

[8]   "In quella parte dove Amor mi sprona/ conven ch' io volga le dogliose rime/ [. . .]/ Ma pur quanto la storia trovo scritta/ in mezzo 'l cor che sì spesso rincorro/ co la sua propria man de' miei martiri/ dirò, perché i sospiri/ parlando àn triegua et al dolor soccorro" (Poem 127). Robert M. Durling, translator and editor, *Petrarch's Lyric Poems: The "Rime sparse" and Other Lyrics* (Cambridge, MA: Harvard UP, 1976) 248-49. Cf. also, among others, Poem 23: "because, singing, pain becomes less bitter" (60-61: "perché cantando il duol si disacerba") and Poem 50: "And—let me vent myself somewhat in speaking—" (120-21: "Et perché un poco nel parlar mi sfogo,").

[9]   Petrarch also believed that literature had these values. See the seminal study of this topic by George W. McClure, *Sorrow and Consolation in Italian Humanism* (Princeton: Princeton UP,

cultural idiom in which to explore the sorrows of self and others" (McClure, 165). Ronsard was both consoler to others and self-consoler. He, too, believed deeply that "talking" (writing) to others about sorrow and pain helped to palliate or alleviate this melancholy for the one suffering, who may be the addressee, the addresser, or both. Ronsard is forever counseling his contemporaries and offering them remedial solutions for the negative consequences of love's melancholy. (He also seeks to "console" other individuals in many other poems on the subjects of illness, exile, death, political and social problems, etc., but these are beyond the scope of the present study, which will limit itself to the melancholy of love.) As good examples of Ronsard as public consoler, I offer two poems that he dedicated to Jacques Grévin (*Amours*, Book II) and to Charles IX (*Amours d'Eurymedon et de Callirée*). First, the sonnet to his fellow poet Grévin (X. 235–36):

> A Phœbus, mon Grevin, tu es du tout semblable
> De face & de cheveus, & d'art & de scavoir.
> A tous deus dans le cœur *Amour a fait avoir*
> *Pour une belle dame une playe incurable.*
> Ny herbe, ny unguent, ne t'est point secourable:
> Car rien ne peut forcer de Venus le pouvoir:
> *Seulement tu peus bien par tes vers reçevoir*
> *A ta playe amoureuse un secours profitable.*
> *En chantant, mon Grevin, on charme le souci,*
> Le Cyclope AEtnean se garissoit ainsi
> Chantant sur son flageol sa belle Galatée.
> *La peine découverte allege nostre cœur:*
> *Ainsi moindre devient la plaisante langueur*
> *Qui vient de trop aimer, quand elle est bien chantée!*

The impetus of this poem is Grévin's disastrous love of Nicole Estienne (the "belle dame" who has inflicted "une playe incurable" in Grévin the pursuer). Once again, the thematics of unrequited love and the resulting painful state of melancholy are evident. Ronsard assures Grévin that his melancholy is incurable by traditional medicinal means: no herb or ointment can provide him any relief. But comfort and renewed health ("un secours profitable") are possible through poetry (through "tes vers"), because poetry ("chantant") serves to "charm" sorrow. Talking about love's pain (writing it or "singing" it), Ronsard tells Grévin, produces a real therapeutic. Poetry is palliative: "la peine *découverte allège* nostre cœur". Ronsard thus develops the theme of unrequited love and

---

1991), especially his first three chapters devoted entirely to Petrarch: "Petrarch as Self-Consoler", "Petrarch as Public Consoler", and "Petrarch as Universal Consoler".

melancholy in a specifically therapeutic context, as we will see him develop it time and again.

The elegy to "Eurymedon" (XVII. 158–63; to the young King Charles IX, who had met and become enamored of Anne d'Atri d'Acquaviva in 1570) is also written to warn the Prince of the melancholic consequences of such an encounter and to console him. In typical Ronsard fashion, this poem turns into self-consoling discourse as well. It begins by Ronsard wanting to reassure Charles ("voyant vostre visage *melancholique*", as he tells him) that even kings, like commoners, can be overcome and conquered by love: "Prince, de qui le nom m'est venerable & sainct,/ Amour, ainsi que vous, aux liens me contrainct:/ De penser en penser me fait nouvelle guerre:/ A la Chiorme amoureuse, ainsi que vous, m'enferre". Ronsard wants Charles to take some solace in the realization that he is not being singled out for love's melancholy. All men, regardless of status, are given the same bitter "fruits" of love:

> Se perdre, s'oublier, avoir la face blesme,
> Vouloir ouvrir la bouche, & n'oser proferer,
> Esperer à credit, & se desesperer,
> Cacher sous un glaçon des flames allumees,
> S'alembiquer l'esprit, se paistre de fumees,
> Dessous un front joyeux avoir le cœur transi,
> Avoir la larme à l'œil, s'amaigrir de souci,
> *Voila les fruicts qu'Amour de son arbre nous donne.*

To be sure, Charles suffers "le soulfre amoureux" (which Ronsard, in very good Petrarchan fashion, has just delineated for Charles). Love has forced the young King, too, ". . . à la fois rougir & blesmir,/ Passer les jours en pleurs, & les nuicts sans dormir". All of his royal possessions and his royal title cannot cure this melancholy: "Que vous sert maintenant vostre riche province,/ Que vous sert vostre sceptre & vostre honneur royal?/ Cela ne peult guarir en amour vostre mal".

Ronsard then discloses (and the turn to self-consolatory discourse begins here) how he has been able, contrary to Charles, to cure his own melancholy. This cure comes from writing poetry. Ronsard gives Charles this self-consolatory assessment:

> Où je suis soulagé par le bien de *ma plume*,
> Qui deschargeant mon cœur de mille affections,
> Emporte dans le vent toutes mes passions.
> Elle est mon Secretaire: et sans mendier qu'elle,
> Je luy dy mes secrets: je la trouve fidelle,
> Et *soulage mon mal* de si douce façon,

> Que rien contre l'Amour n'est bon que *la chanson*.
> La Muse est mon confort, qui de sa voix enchante
> (Tant son charme est puissant) l'Amour, quand elle chante.

Coping pleasurably through writing and poetry is what the above lines are all about: "Où je suis soulagé par le bien de ma plume"; "Que rien contre l'Amour n'est bon que la chanson". No finer statement has ever been made by any writer on the therapeutic value and purpose of literary art, and especially of the poetics of *per angusta ad augusta*. Ronsard's final wish for Charles is that he, too, will find his own cure for melancholic love. In case he is unable to do so, then Ronsard pleads with Love to come to France to ease Charles's suffering: "Vien demeurer en France, & soulager l'ardeur/ De mon Prince, qui vit sujet de ta grandeur".

As preoccupied and committed as Ronsard was to consoling others, it is his real obsession as masterful *self*-consoling poet that truly shapes and energizes Ronsard's writings and so captivates the reader. Ronsard believed that sorrow and pain could be overcome through what we call today wish fulfillment, through turning to, engaging in, indeed, through *crafting* the poetics of what I have called elsewhere his own very special kind of "plaisir créateur".[10] The poems in this category of Ronsard's self-consoling discourse are far too numerous to be able to do justice to them here. However, a selection of a few of them should suffice. Among his very earliest love poems, we find the ode "A sa Guiterre" (I. 229–34). Poetry's therapeutic self-purpose is very clearly stated and emphasized in the first three stanzas of this poem:

> Ma Guiterre je te chante,
> Par qui seule je deçoi,
> Je deçoi, je ron, j'enchante,
> Les amours que je reçoi.
>
> Nulle chose tant soit douce
> Ne te sçauroit egaler,
> Toi qui mes ennuis repousses
> Si tost qu'ils t'oient parler.
> Au son de ton armonie
> Je refréchi ma chaleur
> Ardente en flamme infinie,
> Naissant' d'infini malheur.

---

10   See my essay, "Invention et plaisir créateur: Ronsard, Du Bellay, Scève," in Jean-Claude Ternaux, editor, *La naissance du monde et l'invention du poème. Mélanges de poétique et d'histoire littéraire du XVIᵉ siècle offerts à Yvonne Bellenger* (Paris: Champion, 1998) 317-34.

And how does Ronsard, through his "Guiterre"—through his Poetry, turn love's melancholy into love's pleasure? It is by replacing the melancholic lyrics of love with the healing and regenerative persuasion of those that sing the "beauty" of love: "Mieus vaut donc de ma maitresse/ Chanter les beautés, affin/ Qu'à la douleur qui m'oppresse/ Veille mettre heureuse fin". It will no longer be the "assaus cruels" and the "soupirs continuels" that the poet will sing. He pledges henceforth to focus on the pleasure-giving qualities of the beloved and of the love experience:

> Chanton donc sa chevelure,
> De laquelle Amour vainqueur,
> Noua mile rets à l'heure
> Qu'il m'encordela le cueur:
> Et son sein, rose naïve,
> Qui va & vient tout ainsi,
> Que font les flots à leur rive
> Soufflés d'un vent adouci.

Although Ronsard was convinced, as we have already seen, that "talking" about one's adversity or sorrow ("singing" it, "writing" it) can produce a palliative effect (as Ronsard puts it in another poem: "Pour tromper les soucis d'un temps si vicieux,/ J'escrivois en ces vers ma complainte inutile" [XVII. 336]), the real therapy that Ronsard sought (and created) in singing and writing his misfortunes in love was the ultimate form of consolation: personal satisfaction and even intense pleasure. The poet, he recognizes in a moment of self-consciousness, is not unlike the Nightingale. He sings in order to bring himself pleasure: "Soit bien, soit mal, Rossingnolet, je chante/ Ainsi que toy, pour *me donner plaisir*". Indeed, he creates his own pleasure: "Chantant, siflant & faisant mille tours,/ Tu veux tout seul *jouïr de mes amours*" ("Le Rossignol", XV. 187–88). Or yet again, in another instance of self-transformation that will lead the poet to pleasurable regeneration, the poet likens himself to the Marigold, forever being replenished by the "light" of the Sun-Beloved ("Fantaisie à sa Dame", I. 37):

> En mesme instant me fut avis aussy,
> Que j'estoy fleur qu'on nomme du Soucy,
> Qui meurt, & pend sa teste languissante,
> Quand el' n'est plus du Soleil jouissante:
> Mais aussi tost que l'Aurore vermeille
> Hors de la mer la lumiere reveille,
> Elle renaist, sa vie mesurant

Au seul regard d'un beau Soleil durant.
Ainsi & l'ame & le cœur on m'arrache,
Quand le Soleil de ma vie on me cache,
J'enten vostre œil: puis je suis renaissant,
Incontinent qu'il m'est apparoissant.

Clearly, Ronsard will use and stretch ("abuse" is the verb we will see him using below) whatever imagistic means is necessary in the art of poetry to turn sorrow and adversity into self-satisfaction and self-pleasure.

The love lyrics dedicated to Genèvre also provide a good glimpse into the kind of intense *plaisir* and *jouissance* that Ronsard demanded from poetry's therapy. And to enjoy them in these poems, too, Ronsard was not at all bothered by any literary constraint against "fantasizing" and "feigning". Ronsard was only too pleased to "abuse" poetry in this way in order to attain the desired results. In the "Discours amoureux de Genevre" (XII. 256–77), Ronsard asks himself: "Veux je que tout mon temps aille au *plaisir* d'amour ?" This is, of course, merely a rhetorical question, but one that serves to orient the reader as to what the poet is now seeking and how he is now responding to love. His is no longer the burden of singing love's melancholy but rather its pleasure: "Puis que tant de *douceur* en ta face je voy"; "O beau visage feint, feinte teste & *plaisante!*/ De rien sinon de toy mon cueur ne *se contente!*/ Ton faux m'est *agreable* . . .". This shift in perspective from sorrow to satisfaction signals that the poet, "pour sa playe guerir", has finally found "la panacée" in love, or at least that is what he tells us. His lyrics now resound in joyful consolation and pleasurable insights: "Or ma douleur n'est point par le temps divertie"; "Appaise toy, mon cueur, appaise toy, ma vie".

In his "Elegie" to Genèvre (XII. 284–92), Ronsard repeats and re-emphasizes the desirability and, for him, even the necessity of the poetics of fantasy or wish fulfillment in order to come to successful and rewarding terms with love. This poem begins: "Ce me sera *plaisir*, Genevre, de t'*escrire*", and then we are told that "certes celui meurt bien [i.e., doucement] qui meurt par *fantasie*". Ronsard has discovered that such fantasy or wish fulfillment, which is capable of transforming the focus and the very meaning of love from sorrow to pleasure, is his only way to recovery: "Je parle seul à moy, seul j'entretiens mon ame,/ Discourant cent propos d'amour & de ma dame:/ D'un penser achevé l'autre soudain renaist"; "Paissant d'un souvenir l'ennuy qui me devore". In this way, the poet can fulfill his desires and thus his mental and emotional wish can be realized: ". . . en *pensant* je m'en vois/ Trouver quelque Genevre au beau milieu d'un bois/ [. . .]/ Je l'embrasse & la baise . . .". Ronsard's love and his love portrayals are now full of vitality and the sweetness of life: "Et d'une bonne odeur m'amour est toute pleine". It is by "ravassant le *plaisant* souvenir" that the

poet can now proclaim: "D'un extreme *plaisir* je suis tout hors de moy". The
beloved, as well as the reader, can now better "understand" his love lyrics, or at
least that is the poet's wish: "Ainsi je parle à l'arbre, & luy, branlant la cyme,/
Fait semblant de m'entendre, & d'*aprendre ma ryme*". It does not matter to
Ronsard if he has "abused" poetry, for it has lifted him up through sorrow and
adversity and brought him confort and pleasure: "Voyla mon naturel, & si
trompé je suis/[. . .]/ Si je m'abuse ainsi, mon abus *me contente*/[. . .]/ En
escrivant de toy mon cueur *se reconforte*".

Toward the end of "Le Cyclope amoureux" (X. 275–90), Ronsard will
divulge again love poetry's therapeutic need for wish fulfillment. Ronsard was
keenly aware of the psychological power of poetic fancy and acted upon that
conviction, as self-consoler, in many of his love poems, and especially in this
one:

> Car feindre d'estre aymé (puis que mieux on ne peut)
> Allege bien souvent l'amoureux qui se veult
> Soymesmes se tromper, se garissant la playe
> Aussi bien par le faux que par la chose vraye.

Ronsard's "feigning", his "fantasizing", his "abusing" poetry always serve the
same purpose or need: to bring him psychological healing and pleasure. The poet
tells us as much again at the end of another sonnet to Hélène: "Rien ne m'est
refusé. Le bon sommeil ainsi/ Abuse par le faux mon amoureux souci./ S'abuser
en amour n'est pas mauvaise chose" (XVII. 265).[11] Many other good love poets
have, needless to say, found much less to salvage from the love experience.
Ronsard's poetic love texts are, more often than not, self-consolatory writings.
They represent a process of healing and pleasure for their creator.

In conclusion, let us consider one final benefit, which Ronsard wishfully
acknowledges in the elegy to Genèvre (XII. 284–92), to be had and to be
enjoyed by him as a result of practicing the therapeutics and poetics of *per
angusta ad augusta*. No longer the poet of melancholy but the poet of pleasure,
Ronsard can dare to believe, as he tells Genèvre, that ". . . mes écris feront/ Que
les Genevres verds les Lauriers passeront". Controlled by and filled with intense
joy and new-found life, he dares to believe that his love lyrics will surpass the

---

[11] Minta is absolutely right when he says, in discussing this poem: "The poet evokes the torment
of the long winter nights which he has to endure alone and then suddenly we are aware of the
presence of his beloved, not in the shape of some allegorical figure such as *Doulce Pensée*,
but as a *real woman* who is entirely human and who comes to offer him all the *erotic
consolation* a man could desire" (141). Another way of saying this for Ronsard, and for all the
poems we have discussed in this study, would be to adapt slightly (substituting "de la poésie"
for "du roman") what Demerson has written about Rabelais and therapy in his article quoted
above: "C'est l'imaginaire [de la poésie] qui est la thérapie actuelle, la thérapie vraie" (39).

lachrymose lyrics of Petrarch and his followers: "Ta cyme est toute verte, *& mes pensers tous vers/ Ne meurissent jamais* . . .". Such "surpassing" of Petrarch would, obviously, have been a very pleasing corollary for Ronsard, given his intense desire to craft and to succeed in the poetics of *per angusta ad augusta*: achieving greatness or grandeur through hardship, bringing forth from psychological anguish and artistic disharmonies a formal coherence (the "armonie" of his "Guiterre") and the pleasure-giving possibilities of poetic discourse ("D'un extreme plaisir je suis tout hors de moy"). Whether or not Ronsard as poet surpassed Petrarch is irrelevant. That Ronsard derived great pleasure and therapy from poetry cannot be disputed and should not be minimized. Indeed, as far as this reader of Ronsard is concerned, they are the hallmarks of his love poetry and what permit him to rightfully claim for himself a high degree of artistic success.

Jerry C. NASH
University of North Texas

L'AMOUR AU FÉMININ?
RONSARD AND PONTUS DE TYARD SPEAKING AS WOMEN

From Catullus's Ariadne to Virgil's Scylla, from Euripides to Ovid, the classical tradition encompasses a number of male poets who assume female voices. Among the most celebrated of these is Ovid in the tenth book of the *Metamorphoses*, where Venus recounts the personally wrenching story of Atalanta and Adonis. What has been called the "empathetic" technique had already emerged, however, in the earlier *Heroides*, Ovid's elegiac epistles written in a number of voices. In this stance, the poet, rather than simply attempting to read the character's mind, *becomes* the character. Why, in such an exercise of assumed identity, did these male poets adopt the female voice? Multiple and complex reasons for this literary strategy can be identified. In Ovid's case, it has been argued that the *Heroides* promote a particular political stance most fruitfully advanced by a woman—namely, a deheroization of myth and a rejection of the masculine, Augustan ideal.[1]

While the humanist poets Pierre de Ronsard and Pontus de Tyard were indisputably well versed in Ovidian poetics, a challenging of the masculine ideal does not appear to figure among their aspirations. On the contrary, in his Pindaric odes, Ronsard celebrates Henri II's considerable military exploits and his heroic valor.[2] Since Tyard's relationship to the court differed significantly from that of Ronsard, it is not surprising that his poetry ignores the king's military feats. Tyard's poetic rendition of masculine amorous conquest is evident in his *Nouvell'œuvres poétiques*, however, as he bemoans Ronsard's success with women compared to his own.[3] When Ronsard and Tyard adopt female narrators, then, what function does such a technique fulfill?

Attempting to account for Ronsard's assumption of the female voice, Daniel Ménager has proposed a raison d'être for this poetic device in Ronsard's work. In "L'amour au féminin," Ménager asserts that because only women experience absolute love in Ronsard's text, the adoption of female narrators thereby renews the poet's own amorous discourse (*Sur des vers de Ronsard, 1585-1985* [Paris: 1990] 105-16). In Ménager's reading, Ronsard succeeds in

---

[1]   Howard Jacobson, *Ovid's Heroides* (Princeton: Princeton UP, 1974) 3-8.
[2]   See the first three odes of Ronsard's *Premier livre des odes*, in *Céard et al.* I. 589-609.
[3]   Pontus de Tyard, *Œuvres poétiques complètes*, ed. John C. Lapp (Paris: Marcel Didier, 1966) 236-37.

creating through his women speakers "l'amour au féminin" in his poetry. This thesis is at once appealing and troubling: appealing because it reveals an important but little studied dimension of Ronsard's amorous lyric, yet troubling because it posits an allegedly feminine voice within a decidedly masculine rhetorical structure. To complicate matters even further, the final poem Ménager uses to illustrate this "amour au féminin," Ronsard's "Elegie" from the *Elegies, Mascarades et Bergerie*, has not only a female but also a lesbian speaker. In this context it seems important to inquire what might constitute "l'amour au féminin," and, if such a thing exists, how it might play itself out in poetry written by male authors. To this end, I propose to analyze briefly two poems, Ronsard's "Elegie" of 1565 mentioned above, and Pontus de Tyard's "Elegie pour une dame enamourée d'une autre dame" of 1573, both of which call into question the notion of gender in a number of ways by their adoption of lesbian speakers. To what extent are these created females typical of contemporaneous women?

A first task will be to establish how Ronsard and Pontus de Tyard go about creating female voices in the elegies. Recent studies of voice in narrative note that acts of ventriloquy or impersonation constitute an attempt to create a fictive Other, then to control the Other's speech while representing it as issuing forth from the individual.[4] Although this synopsis risks simplifying the myriad potential power relations involved, it serves nonetheless as a point of departure for examining the female voice in the two poets.[5] Ronsard and Tyard can of course create female, "other" narrators, but the voice must then be "habilitée," or authorized, to speak. How is the speaker to be recognized and read as a woman?

Gisèle Mathieu-Castellani, in *La quenouille et la lyre*, while acknowledging the numerous potential pitfalls in her undertaking, seeks to codify what constitutes *l'écriture du féminin*, or the inscription of the feminine in writing, as distinguished from *l'écriture féminine* or *l'écriture-femme*.[6] One cannot say that Mathieu-Castellani creates or establishes entirely new categories, because scholars of early modern women have written about these questions for a number of years.[7] Mathieu-Castellani's attempt to enumerate the constitutive elements of women's writing will prove to be beneficial, however, if only as a point of departure. They are: 1) repetition 2) reciprocity 3) *la reprise libératrice* ("liberating resumption" as in Louise Labé's *basium* sonnet) 4) a return to male first-person subjectivity, or the desire to be multiple narrators at once 5) liberty

---

[4]   See, for example, Patrick O'Donnell, *Echo Chambers: Figuring Voice in Modern Narrative* (Iowa City: U of Iowa P, 1992) 36.

[5]   On the related question of problematic generalizations about silencing and female speech in the English Petrarchism, see Heather Dubrow, *Echoes of Desire: English Petrarchism and Its Counterdiscourses* (Ithaca: Cornell UP, 1995) 86-94.

[6]   Gisèle Mathieu-Castellani, *La quenouille et la lyre* (Paris: J. Corti, 1998) 110. These latter categories appeared frequently in feminist criticism of the 1980s and 1990s.

[7]   E.g., Deborah Lesko Baker, Yvonne Bellenger, Françoise Charpentier, Dominique de Courcelles, Gary Ferguson, Ann Rosalind Jones, Anne R. Larsen, Madeleine Lazard, Dora Polachek, Kirk Read, François Rigolot, and Colette H. Winn, to name only a few.

with regard to stereotypes 6) *oralitude*: "ce n'est ni le parlé, ni la spontanéité sans contrôle, ni le 'style oral,' relâché ou imprécis, c'est le rythme de la parole inscrit dans le corps du sujet, son appropriation de la langue incarnée dans un poème (en vers ou en prose)," or, to put it another way, a specifically feminine corporealizing of speech.[8] To Mathieu-Castellani's list, a seventh category for identifying female writing in early modern culture should be added, namely, an acknowledgment on the part of the author—implicit or explicit—of her status as female.[9] Embedded in women's texts of sixteenth-century France, there are almost inevitably traces of the writing woman's cognizance of her discourse as marked, as particular, as distinct from normative practice.[10]

While a rigorous application of the seven categories to the texts at hand would be neither feasible nor useful in the present context, and while it is reasonable to interrogate the categories themselves, these schematic principles can nonetheless serve as a basis for examining the extent to which Ronsard and Tyard succeed in creating convincing female narrators, and, by extension, "l'amour au féminin." Only two of the categories, 2) reciprocity and 7) an acknowledgment of the author's status as female, apply emphatically to these poems. The category of "repetition" proves to be particularly difficult to assess in masculine and feminine terms, because—as Gerald Manley Hopkins noted and Roman Jakobson developed—without repetition, there would be no poetry.[11]

Both Ronsard's and Tyard's speakers acknowledge their status as female within the poems, not only by the grammatically marked language (feminine

---

[8] Mathieu-Castellani. 193, 116-95.

[9] Such a stance could be called a "gendered pact," comparable to Philippe Lejeune's celebrated "autobiographical pact," in which the author's literary "I" is revealed to be consubstantial with the writer himself (Philippe Lejeune, *Le pacte autobiographique* [Paris: Editions du Seuil, 1974] 13-15). In a "gendered pact," the writer's masculine or feminine identity is immediately established in the text.

[10] On the question of the author's cognizance of her own marked discourse, see Hélisenne de Crenne, *Espistres invectives*, *Œuvres* (1560) (Geneva: Slatkine, 1977) M 3v°; Pernette du Guillet, *Rymes* (1545), ed. Victor Graham (Geneva: Droz, 1968) 3; Louise Labé, *Œuvres complètes* (1555), ed. François Rigolot (Paris: Flammarion, 1986) 43; Catherine des Roches, "Epistre à ma mère," *Les Œuvres* (1579), ed. Anne R. Larsen (Geneva: Droz, 1993) 183. For useful analyses of these prefaces, see Deborah Lesko Baker, *The Subject of Desire: Poetics and Intersubjectivity in the Works of Louise Labé* (Lafayette: Purdue UP, 1996) 11-40; Anne R. Larsen, "'Un honneste passetems': Strategies of Legitimation in French Renaissance Women's Prefaces," *L'Esprit Créateur* 30 (1990): 11-22; Kirk D. Read, "Louise Labé in Search of Time Past: Prefatory Strategies and Rhetorical Transformations," *Critical Matrix* 5 (1990): 63-88; Kirk D. Read and François Rigolot, "Discours liminaire et identité littéraire. Remarques sur la préface féminine au XVIᵉ siècle, *Versants* 15 (1989): 75-98; François Rigolot, "La préface à la Renaissance: un discours sexué?," *Cahiers de l'Association des Études Françaises* 42 (1990): 121-36; and Colette H. Winn, "La femme écrivain au XVIᵉ siècle: Écriture et transgression," *Poétique* 21 (1990): 435-52.

adjectives modifying the "je" and feminine agreement with past participles), but also by decisive statements. In a passage near the beginning of Tyard's elegy, for example, the speaker aligns herself with other women, and in this case in opposition to men:

> Helas! beauté d'Amour, te choisiray je aux hommes!
> Ha, non : je cognois trop le siecle auquel nous sommes.
> L'homme aime la beauté et de l'honneur se rit,
> Plus la beauté luy plait, plustost l'honneur perit.[12] (l. 19-22)

Thus the speaker identifies with other women, who to her mind cherish the honor that men mock. The speaker further refers to her love as one existing "de femme à femme" (l. 57) and bemoans that as a woman she should be enamored of another woman (l. 32). Hence the narrator assumes the position of a male subject as she articulates her desire for a woman, but she simultaneously recognizes the socially inappropriate nature of her desire.

In Ronsard's elegy, the narrator foregrounds her status as female by alluding implicitly to the neoplatonic Androgyne, "quand on retrouve une fois sa moitié."[13] Since contemporaneous readers were familiar with the myth of the Androgyne in its three avatars (male-female, female-female, and male-male), their imagination of the female-female dyad would not have been difficult. Similarly, in line "Et si n'avons qu'un mesme corps commun" (l. 116), the *commoratio* of both "mesme" and "commun" suggests the sameness of the women's bodies.

The category of reciprocity provides another fecund terrain for ferreting out what might be considered feminine rhetoric in the elegies, because it applies to both rhetorical and topical aspects of the texts. The privileging of reciprocity in such poets as Louise Labé and Pernette du Guillet is here magnified by the lesbian speaker to her female addressee.[14] Both elegies begin with assurances of the poet's devotion to the addressee, although Ronsard insists more on the speaker's faith ("foy") and affection, whereas Tyard allies love and honor, "les deux seulles ardeurs qui me bruslent le cueur," through the speaker's passion. The topoi of faithfulness, friendship and the union of equal entities permeate Ronsard's elegy. "Amitié" and "fidélité" are not simply leitmotifs but rather take

[11] Roman Jakobson, *Language in Literature*, ed. Krystyna Pomorska and Stephen Rudy (Cambridge, MA: Harvard, 1987) 124.
[12] Pontus de Tyard, *Œuvres poétiques complètes*. ed. John Lapp (Paris: Marcel Didier, 1966) 246-50, lines 19-22. Because of their relative obscurity, I include the complete elegies in an appendix to this article.
[13] *Céard et al.* II. 421-24, line 112. See appendix.
[14] For studies of the topos and rhetoric of reciprocity in Louise Labé and Pernette du Guillet, see Deborah Lesko Baker, *The Subject of Desire* 166-68; Ann Rosalind Jones, *The Currency of Eros: Women's Love Lyric in Europe, 1540-1620* (Bloomington: Indiana UP, 1990) 95-97, 161-67; and Cathy Yandell, *Carpe Corpus: Time and Gender in Early Modern France* (Newark: U of Delaware P; London: Associated UP, 2000) 102-11.

on the form of a litany as they recur throughout the poem, as illustrated in the symbiotically linked rhymes moy/foy, amis/a mis, séparée/esgarée, amitié/moitié, un/commun, moindre/joindre.[15]

Tyard's elegy insists similarly on reciprocity, but within the context of an extended metaphor in which flames produce both clarity and passion. The vocabulary of sameness and equality reigns in the first verses of the poem: lighted flames represent both beauty and honor. Language denoting similitude permeates the first stanza: **en**semble, **en**tier, **en**tiere and three instances of the word "mesme." The morpheme "en"—in, interior, inside—further underscores the organic and inevitable nature of the speaker's passion. In lines 17 and 18, the reader is invited to weigh the relative merits of two linguistically similar entities, "l'ardeur de l'honneur" and "l'ardeur de l'autre Dieu." Later in the elegy, moreover, the speaker continues to underscore sameness by promising faith and mutual affection:

> Reserre le doux nœud dont estoit enlacée
> L'affection commune et à toy et à moy,
> Et rejoignons ces mains qui jurerent la foy :
> La foy dans mon esprit tellement asseurée,
> Qu'elle ne sera point par la mort parjurée. (l. 84-88)

Ultimately, however, the lyric subject records her suffering from an unrequited desire, and the concluding tone of Tyard's elegy is one of vengeance and retribution. This tone closely resembles that of Ovid as he assumes the voice of another lesbian woman, Sappho. Among the mythological and imagined voices Ovid takes on in the *Heroides*, Sappho's is the only name referring to a historical figure, in this case both a woman and a writer. The character alludes to her past love affairs with women, which readers familiar with Sappho would expect to find, but she now sings of her unrequited passion for the quite masculine Phaon:

> nec me Pyrrhiades Methymniadesve puellae,
> nec me Lesbiadum cetera turba juvant.
> vilis Anactorie, vilis mihi candida Cydro;
> non oculis grata est Atthis, ut ante, meis,
> atque aliae centum, quas hic sine crimine amavi;
> inprobe, multarum quo fuit, unus habes.[16]

---

15   The noted rhymes appear in lines 3-4, 11-12, 47-48, 81-82, 111-12, 115-16, 129-30.
16   Neither the maids of Pyrrha charm me now, nor they of Methymna, nor all the rest of the throng of Lesbian daughters. Naught is Anactorie to me, naught Cydro, the dazzling fair; my eyes joy not in Atthis as once they did, nor in the hundred other maids I loved here to my reproach; unworthy one, the love that belonged to many maids you alone possess." Ovid, *Heroides and Amores*, ed. Grant Showerman, Loeb Classical Library (London: William Heineman; New York: Macmillan, 1914) 182-83.

In what Daryl Hine terms "a prime example of male heterosexual revenge",[17] Ovid's Sappho bemoans being forsaken by the gift of song because of her devotion to the young Phaon, who spurns her advances. It could be imagined that Sappho's passive aggressive vengeance enacts the poet's desire to punish her, or that he identifies with her sexual transgressiveness, which mirrors some transgression in him. Thus by killing Sappho in the poem, the poet distances and destroys part of himself. Ovid's Sappho, as distinguished from the historical poet, silences her own voice entirely in the concluding line of the elegy as she threatens to throw herself off a cliff, "ut mihi Leucadiae fata petantur aquae."[18] Thus not only is the Lesbian voice no longer lesbian in Ovid's elegy, but further, the newly acquired heterosexual voice becomes extinguished.

While Tyard's elegy does not explicitly address heterosexual tensions as does Ovid's, it does nonetheless conclude on a retributive note, a stance that also recalls Ronsard's later carpe diem poems and Estienne Pasquier's *Jeux poëtiques*. Significantly, however, it does not recall the tone of such contemporaneous female lyric poets as Louise Labé, Pernette du Guillet, and Catherine and Roches. This is not to say that retribution never figures in the works of women poets. Louise Labé, for example, laments that her beloved has not been smitten, as she has, wishing that as she burns at least a spark should fall upon him.[19] But nowhere does the tone reach the vengeful proportions of Ronsard's "Je ne veux point la mort de celle qui arreste," in which the rejected poet urges Amor to transform the woman who spurned him by replacing her lovely locks with snow-colored hair, "que vieille elle devienne, ottroyant ma requeste."[20]

How, then, do the poets represent what might be called a feminine approach to love? Sixteenth-century moralists reveal a number of answers to this question. According to François Billon in *Le Fort inexpugnable de l'honneur féminin* of 1555, women are more faithful than men, and without women, there would be no friendship in the world.[21] While these claims were certainly challenged by other theories of friendship and by a number of misogynist treatises from the *Querelle des femmes*, women's virtues were well defended throughout the century.[22] In his *Discours des champs faez à l'honneur et exaltation de l'Amour, et des Dames*, for example, Claude de Taillemont asserts

---

[17]   Daryl Hine, *Ovid's Heroines: A Verse Translation of the Heroides* (New Haven: Yale, 1991) 151.

[18]   "That I may seek my fate in the Leucadian wave," Ovid, *Heroides* 196-97.

[19]   "De toy me plein, que tant de feus portant,/En tant d'endrois d'iceus mon cœur tant,/ N'en est sur toy volé quelque estincelle." Louise Labé, *Œuvres complètes*, ed. François Rigolot (Paris: Flammarion, 1986) 122.

[20]   *Céard et al.* I. 373. See also Estienne Pasquier, who proposes to shoot down his beloved's pride: ". . . fléchissant d'un long trait sa fierté,/ On la verra sous mon pouvoir reduite," *Œuvres complètes* (Geneva: Slatkine, 1971) II. 843.

[21]   François Billon, *Le Fort inexpugnable de l'honneur féminin* (Paris: Ian d'Allyer, 1555) 70vº, 145vº-48rº.

[22]   See, for example, Ullrich Langer, *Perfect Friendship: Studies in Literature and Moral Philosophy from Boccaccio to Corneille* (Geveva: Droz, 1994).

that women are less covetous, less cruel and less malicious than men.[23] Whereas men manifest more "chaleur animale," notes Taillemont, women are more temperate.[24] Charles Estienne claims in his translation of Ortensio Lando's *Paradossi,* albeit not unproblematically, that women only fall prey to men because of men's disingenuous tears and promises of servitude, which illustrates women's greater reliability in amorous matters.[25] Thus according to these treatises, women's greatest qualities in love, as distinguished from those of men, are faithfulness, friendship, and reliability. Both Ronsard and Tyard do in fact rhetorically underscore those attributes in their elegies as the speaker addresses her beloved. Ronsard repeats the word "amitié," Tyard insists on forms of the verb "jurer," and both poets repeatedly employ the word "foy."

Despite the apparent public acceptance of certain feminine advantages in matters of love, the injunction against women speaking of their own desire—or anyone else's—remains firmly in place throughout the sixteenth century. Louise Labé of course gloriously transgressed this injunction. While recent studies by Eliane Viennot and others showing that Marguerite de Valois's legendary sexual prowess and narcissism have been greatly embellished by prurient observers and historians, la Reine Margot remains nonetheless a prototype for bold female sexual activity in early modern court circles.[26] It is important to note that as a writer, however, Marguerite remains virtually silent on the subject in her *Mémoires.* The proscription of women's speech in general appears ubiquitously in moral treatises and conduct manuals for girls and women throughout the century, from Jean Bouchet's *Les triomphes de la noble et amoureuse dame* in 1535 to the French translation of Barbaro's *Livres de l'estat du mariage* in 1567, and even Anne de France warns her daughter that she should watch her language.[27] Not surprisingly, Juan Luis Vives's position is the most categorical: speech leads to garrulousness, curiosity, and other more abhorrent vices, therefore women should not leave their houses even to visit female relatives lest they engage in the dangerous activity of conversing ("discourir," which, not coincidentally, suggests movement or travel as well as speech in the sixteenth century).[28]

In defiance of these dictates, Ronsard and Tyard have made an authorial decision to confer upon their women narrators the power of speech. Since they

---

[23]   Claude de Taillemont, *Discours des Champs faez a l'honneur et exaltation de l'Amour, et des Dames* (Paris: Galiot du Pré, 1571) 62.

[24]   Taillemont 66v°-70r°.

[25]   Charles Estienne, *Paradoxes* (Paris: Charles Estienne, 1553) 152.

[26]   See Éliane Viennot, *Marguerite de Valois* (Paris: Éditions Payot, 1995).

[27]   Jean Boucher, *Les triomphes de la noble et amoureuse dame* (Paris: Galliot du Pré, 1535) 7r°; François Barbaro, *Les Deux livres de l'estat du mariage*, trans. Claude Joly (Paris: Guillaume de Luyne, 1567) 108ff.; Anne de France, *Enseignements à sa fille* (Lyon: Le Price, n.d.) C10r°.

[28]   Juan Luis Vives, *Institution de la femme chrétienne*, trans. Pierre de Changy (Lyons: S. Sabon, n.d. [ca. 1541-1549]) 243. See also Randle Cotgrave, *A Dictionarie of the French and English Tongues* (1611, rpt. Columbia: U of South Carolina P, 1968), whose second definition of "discourir" is "to runne over, . . . to passe, or travell through."

engage in the rather uncommon literary practice of assuming female personae, one might reasonably expect to find in these two poems rhetorical attempts to embody the female voices. Instead, however, a discernable movement *away* from the embodiment of the female voice can be identified. In Ronsard's case, this takes place through recourse to Latin sources that seek to lend credence to this otherwise illegitimate voice. Ronsard's speaker refers four times to the "vers latin" or "vers romain" and cites it twice in French translation, thereby folding her own voice into that of the Latin poet, as in the following example:

> Le vers Romain mis au tour du portrait
> Declare assez mon desir si parfait,
> *C'est qu'Anne vit en sa Diane esprise,*
> *Diane en Anne, et que le temps, qui brise*
> *Empire et Rois et qui tout fait plier,*
> *Deux si beaux noms ne sçauroit deslier.* (l. 99-104)

In these passages the "je" disappears entirely as the authority of the Latin verse recounts the poet's sentiments in the third person.

In Tyard's case, an effacement of the first person is effectuated, as well, but in this case the "je" becomes unequivocally disembodied: at the end of the poem, the voice is metamorphosed into an Echo, a river, or a fountain:

> Je supply, Contr'Amour, Contr'Amour Dieu vengeur!
> Qu'avant que la douleur dans mon cueur enclose
> Me puisse transformer, et me faire autre chose
> Que ce qu'ores je suis, soit que ma triste voix
> Reste seule de moy errante par ce bois,
> Ou soit qu'en peu de temps ma larmoyante peine
> Me distille en un fleuve, ou m'escoule en fonteine . . . (l. 90-96)

The voice's disembodiment thus takes place first through a separation from the female body and then by a reincarnation in a different, inanimate body.

Beyond the disembodiment of female voices in the elegies, a further characteristic of both poems conflicts rather flagrantly with the female voice the speakers purport to assume, at least insofar as it attempts to mimic voices of contemporaneous women. In both elegies, it is not enough to love and love well—each love must triumph over all others. In Ronsard's text, the speaker will convincingly ally her forces "mon cœur, ma peinture, et moy mesme" in line 6, which become "Mon sang, mon cœur, ma peinture, et ma vie" in the last line, to sing her devotion. While Orestes and Pylades had a perfect friendship, the speaker muses, her own affection will exceed theirs:

> Telle amitié bien qu'elle fust parfaite
> Est aujourd'huy par la mienne desfaite,
> Car je la passe autant que je voudrois
> Mourir pour vous cent et cent mille fois. (l. 53-56)

The oft-mentioned Latin verse clearly divulges the poet's design: (lines 41 and 42) "Vostre amitié chaste avecque la mienne / Surmontera toute amour ancienne." This love will rise above ("surmonter") all others, and no loyalty could surpass their own:

> Pource j'ay pris un vers Latin qui montre
> Qu'amour pareille icy ne se rencontre,
> Et que ces deux le lieu doivent quitter
> A nostre foy qui les peut surmonter. (l. 57-60)

Tyard's speaker expresses a similarly competitive spirit. If only the addressee would reciprocate, the love between the speaker and her addressee would "win the prize"—whatever prize that might be:

> Nostre Amour serviroit d'eternelle memoire,
> Pour prouver que l'Amour de femme à femme épris
> Sur les masles Amours emporteroit le pris. (l. 56-58)

Never, the speaker claims in a final superlative, has there been greater passion and goodness than in her own heart:

> Car jamais purité ne fust plus grande au Ciel,
> Plus grande ardeur au feu, plus grand douceur au miel,
> Plus grand bonté ne fust au reste de nature
> Qu'en mon cueur, où l'Amour a pris sa nourriture. (l. 69-72)

The narrators' positing of the best possible loves recalls not women speakers, but rather the poets Ronsard and Tyard themselves. Tyard asserts elsewhere that no one before him had published elevated lyric poetry in French (for the record, Du Bellay had published *L'Olive* seven months earlier), and that the rise of French poetry was begun by his generation in general and himself in particular.[29] Similarly, Ronsard claims the title of "premier poète lyrique" of France, chronologically as well as in the hearts of his readers.

It initially seems curious that Ronsard in 1565 and Tyard in 1573 should choose to assume the voices of not only female but also lesbian narrators. How were Ronsard's and Tyard's lesbian narrators received by contemporaneous readers? Although much still remains to be uncovered about the public reception of homosexuality in early modern France,[30] Agrippa speaks out decisively against male homosexual activity in *Déclamation sur l'incertitude, vanité & abus des sciences*, describing it as "une monstrueuse et brutale luxure"—worse than

---

[29] "N'ayant aucun devant moy qui en François eust publié Poëmes respondans à l'elevation de mes passionnées conceptions . . .," preface to Pontus de Tyard, *Erreurs amoureuses*, ed. John McClelland (Geneva: Droz, 1967) 90. For further analysis of Tyard's assertions concerning the importance of his work in the evolution of French poetry, see Yandell, *Carpe Corpus* 111-16.

[30] For a useful overview of what Guy Poirier calls "la mise en imaginaire des homosexualités," see his *L'homosexualité dans l'imaginaire de la Renaissance* (Paris: Champion, 1996) 193-95.

prostitution, incest and bestiality.[31] Agrippa devotes an entire chapter to "Des putains" (and incidentally, to their redeeming value), but nowhere in the treatise does he even allude to female homosexuality.

As the century advances, however, public fascination with alternative sexual practices and gender identification increases, judging from a number of texts that engage in what today's critics would call "gender bending"—tales of hermaphrodites, effeminate royalty, impersonators, and intersexed infants. Ambroise Paré's well-known *Des Monstres et Prodigues*, for example, expresses a fascination with mixed genders, as does Jean Dorat's narrative poem "L'Androgyn," which was published as a single volume in 1570. But while there are stories of "les femmes hommasses" and hermaphrodites, these monsters are considered women-leaning-toward-men rather than the contrary, as Paré specifies: "Nous ne trouvons jamais en histoire véritable que d'homme aucun soit devenu femme, pour-ce que Nature tend tousjours à ce qui est le plus parfait et non au contraire faire que ce qui est parfaict devienne imparfaict."[32] As an example of the woman-become-man, the attorney Estienne Pasquier records the saga of the famous Pope Joan, "Récit de l'Histoire de la Papesse Jeanne" because, he notes, so many friends asked him his opinion of the case that he decided to write it up. Similarly, Catherine des Roches creates the story of Agnodice, who disguises herself as a male doctor in order to help women who are desperately ill. Unlike Pope Joan, however, Agnodice experiences a glorious triumph when her female identity is revealed.[33]

Gender play was not exclusively consigned to the realm of literature, as historical records reflect. Cross-dressing gained considerable popularity during the second half of the century, including court celebrations in 1576 and 77 where Henri III and his brothers disguised themselves as Amazons.[34] Jacqueline Boucher suggests that the image of the Amazon served in the court as a force symbolically reconciling masculine valor and feminine chastity, though to the

---

[31]   Henricus Cornelius (Henri Corneille) Agrippa, *Declamation sur l'incertitude vanité & abus des sciences*, trans. Louis de Mayerne-Turquet (Paris: J. Durand, 1582) 270-79.

[32]   Ambroise Paré, *Des Monstres et Prodigues*, *Œuvres* (Paris: 1964) 197. On this question, see Nicole Pellegrin, "L'androgyne au XVIe siècle: pour une relecture des savoirs," *Femmes et pouvoirs sous l'Ancien Régime*, ed. Danielle Hasse-Dubosc and Eliane Viennot (Paris: Rivages, 1991) 30-34.

[33]   Catherine des Roches, *Les Œuvres*, ed. Anne R. Larsen, (Geneva: Droz, 1993) 335. For further interpretation of "Agnodice," see Anne R. Larsen's introduction to the *Œuvres* 56-57; Tilde A. Sankovitch, *French Women Writers and the Book: Myths of Access and Desire* (Syracuse: Syracuse UP, 1988) 59-66; Cathy Yandell, *Carpe Corpus*, 186-88.

[34]   In fact, if Pierre de L'Estoile's journal can be taken at face value, Henri's cross-dressing was a common occurence: "Le roi cependant courait la bague, vêtu en amazone, et faisait tous les jours festins nouveaux" (September 1576). "Cependant le roi faisait tournois, joutes et ballets et force mascarades où il se trouvait ordinairement habillé en femme, ouvrait son pourpoint et découvrait sa gorge, y portant un collier de perles . . ." (February 1577), cited by Jacqueline Boucher, *La cour de Henri III* (Rennes: Ouest-France, 1986) 25.

outside observer it is far easier to see valor rather than chastity in these manifestations.

While according to some scholars, Ronsard writes his 1565 elegy for two real-life women from the court of Catherine de Médicis, Tyard's elegy has no traceable referents.[35] Since Tyard's elegy appeared seven years after Ronsard's, and since Tyard addresses a dedicatory poem to Ronsard in his 1573 collection, it is likely that Tyard was inspired by Ronsard's work. Although there are significant differences in the poems, both narrators insist on the unusual nature of their love. Ronsard's speaker acknowledges "l'amour de deux qui rarement s'assemble" (l. 45). In Tyard's elegy, the rhetorical structure of the poem underscores the lover's progressively disclosed passion. After approximately one-fourth of the 100-verse poem, the speaker reveals with great pathos the specificity of her desire, punctuated twice by a poignant interjection. The speaker thus appears unable to articulate the revelation any earlier in the poem, because of the pain such an avowal inflicts:

> Ainsi du seul honneur cherement curieuse
> Libre je desdaignois toute flame amoureuse,
> Quand de ma liberté Amour trop offencé
> Un aguet me tendit subtilement pensé.
> Il t'enrichit l'Esprit : il te sucre la bouche
> Et le parler disert : En tes yeux il se couche,
> En tes cheveux il lace un nœud non jamais vue,
> Dont il m'estreint à toy : Il fait ardoir un feu —
> Helas qui me croira! — de si nouvelle flame
> Que femme il m'enamoure, Helas! d'une autre femme.
> Jamais plus mollement Amour n'avoit glissé
> Dedans un autre cueur . . . (l. 23-34)

While at first glance this description of love's monopolizing grasp recalls the rhetoric of Petrarchan *innamoramento* in its reference to the eyes of the beloved and her hair ensnaring the lover, the nature of this "nouvelle flame" is in fact quite different. The lover's attraction is produced by the beloved's spirit and by her articulate speech, "le parler disert." Amour does not strike like lightning, but rather it slides gently ("glisser mollement") into the lover's consciousness. This verse constitutes one of Tyard's speakers most convincing moments in the elegy. Baffled by the newness of her unexpected desire, the speaker haltingly avows through the laden "hélas" her fateful discovery.

Neither Tyard's nor Ronsard's narrator attempts to skirt the question of her own lesbian desire. Both rhetorically justify the heroic nature of same-sex love, however, by comparing themselves to celebrated homosexual male lovers,

---

[35]   See Daniel Ménager, "L'amour au féminin" 105-16, and Michel Simonin, "Hélène avant Surgères: pour une lecture humaniste des *Sonnets pour Hélène*," *Sur des vers de Ronsard, 1585-1985, op. cit.*, 127-44.

notably from ancient and mythological sources, and, in the case of Ronsard, heterosexual lovers such as Chorebus and Cassandra, and even friends who may or may not have had erotic ties, such as Orestes and Pylades. In this respect, the lesbian narrators (who cite no lesbian examples beyond themselves) render the unspeakable possible by their recuperating comparisons. The narrators' comparisons reflect a desire on the part of the writers to normalize lesbian desire at least to the extent that it becomes palatable to readers—including just enough transgression, in other words, to render the elegies titillating without their becoming objectionable. The exclusion of Ronsard's "Elegie" from the 1584 edition may indicate that this strategy did not always prove effective. The heroic quality assigned to the lesbian loves by both poets once again suggests Ronsard's Pindaric odes or Tyard's *Nouvell'Œuvres poétiques*, but it is not reminiscent of contemporaneous women's poetry. Although mythological or historical figures abound, for example, in Louise Labé, Pernette du Guillet, and Catherine des Roches, no elevated comparisons between these figures and the poets' immediate loves can be found.[36]

Ronsard and Tyard thus create in their elegies speakers who sometimes though not consistently adhere to topoi and rhetoric that are identifiable according to other sixteenth-century texts as primarily female. To return to the original question posed in this essay, when such writers as Ronsard and Tyard adopt a female speaker, do they enrich their poetic registers? Our conclusion must decidedly be positive. Do they succeed in creating "l'amour au féminin" in their elegies? Here a more qualified response emerges. Though certain aspects of the discourse conform to patterns and topoi that can be found in contemporaneous women writers, as we have seen, ultimately there remain dissonant strains that detract from a coherent reading of the text as feminine. I do not mean to imply that male writers are incapable of impersonating female voices (witness the minor scandal about whether Jeanne Flore was a real person or a literary hoax),[37] but rather to assert that recent scholarship on early modern women has shown that women writers do indeed distinguish themselves from their male colleagues in ways that had previously gone unnoticed.

Searching for essentially male or essentially female topoi, speech patterns and attitudes is indeed a precarious business. Yet the adaptation of those perceived gender markers for the writer's purposes of creating a richer poetic voice poses larger social questions. As we saw in the use of superlatives and competitive imagery in the elegies of Ronsard and Tyard, the construction of female desire by male poets tells us at least as much about

---

36 Pernette du Guillet does compare her "Amy" favorably to Phaon, the object of Sappho's unrequited love: "Helas! Sapho, Phaon ton doux amy,/Auprès du mien, n'estoit qu'homme à demy" (*Rymes*, ed. Victor E. Graham [Geneva: Droz, 1968] 146). However, the comparison seeks to demonstrate not the superiority of the narrator's love, but rather her "mille regretz."

37 See Floyd Gray, *Gender, Rhetoric, and Print Culture in French Renaissance Writing* (Cambridge: Cambridge UP, 2000) 177, n.2.

masculine as it does about feminine ways of being in the Renaissance. Thus while Ronsard and Tyard may not have created completely convincing female narrators, their lesbian elegies nonetheless constitute a literary cornucopia for the exploration of gendered discourses in sixteenth-century France.

Cathy YANDELL
Carleton College

Appendix

Elegie (1565)
Pierre de Ronsard

Pour vous monstrer que j'ay parfaite envie
De vous servir tout le temps de ma vie,
Je vous suppli' vouloir prendre de moy
Ce seul present, le tesmoin de ma foy,
5   Vous le donnant d'affection extrême
Aveq' mon cœur, ma peinture, et moy mesme.
      Or ce present que je vous donne icy
Est d'un metal qui reluist tout ainsi
Que fait ma foy, qui purement s'enflame
10   De la clarté de vostre sainte flame,
Et tellement vit en vostre amitié
Qu'autre que vous n'y a part ny moitié.
      L'or est gravé, et l'amour qui m'imprime
Vostre vertu que tout le monde estime,
15   M'a si au vif engravé de son trait
Et vostre grace et vostre beau portrait,
Que je ne vy, sans voir en toute place
Vostre presence au devant de ma face,
Car plus vos yeux sont eslongnez de moy
20   Et de plus pres en esprit je les voy.
Sur les deux bords sont engravez deux Temples,
(Des amitiez les fideles exemples)
Par la peinture il faut representer
Ce qui nous peut toutes deux contenter.
25   Le Temple donq d'Apollon represente
Le beau Chorebe, et l'ardeur violente
Dont pour Cassandre Amour tant le ferut
Que pour sa Dame à la fin il mourut.
      Ô belle mort ! avienne que je meure
30   Vostre, pourveu que vostre je demeure :
Heureuse lors je pourrois m'estimer
Quand je mourrois ainsi pour vous aimer :
Car l'amitié que je vous porte est telle
Qu'elle sera pour jamais immortelle :
35   Aussi le temps, ny l'absence des lieux,
Tempeste, guerre, ou effort d'envieux,
N'effaceront, tant leur rigueur soit forte,
Nostre amitié qui seule nous conforte.
Pource j'ai mis autour du Temple aussi
40   Ce vers Latin qui s'interprete ainsi,
Vostre amitié chaste avecque la mienne
Surmontera toute amour ancienne.
      Dans l'autre Temple, à Diane voué,
(Où la Scythie a tant de fois loué
45   L'amour de deux qui rarement s'assemble)
      Se voit Oreste et son Pylade ensemble,

Deux compagnons si fermement amis,
Que l'un cent fois comme prodigue a mis
Son sang pour l'autre, ayans tous deux envie
50   De consacrer l'un pour l'autre la vie :
Cœurs genereux, et dignes de renom,
Qui pour aimer ont celebré leur nom.
      Telle amitié bien qu'elle fust parfaite
Est aujourd'huy par la mienne desfaite,
55   Car je la passe autant que je voudrois
Mourir pour vous cent et cent mille fois :
Pource j'ay pris un vers Latin qui montre
Qu'amour pareille icy ne se rencontre,
Et que ces deux le lieu doivent quitter
60   À nostre foy qui les peut surmonter.
      Dessous le Temple est l'autel où la Grece,
(Ains que tuer la Troyenne jeunesse)
Jura dessus, que point ne se lairroit,
Mais au combat l'un pour l'autre mourroit.
65   Sur cest autel, Maistresse, je vous jure
De vous servir, et si je suis parjure,
Le Ciel vangeur de l'incertaine foy
Puisse ruer la foudre desur moy :
Le vers Romain donne assez à cognoistre
70   Qu'en vostre endroit fidele je veux estre,
Et que mon sang je voudrois sur l'autel
Verser pour vous par service immortel.
      Dedans la pomme est peinte ma figure
Palle, muette et triste, qui endure
75   Trop griévement l'absence de nous deux
Ne jouyssant du seul bien que je veux.
      Hà ! je voudrois que celuy qui l'a faite
Pour mon secours ne l'eust point fait muette,
Elle pourroit vous conter à loisir
80   Seule à par-vous, l'extreme desplaisir
Que je reçoy, me voyant séparée
De vous mon tout, demeurant esgarée
De tant de bien qui me souloit venir,
Ne vivant plus que du seul souvenir
85   Et du beau nom que vous portez, Madame,
Qui si avant m'est escrit dedans l'ame.
      Mais quel besoin est-il de presenter
Un portrait mort qui ne peut contenter,
Quand de mon corps vous estes la Maistresse,
90   Et de l'esprit qui jamais ne vous laisse ?
      Las ! c'est afin qu'en le voyant ainsi,
À tout le moins ayez quelque souci
De moy qui suis en douleur languissante
Pour ne voir point vostre face presente,
95   Plus grand plaisir je ne pourrois avoir
Que vous servir en presence, et vous voir.
      Puis tellement dedans vous je veux estre
Qu'autre que vous je ne veux recognoistre :
Le vers Romain mis au tour du portrait

100   Declare assez mon desir si parfait,
      C'est qu'Anne vit en sa Diane esprise,
      Diane en Anne, et que le temps, qui brise
      Empire et Rois et qui tout fait plier,
      Deux si beaux noms ne sçauroit deslier.
105   Le plus grand bien que Dieu çà bas nous face,
      C'est l'amitié qui toute chose efface.
          Sans amitié la personne mourroit,
      Et vivre saine au monde ne pourroit.
      C'est donq le bien qu'au monde il nous faut suivre,
110   Le sang, le cœur ne font les hommes vivre
      Tant comme fait la fidele amitié
      Quand on retrouve une fois sa moitié.
          Telle, Maistresse, en m'ayant esprouvée,
      M'avez certaine en vostre amour trouvée,
115   Car vous et moy ne sommes sinon qu'un,
      Et si n'avons qu'un mesme corps commun :
      Vostre penser est le mien, et ma vie
      Est de la vostre entierement suivie.
      Ce n'est qu'un sang, qu'une ame et qu'une foy,
120   Je suis en vous, et vous estes en moy
      D'un nœud si fort estroitement liée,
      Que je ne puis de vous estre oubliée
      Sans oublier vous mesmes, et ainsi
      Je n'ay ny peur ny crainte ny souci,
125   Tant toute en vous je me trouve, Madame,
      Et mon ame est toute entiere en vostre ame.
          Ce bien me vient, pour point n'en abuser,
      De la faveur dont il vous plaist m'user,
      Me cognoissant de beaucoup estre moindre :
130   Mais vous daignez vostre hautesse joindre
      À moy plus basse, afin que tel honneur
      Me rende égale à vous par le bon-heur :
      C'est la raison pourquoy je vous dedie
      Mon sang, mon cœur, ma peinture, et ma vie.

      (*Céard et al.* II. 421–24)

Elegie pour une dame enamourée d'une autre dame (1573)
Pontus de Tyard

J'avois tousjours pensé que d'Amour et d'honneur,
Les deux seulles ardeurs qui me bruslent le cueur,
Se pouvoit allumer une si belle flame
Que plus belle clarté ne luisoit dedans l'Ame :
5   Mais je ne me pouvois en l'Esprit imprimer
Comme ensemble on devoit ces deux feux allumer :
Car combien que d'Amour beauté soit la matiere,
Et qu'en l'honneur entier la beauté soit entiere,
Il ne me sembloit point qu'une mesme beauté
10   Deust servir à l'Amour et à l'honnesteté.

Je disois : ma beauté d'honneur est en moy-mesme,
Mais non pas la beauté, laquelle il faut que j'aime :
Car la seule beauté de moy-mesme estimer
Ne seroit seulement que mon honneur aimer,
15   Et il faut que l'Amante hors de soy face queste
De la beauté, qu'Amour luy donne pour conqueste :
Donq' l'ardeur, de l'honneur en moy seulle aura lieu ?
Donques doy-je fuir l'ardeur de l'autre Dieu ?
       Helas ! beauté d'Amour, te choisiray-je aux hommes !
20   Ha non : je cognois trop le siecle auquel nous sommes.

L'homme aime la beauté et de l'honneur se rit,
Plus la beauté luy plait, plus tost l'honneur perit.
Ainsi du seul honneur cherement curieuse
Libre je desdaignois toute flame amoureuse,
25   Quand de ma liberté Amour trop offencé
Un aguet me tendit subtilement pensé.
       Il t'enrichit l'Esprit : il te sucre la bouche
Et le parler disert : En tes yeux il se couche,
En tes cheveux il lace un nœud non jamais veu,
30   Dont il m'estreint à toy : Il fait ardoir un feu —
Helas qui me croira ! — de si nouvelle flame.
Que femme il m'enamoure, Helas ! d'une autre femme.
       Jamais plus mollement Amour n'avoit glissé
Dedans un autre cueur : car l'honneur non blessé
35   Retenoit sa beauté nullement entamée,
Et l'Amant jouissoit de la beauté aimée
En un mesme suject, ô quel contentement !
Si (legere) il t'eust pleu n'aimer legerement :
Mais le cruel Amour m'ayant au vif blessée
40   S'est tout poussé dans moy, et vuide il t'a laissée
Autant vuide d'Amour, vuide d'affection,
Comme il remplit mon cueur de triste passion
Et de juste despit, qu'il faut que je te prie,
Ingrate, et que de moy ta liberté se rie.
45   Où est ta foy promise et tes sermens prestez ?
Où sont de tes discours les beaux mots inventez ?
Comme d'une Python feinte et persuasive

Qui m'as sceu enchainer par l'oreille, captive !
      Helas ! que j'ay en vain espanché mes discours !
50   Que j'ay fuy en vain tous les autres Amours !
Qu'en vain seule je t'ay (dedaigneuse) choisie
Pour l'unique plaisir de ma plus douce vie !
Qu'en vain j'avois pensé que le temps advenir
Nous devroit pour miracle en longs siecles tenir :
55   Et que d'un seul exemple, en la françoise histoire,
Nostre Amour serviroit d'eternelle memoire,
Pour prouver que l'Amour de femme à femme épris
Sur les masles Amours emporteroit le pris.
Un Damon à Pythie, un Aenée à Achate,
60   Un Hercule à Nestor, Cherephon à Socrate,
Un Hoppie à Dimante ont seurement monstré,
Que l'Amour d'homme à homme entier s'est rencontré :
De l'Amour d'homme à femme est la preuve si ample
Qu'il ne m'est ja besoin d'en alleguer exemple :
65   Mais d'une femme à femme, il ne se trouve encor
Souz l'empire d'Amour un si riche thresor,
Et ne se peut trouver, ô trop et trop legere,
Puis qu'à ma foy la tienne est faite mensongere.
Car jamais purité ne fust plus grande au Ciel,
70   Plus grande ardeur au feu, plus grand douceur au miel,
Plus grand bonté ne fust au reste de nature
Qu'en mon cueur, où l'Amour a pris sa nourriture.
Mais plus qu'un Roc marin ton cueur a de durté,
Plus qu'un Scythe barbare il a de cruauté :
75   Et l'Ourse Caliston ne voit point tant de glace
Que tu en as au seing : Ny la muable face
Du Nocturne Morphé n'a de formes autant
Qu'a de pensers divers ton esprit inconstant.
      Helas ! que le despit loing de moy me transporte !
80   Ouvre à l'Amour, ingrate ! Ouvre à l'Amour la porte :
Souffre que le doux trait, qui noz cueurs a percé,
R'entame de nouveau le tien trop peu blessé
Recerche en tes discours l'affection passée :
Resserre le doux nœud dont estoit enlacée
85   L'affection commune et à toy et à moy,
Et rejoignons ces mains qui jurerent la foy :
La foy dans mon esprit tellement asseurée.
Qu'elle ne sera point par la mort parjurée.
Mais si nouvel Amour t'embrase une autre ardeur,
90   Je supply' (Contr'Amour) Contr'Amour Dieu vengeur !
Qu'avant que la douleur dedans mon cueur enclose
Me puisse transformer, et me faire autre chose
Que ce qu'ores je suis, soit que ma triste voix
Reste seule de moy errante par ce bois,

95   Ou soit qu'en peu de temps ma larmoyante peine
      Me distille en un fleuve, ou m'escoule en fonteine,
      Et pendant que je dy et aux Cerfs et aux Dains,
      Seule en ce bois touffu, ingrate, tes dedains,
      Tu puisses, d'un suject indigne consumée,
100   Aimer languissamment, et n'estre point aimée !

(*Œuvres poétiques complètes,* ed. John Lapp [Paris: Marcel Didier, 1966]
246–50)

II

PROCHAIN HOMÈRE, NOUVEAU VIRGILE ...

————————

RONSARD ET LA *THÉORIE MÉLIORATIVE*
DE L'IMITATION

> Les grands esprits sont sujets
> à tomber du fait
> même de leur grandeur.
> Pseudo-Longin[1]

> *Ecco il giudicio uman come spesso erra !*
> Ludovico Ariosto[2]

> Il n'ét si grand, qui ne tombe an faute.
> Jacques Peletier du Mans[3]

À la Renaissance le roman chevaleresque est à bien des égards le lieu même de l'errance[4]. L'épopée classique ou médiévale, faite pour des vainqueurs dont les exploits seront célébrés pour les générations futures, cède le pas au roman, *romanzo* ou *romance*, genre de la digression et signe de la modernité par excellence[5]. Les nouveaux anti-héros, partis à la recherche de leur identité, ne savent ni ne peuvent découvrir celle-ci qu'au bout d'une série d'épreuves : la seule certitude qui les habite est celle de leur repos final. Le rôle exemplaire de ce vagabondage, qu'on le blâme ou qu'on en fasse l'éloge, se reconnaît aussi bien dans l'*Orlando Furioso*, les *Amadis de Gaule* que la *Faerie Queene*[6].

Dans le déroulement *ab-errant* des quêtes et enquêtes sans fin, les intrigues se suivent, s'emboîtent, prolifèrent. Une faute, une faille, un défaut de caractère (*pazzia, madness*) suffit à expliquer la conduite déraisonnable des *cavallieri erranti* et *wandering knights*[7]. Bientôt un chanoine de Tolède

---

[1] Traité *Du Sublime*, éd. Henri Lebègue, Paris, Les Belles Lettres, 1952, XXX. 2, p. 47. C'est par souci d'économie et sans parti pris critique que nous désignons par « Longin » l'auteur de ce traité.

[2] Ludovico Ariosto. *Orlando Furioso*, éd. Cesare Segre, Milan, Classici Mondadori, 1964, I. 7. 2. Toutes les références données entre parenthèses dans le texte se rapportent à cette édition.

[3] *Art poëtique*, éd. A. Boulanger, Paris, Les Belles Lettres, 1930, p. 102.

[4] Voir Patricia A. Parker, *Inescapable Romance. Studies in the Poetics of a Mode,* Princeton, Princeton UP, 1979.

[5] David Quint a étudié ces deux traditions rivales dans *Epic and Empire : Politics and Generic Form from Virgil to Milton*, Princeton, Princeton UP, 1992, pp. 8-9.

[6] Notons que le monstre emblématique de Spenser se nomme *Errour*, qui habite une forêt errante (« wandering wood ») et dont la tâche sera facilitée par des sorciers (Archimago et Duessa). *Fairie Queene*, in *The Poetical Works of Edmund Spenser*, éd. J.C. Smith et E. de Selincourt, Oxford, Oxford UP, 1959, I. xiii.6 sq.

[7] Il existe aussi des « dames errantes » à l'époque, si l'on en croit Deanna Shemek, *Ladies*

recommandera à un grand seigneur insensé de remplacer sa lecture des *libros de caballerías* par celle de l'Ancien Testament : les histoires y seront tout aussi extravagantes mais elles auront reçu le cachet de la « vérité »[8].

Il faut dire que de lourds soupçons ont toujours pesé sur la nature de la fiction, mode séduisant mais dangereux[9]. L'histoire des rapports entre réalité et fiction correspond à un va-et-vient entre une tendance dite « ségrégationniste » qui n'attache aucune véridicité à un énoncé fictif et une tendance « intégrationniste » qui accorde une large part de vérité au discours de la fiction[10]. Certes, si l'on est Bertrand Russell ou Saul Kripke, on refusera au nom de la logique pure tout statut ontologique aux objets « non existants ». Cependant, des énoncés composés de propositions fausses peuvent receler une part de vérité perceptible à un autre niveau que celui de la logique ou de la conformité à la réalité vécue[11].

Les écrivains de la Renaissance et leur public n'ont jamais vraiment cru au « réalisme», si l'on entend par là une conformité de l'œuvre littéraire avec le monde réel dans lequel ils vivaient. Pour eux le critère d'appréciation d'une scène ou d'un poème était fondé non pas sur son degré de vérité ou de fausseté mais sur la *possibilité d'avoir un sens* dans l'univers qui était le leur. Dans la mesure où le monde d'ici-bas était essentiellement conçu sous le signe de l'errance, tout effort de création mimétique ne pouvait conduire qu'à reproduire un ensemble de conduites humaines soumises à l'incertitude et se détachant sur un fond de vérité incarné par les « grandes âmes » : celles des sages, des héros et des saints. Dans de telles conditions, les chevauchées les plus ahurissantes de la fiction romanesque pouvaient paraître invraisemblables ; mais elles n'étaient jamais inaccessibles. Loin de les répudier comme fausses, on était tenté de voir ces errances chevaleresques à la lumière de ce que Thomas Pavel a appelé un « art de l'éloignement »[12] : elles tenaient leur vérité du fait qu'elles différaient des imperfections et des médiocrités de la vie réelle. Puissante capacité que celle

---

[8] *Errant : Wayward Women and Social Order in Early Modern Italy*, Durham, Duke UP, 1998.
Miguel de Cervantes Saavedra, *Don Quijote de la Mancha*, éd. M. de Riquer, Barcelone, 1958, I, 481 sq. Voir l'analyse qu'a faite Alban K. Forcione de la critique et de la *refutatio* des *libros de caballerías* in *Cervantes, Aristotle and the Persiles*, Princeton, Princeton UP, 1970, pp. 91-130.

[9] Thomas Pavel a étudié les rapports entre fiction et réalité dans *Fictional Worlds*, Cambridge, Mass., Harvard UP, 1986. Adaptation et traduction française : *Univers de la fiction*, Paris, Éditions du Seuil, 1988.

[10] Pavel propose un triple *distinguo* entre des questions de type logique, métaphysique et institutionnel. *Ibid.*, édition anglaise, pp. 11-12 ; française, pp. 19-21.

[11] Et Pavel de conclure : « Il est donc inutile de mettre sur pied une procédure pour évaluer la vérité ou la fausseté individuelle des propositions d'un roman, car leur micro-valeur de vérité risque fort de n'avoir guère d'effet sur la vérité du texte pris en sa totalité ». *Ibid.*, édition anglaise, p. 17 ; française, p. 27.

[12] *L'art de l'éloignement. Essai sur l'imagination classique*, Paris, Gallimard, 1996. Cet ouvrage cherche à rectifier la vision déformée d'une critique qui, depuis Paul Bénichou, Lucien Goldmann et Norbert Elias, tendait à ne voir dans la littérature du XVIIᵉ siècle que le reflet des conditions sociales de l'époque. Voir le compte rendu de Pierre Force, *French Forum*, 23, 1, 1998, pp. 121-22.

d'un imaginaire qui peut idéaliser à partir de la diversité. À une approche *externe* qui tendrait à évaluer les textes de fiction par rapport au monde non fictif qui les a produits, il convient donc d'adopter une approche *interne* qui tend plutôt à reconstituer la manière, fort différente de la nôtre, dont la fiction pouvait être comprise par ses « usagers »[13].

Evidemment tous les « usagers » du *Cinquecento* ne jugèrent pas le *romanzo* de la même façon mais la dispute entre les admirateurs et les contempteurs de l'Arioste atteignit une ampleur et une vigueur à nulle autre pareille[14]. Ce n'est pas ici le lieu de refaire l'histoire de la réception de l'*Orlando furioso*[15]. Il suffira de rappeler que tout au cours du XVIᵉ siècle l'un des passe-temps favoris de la critique humaniste consista à allonger la liste des « erreurs » de l'Arioste. Dans ce modèle du genre les débordements de la déraison affectent la forme même de la fiction. L'anormalité y est devenue la norme ; et le dérèglement, la règle. L'obsession pour les divagations et les discontinuités s'y trouve surdéterminée dans le grand débat qui oppose les partisans de l'épopée à ceux du roman[16]. La *via dritta* du genre épique, immortalisée par l'*Iliade* et l'*Énéide*, servira de repoussoir aux « irrégularités » de la forme nouvelle : *formlessness* — forme sans forme — qui aspire pourtant à la dignité littéraire[17]. Notre propos ici sera de situer Ronsard dans cet important débat critique.

Dans son *Arte poetica* de 1564 Antonio Minturno mutipliera les termes de l'erreur et de l'errance pour dénoncer les « *errori* de gli scrittori de' Romanzi »[18] :

> Ma non posso prender maraviglia grandissima, che si trovino alcuni scientiati, & ornati di buone lettere, e pieni d'alto ingegno ; i quali, per quel, che sen' intende, confessino già ne'Romanzi non esser la forma, e la regola, che tennero Homero, e Virgilio ; e dovervisi tenere Aristotele & Horatio commandarono ; e nondimeno si ingegnino di questo *errore* difendere : anzi, percioche tal compositione comprende i fatti de'*Caualieri erranti*,

---

13 *Univers de la fiction, cit.*, p. 59.

14 Aucun autre texte de la Renaissance ne semble avoir suscité autant de commentaires à l'époque. Voir les deux chapitres qu'a consacrés Bernard Weinberg à la querelle sur l'Arioste et le Tasse dans *A History of Literary Criticism in the Italian Renaissance*, Chicago, University of Chicago Press, 1961, pp. 954-1073.

15 On consultera Klaus Hempfer, *Die Diskrepante Lektüren : Die Orlando-Furioso-Rezeption im Cinquecento*, Stuttgart, Steiner, 1987 et Daniel Javitch, *Proclaiming a Classic. The Canonization of Orlando Furioso*, Princeton, Princeton UP, 1991.

16 Sur l'attitude des lecteurs du XVIᵉ siècle vis-à-vis de ces discontinuités voir Daniel Javitch, *op. cit.*, pp. 86-105.

17 La redécouverte de la *Poétique* d'Aristote et des *Éthiopiques* d'Héliodore jouera un rôle important dans le débat sur les mérites du roman et de l'épopée. Voir à ce sujet les *Discorsi dell'arte poetica e del poema eroico* du Tasse (1564) et les *Poetices libri septem* de Scaliger (1561). Dans le prologue de sa traduction des *Éthiopiques*, Amyot dira que le roman grec est « acceptable » parce qu'il se présente comme un document historique déguisé : et donc la vraisemblance est respectée. Cf. Alban K. Forcione, *cit.*, pp. 49-87.

18 Antonio Minturno, *L'Arte Poetica, nella quale si contengono i precetti Heroici, Tragici, Comici, Satyrici, e d'ogni altra Poesia [...]*, Venise, Gio. Andrea Valvassori, 1564. Rééd. Munich, W. Fink, 1971, manchette p. 25.

affermino ostinatamente non pur la Virgiliana & Homerica maniera di poetare non convenirle : ma esser le richiesto, ch'ella anco *errante* sia, passando d'una in altra materia, e varie cose in un fascio stringendo[19].

Le jugement que passe le puriste aristolélicien sur le *romanzo* est clair : l'Arioste s'est trompé en choisissant d'écrire de la fiction en toscan parce que cet idiome n'est pas aussi fiable que le grec ou le latin : comme toute langue vernaculaire il est, par essence, irrémédiablement sujet à l'erreur. Mais, toujours selon Minturno, la faute tient aussi au fait qu'en choisissant de conter les vagues aventures des « chevaliers errants » le poète a repoussé les limites de la *vraisemblance* de façon inacceptable. Ce rejet du raisonnable a dangereusement contaminé le discours même du *romanzo*. Excellent lecteur, Minturno relève la fréquence du verbe *errare* et de ses dérivés dans le *Furioso*. Il mesure avec habileté toute la folie qui consiste à s'engouffrer dans la « selva oscura » de ce labyrinthe verbal. Fatale erreur de jugement dont l'Arioste a peut-être compris l'enjeu lorsqu'il déclarait lui-même : « ecco il giudicio uman come spesso *erra* ! » (I. 7. 2).

Puissante mise en évidence de cette association entre l'erreur et de l'errance : elle ne se retrouvera dans aucune autre œuvre de l'époque. Le *Furioso* est entièrement parcouru par cette obsession de l'irrationalité divagante — rehaussée par une ironie mordante — et cela jusqu'au *canto ultimo*. Lorsque la joie semble être enfin de mise parce que le port est en vue et que le vagabondage va prendre fin, l'inquiétude reprend le voyageur qui se demande si sa carte est exacte (« se mi mostra la mia carta il vero » XLVI.1.1) ou si, condamné à une errance perpétuelle, il n'est pas une fois de plus victime d'une coûteuse illusion (« ove, o di non tornar col legno intero, / o d'*errar sempre*, ebbi già il viso smorto », XLVI.1.5-6).

Dans la première préface de la *Franciade* (1572), Ronsard, qui s'inspirera pourtant souvent du *Furioso* dans ses œuvres, reprendra cette critique de l'Arioste. Ce ne sera pas pour condamner les errances de son imagination mais simplement pour fixer des limites aux licences de ce qu'il appelle la « Poësie fantastique » :

J'ose seulement dire (si mon opinion a quelque poix) que le Poëte qui escrit les choses comme elles sont ne merite tant que celuy qui les *feint* & se recule le plus qu'il luy est possible de l'historien : non toutefois pour *feindre* une Poësie fantastique comme celle de l'Arioste, de laquelle les membres sont aucunement beaux, mais le corps est tellement contrefaict & monstrueux qu'il ressemble mieux aux resveries d'un malade de fievre continue qu'aux inventions d'un homme bien sain[20].

On reconnaît ici une distinction chère aux rhétoriciens d'Aristote à Quintilien : contrairement à l'historien qui recherche la vérité « sans desguisure ny fard», le

---

[19]   « Se'l Romanzo è Poesia ». *Ibid.*, pp. 26-27.
[20]   *Œuvres complètes*, éd. Paul Laumonier, t. XVI, Paris, Nizet, 1983, p. 4. Nous mettrons désormais les références aux préfaces et au texte de la *Franciade* entre parenthèses dans le texte.

poète « s'arrestera au *vraysemblable*», c'est-à-dire à « ce qui peut estre » ou « ce qui est desja receu en la commune opinion » (p. 4)[21].

Un double refus apparaît curieusement dans ces propos. D'une part, en effet, on assiste à un rejet de l'Histoire au nom de la liberté d'invention. L'Histoire est un asservissement à la réalité car elle « reçoit seulement la chose comme elle est ou fut ». Mais, d'autre part, toute imagination « fantastique » se trouve reléguée dans la pathologie parce qu'elle oublie la « nature » pour verser dans l'étrange, l'artificiel et l'inhumain (« corps contrefaict & monstrueux »)[22]. Rappelons que le verbe *feindre* (« non toutefois pour *feindre* une Poësie fantastique ») retient le sens du latin *fingere*, lui-même traduction du grec *poiein* (faire, créer)[23]. Si l'Histoire est le lieu théorique de l'absence de *feintise* (le degré zéro de l'imaginaire), la « Poësie fantastique » est au contraire définie par un trop-plein de *feintise* (le délire de l'imagination). Ainsi le discours du préfacier, déjà « classique » avant la lettre, refuse d'accueillir à la fois la carence et l'excès, deux extrêmes qui s'annulent devant le mélange naturel et savant d'une fiction où la « fureur » et l'« art » voudraient pouvoir se faire oublier.

Ronsard va donc corriger l'Arioste pour marquer les limites de l'espace où peut se déployer licitement l'imaginaire poétique. Mais il ne veut pas être seul à prendre une telle responsabilité ; c'est pourquoi il allègue l'exemple d'Homère et Virgile dont les œuvres témoignent, à son avis, de la même conception théorique. En effet, ni l'*Iliade* ni l'*Énéide* ne sont des œuvres d'historiens. Ni Homère ni Virgile n'ont cherché à puiser leur sujet dans la réalité de leur culture. Et d'abord parce qu'ils avaient des visées politiques certaines : Homère aurait voulu « s'insinuer en la faveur et bonne grace des Eacides » et Virgile aurait cherché à « gaigner la bonne grace des Cesars » (pp. 6-7). À ce dessein politique s'ajoutait une conscience très nette de leur destin poétique. Ils ont voulu adopter ou développer des mythes aisément transposables, soit qu'ils aient exploité des événements bien connus et acceptés comme tels par leurs contemporains (c'est le cas d'Homère avec la guerre de Troie : « le bruit de telle guerre estoit receu en la commune opinion des hommes de ce temps là »), soit encore qu'ils aient recueilli chez d'illustres prédécesseurs des enseignements qu'ils pouvaient mettre légitimement à profit : c'est le cas de Virgile, lecteur d'Homère et des « vieilles Annales de son temps » à partir desquelles il a conçu le sujet de son *Énéide* (p. 7)[24].

---

[21]   Dans la préface posthume de 1587 on lira : « Il [le Poète] a pour maxime tresnecessaire de son art, de ne suivre jamais pas à pas la verité, mais la vray-semblance, & le possible », (p. 336).

[22]   Ronsard suit ici Horace (*Ars poetica*, vv. 408 sq.). Dans l'*Abbregé de l'Art poëtique françois* (1565) il avait déjà fait la même critique des « inventions fantastiques ». *Lm, éd. cit.*, t. XIV, p. 25.

[23]   Sur cette justification étymologique, voir Grahame Castor, *Pléiade Poetics*, Cambridge, Cambridge UP, 1964, pp. 120-21. *La Poétique de la Pléiade. Étude sur la pensée et la terminologie du XVI* siècle, trad. Yvonne Bellenger, Paris, Champion, 1998, p. 173.

[24]   La préface posthume de 1587 ajoute que c'est à la lecture de l'*Énéide* que l'imaginaire poétique de tout futur poète pourra se développer : « telles ecstatiques descriptions, que tu liras en si divin aucteur [...] te feront Poëte, encores que tu fusses un rocher », (*Ibid.* p. 333).

Ronsard a les mêmes idées, politiques et poétiques, et il ne s'en cache pas. D'une part, il nous dit avoir « une extreme envie d'honorer la maison de France » (p. 8) et de chanter les « heroïques & divines vertus » de son Prince, « le Roy Charles neufiesme » (p. 8), dont il n'hésite pas à comparer les « heureuses victoires » à celles de « Charlemagne son ayeul ». D'autre part, il entend s'inscrire dans la lignée de la grande poésie épique en reprenant les termes dont il avait usé pour parler d'Homère et de Virgile. Le sujet dont il traite est « fondé sur le bruit commun » (p. 9), ce qui reprend la description du dessein prêté à l'auteur de l'*Iliade*, ce dernier exploitant « le bruit » de la guerre de Troie et la « commune opinion » qu'en avaient ses contemporains. En outre, si l'*Énéide* s'inspirait des « vieilles Annales», la *Franciade*, elle, s'appuiera sur une tradition « tresassurée selon les Annales » (p. 7) et sur « la vieille creance des Chroniques de France » (p. 9)[25].

Les ressemblances de vocabulaire frappent le lecteur : tout porte à croire que le poète français s'assimile mimétiquement à ses modèles anciens. Or Ronsard semble oublier que l'Arioste lui-même n'avait pas fait fi de l'histoire contemporaine ; que le texte du *Furioso* reposait, au contraire, sur une analogie constante entre l'actualité et la fiction romanesque[26]. Le panégyrique ronsardien de Charles IX ne rappelle-t-il pas celui de Charles Quint au chant XV du *romanzo* de l'Arioste ? Certains ajouts à la dernière version du *Furioso* (1532) reflètent les changements politiques intervenus, en particulier la remise en question de l'alliance de la maison d'Este avec la France[27]. Les rapports entre fiction et réalité chez l'Arioste sont loin d'être aussi simples que le prétend Ronsard. Le grand prédécesseur italien jouait admirablement sur la fiction pour faire entendre les ironies de l'Histoire, prenant soin de maintenir des relations ambiguës entre ce qui pouvait être perçu comme réel et imaginaire[28].

Ainsi les « erreurs » qu'attribue Ronsard à l'Arioste sont-elles elles-mêmes en partie de la pure fiction. Le Vendômois veut coiffer le Ferrarais du capuchon de la folie pour se dédouaner lui-même de ses propres errances. Il passe sous silence ce qui pourrait jeter le doute sur la *vraysemblance* de son

---

[25] Le mot « chronique » sera employé à nouveau à propos de Virgile en 1587. Et à la place de « tres-assurée selon les Annales » on trouvera, non sans renforcement : « fondé et appuyé sur nos vieilles Annales », p. 340.

[26] Cf. Daniela Delcorno Branca, *L'Orlando Furioso e il romanzo cavalleresco medievale*, Florence, L. S. Olschki, 1973, p. 103. Klaus W. Hempfer, « La mise en fiction de l'histoire dans le *Roland Furieux* : les campagnes d'Italie », in *La naissance du monde et l'invention du poème. Mélanges de poétique et d'histoire littéraire du XVIᵉ siècle offerts à Yvonne Bellenger*, textes réunis et édités par Jean-Claude Ternaux, Paris, Champion, 1998, p. 220.

[27] Voir Robert M. Durling, *The Figure of the Poet in Renaissance Epic*, Cambridge, Mass., Harvard UP, 1965, p. 139 et Klaus W. Hempfer, *art. cit.*, p. 221.

[28] Roger Baillet a tenté de définir « la place qu'occupe l'actualité dans le poème, et la fonction qui est la sienne, dans le récit, par rapport à l'imaginaire ». *Le monde poétique de l'Arioste. Essai d'interprétation du Roland Furieux*, Lyon, Éditions L'Hermès, 1977, p. 47. Pour une analyse subtile du « processssus de fictionalisation » voir Klaus W. Hempfer, « Ariosts *Orlando Furioso*-Fiktion und *espisteme*», in *Literature, Musik und Kunst im Uebergang vom Mittelalter zur Neuzeit*, éd. Harmut Boockmann *et al*, Göttingen, Akademie der Wissenschaften, 1995, pp. 46-85.

entreprise et cherche à faire croire que l'*Idée* qui l'anime est celle-là même qui a rendu Homère et Virgile immortels. Avec assurance il déclare : « Je n'ay sceu trouver un plus excellent sujet que cestui-cy » (p. 9). Peu lui importe que des lecteurs ultérieurs puissent exprimer des doutes sur le choix des légendes troyennes pour donner aux Français un sens de leur passé national[29]. L'« excellence » du sujet se mesure, selon lui, à sa capacité d'émuler un imaginaire pré-existant qui soit garanti par la pérennité des épopées antiques.

Cette adhésion de principe à l'exemplarité ancienne et à la théorie de l'imitation ne se fait pas pourtant sans réserves. Car, entre Homère et Virgile, Ronsard va lui-même devoir choisir[30]. On sait l'admiration qu'éprouvait le Vendômois pour l'*Énéide*. Il devait s'exprimer à plusieurs reprises à ce sujet. Dès la première préface à la *Franciade* (1572), il s'attarde sur l'épopée romaine :

> Virgile conceut ceste divine Æneide qu'aveq toute reverence nous tenons encores aujourd'huy entre les mains. (p. 7)

Dans la préface posthume de 1587 il reviendra sur ce thème avec encore plus d'insistance, accumulant quelque vingt-deux citations de l'*Énéide* qu'il accompagne d'un commentaire critique. S'adressant à son « lecteur apprentif», il lui recommande vivement d'imiter la « composition » et la « structure » du poème épique latin :

> Suis Virgile qui est maistre passé en composition et structure des carmes : regarde un peu quel bruit font ces deux icy sur la fin du huictiesme [chant] de l'*Æneide* [*Æ*. VIII, 689-90]. Tu en pourras faire en ta langue autant que tu pourras. (p. 347)

Plusieurs explications ont été avancées pour rendre compte de cette préférence avouée en faveur du modèle romain. Il est probable que Ronsard avait été sensible aux arguments exposés par son ami, Jacques Peletier du Mans, à ce sujet. Dans son *Art poëtique* (1555) Peletier, après avoir comparé l'*Iliade* et l'*Énéide*, en était arrivé à la conclusion selon laquelle l'épopée virgilienne était nettement la mieux réussie[31]. Quintilien avait écrit à ce sujet :

> Et hercule ut illi [Homero] naturae caelesti atque immortali cesserimus, ita curae et diligentiae vel ideo in hoc [Virgilio] plus est, quod ei fuit magis laborandum, et quantum eminentibus vincimur, fortasse aequalitate pensamus[32].

---

[29] Paul Laumonier se fera un écho de ces doutes : « Que n'a-t-il choisi le sujet, éminemment naturel, de Jeanne d'Arc, délivrant la France de l'occupation anglaise ? » *Éd. cit.*, t. XVI, p. 9, note 1.

[30] Voir François Rigolot, « Entre Homère et Virgile : Ronsard théoricien de l'imitation ». *Ronsard* [Colloque de Neuchâtel pour le 400ème anniversaire de la mort du poète], éd. André Gendre, Genève, Droz, 1987, pp. 163-78.

[31] « De l'imitacion », *Art poëtique*, éd. André Boulanger, Paris, Les Belles Lettres, 1930, pp. 95-104. Nous mettrons désormais la pagination entre parenthèses dans le texte.

[32] « A la vérité, bien qu'il faille s'incliner devant le génie immortel et surnaturel d'Homère, il convient de reconnaître plus de diligence et plus de soin chez Virgile — et cela parce que sa tâche était plus difficile. Il se pourrait même que l'uniforme réussite de Virgile l'emporte sur

Ce qui n'était qu'une préférence nuancée chez Quintilien deviendra une véritable
« virgilâtrie »[33] chez Peletier. Mais elle avait de quoi séduire un esprit fébrile
comme celui de Ronsard, à la recherche d'un grand sujet d'intérêt national. Si
Virgile était supérieur à Homère, la raison en était que l'imitateur avait su choisir
dans ce que lui offrait le modèle grec, reprenant les « réelles beautés » et
délaissant ce qui lui paraissait être des faiblesses :

> Virgile à imité ce qu'il à vù d'admirable en Homere. Mes il l'à chatiè an plusieurs
> androetz. E ici metrè quelque nombre de poinz, léquez Virgile n'à pas trouuèz bons an
> Homere, e dont il s'et gardè. (p. 98)

Par exemple, Virgile avait éliminé la plupart des épithètes dites « homériques »
qui, toujours selon Peletier, lui semblaient superflus ainsi que les répétitions qui
lui paraissaient inutiles[34].

   Si Peletier voyait en Virgile un poète doué d'une intelligence peu
commune, il s'alignait aussi sur certaines autorités anciennes pour relever les
« fautes » ou les négligences d'Homère : « Horace n'a pas dit hors de propos
qu'aucunes fois dort le bonhomme Homere ». On reconnaît là une allusion au
vers célèbre de l'*Ars poetica*, poème dont Peletier lui-même avait assuré la
traduction francaise[35]. Il était donc tout naturel que le chef de la Pléiade s'attendît
à plus de perfection dans l'*Énéide* que dans l'*Iliade*. Peletier remarquait non sans
justesse que les poéticiens avaient confondu la prétendue supériorité d'Homère
avec la véritable antériorité de son œuvre : « Homere n'et an rien plus eureus
sinon que pour auuœr prédédé an temps » (p. 98). Autrement dit, quand nous
jugeons l'*Iliade*, oublions un instant qu'elle a été écrite la première. Imaginons
que l'*Énéide* ait été le poème d'origine : aurait-on alors le moindre doute ? ne
devrait-on pas préférer le chef-d'œuvre latin au poème grec ?

> Considere, si l'*Eneide* ù etè fete auant l'*Iliade*, que c'et qu'il an faudroet dire
> (p. 98).

   Peletier est persuadé qu'il existe une façon plus raisonnable et plus juste
de fonder son jugement esthétique : c'est en oubliant la question des précédents
et en se limitant à une appréciation synchronique des œuvres. Après tout est-il si
important de savoir qui a écrit en premier ? Ne soyons pas leurrés par le prestige
de l'antériorité. D'ailleurs Homère est-il vraiment le Poète inaugural qu'on
croit ? D'autres ont pu le précéder avec un égal bonheur même si l'Histoire, avec
les caprices qu'on lui connaît, n'a pas cru bon de les enregistrer. Sans doute

---

la pré-éminence d'Homère dans les passages où celui-ci excelle ». *Institutio oratoria*, X. I. 86.
Nous traduisons.

[33] L'expression est d'Isidore Silver dans *Ronsard and the Hellenic Renaissance in France*, t. 1,
Ronsard and the Greek Epic, Saint Louis, Washington UP, 1961, p. 34, n. 156.

[34] « Virgile a bien sù euiter la superfluitè d'Epithetes qui et an Homere. [...] Il s'et gardè des
redites qui sont an Homere ». *Éd. cit.*, pp. 98-99.

[35] *Ibid.*, p. 102. Cf. *Ars poetica*, v. 359 : « indignor quandoque bonus dormitat Homerus... ».

Virgile est-il un *imitateur* ; mais cela ne veut pas dire qu'Homère ait été forcément un *inventeur* :

> Disons Virgile imitateur par euuidance : e Homere invanteur, par jugemant e opinion. (p. 98)

Cette théorie « progressiste » de l'imitation devait entraîner au moins une conséquence importante pour la production poétique de la Renaissance : c'est que *Virgile pourrait bien avoir un jour des imitateurs supérieurs à lui*. Et cela en dépit de l'adage prisé des clercs : *non est discipulus super magistrum*[36]. « Parole d'Evangile », au sens littéral du terme, Rabelais l'avait citée comiquement dans l'épisode de Thaumaste :

> Povez juger ce que eust peu dire le maistre, veu que le disciple a fait telle prouesse[37].

Tout se passe comme si les disciples pouvaient corriger les *erreurs* des maîtres. Telle est la leçon euphorisante de ce « progressisme » renaissant. A bon entendeur, salut : Ronsard relèvera le défi.

Contrairement aux idées reçues parmi les humanistes du milieu du XVIe siècle, Ronsard ne considèrera pas Virgile comme un modèle intouchable, dégagé de la temporalité historique et voué par les générations futures à une sorte de culte béat. En dépit de ses insignes mérites, le poète latin a lui aussi commis des erreurs, des « fautes Poëtiques » que ses imitateurs les plus éclairés seraient appelés à corriger. Assurément, l'auteur de l'*Énéide* somnolait parfois. Selon Jacques Peletier du Mans, certaines contradictions ou invraisemblances qui enlaidissent l'œuvre grecque avaient trouvé leur place dans la latine : « Si et-ce que je trouve Virgile etre tombè an semblable faute » (p. 99). Et le poéticien de conclure qu'il n'est pas d'œuvre d'art, si splendide soit-elle, qui puisse prétendre à la perfection :

> Il n'ét si grand, qui ne tombe an faute (p. 102).

Propos fort rassurants pour les apprentis poètes de la moderne saison : ils y verront une invitation à remballer leurs complexes et rivaliser avec des modèles jugés exemplaires sans s'estimer vaincus d'avance. Il suffira qu'ils sachent faire le départ entre ce qui mérite d'être imité et ce qui ne doit pas l'être. Peletier fonde le théorème de l'imitation sur un nouveau *distinguo* : « Qu'il sache que c'et qu'il doèt imiter e quoe non » (p. 98). Il s'ensuivra que les poètes à venir pourront en toute confiance méditer sur l'exemple de Virgile ; ils l'imiteront avec le même discernement que lui-même avait imité Homère : en corrigeant

---

[36]   Mt. 10 : 24 ; Lc 11: 40 ; Jn 13 : 16.
[37]   *Pantagruel*, chapitre XX, *Éd. cit.*, p. 290.

diligemment ses « erreurs ». Cette condition pourra leur ouvrir le chemin de la gloire puisqu'ils auront appris à surpasser leurs modèles antiques.

La théorie de Peletier n'était pas unique en son temps ; mais c'est certainement en elle que Ronsard a trouvé le substrat dont il avait besoin pour justifier ses ambitions de poète épique national. Rien ne pouvait mieux convenir, en effet, au chef de la Pléiade que le sentiment d'un *progrès successif* des formes et la croyance à la *perfectibilité* fondamentale des productions humaines. Si l'*Énéide* était supérieure à l'*Iliade*, alors la *Franciade*, écrite par un poète qui avait médité sur les erreurs de ses prédécesseurs, avait toutes les chances de dépasser le chef-d'œuvre de Virgile. Sans doute ne trouve-t-on pas de référence explicite à l'*Art poëtique* de Peletier dans l'appareil liminaire de la *Franciade* ; mais on peut conjecturer que Ronsard avait en tête sa *théorie méliorative* de l'imitation. Celle-ci confirmait, sur le plan poétique, le projet politique explicite de l'épopée : la monarchie française était destinée à briller d'un plus bel éclat encore que l'empire romain.

On se souvient qu'au début de l'*Énéide* Jupiter prédisait non seulement la fondation de Rome mais la gloire du siècle d'Auguste. L'Olympien n'assignait pas de bornes à la puissance et à la durée de l'empire romain :

> Inde lupae fuluo nutricis tegmine laetus
> Romulus excipiet gentem et Mauortia condet
> moenia Romanosque suo de nomine dicet.
> *His ego nec metas rerum nec tempora pono :*
> *imperium sine fine dedi...*[38]

On ne s'étonnera pas de trouver au commencement de la *Franciade* un discours oraculaire jovien de la même farine :

> De Merové, des peuples conquereur,
> Viendra meint prince, & meint grand empereur
> Hault eslevez en dignité supresme :
> Entre lesquels un Roy CHARLES neufiesme,
> Neufiesme en nom & premier en vertu,
> Naistra pour voir le monde combatu
> Dessous ses pieds, d'où le soleil se plonge,
> Et s'eslançant de l'humide sejour
> Aporte aux Dieux & aux hommes le jour.
> (vv. 247-56, p. 41)

Autrement dit, le Roi de France saura réaliser ce que Jupiter n'a jamais pu qu'entrevoir en songe : la domination future de l'Orient et de l'Occident par la nouvelle nation. Imitation temporelle du plan divin, ce royaume n'aura pas de fin : *imperium sine fine.*

---

[38]   *Énéide*, éd. Henri Goelzer et André Bellessort, Paris, Les Belles Lettres, 1959, I, vv. 275-79.

Dans la tradition chrétienne seul le Christ, revenu juger sur terre les vivants et les morts, parviendra à établir un royaume perpétuel et universel. Le fabuleux éloge que fait ici Ronsard de son roi peut paraître déplacé dans son outrance. Les paroles qu'il prête à Jupiter ressemblent trop à celles du *credo* du Concile de Trente : *cujus regni non erit finis*. Mais c'est paradoxalement de cette nouvelle dimension christocentrique que vient la supériorité du discours des Modernes, même lorsque ceux-ci cherchent à imiter les Anciens pour mieux les faire parler. Dans le poème qui célèbre les exploits de son roi, Ronsard veut dépasser les espoirs de son prédécesseur latin. Il en est du rêve poétique comme de l'ambition politique : Ronsard sera à Virgile ce que Charles est à Auguste : une version *améliorée* d'un illustre modèle.

Dans la préface posthume de 1587 le chef de la Pléiade finit par réduire le modèle virgilien à un usage pédagogique. Son lecteur « apprentif » pourra se faire la main sur le latin de l'*Énéide* pour des raisons purement pratiques :

> Je m'assure que les envieux caqueteront, dequoy j'allegue Virgile plus souvent qu'Homere qui estoit son maistre, & son patron : mais je l'ay fait tout exprès, sçachant bien que nos François ont plus de congnoissance de Virgile, que d'Homere & d'autres Autheurs Grecs. (p. 342)

Mais il devra se garder de reproduire les *erreurs* du poète romain. Ronsard ne ménagera pas Virgile et les remarques qu'il lui réserve — par exemple pour souligner l'impuissance de celui-ci à respecter les unités de temps[39] — visent à faire prendre conscience au futur poète et à son propre lecteur de la distance esthétique qui sépare l'imitateur moderne de sa source ancienne. Virgile est à portée d'imitation : car il se situe à proximité géographique, historique, linguistique et politique. L'*Énéide* est si proche qu'elle peut même servir de repoussoir parodique. Un vers pastiché du poème latin fera son chemin dans la préface posthume de la *Franciade* : « Gallica se quantis attolet gloria verbis ! »[40] Ronsard ose remplacer Carthage (*punica*) par la France (*gallica*) et les exploits militaires (*rebus*) par les œuvres littéraires (*verbis*). Le message est clair : combien de grands poèmes pourraient relever la gloire de la France si les écrivains français pouvaient se convaincre d'écrire, comme Ronsard lui-même, dans leur propre langue !

Certes, le panégyriste d'Auguste avait certains avantages sur le thuriféraire des rois de France. La préface ronsardienne de 1572 met comiquement en garde contre une comparaison qui négligerait les différences auxquelles l'a contraint l'Histoire :

---

[39]   *Ibid.*, V, vv. 46-48.
[40]   Le vers original de l'*Énéide* est : « Punica se quantis attolet gloria rebus » (IV, v. 49). Anne adresse ces paroles à sa sœur Didon pour l'encourager à épouser Enée : « Alors quelle cité et quel royaume vous verrez ! Avec les armes troyennes, quels exploits viendront relever la gloire de Carthage ! »

> Si je parle de nos Monarques plus longuement que l'art Virgilien ne le permet, tu dois sçavoir, Lecteur, que Virgile (comme en toutes autres choses) en ceste-cy est plus heureux que moy, qui vivoit sous Auguste, second Empereur, tellement que n'estant chargé que de peu de Rois & de Cesars, ne devoit beaucoup allonger le papier, où j'ay le faix de soixante & trois Rois sur les bras (5)[41].

Cependant il y a chez le chef de la Pléiade un désir de rabaisser Virgile, chaque fois qu'il le peut, pour mieux confirmer la théorie *méliorative* de Peletier qu'il a faite sienne : théorie dont il vérifiera lui-même le bien-fondé en apportant des corrections aux *erreurs* qu'il avoue avoir commise dans la première version de son propre ouvrage.

L'échec de la *Franciade* rapprochera curieusement son auteur de ses plus grands devanciers. Comme l'avait dit et redit Longin, les esprits médiocres ne commettent pas d'erreurs : méticuleux, ils se conforment aux règles et, comme le dira Montaigne, se contentent de « vivoter en la moyenne région »[42]. En revanche, les Homère, les Pindare, les Platon, les Sophocle ou les Démosthène, génies impurs (*hèkista katharoi*) et sujets à l'erreur (*hamartèma*), ont été capables d'atteindre le sublime[43]. Le paradoxe veut que l'erreur soit le signe de la grandeur. Ce qui donne raison à Peletier qui, sans connaître le traité attribué à Longin ni le sort funeste qui attendait la *Franciade*, écrivait : « il n'est si grand, qui ne tombe en faute » (p. 102).

François RIGOLOT
Princeton University

---

[41]   De même, au Livre IV de la *Franciade*, la vision dans laquelle Hyante raconte le cortège des rois de France aux enfers s'inspire de la leçon que faisait Anchise, au sixième livre de l'*Énéide*, sur l'histoire romaine depuis les origines. Ronsard laisse comprendre que cette imitation est toute de surface.

[42]   *Essais*, éd. Pierre Villey (Paris, P.U.F., 1976), I, 54, 313a. Voir aussi « De l'incommodité de la grandeur», III, 7, 916-20.

[43]   Voir les propos de Heinrich von Staden à ce sujet dans « Metaphor and the Sublime : Longinus», *Desde los poemas homéricos hasta la prosa griega del siglo IV d.C. Veintiséis estudios filológicos*, éd. Juan Antonio López Férez, Madrid, Ediciones Clásicas, 1999, pp. 372, 375.

WHAT SONG THE SIRENS SANG . . . :
THE REPRESENTATION OF ODYSSEUS
IN RONSARD'S POETRY

I first became acquainted with the work of Isidore Silver when I was a graduate student, working not on Ronsard but on the Scottish neo-Latin poet George Buchanan. It was *The Intellectual Evolution of Ronsard*, published in St. Louis by Washington University Press,[1] which caught my attention, particularly the section devoted to Ronsard's two periods spent as a youth in Scotland. Later on, when I started working on Ronsard myself, it was Professor Silver's study of Ronsard's debt to the Greeks—Pindar, of course, but also Homer, amongst others—that I found stimulating.[2] His work demonstrated beyond doubt that Ronsard's knowledge of the Greek language and its literature went far beyond what a previous generation of scholars, with a few notable exceptions, had imagined. It is a mark of his standing in French Renaissance circles that he was called upon to complete, along with Raymond Lebègue, Paul Laumonier's monumental edition of Ronsard, a model for all other scholarly editions of French Renaissance authors.[3]

My theme in this paper, the representation of Odysseus in Ronsard's poetry, is very much in the scholarly tradition which Isidore Silver helped to establish. Of the two great Homeric heroes, Achilles and Odysseus, it appears to be the latter of the two who appealed to the Pléiade. One thinks, of course, of Du Bellay's *Regrets*, where the character of Odysseus almost seems at times to be an *alter ego* of the poet, and although Ronsard did not identify with the wiliest of the Greek heroes in quite the same way, he did consistently find him more appealing than the headstrong if heroic Achilles.

---

[1] Volume I, *The Formative Influences*, was published in 1969 and volume II, *Ronsard's General Theory of Poetry*, in 1973.

[2] See, for example, *Ronsard and the Hellenic Renaissance in France*, vol. I, *Ronsard and the Greek Epic* (St. Louis: Washington UP, 1961); vol. II, Part I, *Ronsard and the Grecian Lyre* (Geneva: Droz, 1980), vol. II, Part II (Geneva: Droz, 1985), and vol. II, Part III (Geneva: Droz, 1987). See too articles such as "Ronsard e la religione omerica," *Studi francesi*, I (1957), 177-97; "Ronsard et les divinités célestes d'Homère," *Bulletin de l'Association Guillaume Budé, Lettres d'humanité*, XVII (1958), 93-106; "Ronsard's Homeric Imagery," *Modern Language Quarterly*, XVI (1955), 344-59, and "Ronsard's Theory of Allegory," *Kentucky Romance Quarterly*, XVIII (1971), 363-407.

[3] Referred to here as *Lm*, followed by volume number in roman numerals, and page numbers and line numbers in arabic numerals.

Although the Homeric legends were perhaps quite patchily known in the early years of the sixteenth century, the story of the *Odyssey* eventually gained considerable popularity, being used, for example, for the decoration of one of the wings of the Cour du Cheval blanc at Fontainebleau, the Galerie d'Ulysse.[4] This long gallery, decorated by Primaticcio, presented the events of the *Odyssey* in 58 scenes. Although Louis XV destroyed this wing of the palace in 1738, we know something of the decoration from engravings, drawings, and painted copies of the frescoes. Its program was probably worked out between 1555 and 1560, but the gallery itself was not completed until after Primaticcio's death in 1570. One precious document with regard to the iconography of the gallery is the series of engravings and descriptions of the frescoes by Theodor van Thulden,[5] which contain allegorical explanations of each of the events, although not necessarily the interpretations which were originally intended.

The program of the Galerie d'Ulysse was being planned, then, during one of Ronsard's most prolific and imaginative periods, when he was working on the two important collections of *Hymnes* and, of course, seeking patronage for the *Franciade*. There can be no doubt about Ronsard's attitude to Homer, whom he considered to be one of a small group of divinely inspired poets.[6] As people in court circles became better acquainted with the Homeric epics, it is not surprising that Ronsard drew on them more to provide an important source of imagery.

To a large extent, it is through the eyes of his tutor, Jean Dorat, that Ronsard must have viewed Odysseus. Dorat's general approach to the Homeric myths has been known for many years now, but considerably more detailed information has emerged after the discovery by Paul Oskar Kristeller of a manuscript in the Ambrosian Library in Milan which contains over forty pages of lecture notes on the *Odyssey* based on Dorat's teaching.[7] Although these lectures probably date from the late 1560s, there is no reason to believe that their contents differ radically from the kind of lectures that Ronsard, Du Bellay, and Jean-Antoine de Baïf would have heard at the collège de Coqueret in the late 1540s. Renaissance professors, just as much as their present-day counterparts, appear to have re-used their lectures over many years. The importance of these notes, in my view, is that they offer valuable clues to a full understanding of Ronsard's poetry. For if Du Bellay and, to an even greater extent, Baïf followed conventional readings and interpretations of the Homeric texts, Ronsard's poetry appears to me to be at times imbued with the more mystical approach to Homer

---

[4]   For a full description and study of this gallery, see Sylvie Béguin, Jean Guillaume, Alain Roy, *La Galerie d'Ulysse à Fontainebleau* (Paris: PUF, 1985).

[5]   *Les Travaux d'Ulysse peints à Fontainebleau par le Primatice* (Paris, 1633).

[6]   See, for example, the "Ode à Michel de L'Hospital," first printed in 1552, ll. 545-56 (*Lm* III. 149), where Homer, "cestuy-la / Qui si divinement parla / Dressant pour les Grecz un trophée," is placed by Ronsard amongst the "Poëtes divins."

[7]   This has now been published as Jean Dorat, *Mythologicum, ou interprétation allégorique de l'"Odyssée" X-XII et de "L'Hymne à Aphrodite,"* texte présenté, établi, traduit, et annoté par Philip Ford (Geneva: Droz, 2000).

which characterized Dorat's own understanding of the epics. Indeed, this approach would undoubtedly have spread beyond the circle of Dorat's immediate pupils. It is likely, for example, that being closely connected with the royal court, Dorat's erudition would have been called upon for the iconographical program of the Galerie d'Ulysse.[8]

One of the main keys to Dorat's interpretation of the *Odyssey* has long been known.[9] Odysseus's ten-year return from Troy to Ithaca was seen as an allegory of the human soul, passing through all the trials and tribulations of mortal life on its way back to the heavenly homeland, a kind of pagan *Pilgrim's Progress*. Or not really that pagan, as Dorat believed that Homer, as inspired poet, did have access to divine truths in just the same way as the Sibyls and other prophets, who foretold the coming of Christ.

However, Odysseus also comes over as a deeply human figure in the Homeric epics, and Ronsard, as an author rather than humanist, was also fascinated by the poetic and fictional aspects of the *Odyssey*. What I wish to do here is to consider a number of the characteristics of the Greek hero which appealed to Ronsard. In the first place, of course, the leader of the Pléiade could not fail to exploit Odysseus's proverbial renown for oratory and cunning, "Ulysse fin, & caut," as he calls him in an early ode (*Lm* II. 49. 24), expanding on this in the "Epistre à Charles de Pisseleu" to refer to him as "Ulisse qui passa les hommes en faconde, / Qui fut le plus accort, & le plus fin du monde . . ." (*Lm* VIII. 227. 75-76).[10] It comes as no surprise, therefore, in the "Hymne de tresillustre prince Charles cardinal de Lorraine" of 1559 to read a sustained, almost typological comparison in the manner of the *Hercule chrestien*, between Odysseus and the Cardinal, who was indeed renowned for his eloquence:

Mais ny les motz dorés du Roy des Pyliens [i.e. Nestor],
Ny d'Ulysse les faits ne s'egallent aus tiens,
Bien que l'un ait vescu l'espace de trois ages,
Et l'autre de maint peuple ait cogneu les courages,
Ait de Circe evité la verge & les vaisseaus,
Subtile à transformer les hommes en pourceaus
Par charmes & par herbe, & trompé les Serenes,
Et des fiers Lestrigons les rives inhumaines,
Ait aveuglé Cyclope, enfant Neptunien,
Trop chargé de l'humeur du vin Maronien,
Ait evité Charybde à l'onde tortueuse,

8   See, for example, *La Galerie d'Ulysse à Fontainebleau*, op. cit., p. 99.
9   Dorat's pupil, Guillaume Canter, discusses this interpretation in his *Novarum lectionum libri septem*, 2nd edition (Bâle: Jean Oporin, 1566), chapter 14.
10   Cf. too *Lm* XVIII. 40. 88-92, where Odysseus is referred to as "Estimé le plus sage & facond de son temps."

Et les chiens abboyans de Scylle monstrueuse,
. . . .
Telz soient donc les labeurs d'Ulysse l'Itaquois,
Pourveu que son parler ne surpasse ta voix.
(*Lm* IX. 39-41. 187-98, 207-8)

In this quite lengthy section of the hymn, Ronsard mentions most of the principal incidents in the *Odyssey* as well as other stories associated with Odysseus as points of comparison to highlight the Cardinal's own cunning and eloquence as an ambassador. In fact, Ronsard also used a variation on this theme in a flattering sonnet addressed in the same year, 1559, to Jean d'Avanson, the French ambassador in Rome in the mid 1550s, although here it is the ambassador's wealth of experience during his time in Rome which takes center-stage:

Qu'on ne me vante plus d'Ulysse le voyage,
Qui ne veit en dix ans que Circe & Calipson,
Le Cyclope, & Scylla qui fut demy poisson,
Et des fiers Lestrigons l'ensenglenté rivage:

Nostre Ulysse françois en a veu d'avantage
Seulement en trois ans...
(*Lm* X. 85. 1-6)

The tone of this poem has much in common with Du Bellay's *Regrets*, where Rome is presented as a series of traps and dangers for the visitor there. Like Odysseus, it appears that d'Avanson was able to negotiate these dangers successfully.[11]

Applied, then, to others, the image of the wily, experienced, eloquent Odysseus was exploited by Ronsard to suggest the qualities needed in the successful politician or civil servant to gain his end. However, it is another aspect of the Greek hero, Odysseus the lover, which Ronsard at times applies to himself.[12] In a sonnet from *Les Amours* of 1552, for example, the poet expresses the strength of his passion for Cassandre by comparing it to the affair between Odysseus and Circe:

Du tout changé ma Circe enchanteresse
Dedans ses fers m'enferre emprisonné,
Non par le goust d'un vin empoisonné,
Ny par le just d'une herbe pecheresse.

Du fin Gregeoys l'espée vangeresse,
Et le Moly par Mercure ordonné,
En peu de temps du breuvage donné
Forcerent bien la force charmeresse,

---

[11] On the theme of Odysseus as seasoned traveller, cf. too *Lm* X. 163. 11: "Et Peletier le docte a vagué comme Ulysse."

[12] See the article by Jacques Pineaux, "Ronsard et Homère dans les 'Amours' de Cassandre," *Revue d'Histoire Littéraire de la France*, 1986, no. 4, 650-58.

> Si qu'à la fin le Dulyche troupeau
> Reprint l'honneur de sa premiere peau,
> Et sa prudence auparavant peu caute:
>
> Mais pour la mienne en son lieu reloger,
> Ne me vaudroyt la bague de Roger,
> Tant ma raison s'aveugle dans ma faulte.
> (*Lm* IV. 66-67)

This poem relies on the reader's being well acquainted with the various details of the story of Circe and Odysseus, recounted in book X of the *Odyssey*. As the Greek hero is on his way to Circe's dwelling to discover what has happened to his crewmen, he encounters Hermes, who addresses him as follows:

> Lo! take this herb of virtue, and go with it to the dwelling of Circe, that it may keep from thy head the evil day. And I will tell thee all the magic sleight of Circe. She will mix thee a potion and cast drugs into the mess; yet for all that she will not be able to enchant thee; of such virtue is this charmed herb that I shall give thee, and I will tell thee all. When it shall be that Circe smites thee with a long wand, even then draw thou thy sharp sword from thy thigh, and spring on her, as one eager to slay her.
> (*Odyssey* X. 287-95[13])

Homer's Odysseus follows Hermes's advice, which results in his freeing his men from Circe's spells. But Ronsard pictures himself in this sonnet as being so overcome with love (Circe "Dedens ses fers m'enferre emprisonné") that the moly, "this herb of virtue" provided by Mercury, has no effect. At the same time, however, the sonnet is perhaps less about the strength of the poet's love as about its unrequited, unconsummated nature. For if Hermes's advice in the *Odyssey* protects the Greek hero from Circe's magic, it also delivers her to him.

> And she will shrink away and be instant with thee to lie with her. Thenceforth refuse not thou to lie with the goddess, that she may deliver thy company and kindly entreat thyself.
> (*Odyssey* X. 296-8)

As Ronsard writes, the Greek hero's sword and the magic herb "En peu de temps du breuvage donné / Forcerent bien la force charmeresse," a statement with strongly implicit sexual overtones, where the word play on "force" echoes and contrasts with the word play on "fer" in line 2. The poet has no such luck, and, turning at the end to another epic poem, Ariosto's *Orlando furioso*, he uses a different image to demonstrate the absolute way in which his reason is ruled by his passion.

---

[13]   This translation, like other passages of the *Odyssey* cited in this paper, is that of S. ˙H. Butcher and A. Lang (London: Macmillan, 1879).

Another poem in this collection sees the lover wishing an end to his suffering. The first quatrain makes use of a frequently used image, Odysseus's escape from the Sirens:

> Je veulx darder par l'univers ma peine,
> Plus tost qu'un trait ne volle au descocher:
> Je veulx de miel mes oreilles boucher
> Pour n'ouir plus la voix de ma Sereine.
> (*Lm* IV. 19-20. 1-4)

Lines 3-4 allude, of course, to *Odyssey* XII. 41-9, where Circe warns Odysseus:

> Whoso draws nigh them unwittingly and hears the sound of the Sirens' voice, never doth see wife or babes stand by him on his return, nor have they joy at his coming; but the Sirens enchant him with their clear singing... But do thou drive thy ship past, and knead honey-sweet wax, and anoint therewith the ears of thy company, lest any of them all hear the song.

Ronsard here takes the expression κηρὸν... μελιηδέα ("honey-sweet wax") to refer to honey itself, in order to shut out the beguiling voice of his beloved, pictured as a Siren. It is an odd—not to say messy—image, and one over which the poet hesitated. In editions between 1560 and 1567, Ronsard replaces line 3 with the words "Je veux aussi mes oreilles boucher," thus getting rid of the honey, but from 1571 he restores the original text. A clue to what he has in mind is perhaps provided by Dorat's comments on this incident. In the Milan manuscript,[14] we read:

> Cera est opus uatum sicut et apum. Poetae enim apes uocantur unde Horatius 2. odarum libri 4 carmine "Ego apis Matinae, more modoque grata carpentis" etc. Quoniam uero olim in ceris scribebatur ceraeque materiam librorum significant ita uerba ipsa et merae uoces nihil aliud sunt quam cera quae facile tractatur.
> (Wax is what prophets produce as well as bees. For poets are called bees, hence Horace writes [*Odes* IV. 2]: "I, who resemble more the small laborious bee from Mount Matinus gathering...the thyme it loves, find it as hard to build up poems as honeycombs." Indeed, people used to write on wax tablets, and the word "cerae" designates what books are made out of, so that words and speech are nothing other than easily worked wax.)

Thus, what Ronsard may be suggesting here is that the activity of writing poetry is a sufficient antidote to the pain of love. This may well be what he is implying in the first tercet of the sonnet when he writes:

> Je veulx changer mes pensers en oyseaux,
> Mes doux souspirs en zephyres nouveaux,
> Qui par le monde evanteront ma pleinte.

Publishing is presented as an alternative to the suffering of love.

---

14   MS 184 suss., f. 12ʳ, ed. cit. p. 52.

One final example in which Ronsard exploits imagery from the *Odyssey* in his love poetry sees him combining the story of the Lotus-eaters with the neo-Platonic conceit of the soul's separation from the body brought about by love. Imagining the pleasure he will experience on seeing his beloved once more after a long absence, he writes:

> Comme du Grec la troppe errante & sotte,
> Afriandée aux doulceurs de la Lote
> Sans plus partir vouloyent là sejourner:
> Ainsi j'ay peur, que ma trop friande ame,
> R'affriandée aux doulceurs de Madame,
> Ne veille plus dedans moy retourner.
> (*Lm* IV. 130. 9-14)

For Dorat, "Lotophagi sunt ij qui plus aequo oblectantur" ("the Lotus-eaters are those people who enjoy themselves without moderation," f. 12ʳ, ed. cit. p. 52), suggesting the dangers of immoderate love. Ronsard fears that his soul, coaxed from his body by his mistress's sweetness, may never return, leaving him essentially without life.

Ronsard does not just apply these images to himself. In the "Elegie a Amadis Jamin" of 1567, he translates for his secretary the words which Homer attributes to the Sirens in book XII of the *Odyssey*, before drawing a moral from them. Ronsard's translation of Homer remains very close to the original text. And what the Sirens are promising in their song is knowledge:

> Nul estranger de passer a soucy
> Par cette mer sans aborder icy…
> . . . .
> Puis tout joyeux les ondes va tranchant,
> S'en retournant ravy de nostre chant,
> Ayant apris de nous cent mille choses
> Que nous portons en l'estomach encloses:
> Nous sçavons bien tout cela qui s'est fait
> Quand Ilyon par les Grecs fut défait:
> Nous n'ignorons une si longue guerre
> Ny tout cela qui se fait sur la terre.
> (*Lm* XIV. 82. 5-6, 9-16)

For Jean Dorat, there was no doubt what Homer had in mind here. Quoting Cicero's explanation of this incident in *De finibus* V, ch. 18, he writes:

> Quae cum ita sint iam manifestum est Sirenes non significare uoluptates aut meretrices sed scientias illecebrarum plenas atque suaui quodam eloquio rerumque iucunda nouitate et mirabilium narratione exornatas quibus ita parum cauti homines detinentur ut totam uitam in illis consumere velint …
> Qui praetergrediuntur scopulos Sirenum sunt sapientes qui tanquam Vlysses ad patriam id est beatitudinem ueram aspirantes.
> (Dorat, *Mythologicum*, f. 11ʳ⁻ᵛ, ed. cit., pp. 48 & 50)

> (This being the case, it is now clear that the Sirens do not symbolize sexual pleasures or prostitutes, but knowledge which is full of attractions and embellished with a certain delightful eloquence, delicious novelty, and the telling of wonderful tales, which hold excessively careless men in their clutches in such a way that they wish to spend their whole lives in pursuing them ...
> Those who pass by the Sirens' cliffs are the wise who, like Odysseus, aspire to reach their homeland, that is to say true felicity.)

Dorat shares Cicero's view that, although it is appropriate to devote yourself to the contemplative life and the search for knowledge when young, it is bad, as he says, to grow old in the search for knowledge, for later on an active life should be pursued.[15] Odysseus has learnt this lesson, and is therefore able to pass by the Sirens, even though at great personal effort: he has to be tied to the mast of his ship by his men. As Ronsard goes on to write:

> Ainsi disoit le chant de la Serene,
> Pour arrester Ulysse sur l'arene,
> Qui attaché au mast ne voulut pas
> Se laisser prendre à si friands apas,
> Mais en fuiant la voix voluptueuse
> Hasta son cours sur l'onde poissonneuse,
> Sans par l'oreille humer cette poison,
> Qui des plus grands offence la raison.
> (*Lm* XIV. 82. 19-26)

But for those acquainted with Dorat, there is a surprise at the end of this poem, since Ronsard's message to Jamyn appears to be the eminently banal moral of avoiding love, specifically ruled out as a valid interpretation by the *lecteur royal*:

> Ainsi, Jamin, pour sauver ta jeunesse,
> Suy le chemin du fin soldat de Grece:
> N'aborde point au rivage d'Amour,
> Pour y vieillir sans espoir de retour.
> (*Lm* XIV. 82-3. 27-30)

All that appears to be left of Dorat and Cicero's explanation here is the idea of "vieillir," growing old, on the Sirens' shore, and even the last line, "Car le songer & l'Amour ce n'est qu'un," does not really suggest an alternative meaning, unless we assume a neo-Platonic explanation for which there is little direct evidence in the text.

---

[15]   Guillaume Budé had also devoted a number of pages of the *De transitu Hellenismi ad Christianismum* to the myth of the Sirens, but for him they represent the attractions of city life and the possibility of advancement which such organized society offers; see *Le Passage de l'hellénisme au christianisme*, Introduction, traduction et annotations par Marie-Madeleine de La Garanderie and Daniel Franklin Penham (Paris: Les Belles Lettres, 1993), pp. 160-90, as well as the article by Michel Jourde, "Menaces pour les yeux et les oreilles des humanistes: Gorgones et Sirènes chez Guillaume Budé," in *Par la vue et par l'ouïe*, edited by Michèle Gally and Michel Jourde (Paris: ENS éditions, 1999), pp. 173-91. My thanks to Michel Magnien for drawing my attention to this article.

In general terms, then, the Sirens, Circe, Calypso, not to mention Scylla and Charybdis, the Laestrygonians, and the Cyclops Polyphemus, are presented as so many perils which mortals need to avoid. In the examples we have just considered, the danger is love in one form or another, but Ronsard also uses these figures to suggest other forms of ensnarement. One of the most common is the notion that they may represent the dangerous attractions of the court. In a poem addressed in 1560 to Louis Des Masures, Ronsard gives himself the advice: "Vy seul en ta maison, & ja grison delaisse / A suivre plus la court, ta Circe enchanteresse" (*Lm* X. 369. 113-14), while in the *Sonets pour Helene*, he enjoins his mistress:

> Laisse moy ceste Cour, & tout ce fard mondain,
> Ta Circe, ta Sirene, & ta Magicienne.
> (*Lm* XVII. 264. 3-4)

On the other hand, the Sirens can represent the dangers of false religious opinions. In the *Discours des miseres de ce temps*, Ronsard describes the monster Opinion, a seductive but dangerous creature who has turned the heads of the Protestants: "Son visage estoit beau comme d'une Sereine, / D'une parole douce avoit la bouche pleine" (*Lm* XI. 27. 143-4). These last two quotations show that Odyssean imagery can be applied to a range of subjects by Ronsard, with this last example coming closer to Dorat's view of the Sirens as an image of dangerous knowledge.[16]

On the other hand, one wonders what Dorat made of a compliment which Ronsard pays him on a couple of occasions. In "Les Bacchanales," published in 1552, Ronsard writes of Dorat:

> Avecque l'ame d'Horace
> Telle grace
>
> Se distille de son miel,
> Et de sa voix Limousine,
>
> Vrayment digne
> D'estre Serene du Ciel.[17]
> (*Lm* III. 215. 601-6)

He would also refer to his old teacher in a 1584 variant in *Les Amours* as "un Daurat Sereine Limousine" (*Lm* IV. 75), where he perhaps has in mind

---

[16] Ronsard applied the story of the Lotus-eaters to the Huguenots in the *Continuation du discours des miseres de ce temps*; see *Lm* XI. 52: "La tourbe qui vous suit est si vaine & si sotte, / Qu'estant afriandée aux douceurs de la Lote, / J'entends afriandée à cette liberté / Que vous preschés par tout, tient le pas arresté / Sur le bord estranger, & plus n'a souvenance / De vouloir retourner au lieu de sa naissance" (ll. 283-8). Circe is also seen as enchanting them in the same poem (ll. 289-92). See too *La Remonstrance au peuple de France* (*Lm* XI. 93), ll. 579-86.

[17] This perhaps equates Dorat's voice to the harmony of the spheres as represented in Plato's vision in the *Republic* (X. 617b): "Upon each of the circles stands a siren, who travels round with the circle, uttering one note in one tone; and from all the eight notes there results a single harmony."

Alcibiades's words in the *Symposium* about his own master, Socrates: "So against my inclination I stop up my ears as if to escape the Sirens in order to avoid sitting here beside him and growing old" (*Symposium* 216a).

One poem in which Ronsard somewhat embroiders on Homer is "Les Parolles que dist Calypson, ou qu'elle devoit dire, voyant partir Ulysse" (*Lm* XV. 48-60). This 266-line poem, written in decasyllabic rhyming couplets and dedicated in 1569 to Jean-Antoine de Baïf, presents Calypso's words of reproach to Odysseus as he leaves her island to return to Ithaca. In fact, in the corresponding part of the *Odyssey*, book V, Calypso is ordered by Hermes to allow Odysseus to depart, and in general acts nobly and altruistically towards him, even instructing him to build a raft in order to escape from her island. Ronsard, however, pictures her as a rejected lover, venting her anger on him:

> Quoy? vagabond que des Dieux la vengeance
> Poursuit par tout! est-ce la recompense
> Que tu me doibs, de t'avoir receu nu,
> Cassé, froissé, à ce bord inconnu?
> Batu du foudre, helas! trop pitoyable!
> Je te fy part ensemble & de ma table,
> Et de mon lict, home mortel, & moy
> Sur qui la mort n'a puissance ne loy,
> Fille à ce Dieu qui par tout te tourmente.
> (lines 19-27)

And so it goes on. Calypso sees Odysseus's traditional qualities in negative terms, and promises him an unhappy homecoming in Ithaca:

> Que portes tu, meschant, en ta maison
> Sinon finesse & fraude & trahison,
> Trompant par feinte & par faulse pratique
> Deesse, Dieux & grande Republique,
> Que tu as peu par un cheval donter,
> Et que dix ans n'avoient sceu surmonter?
> Que vas-tu voir en ton Isle pierreuse
> Où ne bondist la jument genereuse
> Ny le poulain? que vas-tu voir, sinon
> Une putain riche de mauvais nom,
> Ta filandiere & vieille Penelope?
> Qui vit gaillarde au milieu de la trope
> Des jouvenceaux, qui departent entre-eux
> A table assis, tes moutons & tes bœufs?
> (lines 149-62)

Although this is by no means the first and only time that Ronsard presents Odysseus in a negative way, here through the eyes, of course, of an abandoned lover, it is certainly the most sustained example. Yet, at the same time, the irony is made clear. Calypson is still in love with Ulysse, regretting that she does not bear in her womb "un petit Ulyssin / Qui te semblast" (ll. 218-19) to comfort her, and holding him back to exchange a last kiss.

Ronsard ends the poem, however, on a personal note in an address to the friend with whom he had shared Dorat's lessons:

> Ainsy Baïf, honeur des bons espritz,
> Je chante au lict quand la fiebvre m'a pris,
> En attendant qu'à la fortune il plaise
> Ou me tuer, ou me mettre à mon aise:
> J'ayme trop mieux soudainement mourir
> Que tant languir sans espoir de guarir.
> Face de moy ce que voudra Fortune,
> Soit que je tombe à la rive commune,
> Ou soit que l'air je respire en vigueur,
> J'auray toujours un Baïf dans le cœur,
> Ayantz passé souz Dorat noz jeunesses,
> Tous deux amis des neuf belles Déesses
> Qui t'ont planté les Lauriers sur le front,
> Qui vont dansant sur Parnasse, & qui ont
> Soucy de moy, quand la fiebvre me ronge,
> Me consolant, soit que je veille ou songe,
> Par Poësie, & ne veux autre bien,
> Car ayant tout, sans elle je n'ay rien.
> (lines 249-66)

This final moving address to his childhood friend is significant from several points of view. Dorat's teaching is presented as a defining experience for both of them (l. 258-9), as well as their shared passion for poetry. It is also suggested that the fever which the poet experiences is associated with the inspiration of the Muses, "qui ont / Soucy de moy, quand la fiebvre me ronge" (ll. 262-3). At the same time, Ronsard presents himself as midway between life and death. Like Odysseus, he is setting out on a voyage of which the outcome is far from certain.

And this brings us back to Dorat again. At the beginning of this paper, I suggested that Dorat's basic interpretation of the *Odyssey* was that it represented an allegory of the human soul, passing through all the trials and tribulations of mortal life on its way back to the heavenly homeland. In moments of illness, it is perhaps this message which was uppermost in Ronsard's mind. However, as early as 1551, he had used this interpretation of the *Odyssey* in the "Hymne triumphal sur le trepas de Marguerite de Valois royne de Navarre" (*Lm* III. 54-78), part of the *Tombeau* dedicated to the Queen, and which contained Dorat's own tribute to her.[18] Ronsard's "Hymne" is largely devoted to an allegorical narrative, a *psychomachia* which stages the battle between Marguerite's Flesh and her Spirit, with the latter, of course, emerging triumphant. Eventually, she is taken up to heaven where, in a neo-Platonic twist to events after the strongly

---

[18]   See his poem "Io. Aurati in D. Margaritam Reginam Navarrae ode" in Jean Dorat, *Les Odes latines*, texte présenté, établi, traduit, annoté par Geneviève Demerson (Clermont-Ferrand: Association des Publications de la Faculté des Lettres et Sciences Humaines de Clermont-Ferrand, 1979), pp. 66-67, and Ronsard's version of it in *Lm* III. 50-53.

Christian imagery of the central narrative section of the poem, she is rewarded
with knowledge:

> Là, sous tes piedz, les saisons
> Recueillent leurs pas qui glissent,
> Là, tu connois les raisons
> Des longs jours qui s'apetissent,
> Tu scais pourquoy le Soleil,
> Ores palle, ores vermeil
> Predit le vent & la pluye,
> Et le serain qui l'essuye,
> Tu scais les deux trains de l'eau,
> Ou si c'est l'air qui sejourne,
> Ou si la Terre qui tourne
> Nous porte comme un bateau.
> (*Lm* III. 74. 409-20)

However, this blessed state of knowledge is contrasted to the condition
of those who are left behind on earth, and it is here that the Odyssean imagery
comes in:

> Mais nous pouvres & chetifz
> Ici n'avons connoissance
> Non plus qu'enfans abortifz,
> Du lieu de nostre naissance:
> Ains volenteux de gesir
> Soubs le vicieux plaisir
> Des Serenes de la vie,
> Jamais ne nous prend envie
> (Comme au Grec) de voir un jour
> La flamme en l'air promenée
> Sauter sur la cheminée
> De nostre antique sejour.
> (*Lm* III. 75-6. 433-44)

The ignorance associated with the human condition is contrasted strongly here
with the knowledge which Marguerite has gained as a result of the release of her
soul from its bodily prison. The "vicieux plaisir" of the Sirens, in this context,
refers to the deceptive form of knowledge which they promise to Odysseus, and
which he was able to resist through his strong wish to return to his "antique
sejour" in heaven.

This theme is presented in a relatively implicit fashion here, though a far
clearer exploitation of the journey-of-the-soul motif comes in a poem dating from
1555, the "Epitaphe de Loyse de Mailly, Abesse de Caen et du Liz" (*Lm* VIII.
229-37). Louise was the sister of Odet de Châtillon and Gaspard de Coligny, to
whom Ronsard dedicated much of his poetry throughout the 1550s. She had died

at the age of 45.[19] Ronsard's epitaph takes the form of a forty-line address by
Louise to a passer-by, in which she alludes to "la misere / Qu'apporte jour & nuit
ce voyage mondain" (ll. 32-33), followed by 76 lines spoken by the passer-by to
Louise. In it, we read the following words, in which the opening recalls the
passage we have just cited from the "Hymne" to Marguerite de Navarre:

> Et nous pouvres chetifs & nous vivons ça bas
> En regret & en pleurs pour ton fascheux trepas
> Loing de nostre païs, aveugles de noz vices,
> Des Serenes du monde, & de trop de delices,
> Qui nous tiennent charmez & l'esprit & les yeux,
> Pour nous faire oublyer de retourner aux Cieux,
> Nostre antique demeure, où, maintenant sans peine
> Tu vis hors des lyens de la prison humaine,
> N'estant plus qu'un Esprit, qui de rien ne se plaist,
> Si non de voir son DIEU, son DIEU qui le repaist
> (Comme il avoit promis en son livre de vie)
> A la table de ceux que l'AIGNEAU resasie
> D'Ambrosie divine, & de Nectar divin
> En lieu de pain terrestre, & de terrestre vin.
> (*Lm* VIII. 233-4. 97-110)

This relatively long quotation contains many of the themes which, as we have
seen, are the hallmark of Ronsard as well as Dorat. On a superficial level, the
syncretism of this passage can be startling to modern tastes—salvation brings the
Christian a banquet of ambrosia and nectar, presented here as the divine
equivalents of the bread and wine of the earthly mass. For Ronsard like Dorat
was always at great pains to emphasize the similarities rather than the differences
between pagan religion and Christianity. But what I particularly wish to highlight
here is the Odyssean image applied to the "nous" of the opening sentence,
retained by the Sirens, the "delices, / Qui nous tiennent charmez & l'esprit & les
yeux, / Pour nous faire oublyer de retourner aux Cieux." Although Ronsard had
just referred to "noz vices," he is not using the Sirens image here as a vulgar
symbol of lust, as he had done in some of the earlier poems we considered. As
with the "vicieux plaisirs" of the previous poem—and we should note that the
Sirens work on "l'esprit & les yeux"—they represent the charms of any
intellectual activity which takes our minds off what should be our principal
concern, the return to the heavenly homeland.

The syncretism goes further, of course, than the ambrosia and nectar
image. We have already seen other examples of the typically Platonic image of
the body as the "prison humaine" of the soul, but the notion of *returning* to
heaven is essentially Platonic also. Plato believed, of course, that all mortals are
reincarnated souls, for whom death is a liberation allowing them to return to their
original home; but metempsychosis and reincarnation are not part of orthodox

---

[19]   Laumonier records that she was born on 13 September 1509 and died on 9 August 1554
        (*Lm* VIII. 229. n. 1).

Christian thinking, and Renaissance neo-Platonists such as Ficino often had difficulty in reconciling this aspect of Plato with Christianity.[20]

Yet this same thinking is part of the message of one of Ronsard's finest hymns, the *Hymne de la Mort*, where he uses once again the image of the return to Ithaca:

> Ne nous faisons donc pas de Circe les pourceaux,
> De peur que les plaisirs & les delices faux
> Ne nous gardent de voir d'Ithaque la fumée,
> Du Ciel nostre demeure, à l'ame accoustumée,
> Où tous nous faut aller, non chargez de fardeau
> D'orgueil, qui nous feroit perir nostre bateau
> Ains que venir au port, mais chargez d'Ignorance,
> Pauvreté, Nudité, Tourment, & Patience,
> Comme estans vrais enfans, & disciples de CHRIST,...
> (*Lm* VIII. 169. 129-37)

Once again, the syncretism of this passage is marked and deliberate, with the individual details of the Homeric story being assigned particular allegorical meanings. The picture of the Christian soul "chargez d'Ignorance, / Pauvreté, Nudité, Tourment, & Patience" can be related to Odysseus after his landing in Ithaca, when Athene disguises him to help him gain vengeance on Penelope's suitors:

> His fair flesh she withered on his supple limbs, and made waste his yellow hair from off his head, and over all his limbs she cast the skin of a very old man, and dimmed his two eyes, erewhile so fair. And she changed his raiment to a vile wrap and a doublet, torn garments and filthy, stained with foul smoke.
> (*Odyssey* XIII. 430-35)

This event appears to have been generally understood in the Renaissance as representing the hero's bodily death, in preparation for his soul to return to its true home. Even the van Thulden explanations referred to at the beginning of this paper, which in many instances resort to highly prosaic moral interpretations, suggest in this case that "...apres la mort (que les Contemplatifs ont comparé au sommeil) [les Vertus] nous ravissent insensiblement au Ciel, d'où nous tirons nostre origine."[21] The engraving which is accompanied by this explanation (see illustration) depicts seven women carrying Odysseus, a detail which is not part of Homer's account of the return to Ithaca, and resembles nothing so much as a *mise en tombeau*. The nymphs, then, must be interpreted on a narrative level as Phaeacian women who in turn represent the four cardinal virtues (fortitude, justice, prudence, and temperance) and the three theological virtues (faith, hope, and charity), a theme which was frequently exploited in Renaissance funerary

---

[20]   In fact, in a poem first printed in 1559, simply called "Elegie" (*Lm* X. 101-08), Ronsard does appear to expound an essentially Platonic notion of the soul, including the notion of metempsychosis.

[21]   Cited from *La Galerie d'Ulysse à Fontainebleau*, op. cit., p. 112.

Theodor van Thulden : Les travaux d'Ulysse peints à Fontainebleau par le Primatice (Paris, 1633)
N° 30, « Ulysse endormi est transporté dans son pays », from University Library, Cambridge

sculpture as in the tomb of Henri II in the basilica of Saint-Denis. Similarly, in the *Hymne de la Mort*, Odysseus's state on reaching Ithaca is likened to the humility of Christ's followers, about to reap the advantages in the afterlife which only true virtue can bring. The parallels between Ronsard's hymn and the engraving are obvious, and no doubt have a common source in Dorat.

It will be apparent from the examples I have provided of Ronsard's use of the myths associated with Odysseus that the Greek hero is far from being a one-dimensional figure. While providing a flattering image of the clever, eloquent strategist, able to achieve through cunning what characters like Achilles failed to bring about by valor, Odysseus also emerges as the successful lover, irresistible to females of both human and divine origin, yet faithful, in his way, to Penelope. As such, Ronsard the lover can seldom live up to his example, so that Odysseus's experience is often presented as the opposite of the poet's own experience when applied to himself. At the same time, Odysseus managed to earn the wrath of Poseidon through the blinding of his son, Polyphemus; hence the many disasters which he and his crew experience before he arrives, alone, on the island of Ithaca, a powerful image for Ronsard to use in representing both personal and national tribulations.

But in the end, it is the image of Odysseus as the human soul returning home which provides some of Ronsard's most effective poetry. It is an image whose effectiveness derives to a great extent from the seemingly obvious nature of its allegorical intentions. Journeys are all about arriving somewhere, and in literary terms we feel cheated if their purpose is unclear. Hence the unease often felt about Rabelais's *Quart livre*. However we interpret Homer's monsters and his *femmes fatales*, the structure of the *Odyssey* provides a reassuringly complete and coherent narrative, and allows Ronsard to integrate the pagan myths, which he found so appealing, into the essential tenets of Christianity. As Isidore Silver wrote in *Ronsard and the Grecian Lyre*:

> One might be disposed to ascribe this indissoluble union of "pagan" and Christian elements in Ronsard's poetry to an indifference or conscious neutrality regarding the precise religious source of a given idea or sentiment. But the ascription would be quite inadequate. It was not indifference that resulted in this fusion of disparate religious elements—it was Ronsard's oblivion to everything but the sublimity of the idea that moved in his mind.[22]

Philip FORD
Clare College, Cambridge University

---

[22]   See *Ronsard and the Hellenic Renaissance in France*, II *Ronsard and the Grecian Lyre*, Part III, pp. 274-75.

RONSARD THE POET:
RONSARD THE HERMAPHRODITE

The texts with which I shall deal in this paper are shortish retellings of mythological stories, originally inserted in the miscellaneous collections Ronsard published between 1563 and 1569 and called *Nouvelles poésies* and *Poèmes*.[1] The 1563 publication consisted mainly of the famous hymns of the seasons, accompanied by other pieces among which is a poem, *L'Orphée*, to which we are going to return. But when, in 1564, Ronsard converted this slim volume into the more substantial three books of his *Recueil des nouvelles poésies*, he prefaced it with a letter to the reader.[2] I, too, shall begin with a brief, contextualised summary of that letter. Ever since the *Odes* of 1550 with their strident call to an as yet non-existent audience, the attentive reader had had to listen for Ronsard in his poetry alone. In a preface to a political poem in 1563, and now, especially, in his prefatory epistle in 1564, Ronsard writes *hors texte*, in prose, taking his readers aside to teach them to distinguish the different voices his poems have by now learnt to speak. For the civil and religious strife of his times has made him a consummate ventriloquist. There is the political voice of the Catholic patriot denouncing the *misères de ce temps* in 1562. There is the carefully negotiated voice doing business with patrons. There is a rougher voice and cruder tone for a Ronsard goaded to reply in kind to slander that takes a personal turn and invents for him a life he cannot own. It is, above all, calumny that forces Ronsard to construct a *persona* that can display inviolable indifference to public attack, but also secure him a private place of refuge. The mark of this *persona* is freedom. Within the public arena, Ronsard affects a Christian stoicism, immune to the assaults of fortune and therefore free. The private space Ronsard reserves for himself is the free play of his imagination in his writing, his use of pen, ink and paper bought at no one's expense, and employed at no one's bidding but his own. Hence his freedom to "mutate" his writing, hence his turn away in 1563 from polemic and in-fighting to the different "style et argument" of the *Nouvelles poésies*. The space of these texts will be a place of private pleasure, "pource qu'un tel

---

[1]   The edition I shall use is *Lm* ; the *Recueil des nouvelles poésies* comprises vol. XII (1946), and the *Sixième* and *Septième livres des poèmes* are to be found in vol. XV (1953).

[2]   *Epistre au lecteur par laquelle succinctement l'Autheur respond à ses calomniateurs*, ed. cit., XII. 3–24.

passetemps m'est agreable." Their diverse meanders represent the "honneste liberté" of poetry free to roam unfettered, to be "folastre": "wanton," "lascivious," "toying," "fond," "effeminate."[3] Yet, since the innocent "folastries" of the 1553 *Livret de folastries*, Ronsard has seen himself rewritten in the slanders and the verses of his opponents. He has seen himself accused of pederasty. He has seen himself imitated in verse by "vrai[s] singes[s] de nos escris," who apply techniques of literary imitation he prescribed and uses, and they do it to make a travesty of him. He has seen his grand project for a French epic, his *Franciade*, foundering, as the tide of political events turns patrons away and drains his own creative energy. The prefatory letter to the 1564 *Nouvelles poésies* reminds the reader of their context. They may represent the renewed "verves et caprices" of a Ronsard liberated by the recent cessation of public hostilities, but their author is a "poëte melancholique et fantastique," an introspective much less secure than he once was of his own self, his "naturel."

One of the four seasons poems in the *Nouvelles poésies*, the *Hymne de l'Automne*, contains perhaps Ronsard's best-known formulation of the primal poetic scene.[4] He sets it in a natural world of streams and woods and grottoes that inspire a sacred awe. Its fabled denizens are nymphs and "sylvains," half man, half beast. The pubescent youth is invited to their dance and receives their ambivalent gift of an ecstatic vision that sees beyond the norm, yet makes him seem mad to his own kind. In the Hymn to Autumn, the young poet is then removed to the schoolroom for his education as an adult writer in the allegorical confection of decipherable fables. And it is to allegorical writing that the Hymns of the Seasons belong. The two mythological narrations that follow them, however, *L'Adonis* and *L'Orphée*, gesture back beyond allegorical narrative to the primal scene.

L'Orphée, in particular, takes that turn, though not immediately. It starts with epic, and *in medias res*. The epic voyage of the Argo is underway, and Orpheus, the singer, is in his place aboard among the heroes. The reader is coaxed intertextually into the masculine language of epic:

> Je chante [. . .] les antiques fais d'armes,
> Et les premiers combats de ces nobles gendarmes [. . .][5]

"Arma virumque cano." Except that Ronsard intervenes in his own voice to change the subject: "Je veux en les chantant me souvenir d'Orphée." The poem will not take the epic route. As in his other Argonaut fables of this period, when Ronsard's own epic was making no progress, the heroes are enticed to interrupt their voyage and step ashore into a place of pleasure and of story-telling. From now on, in *L'Orphée*,

---

[3]   English equivalents from Randle Cotgrave, *A Dictionarie of the French and English Tongues*, 1611.
[4]   *Hymne de l'autonne, ed. cit.*, XII. 47–50 (lines 31–86).
[5]   *L'Orphée, ed. cit.*, XII.126 (lines 1–2).

Ronsard apparently surrenders his own narratorial voice to a chorus of texts, among which the *Metamorphoses* and the *Georgics*, not the *Aeneid*, will dominate. The reader has, however, been alerted to the submerged presence of an author controlling the direction of the narrative. Leaving their epic ship, the heroes make for the abode of Chiron, the wise centaur, a creature half man and half beast, who lives in an "antre effroyable," an "antre sacré," and that makes him close kin to the "sylvains" who instructed the young poet in their sacred grottoes.[6] Chiron is a musician and an educator. Under Chiron's tuition, the pubescent Achilles, another dual-natured being, half man half god, is learning to sing, though the reader is more likely to recognize in Achilles the subject of an epic distantly in the making. In Chiron's place, so similar to the primal poetic scene, so far from the hard world of epic, Chiron the centaur recounts for the Argonauts in repose a story fitting for that place.

It is the tale of the hermaphrodite, Iphis.[7] It is no invented tale, but one that follows closely an anterior text, the story as told by Ovid at the end of the ninth book of the *Metamorphoses* (lines 665–796). The narration is a display of consummate skill in literary imitation, in which every deviation from the prior text is a swerve into creative appropriation. The most glaring deviation, however, is the location. What had been a free-standing narrative in Ovid now becomes attached to a place (the sacred grotto), to a narrator (the dual-natured Chiron), and to a dialogue of stories. Ronsard's Orpheus will afterwards tell his tale in response to Chiron, whereas in Ovid the Orpheus fable merely came next in succession to Iphis. Iphis, as Ronsard tells her story after Ovid, is the product of her father's strict categorization of sexual identities and his belief that the "race feminine" is a "race inutile." His wife, who is a devotee of the mysterious, many-bodied gods of Egypt, brings up her daughter as a boy and Iphis is socially identified as a male. Iphis is constructed as a boy in a girl's body. Her nascent sexual desire is that of a boy. Her love for her destined bride is erotic, a "feu," a "flamme." But nature, in the form of her female body, renders her impotent to satisfy it. Her situation makes her acutely self-aware. She analyzes her predicament of impotent desire in a soliloquy that has traces of another story for which Ronsard had once before turned away from the voyage of the Argonauts: the story of Narcissus.[8] Both retellings by Ronsard are examples of close literary imitation. Both mime the hermaphrodite's confusion about an identity that makes him both "self" and "other," both give voice to his interior dialogue, register his anxiety of impotence. The Iphis story, however, is resolved in the direction of an accommodation with living and with the heterosexual world of generation. Her

---

[6]   *Ibid.,* 129 (lines 49–62).

[7]   *Ibid.,* 130–35 (lines 71–206).

[8]   *Le Narssis, pris d'Ovide,* in the *Bocage* of 1554, *ed. cit.,* VI. 73–83; for a reading of this poem aligned to the orientation of the present paper, see Ann Moss, "Ronsard et son Narcisse," in F. Marotin and J-P. Saint-Gérand (eds.), *Poétique et narration. Mélanges offerts à Guy Demerson,* Paris, Champion, 1993. 215–23.

mother's pleas to the gods are answered when Iphis becomes fully the male she desires to be and marries.

This story is hard to decipher as an allegorically coded message. Ronsard, unlike Ovid, does introduce the narrative under a commonplace head, to the effect that divine providence should never be doubted:

> L'homme perd la raison qui se mocque des Dieux:
> Ils sont de nostre affaire et de nous soucieux,
> Et du ciel ont là haut toute force et puissance
> Sur tout cela qui vit et prent icy naissance.[9]

Yet, somehow, tale and truism seem very ill-matched, perhaps deliberately so. We are being turned away from the search for "meaning," and encouraged to read in context, not only remembering the story's twin-bodied narrator, but also the place where it is told, the sacred place of adolescent rapture from which Iphis possibly walks away diminished, as he walks away to his bride, assumes his identity as a male, and steps out of the poem.[10]

The tale must certainly be read as Ronsard writes it, in dialogue with the story of Orpheus that comes immediately afterwards, and is presented as a "reply" to Chiron's.[11] This tale is another example of literary imitation, but with a difference. Imitation in this instance is a binary project needing a master hand, a compilation of the Orpheus narratives in the *Georgics* and the *Metamorphoses*, with the added stratification that in imitating Ovid, Ronsard is imitating the imitator of Virgil. In Ronsard's poem, however, as is not the case with either Virgil or Ovid, and as was not true for Chiron, Orpheus tells his own story. Moreover, he makes no gesture towards subsuming it under a commonplace-moral. His unfinished autobiography is even more resistant than Chiron's "Iphis" to reductive schemes of interpretation or any kind of closure. It is clear that this Orpheus, man and poet, cannot mend his fractured self with the apparent ease with which the fabulous centaur mended

---

[9]   *L'Orphée, ed. cit.*, XII.130 (lines 71–74).

[10]   An earlier French version of the Iphis story, one that Ronsard probably did not know, solicits a different reading strategy. It is used by analogy to enable a bold use of metaphor with which the writer is empowered to assert herself. Christine de Pizan inserts a retelling of Ovid's fable in her *Mutacion de Fortune*. It is preceded by an autobiographical account of her own upbringing as a protected, but disadvantaged female in a society where males had a monopoly of knowledge and power. There then follow some "miracles" of transformation taken from Ovid's *Metamorphoses*, including Tiresias. They culminate in a lengthy version of Iphis, which introduces a description of Christine's widowing and her own transformation into a strong and competent "masculine" head of her household: "Or fus je vrays homs, n'est pas fable" (*Mutacion de Fortune*, ed. S. Solente, 3 vols., Paris, A. and J. Picard, 1959, I. 20–53; the Iphis fable is at pp. 43–45 [lines 1094–1158]). Ronsard is much more oblique and his attitude to gender identity more labile.

[11]   *L'Orphée, ed. cit.*, XII.135–42 (lines 207–344).

double-gendered Iphis in his song. From the start, Orpheus ascribes his woes to
marriage, the act that seemed to seal his heterosexuality:

> Que je serois heureux si jamais Hymenée
> Ne m'eust en mariage une femme donnée![12]

In this tale of separation, Orpheus had followed his dead wife to the
underworld to bring her back, and his narrative dwells mostly across the uncrossable
boundary, in the world of the dead. The dead listen to him. The dead sing with him,
though faintly. The poet converses with the shadowy subjects of fictions and fables.
Yet, his quest, to bring the dead back to life, is defeated. The dead can be heard, they
can be sung, but they cannot be revived, just as the texts Ronsard is recalling to life can
only remain as ghostly echoes in his present poem. All that remains of Eurydice will
only ever be the disembodied voice Orpheus mimics in his song. Moreover, there is a
sense that the impulses of love, here married, heterosexual love, are incompatible with
making poems. Orpheus only sings when Eurydice is dead. His singing wakes the
dead, but his loving sends them back to the realm of silence. Near the end of the poem,
Ronsard makes Orpheus introduce his mother, the muse Calliope, who in counterpart to
the mother of Iphis, sends her poet son out into the world of manly action, sets him
aboard the Argo, starts the epic project. Even so, Ronsard's Orpheus protests that the
desired end of his own private journey is not Colchis. It is precisely this place of
Chiron, where he will stay to hear the centaur's songs.[13] Ronsard's readers, meanwhile,
have echoes in their heads of other texts, and recognize the projected move to epic for
what it is: a spurious, inauthentic interpolation, an unwarranted deviation from the story
Virgil and Ovid have already written. Does the imitator have power to change the story?
Can he ever escape the influence of his master texts, or is he, as a poet, bound to be an
experimenter with multiple identities, his own and theirs? Ronsard's intertexts tell us that
Orpheus did not take the epic route, and for Ronsard himself it proved a false start. The
authentic Orpheus shifted his sexual identity. He became a lover and a singer of many
boys and of many, varied sexualities, doomed never to make the epic sea voyage towards
a single goal, but to float at last in water, a disembodied voice.[14]

---

[12]   *Ibid.,* 135 (lines 209–10).

[13]   "Ainsi, fuyant amour, je vins en cette trope, [. . .] pour te voir, Chiron, et oyr tes chansons," *Ibid.,*
       141–42 (lines 341–44), the final lines of Orpheus's narration.

[14]   Virgil's account of the Orpheus story is at *Georgics,* IV. 453–527, Ovid's at *Metamorphoses,* X.
       1–85, and XI. 1–66. It is Ovid who makes Orpheus a lover and singer of boys, and the rest of
       Book X of the *Metamorphoses* tells their stories and the stories of various "deviant" sexual
       encounters (Pygmalion, Myrrha, etc.). Though the various poets of the Argonaut epic mostly
       include Orpheus among its crew, they do not make a connection with the Eurydice tale, and, so
       far, I have found no source for Ronsard's Calliope episode.

One of the boys whom Orpheus celebrates in Ovid is Adonis, beloved of Venus. Ronsard had sung him too, in the narrative poem, *L'Adonis*, that immediately precedes *L'Orphée*.[15] Ronsard's Adonis is peculiarly androgynous and is contrasted with a very masculine Mars, who does not appear in Ovid. In Ronsard it is this Mars who causes the savage boar to wound Adonis in the groin. Ronsard also diverges from Ovid to make his Venus sing a long lament for the dying youth, for which he found his model in the Greek poet, Bion. It is not sure, however, that Ronsard had any prior text to authenticate the end of his poem, where Venus turns away from her effeminate, dead love and leaves the place of song. Secure in her own sexuality, but singing no more, she reintegrates herself back into the world of exclusively heterosexual partners and future motherhood:

> [. . .] elle, qui estoit nagueres tant esprise
> D'Adonis, l'oblia pour aymer un Anchise.[16]

The fact that *L'Orphée* and *L'Adonis* were literary imitations, though vital to any reading of them, was occluded. Six years later, in his *Poëmes* of 1569, Ronsard was to publish three more narratives that focus on feminised males and ambiguous sexuality: Atys in *Le Pin*, who emasculated himself in a fit of ecstatic madness, and *Hylas* and *Le Satyre,* both of which feature that most masculine of all the heroes of the Argonaut epic: Hercules. In all three, literary imitation is foregrounded as one of the given constraints on reading the poem:

> Je te feray le conte d'un satyre:
> Le doux Ovide a la fable autrefois
> Ditte en Romain: je la dis en François.[17]

This is a clear invitation to read the poem, *Le Satyre*, against the passage in Ovid's *Fasti* that tells the story of Hercules, Iole and the satyr, and to note the many instances where Ronsard expatiates from the original and changes emphasis. The story is about cross-dressing and mistaken identity. Hercules and Iole at first parade as clearly male and female, identified as such by their clothing in a passage in which Ronsard, compared with Ovid, emphasizes their different, gender-related apparel. He does even more. He employs a similitude to cross over from Hercules and Iole to males and females of his own time. Along the banks of the Loire, ladies parade two by two, their lovers following them in decorous order. The metaphorical texture of the scene is meticulously woven on binary parallels, its language also walking in

---

[15]   *L'Adonis, ed. cit.*, XII. 108–26; Ronsard is fairly loosely imitating Ovid, *Metamorphoses*, X. 515–59, 708–39.

[16]   *Ibid.*, 126 (lines 360–61).

[17]   *Le Satyre, ed. cit.*, XV. 67 (lines 2–4); the story is told by Ovid in his *Fasti*, II. 303–58.

twos.[18] Before Hercules and Iole sit down to eat, they exchange clothes. In Ronsard, this is done at the instigation of Iole, who is made to give an explicit account of the contrasting and immutable identities of males and females, socially constructed in terms of gender-specific occupations. The transgression of these identities implied by the proposed cross-dressing is conceived as merely temporary, "pour un temps." What is produced is clearly hyperbolic drag, with much play on the pantomime figure of Hercules bulging out of Iole's dainty garments. He does break the mold somewhat literally, tearing sleeves and snapping bracelets. Iole, on the other hand, weighed down by club and lionskin, fits a role, the role of adolescent, androgynous page that Hylas will play in the poem that has his name.

It is in their borrowed clothes that these transvestites retire to a grotto that Ronsard describes at length in language that prompts the reader to recall those "antres" that had already signaled his primal poetic scene. This grotto, with its sacred awe, its perennial flowers, its nymphs and demi-gods of the woods, has all the signs of a place of poetry:

> Là tout joignant estoit l'horreur d'un Antre . . .
> Aupres de l'huis, gardien de l'entrée,
> Sonne un ruisseau à la course sacrée,
> Où les Sylvains, où les Nymphes d'autour
> Se vont bagner et pratiquer l'amour.[19]

It is also home for our hermaphrodites, who, in the text Ronsard imitates, sleep chastely in expectation of the morrow's feast of Bacchus, androgynous god of ecstasy and poetic frenzy. But the place of poetry is rudely invaded. The satyr of the poem's title, afire with a very male lust, enters with intent to rape. The confused gender of the couple makes him mistake their identities, and, instead of Iole, he awakens Hercules. The satyr, poised to sodomize the transvestite Hercules, breaks the magic of this special place where identities are unstable. As the magic is broken, Ronsard's Hercules reassumes his male persona, savagely attacking the intruder. With this rather brutal dénouement, Ronsard parts company with Ovid. In the *Fasti*, both Hercules and Iole had laughed serenely at the satyr's discomfiture. Ronsard makes Hercules reply violently to the gross attack that has confused what he is within the place of poetry with his public, official identity as slayer of monsters, defender of the moral law. The reader recalls Ronsard's self-defence against libel and slander. In the last eight lines of his poem, Ronsard also moves outside the frame of

---

[18]   The young ladies match the green youth of the spring grass (and Iole had been veiled in green); the language is hyperbolically "double," "deux à deux," "joignant [. . .] joignant," "peu à peu," "trait dessus trait," "portrait [. . .] peinture," "au cœur [. . .] au cœur" (*Ibid.,* 69 [lines 31–50]).

[19]   *Ibid.,* 73 (lines 136–60); this long description is an amplification of Ovid's "Antra subit, tophis laqueata et pumice vivo, Garrulus in primo limine rivus erat" (*Fasti,* II. 315–16); the amplification picks up intended echoes of other texts by Ronsard.

the story. He talks "like a man" to assert a morality based on rigid gender definitions, exchanging his poetic, narratorial voice for the crude imprecations of one denouncing the sexual transgression of adultery, as a vice of the present age.

> Que pleust à Dieu que tous les adulteres
> Fussent puniz de semblables salaires!
> Paillards, ribaulx, et ruphiens, qui font
> Porter aux Jans les cornes sur le front.[20]

The apparently seemly parade of matching lovers walking by the Loire seems suddenly fragile. It must not be assumed that the hermaphrodite inhabitant of poetic places lacks strength manfully to combat the *misères* of an adulterous and sinful generation. Ronsard's defensively overstated reaction is symptomatic of troubled times, but also, surely, of a troubled sense of self.

The same unease seems written into Ronsard's contradictory attitudes to the emasculated Atys in *Le Pin* and into the Hercules of his *Hylas*, forever mourning the loss of his catamite, ravished from him by nymphs in a *locus poeticus*.[21] All these poems resist reductive interpretation. The last two repel it explicitly, experimenting with it only to demonstrate its poverty. What, then, are we to conclude? Ronsard was evidently obsessed with these favorite narratives of ambiguous sexuality, gender confusion, feminized males.[22] He turns to them most insistently at a stage of his career when his epic ambitions had foundered, when he was the subject of attacks *ad hominem* which included his predilection for the pagan mythology he held to be the very essence of poetic fiction-making. He retells these fables when his poetry takes a markedly introspective turn, but he also makes of them superlative affirmations of composition wedded to the practice of literary imitation. Imitation sharpens a sense of self, but at the same time it creates anxiety about inadequacy and lack of creative potency. Intertextual and intratextual readings of these narrative poems can lead into their maze of meanings, even if they cannot conclusively map it. Ronsard's retelling

---

[20]   *Ibid.*, 75–76 (lines 213–16).

[21]   *Ed. cit.*, XV. 178–85, 234–53.

[22]   Ovid's shape-changing, gender-shifting fables have always had an attraction for individuals locked into a particular "deviant" situation. We have mentioned Christine de Pizan (note 10). The nineteenth-century hermaphrodite of interest to Michel Foucault for his explosion of culturally regulated gender identity writes in his/her mémoires of an early self-discovery made in the course of private, slightly surreptitious reading: "J'avoue que je fus singulièrement *bouleversée* à la lecture des métamorphoses d'Ovide [. . .] Cette trouvaille avait une singularité que la suite de mon histoire prouvera clairement" (M. Foucault [*ed.*], *Herculine Barbin dite Alexina B.*, Paris, Gallimard, 1978, p. 26). Christine and "Herculine" clue in a reading of their obsessions; Ronsard keeps the boundaries of interpretation as fluid as the narrations themselves, stories of mutability open to expansion in the telling.

of his favorite fictions is always "folastre," lasciviously toying with the reader. With the "honneste liberté" proper to these collections of the 1560s it escapes to queer places where, within the poem at least, boundaries are transgressed, identities are labile, unities dissolve, and pleasure abounds.

Ann MOSS
University of Durham

RONSARD CHEZ LES LEXICOGRAPHES
DE LA RENAISSANCE

Introduction

Ronsard capte tout de suite l'attention des lexicographes de son temps. Le dictionnaire français le plus important de l'époque, le *Dictionaire francoislatin* de Robert Estienne, dans sa troisième édition (1564) « corrigé & augmenté par Maistre Iehan Thierry auec l'aide & diligence de gens scauants », cite nommément Ronsard une centaine de fois. Si Jean Nicot s'intéresse peu aux auteurs littéraires du XVIe siècle (son *Thresor de la langue françoyse* de 1606 garde pourtant tous les items ronsardiens du *DFL* de 1564), en revanche les deux éditions du *Grand dictionaire françois-latin* — autre branche du *Dictionaire françois-latin* — augmentées par Pierre Marquis (1609) et Guillaume Poille (1609) puisent abondamment chez les écrivains de la deuxième moitié du XVIe siècle et notamment chez Ronsard. Le *Dictionarie of the French and English Tongues* de Randle Cotgrave (1611), tiré en grande partie du *Thresor* de Nicot, enregistre également le vocabulaire de Ronsard.

1. Thierry 1564

Dans les articles des « infinies dictions & manieres de parler de la langue Françoyse » que l'imprimeur dit dans sa préface avoir été ajoutées au dictionnaire, le nom de Ronsard figure 97 fois. Il sert à signer un mot :

« *Alembiquer, faire distiller. Ronsard* ».

« Auantieu, Praeludium. Ronsard & Dubellay »[1].

---

[1] V. aussi *chasseret, couarder, desfaroucher, desflammer, desnerver, desreter, se dessoiver, desveiner, desvier*, etc.

un emploi :

> « *Beau est aucunesfois substantif, & signifie Beauté. Mon beau se perd. Ronsard* ».

> « *Doré signifie aucunesfois Beau.* Venus *la dorée*, id est, *la belle Ronsard* »[2].
> — Ronsard : « *Cyprine la dorée* » — Muret 1553 : « *Cyprine*.) Venus. *La dorée*.) La belle ».

ou une variante :

> « *Dominateur,* Dominator. *Ronsard dit aussi Domineur* ».

> « *Femme* Echeuelee, *Ronsard. On dit aussi Descheuelée* »[3].

Plusieurs articles viennent, en partie ou en entier, du commentaire de Muret sur *Les Amours* (cf. *doré* ci-dessus) :

> « Ainsi, Eodem, pacto. *Aucuns estiment qu'il vient de* houtôsi, *qui signifie autant que* Sic, Ita, Hoc modo, mutatis &, detractis aliquot literis. *Ronsard aucunefois dit Ainsin, mais c'est à cause du carme S'ainsin estoit, c'est pour euiter la collision de vocale* ». (la première partie vient de Périon, *De linguae gallicae origine*, 1555[4] ; la deuxième partie de Muret)
> — Muret 1553 : « *S'ainsin étoit*.) Si ainsi etoit. Ainsin pour ainsi, à cause de la voielle qui s'ensuit ».

> « Appendre, *est mot propre aux choses qu'on dedie aux Dieux, lesquelles on ha coustume de pendre en ceste partie du temple, qui est nommée par les Latins & par les Grecs,* Tholus, Appendere, Suspendere. *Ronsard en vse* »[5].
> — Muret 1553 : « *J'appenderois*.) Pour j'appendroi. La lettre, s, i est ajoutée à cause de la voielle qui s'ensuit. Le mot est propre aus choses, qu'on dedie aus dieus, lesquelles on a coutume de pendre en cette partie du temple, qui est nommée & par les Latins, & par les Grecs *Tholus* ».

Les emprunts non signalés ne sont pas rares dans les dictionnaires (cf. *ainsi* ci-dessus). À part la définition et l'équivalent latin liminaires, le long alinéa consacré par Thierry 1564 à *Pandore* vient entièrement de Muret :

> « Pandore, *Nom propre de femme,* Pandora. *Apres que Promethée eust desrobbé le feu du ciel, Iuppiter pour se venger des hommes, donna charge à Vulcan, qu'il feist de terre vne statue de femme la plus belle qu'il pourroit, & qu'il l'animast, luy donnant ame & vie : ce qui fut faict. Apres qu'elle fut animée, par commandement de Iupiter*

---

[2] V. aussi *vermeil*.
[3] V. aussi *brillante, guiterne, squenie, vertugalle*.
[4] Wooldridge 1995.
[5] V. aussi Thierry 1564 s.v. *alme, brillante, chassenue, dessoiver, dorer, doulxgrave, emmanné, enpoupper, enamerer, entelechie, esclaver, fieleux, gaze, humblefier, mielleusement, nepenthe, nombreux, petrarquizer, remirer, vanoier*.

vn chascun des Dieux luy donna ce qu'il auoit de plus excellent : comme Venus la beaulté, Pallas la sagesse, Mercure l'eloquence : & les autres Dieux de mesmes. Or en ce temps la les hommes viuoient sans peine & sans soulci : d'autant que la terre, sans estre labourée, leur produisoit toutes choses necessaires à vivre. Iamais n'estoient malades : iamais n'enuieillissoient. Mais Iupiter mit à Pandore (ainsi se nommoit ceste femme) vn vase en main, dans lequel estoyent encloses les maladies, la vieillesse, les soulcis, & telles autres malheuretes : puis l'enuoya vers vn frere de Promethée, qui se nommoit Epimethée, homme de peu de sens : lequel (combien que son frere l'auoit bien aduerti de ne receuoir aucun present qui vint de Iupiter) toutesfois se laissa par elle abuser, & la receut. Estant receue, elle ouurit son vase, & remplict tout le monde des drogues que i'ay ci dessus nommées. La raison de son nom est telle. Pan en Grec signifie Tout : & Doron est à dire vn don ou present. Elle fut donc nommée Pandore, parce que chascun des Dieux luy feit vn don ou present ».

Pour connaître chez Thierry l'origine ronsardienne de la référence à Pandore, il faut regarder l'item consacré à la forme adjectivale de ce nom :

« *Pandorin, Qui est de Pandore,* Pandorinus. *Le vase Pandorin, Ronsard* ».

2. Poille 1609

Si Thierry tait systématiquement le nom de Muret, Guillaume Poille le nomme 56 fois, et Belleau sur Ronsard 10 fois, parmi les plus de 2 000 mentions explicites de Ronsard dans les items qu'il ajoute au *Grand dictionnaire françois-latin*. La grande autorité de Ronsard en matière de créativité poétique et lexicale explique ces fréquences exceptionnelles et la variété considérable des types d'items représentés.

Formes inédites :

« *Driller. Rons. & Belleau. / Drillant. Rons* ».

« *Adon pour adonis,* Rons »[6].

Italianismes :

« *Fermer, pour arrester, mot Italien. Rons* ».
— cf. Muret 1578, p. 322 : « *Les cieux fermez.*) Arrestez. Mot Italien ».

« *Parangonner, mot Italien desia commun en François, qui signifie esgaler, acomparer. Muret sur Rons* ». — Muret 1553 : « *Je parangonne.*) C'est une comparaison du mois d'Avril à sa dame. Parangonner est égaler. Mot Italien ». ; Muret 1578, p. 15 : « *Je parangonne.*) Mot Italien, desja commun en nostre langue, qui signifie, j'egale, j'accompare »[7].

---

[6] V. aussi *acherontee, adonon, adoniser, ahert, ahonter, aitheré, ambrosin, annelé,* etc.
[7] Cf. Nicot 1606 s.v. *encoronner,* commentaire sur l'item *encotonner* de Thierry 1564.

Archaïsmes :

« *Carolles, puissent rouer leurs carolles. Rons. / D'où vient le mot de carolles. Rons. Amiot* ».
— cf. Muret 1578, p. 3 : « *Carolles.*) Danses. Mot François ancien prins du Grec *khóros* »[8].

« *E. mis à la fin de la premiere personne de l'imparfait d'vn verbe à l'ancienne façon de parler, comme ie tenoye pour ie tenoy, de tenir. Rons* ». (cf. Laumonier IV.72.11)

Prosodie :

« *Fleau en vne syll. Rons* ».

« *[Miel] en 2 syll. Rons. Bellay & Belleau* ».

« *Ariadne en 3. & en 4. syllab. Rons* »[9].

Prononciation, orthographe :

« *Croppe, en rime pour croupe. Rons* ».

« *Farre, voyez Muret sur Rons. / Il escrit indifferemment Phare & fare* »[10].
— Muret 1553 : « *Du Fare.*) Fare fut jadis une isle en Egypte. Et parce qu'en une haute tour, qui la estoit, on souloit de nuit metre des flambeaus pour guider les mariniers : dela est, que toutes telles tours depuis sont nommées Fares ».

Genre d'un substantif :

Amour tantost, f. *& tantost*, m. *& pourquoy. Rons. Amiot* ».
— cf. Muret 1578, p. 19 : « *D'une amour.*) Quand Amour est de genre feminin, il se prend pour la passion et affection amoureuse : quand il est masculin, pour le Dieu d'Amour Cupidon. Toutesfois les Poëtes les confondent pour la necessité du vers ».

« *Voile de nauire* m. g. *Belleau. Rons. Quelquefois & aussi quelquefois* f. g. *Rons. & Bellay* »[11].

---

[8] Cf. Marquis 1609, s.v. *carolle*: « *Mot ancien duquel Rons. vse* ».
[9] Type fréquent chez Poille; v. aussi *ancien, aoust, baudrier, buis, chariot, chiorme, davanthier, emmiellé, enthousiasme*, etc.
[10] V. aussi *antenne, appendre, basme, chercher*, etc.
[11] V. aussi *erreur, foudre* (s.v. *foudre*), *mensonge, modelle*.

Sens :

> « *Arner signifie proprement rompre & froisser l'espine du dos. Muret sur Rons* ».
> — Muret 1578, p. 144 : « [...] ce mot propre Arner, qui signifie rompre et froisser l'espine du dos ».

> « *Tançons, pour querelles & aspres complainctes. Rons. / Muret l'explique querelles complaintes, & Belleau l'explique courroux* »[12].
> — Muret 1553 : « *Les tancons.*) les querelles, les complaintes.
> — Belleau 1560 : « *Tançon.*) Couroux, noise vieil mot François, d'où vient le mot tancer ».

Synonymes littéraires :

> « *Brutale masse du chaos. Rons. pour la terre* ». s.v. *brutal*
> — cf. Muret 1553 : « *La nuit du Chaos.*) L'oscurité. *Au giron de sa masse brutale.*) Dans la terre ».

> « *Vser de l'outil des sœurs pour vser de l'outil des muses faire des vers* »[13]. (nota : item non signé)
> — cf. Muret 1553 : « *L'outil des Seurs.*) L'outil des Muses, le carme ».

Fleurs littéraires :

> « *Cassandrette, fleur qui communement s'appelle de la gantelee, appellee Cassandrette par Rons* »[14].

Personnages littéraires :

> « *Orphee, sa fable, sa vie, faicts & mort descris par Muret sur Rons* »[15].
> — Muret 1553 : « *Vieil enchanteur.*) Il entend Orfée fis d'Apollon, & de Calliope : ou, comme disent les autres, d'œagre, qui est une montaigne en Thrace, & de Calliope, ou de Polymnie. D'icellui dit on, que par la douceur de sa vois, & par le son de sa harpe, il emouvoit les oiseaus, les bestes sauvages : voire mesme les bois, & les pierres, apaisoit les vens, arrestoit le cours des rivieres, & brief faisoit mile autres choses incroiables. Parainsi Pindare aus Pythies, le nomme pere de tous les Musiciens. [...]. Apolloine le temoigne aussi sur le commencement des Argonautiques : & mesmes dit, qu'on voit en Thrace quelques arbres arrengés en rond, qui le suivirent là, dés le pais de Pierie. Les femmes de Thrace, parce que depuis la perte de sa femme Eurydice, il avoit tout le sexe feminin en haine & horreur, se mutinerent contre lui, & un jour, ainsi qu'il chantoit, lui coururent sus, & le dechirerent en pieces. [...] »

---

[12] V. aussi *à, aceré, acharner, aimantin, ambitieux, aspirer, avaller,* etc.
[13] V. aussi *cabalin coupeau, chandelles celestes, conches tortes, crins des bois,* etc.
[14] V. aussi *Francinette, Olivette.*
[15] V. aussi *Bacchus, Cassandre, Danaé, Demon, Endymion, Hesione, Inon,* etc.

Parties du corps :

> « *Espaules de femme belle descrites. Rons* ».

> « *Peau de femme belle descritte. Rons. & Muret sur Rons* »[16].
> — cf. Muret 1553 : « *Ce jaspe, & ce porphyre.*) Il signifie la delicate peau de sa dame, au travers de laquelle aparoissent les veines, comme sur un Jaspe, ou sur un Porphyre bien poli ».

Animaux, plantes :

> « *Freslon, louanges & qualitez de freslon poetiquement descrites, Rons* ».

> « *Salade auec quelques herbes qu'on y met descrittes. R* »[17].

Poille se serait fié plus qu'il ne le dit aux commentaires de Muret, peut-être via la « table des motz plus dignes à notes es Commentaires » : par exemple, *Adon, amour masculin et feminin, arner, carolles, chaos, driller, fermer* et *outil des Seurs* figurent dans la table de Muret 1578.

En revanche, il indique la source de plusieurs items anonymes de Thierry 1564 :

> Poille 1609 depuis Thierry 1564 : « BROSSER, *c'est courir à trauers le bois sans regarder à rien qui puisse empescher le cours du cheual, mot de venerie* ».
> — Poille 1609 ajoute : « *Sont les paroles de Muret sur Rons* ».
> — Muret 1553 : « *Je brossai.*) Brosser est courir à travers le bois, sans regarder à rien qui puisse empescher le cours du cheval. Mot de venerie ».

De même, Poille identifie la source des items *nepenthe* (« *Muret sur Rons* ».) et *Pandore* (« *Tout ce narré de Pandore est pris de mot à mot de Muret sur Rons* ».)[18].

3. Marquis 1609

Le *Grand dictionaire françois-latin* (1609) de Pierre Marquis contient une sorte de concordance des œuvres de Pierre Ronsard ; cette « concordance » prend la forme de listes d'épithètes données pour environ 1 200 substantifs de la nomenclature du dictionnaire — sur un total de 1 584 mentions de Ronsard. Quelque 200 autres listes d'épithètes sont ajoutées sans mention de source.

---

[16]   V. aussi *dent, front, jambe, joue, main, menton*, etc.
[17]   V. aussi *abbeilles, aubepin, fourmy, fruict, genevre, lis*, etc.
[18]   Pour une analyse détaillée de la place de Ronsard chez Poille, voir Wooldridge 1992.

« [Laine] *Fine, grosse, rude, commune. / Laine, dorée pour la toison d'or, qui desment sa teincture naturelle es chauderons du hobelin, s'yurant du rouge venin pour se desguiser plus belle, fines*, Rons ».

— Ronsard : « la laine dorée » (Laumonier X.266.21) ; « une laine qui dement/ Sa teincture naturelle/ Es chaudrons du Gobelin,/ S'yvrant d'un rouge venin/ Pour se deguiser plus belle » (X.137.32) ; « fines laines » (I.28.75)

« *Douleur excessiue, triste, finée*, Rons. *profonde soucieuse, griefue, nōpareille, extreme, amoureuse forte, qui ne s'elente, qui comble l'ame de desespoir, qui entame les rochers contraincte forme l'accent de sa juste complaincte qui doucement me lime, espineuse, languissante, vraye*, Rons ».

— Ronsard : « excessive douleur » (Laumonier XII.271.334) ; « triste douleur » (XII.105.230) ; « douleurs finées » (VI.264.60) ; « douleur profonde » (VII.253.11) ; « douleur soucieuse » (X.313.99) ; « griefve douleur » (XII.196.51), « grieve douleur » (X.38.455), « griéve douleur » (XV.402.14) ; « douleur nompareille » (VII.171.2) ; « extreme douleur » (V.78.11 ; XV.300.110), « douleur extreme » (XVII.329.3), « douleur extréme/extresme/ extrême » (IV.54.11 ; VII.171.14 ; XII.202.47 ; XVI.148.1081 ; XIII.202.47 ; XVII.339.10), « extremes douleurs » (VIII.178.338) ; « amoureuse doulleur » (XII.33.106) ; « douleur plus forte » (II.68.16 ; XVII.124.11), « fortes douleurs » (XV.297.30) ; « Ne me pourroient la douleur alenter » (IV.69.12) ; « la douleur qui plus comble mon ame/ De desespoir » (IV.87.13) ; « un rocher/ Qui sans tendons, sans muscles et sans chair/ Vit insensible, et qui n'a l'ame attainte/ Ny de douleur, ny d'amour, ny de crainte » (XVI.248.106) ; « la douleur contrainte/ Formoit l'accent de sa juste complainte » (IV.162.12) ; « douleur qui doulcement me lime » (IV.171.1) ; « épineuses douleurs » (VI.45.10) ; « douleur languissante » (XIII.174.93) ; « douleur vraye » (X.117.17)[19].

Si la présence de Ronsard chez Marquis est au premier plan, d'autres traits de cette édition sont plus discrets. Élève dans un collège jésuite, Marquis ajoute au dictionnaire dix-huit items où il est question d'*hérésie* et d'*hérétique*, le tout tiré des notes de son père, amateur de Ronsard et bon citoyen de Lyon catholique et jésuite, ville rivale de Genève calviniste et donc apostate. La source principale, presque exclusive, du contenu de ces 18 items est encore Ronsard.

« [Chenille] *Qui rampe d'vn doz entre cassé. Rons. compare les Heretiques à vn toufeau de chenilles qui rongent, & broutent tout* ». (cf. Laumonier XI.55.352 ; XI.56.359-60)

« Geneue, Geneuesan. *Vne ville est assise és champs Savoisiens Qui par fraude a chassé ses Seigneurs anciens Miserable seiour de toute apostasie, D'opiniastreté, d'orgueil, & d'heresie, Laquelle en ce pendant que les Rois augmentoyent, Mes bornes, & bien loing pour l'honneur combatoient, Appellant les bannis en sa Secte*

---

[19] Cf. Wooldridge 1991. Pour donner une idée de l'étendue de la concordance des noms à épithètes dressée par Jean Marquis, père de Pierre Marquis, en puisant dans les œuvres de Ronsard, nous citons les noms en *Ha* de Marquis 1609 qui sont suivis d'au moins deux épithètes ronsardiennes: *habillement, habit, hache, haine, haleine, hampe, Hannibal, harangue, hardiesse, harmonie, harnois, harpe, harpies, hautesse.*

damnable, M'a faict comme tu vois, chetiue, & miserable, Cité pleine de maux, & d'infelicité, Rons. *és Miseres de son temps en la prosopopee de la France* ». (cf. Laumonier XI.55.340 et ss.)

« *Heresie de Caluin, du predicant de laquelle Rons. parle ainsi. Ie ne veux point respondre à la theologie, Laquelle est toute rance & puante, & moisie, toute rapetassé, & prinse de L'erreur des premiers seducteurs, incensez de fureur comme vn poure vieillard. & c* ». (cf. Laumonier XI.171.1091-95)

« *Heretique cafard, seducteur, Impie, mutin seditieux*, Rons. *Il les compare aux chenilles* ». (cf. Laumonier XI.56.373 ; XI.65.45 ; XI.131.267)[20].

4. Cotgrave 1611

Cotgrave identifie rarement ses sources. V. Smalley (1948) relève quelques mots que Cotgrave aurait trouvés chez Ronsard. Une comparaison de Poille 1609 et de Cotgrave 1611 permet d'en identifier d'autres. Par exemple :

Poille 1609 : « *Acherontee, ame acherontee. Rons. Acherontide Rons* ».
Cotgrave 1611 : « Acheronté [...] *Plunged in Acheron, drowned in Hell* / Acherontide. Ames Acherontides. *Damned soules* ».

Poille 1609 : « *Adenter tout plat à bas. Rons* ».
Cotgrave 1611 : « Adenté tout plat à bas. *Fallen down* [...] ».

Poille 1609 : « *Ambitieux, pour ardemment desireux & convoiteux. Rons* ».
Cotgrave 1611 : « Ambitieux [...] *Ambitious ; greedie of honors ; desirous of promotion* ».
Poille 1609 : « Barbelé, fleches barbelees. Rons. & Bell. sur Rons ».
Cotgrave 1611 : « Flesche barbelée. A bearded, or barbed, arrow ».

---

[20]   Voir aussi s.v. *contagion, cueur, enfariner, escole, fureurs, justice, moisi, parolle, royaume, sens, sentier*, tous cités in Wooldridge 1994.

BIBLIOGRAPHIE

Belleau 1560 = Pierre de Ronsard, *Les Amours*, second livre commenté par R. Belleau, éd. de 1560 rééd. par M.-M. Fontaine et F. Lecercle, Genève, Droz, 1986.

Cotgrave 1611 = R. Cotgrave, *A Dictionarie of the French and English Tongues*, London, A. Islip, 1611.

Laumonier = Pierre de Ronsard, *Œuvres complètes*, éd. P. Laumonier, Paris, Hachette, puis Droz, puis Didier, 1914-67 ; éd. indexée par A.E. Creore : *A Word-index to the Poetic Works of Ronsard*, Leeds, Maney, 1972.

Marquis 1609 = P. Marquis, *Grand dictionaire françois-latin*, Lyon, J. Pillehotte, 1609.

Muret 1553 = Pierre de Ronsard, *Les Amours*, 1er livre commenté par M.-A. de Muret, éd. de 1553 rééd. par C. de Buzon et P. Martin.

Muret 1578 = Pierre de Ronsard, *Les Amours*, 1er livre commenté par M.-A. de Muret, éd. de 1578 rééd. par H. Vaganay, Paris, Champion, 1910.

Nicot 1606 = J. Nicot, *Thresor de la langue françoyse*, Paris, D. Douceur, 1606. (Voir base du *Thresor* en ligne à ARTFL.)

Poille 1609 = G. Poille, *Grand dictionaire françois-latin*, Paris, Vve G. Chaudiere / F. Gueffier / J. Cottereau, 1609.

Smalley 1948 = V. Smalley, *The Sources of* A Dictionarie of the French and English Tongues *By Randle Cotgrave (London, 1611)*, Baltimore, Johns Hopkins Press, 1948.

Thierry 1564 = *Dictionaire francoislatin [...] Corrigé & augmenté par Maistre Iehan Thierry auec l'aide & diligence de gens scauants*, Paris, J. Dupuys / J. Macé, 1564.

Wooldridge 1991 = R. Wooldridge, « Procédés lexicographiques, tant anciens que modernes », in *Computational Lexicology and Lexicography*, éd. L. Cignoni & C. Peters, 2 vol., Pisa, Giardini, vol. 2, 1991, 301-15.

Wooldridge 1992 = R. Wooldridge, *Le Grand dictionaire françois-latin (1593-1628) : histoire, types et méthodes*, Toronto, Éditions Paratexte, 1992.

Wooldridge 1994 = R. Wooldridge, « Lectures-écritures verticales », in *Redécouverte de la modernité*, éd. N. Boursier & D. Trott, Tübingen, Gunter Narr, 1994, 115-22 ; rééd. en ligne (1996).

Wooldridge 1995 = R. Wooldridge, « Nicot et Ménage révélateurs réciproques de sources cachées et de discours empruntés », in *Gilles Ménage (1613-1692), grammairien et lexicographe*, éd. I. Leroy-Turcan & R. Wooldridge, Lyon, SIEHLDA, 1995, 37-57 ; rééd. en ligne, Toronto, SIEHLDA, 1998.

Le site Internet de R. Wooldridge http://www.chass.utoronto.ca/~wulfric/ contient plusieurs documents sur Ronsard chez les lexicographes de la Renaissance, notamment une synthèse, « Le lexique français de la Renaissance dans les textes et dans les dictionnaires », à paraître dans les *Actes du XXIe Congrès de linguistique et philologie romanes* (Palermo, septembre 1995) ; on trouvera également sur ce site RenDico (dictionnaires de Robert Estienne et de Jean Nicot) et RenTexte (textes sources de ces dictionnaires).

Russon WOOLDRIDGE
University of Toronto

III

LE RONSARD DES PALAIS

———————

RONSARD ET TYARD *VERSUS*
VIRET ET CALVIN À PROPOS DU TEMPS

J'ayme à faire l'amour, j'ayme à parler aux femmes,
A mettre par escrit mes amoureuses flames[1].

Ce n'est pas là confession de foi d'un éditeur genevois ni celle d'un vicaire savoyard, presque pourtant, puisque vous avez reconnu les vers du clerc vendômois, qui décrivent l'une de ses journées, justification qu'il donne de son emploi du temps dans un des *Discours des misères de ce temps* de 1563.

Jugé lascif par un « predicantereau de Geneve », en fait Chandieu et Montméja (« Tu te plains d'autre part que ma vie est lascive,/ En delices, en jeux, en vices excessives »), Ronsard se défend et, entre autres choses, décrit l'une de ses journées. Etrange défense qui fait sienne la critique des collègues de Théodore de Bèze, puisque les vers qui suivent l'aveu d'amour revendiquent un goût certain pour le divertissement.

J'ayme le bal, la dance et les masques aussi
La musicque et le luth, ennemis du souci.

Dans son oraison vespérale, Ronsard priera d'ailleurs Dieu « de vouloir pardonner doucement à [sa] faute », malgré la prière matinale qui avait émis le vœu pieux : « que le jour naissant sans l'offenser [Dieu] se passe ». C'est que, dans la période ouverte et fermée par la prière, le catholique Pierre de Ronsard est libre de son temps et de ses mots, et chaque soir la dernière prière rachète les badinages et le temps passé à parler aux femmes entre les danses, avec ou sans masque. La défense et la justification de Ronsard se transforment ainsi en donnée autobiographique, en revendication de ses goûts et de ses désirs.

Étrange journée également pour un poète, puisque laissant si peu de place à l'écriture, dont la seule évocation tient dans un bref « composant », quand au saut du lit Ronsard décrit :

---

[1] Cf. « Response... aux injures et calomnies », in *Discours des misères de ce temps*, publiés par Malcolm Smith, Genève, Droz, 1979, Textes Littéraires Français 263, vv. 513–64, pp. 180–82 ; Ronsard, *Œuvres complètes*, édition établie, présentée et annotée par Céard et al., t. II, vv. 477–524, pp. 1055sq.

> Je me renge à l'estude et aprens la vertu,
> *Composant* et lisant, suyvant ma Destinée,
> Qui s'est dès mon enfance aux Muses enclinée.
> Quatre ou cinq heures seul je m'areste enfermé,
> Puis sentant mon esprit de trop lire assommé
> J'abandonne le livre et m'en vois à l'église[2].

La lecture, davantage que l'écriture, occupe le poète qui, vous le savez, emporte avec lui un livre pour sa promenade de l'après-midi, prêt à s'asseoir à l'ombre d'un saule. C'est donc à l'enseigne de l'*otium*, d'un *otium literatum* certes, mais pas exclusivement (« j'ayme à faire l'amour [...] j'ayme le bal [...] »), que Ronsard vit et décrit l'une de ses journées, lui qui « ne loge chés [lui] trop de severité »[3]. L'absence d'une plage de son temps clairement consacrée à l'écriture oblige pourtant à soulever la question de l'écart entre le temps littéraire et le temps subjectif, autrement dit entre l'écriture de soi et la réalité, d'autant plus que Claude Binet, dans sa *Vie de Ronsard*, dépeint le poète travailleur nocturne[4].

À quelques années de là, en 1549, Jean Ribit, professeur de grec à l'Académie de Lausanne, rédige sa « studiorum ratio »[5]. Ce programme quotidien est d'une rigueur toute huguenote, d'une précision que l'on peut déjà qualifier d'horlogère sinon d'helvétique. Comme Ronsard, Ribit commence sa journée par la prière, mais l'heure très matinale du lever (tout à fait commune alors) est consignée :

> Levé à quatre heures du matin et habillé, je rendrai grâces à Dieu de m'avoir gardé et je lui demanderai de me garder à l'avenir, car je veux que cette façon de prier soit quotidienne et je demande à Dieu qu'il me la conserve[6].

---

[2]   *Ibid.*

[3]   *Ibid.* Sur la notion d'*otium literatum*, surtout au XVIIe siècle, mais les références classiques, entre autres Platon ou Cicéron, sont évidemment identiques, voir le beau volume *Le loisir lettré à l'âge classique*. Essais réunis par Marc Fumaroli, Philippe-Joseph Salazar et Emmanuel Bury, Genève, Droz, Travaux du Grand Siècle 4, 1996.

[4]   Cette question ne sera pas développée dans cet article, mais il était nécessaire de la soulever. Voir à ce sujet deux beaux articles de Jean Starobinski, « L'ordre du jour », in *Le temps de la réflexion*, 1983, IV, pp. 101–25, et « Le cycle des heures et le moment de la vérité », t.-à-p., s.d., s.l., pp. 157–68.

[5]   Cf. Henri Meylan, « Professeurs et étudiants. Questions d'horaires et de leçons », in *D'Érasme à Théodore de Bèze*, Genève, Droz, Travaux d'Humanisme et Renaissance 149, 1976, pp. 201–09, ici pp. 203–05.

[6]   *Ibid.*, p. 204.

Le programme horaire est ensuite décrit avec force détails. Je ne cite que les heures et l'essentiel du contenu, Ribit développant systématiquement la méthode de son enseignement biblique :

> A cinq heures, je mettrai par écrit ce qui est à observer . . . A six heures, j'entendrai la prière et le sermon, cela en été, car en hiver c'est à sept heures. Telle est en effet la coutume de Lausanne . . . A neuf heures, je commencerai la leçon . . . A dix heures, il sera temps de se nourrir . . . A douze heures, reprendre l'examen du texte hébreu . . . A une heure, j'écouterai ma femme lire la Bible . . . A deux heures, lire trois chapitres bibliques . . . A trois et quatre heures, écrire en latin et en grec alternativement. A cinq heures, lecture du Nouveau Testament, trois chapitres [il faut donc penser que la première mention touchait l'Ancien Testament]. A six heures, repas du soir. A sept heures, écouter les leçons des enfants. A huit heures, les prieres communes[7].

Force est de constater que ce programme ressemble à quelque règle monastique médiévale, à la différence que cette discipline horaire est maintenant laïque, non plus régulière et cloîtrée, et intègre la vie familiale. Éducateur, Ribit s'applique à lui-même une discipline horaire rigoureuse, à charge de l'enseigner dans un second temps aux futurs pasteurs. On doit d'ailleurs relever combien la Bible, la lecture et l'étude de la Bible tissent l'emploi du temps de Jean Ribit, la lecture de trois chapitres deux fois par jour lui permettant de lire la Bible en un an, les symboles du Dieu chrétien trine comblent le temps. Mais le professeur se veut également bon époux — il écoute sa femme lire la Bible — et bon père — puisque répétiteur pour ses enfants ; il s'offre pourtant un petit loisir entre onze et douze heures — *otium* réduit à la portion congrue — , durant le « moment des affaires du ménage » (rangement, comptes, affaires domestiques), pour « lire aussi et écouter quelque histoire amusante » (un véritable « quart d'heure vaudois »), seule et bien brève récréation que s'autorise le professeur de théologie.

Il n'y a pas seulement un écart littéraire entre le prince des poètes français et l'humble théologien réformé lausannois, ou entre un homme de lettres plus ou moins libre de son temps et un enseignant ayant des obligations horaires quotidiennes, il y a surtout, et c'est ce qui retient mon attention, une appréhension différente du temps. La conception que Ronsard et Ribit ont du temps est emblématique des traditions réformée et catholique romaine au XVIe siècle[8]. C'est ce que j'aimerais illustrer en présentant et en comparant deux traités sur le temps des années 1540–1550, le premier de Pontus de Tyard, le second de Pierre Viret. Cette comparaison s'inscrit dans un projet plus vaste sur le temps à la Renaissance en général, sur le temps réformé genevois à l'époque

---

[7]   *Ibid.*, pp. 204sq.

[8]   Cf. à ce propos mon « Organisation du temps et discipline horaire chez Calvin et à Genève au XVIe siècle. Vers une spiritualité temporelle », *Bibliothèque de l'École des chartes*, 157, 1999, pp. 345–67, en part. pp. 363sq., où je citais Ronsard et Ribit.

de Calvin en particulier. Cette étude met en évidence une spiritualité et une discipline ecclésiastique réformée plus temporelles que spatiales, et révise en même temps la source de l'esprit du capitalisme, remontant des puritains anglais du XVIIe siècle aux réformés genevois du milieu du XVIe siècle.

Tyard

C'est en 1556 que paraît le *Discours du temps, de l'an et de ses parties*[9], texte écrit par Tyard l'année précédente, puisque il prend plusieurs exemples tirés de l'an 1555[10]. Ce qui n'a pas été suffisamment souligné, c'est que la deuxième édition, parue à Paris chez Robert II Estienne en 1578, a été corrigée par Tyard lui-même, pour des détails (une ligne sautée en 1556 ou d'infimes variations stylistiques), mais aussi pour une insistance, dans la partie introductive du discours surtout, sur Dieu comme maître du temps, grand « horologier . . . demeurant en liberté d'arrester, changer, reculer, avancer les mouvemens et rouës de son Horologe, voire les briser quand bon luy semblera » tel qu'il sera affirmé plus fortement encore dans *Mantice*[11]. Dans le même esprit, Hieromnime, le troisième personnage du dialogue, qualifié de « pie et religieus de la compagnie » en 1556, devient vingt-deux ans plus tard « un de la compagnie, homme rempli de pieté et diligent observateur de la religion », description correspondant mieux au récent statut épiscopal du poète (nommé évêque de Châlons sur Saône en 1578). En 1587, un dernier changement significatif interviendra, puisque le dialogue se nommera alors *Sceve ou discours du temps, de l'an et de ses parties* (à Paris, chez L'Angelier[12]).

Ce dialogue, en style indirect d'ailleurs, puisque Tyard rapporte les paroles de ses interlocuteurs (et les modifient même en 1578 !), commence par la visite de Maurice Scève accompagné de quelques jeunes hobereaux bien silencieux. Le *Discours du temps, de l'an et de ses parties* est un dialogue philosophique qui, comme l'a montré Eva Kushner[13], marque la fin de la période platonicienne du poète avant que s'installe celle de l'enquête scientifique. Il n'est pas question

---

[9]   Lyon, Jean I de Tournes, 96 pages. Cf. A. Cartier, *Bibliographie des éditions des De Tournes, imprimeurs lyonnais*, mise en ordre avec une introduction et des appendices par Marius Audin et une notice biographique par E. Vial, 2 vol., Paris, Bibliothèques nationales de France, 1937, n° 350, pp. 430sq; exemplaire de la BnF: V 29214 (microfiche M-17526).

[10]   *Ibid*, pp. 73 sq.

[11]   Cf. édition Sylviane Bokdam, Genève, Droz. Textes Littéraires Français 383, 1990, pp. 175 sq.

[12]   *Les Discours philosophiques de Pontus de Tyard*, f° 333r°–368v°.

[13]   Cf. « Le rôle de la temporalité dans la pensée de Pontus de Tyard », in *Le temps et la durée dans la littérature au moyen âge et à la Renaissance*, Actes du colloque organisé par le Centre de Recherche sur la Littérature du Moyen Âge et de la Renaissance de l'Université de Reims (novembre 1984), publiés sous la direction d'Yvonne Bellenger, Paris, Nizet, 1986, pp. 211–30 ; et plus récemment « Pontus de Tyard dans le contexte de la révolution scientifique », in *Revue d'Études Françaises*, 2, 1997, pp. 213–22, en particulier pp. 217–19. Ces articles seront repris dans une étude de Mme Kushner sur le dialogue à la Renaissance, à paraître, Genève, 2002.

de répéter les fines analyses de la spécialiste de Pontus de Tyard, mais comme celle-ci s'est attachée aux seules premières pages, philosophiques, du dialogue, il est nécessaire d'en détailler le contenu.

Dans ce traité, Tyard relève la relativité du temps et de ses rythmes, découpés et nommés différemment par les hommes, et les explique. Il commence par la question du temps et de l'éternité, prenant le parti de la Bible, Scève davantage celui du savoir antique, mais les huit dixièmes du texte concernent les traditions des nations pour découper et nommer le temps — toujours la question de Thémis et des Hôrai[14]. Dans la partie appliquée du traité, peu novatrice, Tyard commence par définir les heures, égales et inégales (pp. 15sq.), puis les jours, enregistrant les manières diverses de faire commencer le jour parmi les nations : à compter « au soleil levant » (Perses et Babyloniens) ; d'un midi à l'autre (des Astrologues et habitants de l'Ombrie) ; « au soleil couchant », (Atheniens, Juifs et Egyptiens) ; « de l'une à l'autre minuit » (Romains et nous), « suivans une opinion des antiques Gaulois, que la nuit doit preceder le jour » (p. 19). Les superstitions liées aux jours sont parmi les pages les plus amusantes, fourmillant d'anecdotes. Certains jours sont heureux, d'autres malheureux, de l'Antiquité à l'époque contemporaine. « Le premier jour d'avril sembloit malheureux à Darius, ayant reçu en ce jour un grand dommage par Alexandre » (p. 23), alors que le jour de sa naissance, le 12 juillet, apparaît à Jules César comme le *summum* du bonheur : « Jule Cesar ne passa jamais le douzieme de Juillet (mois ainsi nommé de lui) sans acroissement de bon heur » (p. 24). Empereur plus récent, Charles Quint fut également sensible au 24 février, « son jour natal, auquel l'honneur de la couronne imperiale et la prise du roy François lui ont assemblé le comble de son heur » (p. 24).

Les pages les plus longues, et les moins intéressantes peut-être, concernent les mois, puis l'intérêt renaît avec la grande année (Macrobe reste la référence, pp. 68–70), le moyen de calculer l'épacte, le nombre d'or du calendrier (pp. 73–76), tout comme le font exactement à la même époque Paul Eber à Wittenberg ou quelques imprimeurs genevois[15]. Le traité s'achève sur le jour bissextile ajouté par César (pp. 78sq.).

Les pièces liminaires du traité sont faibles. La brève préface à Marguerite Du Bourg, Dame de Gage, n'est qu'un gentil madrigal, pour ne pas dire fade. Tyard se joue pourtant du temps en évoquant leur rencontre : « [. . .] le terme court de deus heures me permit devorer assez de votre merite, pour ores (deux ans

---

[14]   Titre du dernier livre de Jean Rudhardt, *Themis et les Horai*, Genève, Droz, Recherches et Rencontres 14, 1999. Le sous-titre précise : *Recherche sur les divinités grecques de la justice et de la paix.*

[15]   Cf. mon « Avènement et déclin des calendriers réformés genevois (1552–1620) », communication au colloque de Tours, juin 1999, à paraître.

apres) en gouter une agreable satisfaccion, je dy agreable, si la souvenance de moy ne vous est importune » (f° A 2r°). Deux sonnets initiaux de Philibert Bugnion, Maconnais[16] (je ne note que le début et la fin du second sonnet : « Du tems, de l'an et toutes ses parties,/ Ton discours est doctement composé/ [. . .] A toy, Pontus, qui d'entre nos Dieus-hommes/ Le premier es, donnons tant que nous sommes/ De bien escrire en prose et vers la gloire », f° A 3v°) et un dizain de Charles Fontaine[17], un peu badin, qui se termine par ces deux vers « Comme tu vois que ce gentil discours/ Te fera vivre apres cent ans sans temps » (f° A 4v°) complètent ce bien médiocre apparat liminaire.

Malgré le sérieux de l'exposé sur le temps, le paratexte, le cadre du propos (une promenade au jardin : « la diversité des siecles donnerent ocasion de parole si ample que desja nous en estions entretenuz long espace, quand la disposicion de l'air nous convia d'aller prendre l'esbat en un mien jardin [. . .] le devis commencé ne se relachoit point, mais estendu d'un en autre discours, et en fin reduit sur les termes du tems et de ses parties »[18]) tout comme la conclusion du dialogue (« Sur ce point voici entrer quelques musiciens qui, sachans que j'estois là en telle compagnie, et quel plaisir je recevrois de leur venue, nous firent rompre le propos et achever le reste de ce jour avec le passetems que le chanter et jouer d'instrumens musicaus nous pouvoit aporter »[19]) donnent à l'entretien une touche de récréation et joyeux devis. Le cadre est bien celui de l'*otium scientiarum litterarumque*.

Eva Kushner avait souligné que le dialogue s'ouvrait sur le thème de l'inconstance et de la précarité humaine. Il s'agit cependant d'un topos du discours sur le temps ou sur la mort (cf. les genres du *memento mori* et de l'*ars morendi*), que Viret adoptera également, en se plaignant de l'inconstante et de la fragilité de l'humain incapable de prier avec régularité et ténacité :

> Mais pourtant que la debilité de nostre esprit et la fragilité de nostre chair, et les soucis et troubles que nous avons en ce monde-cy nous retirent de ce continuel exercice [la prière] et nous empeschent de rendre nostre devoir comme il est requis[20].

---

[16]   Sur Philibert Bugnyon, voir l'introduction à l'édition critique de ses *Erotasmes de Phidie et Gelasine (1557)*, procurée par Gabriel-A. Pérouse et M.-Odile Sauvajon, avec la collaboration de Roger Dubuis et de l'équipe du Centre lyonnais d'Études de l'Humanisme, Genève, Droz, Textes Littéraires Français 492, 1998.

[17]   Sur Charles Fontaine, plus connu que Bugnyon, et poète d'une autre tenue, voir dernièrement Raffaele Scalamandre, « Charles Fontaine : da Parigi a Lione », in *Il Rinascimento a Lione*. Atti del Congresso internazionale (Macerata, Maggio 1985), a cura di A. Possenti e G. Mastrangelo, 2 vol., Roma, Ed. dell'Ateneo, 1988, pp. 907–24.

[18]   *Ibid.*, p. 4.

[19]   *Ibid.*, p. 81.

[20]   Cf. Pierre Viret, *De l'institution des heures canoniques*, Lyon, Jean Saugrain, 1564, p. 11.

Plus loin dans le siècle, mais les exemples sont nombreux, Blaise de Vigenère commentant Philostrate parlera des « Saisons aux yeux sur-baignez de moisteur, fille de l'an inconstant »[21], le topos du temps inconstant faisant écho au topos de l'inconstance de l'homme. Alors que Tyard, nous ne l'oublions pas, fera sien, à la fin du dialogue, le mot d'Euripide, cité en grec, « la vie n'est point vie, mais calamité (ξυμφορα)»[22]. Ce thème de l'inconstance, bien présent certes, mais tellement présent dans la légende des siècles, me semble moins fort que celui de l'*otium*, du divertissement. Le discours sur le temps se propose comme divertissement érudit, au jardin avant la musique et les chants.

Viret

Avec Viret, vous l'avez déjà deviné, l'*otium* ne tient pas le rôle-titre, ni même une place de figurant. C'est en 1564, à Lyon, chez Jean Saugrain, que paraît *De l'institution des heures canoniques et des temps determinez aux prieres des Chrestiens*. La meilleure description du contenu de l'ouvrage, didactique comme toujours avec Viret, consiste dans le « Sommaire des principalles matieres » qui suit la page de titre :

> La matiere contenue en ce traicté est deduite par dialogue, duquel le principal poinct est touchant l'institution des heures canoniques, au propos desquelles il y est fait mention des temps determinez aux oraisons et prieres, tant publiques que particulieres des chrestiens ; et des stations et processions, et de l'ordre qui a esté és assemblées et prieres de l'Eglise ancienne et primitive. Et comment cest ordre s'est abatardy peu à peu, et quelle a esté l'invention et le commencement et l'autheur des Heures qu'on appelle canoniques, et la procedure d'icelles, et quels abus y sont survenus et par quels moyens, et quelle reformation y est requise[23].

Comme Pontus de Tyard, Viret adopte la forme dialoguée, mais au contraire du *Discours du temps*, *De l'institution des heures canoniques* offre un dialogue en style direct entre deux personnages : Simon interroge et Zacharie répond. Le texte ne relève plus tant du dialogue philosophique que du dialogue catéchétique. Il s'agit de retrouver la discipline ecclésiastique primitive des heures régulières[24] (c'est le sens de canoniques, dit justement Viret, p. 6) de

---

[21]   Cf. Livre II, dernier tableau (34), « Les heures ou saisons de l'année », in *Les images ou tableaux de platte-peinture*. Traduction et commentaire, Paris, Champion, Textes de la Renaissance 3, 1995, t. II, p. 883.

[22]   Cf. *Discours du temps...*, p. 80.

[23]   De *l'institution des heures canoniques...*, pp. 3sq.

[24]   Viret idéalise bien évidemment l'Église primitive : « Car alors on ne proposoit point de traditions humaines, ne de songes, ne de legendes fabuleuses, et autres telles resveries à l'Eglise, mais seulement la pure Parole de Dieu, telle qu'elle avoit esté annoncée par les Apostres » (p. 31). C'est oublier les conflits (Gal. 2 et Act. 5), le développement

prière communautaire, que les monastères bas-médiévaux ont pervertie. En d'autres termes, il s'agit de réformer le service divin en le fondant sur « la regle des saintes Escritures » (p. 74). Certains récits du livre des Nombres et des Chroniques manifestent ainsi que « le temps du matin a tousjours esté pris et jugé le plus convenable » pour les prières publiques et la prédication (p. 24).

Dans son traité, Viret fait l'archéologie des pratiques ecclésiales et liturgiques des origines pour fonder la pratique ecclésiale calviniste. Tout le temps ecclésial est fondé à nouveaux frais sur la Bible et les pratiques anciennes, Viret ayant cherché, puis présentant les raisons des « premiers inventeurs de ces manieres de faire » (p. 17). Il commente surtout les passages bibliques importants concernant le temps de l'oraison, les fameuses « sept fois le jour » de David (Ps 119 : 164 ; cité d'entrée p. 6) ou les trois de Daniel (Daniel 6 : 11 ; pp. 8sq.). Les heures mentionnées dans le livre des Actes obligent, dans un même esprit, à instituer des heures précises pour prier.

La rigueur horaire des pratiques réformées s'apparente pourtant aux pratiques catholiques. Viret ne le nie pas — comment le pourrait-il —, mais fait sienne la régularité horaire des catholiques :

> Car nous leur accordons assez qu'il est bon d'avoir quelques heures determinées, tant pour les prieres publiques que pour les particulieres, pourveu qu'on y procede comme les vrais serviteurs de Dieu y ont procedé. J'enten que ce ne soit pas pour remplir le monde d'hommes oiseux . . . [25]

L'accord n'est cependant que formel, car le contenu des chants et prières catholiques est aussitôt dénigré. Viret le dira plus loin : les catholiques romains ont conservé les noms, mais modifié le contenu, ou alors développé des éléments absents de la Bible : tel le passage des Heures canoniques aux heures de la Vierge et des saints (pp. 46–48). Seul le contenu des origines, la prière des anciens, publique et privée, est admissible. La décadence de l'Eglise, au temps des moines, la perte de substance sont vitupérées. Une formule érasmienne pourrait résumer l'histoire séculaire de ce conflit : les Pères *versus* les moines.

Les deux ouvrages ne possèdent pas seulement une forme littéraire commune, d'autres correspondances sont davantage intellectuelles. Ainsi, tant Tyard que Viret commencent un développement en s'arrêtant sur un mot, en donnant l'étymologie, la signification, d'éventuelles traductions.

Autant Pierre Viret que Pontus de Tyard écrivent l'histoire et reviennent *ad fontes*. Dans le texte du poète le savoir antique est omniprésent, tant grec que latin : Hésiode, Ésope, Platon, Galien, Lucien (*Alcion*), Quinte-

---

apocalyptique discuté ou refusé pendant des siècles, etc.
[25] *Ibid.*, p. 26.

Curce, Macrobe, Virgile. Les auteurs païens, en revanche, n'interviennent pas dans le discours de Viret, à l'exception de Pline le Jeune et de Cicéron, j'y reviens immédiatement, mais le théologien se tourne vers le témoignage des Pères, continûment sollicités : Jérôme, Cyprien, Chrysostome et Tertulien, sans oublier la Bible, dont Viret égrène les versets dans tous ses écrits.

Si Pline est convoqué, c'est en qualité de témoin de la qualité de la prière des premiers chrétiens. Il offre à Pierre Viret un témoignage probant de la vie spirituelle des premiers chrétiens romains se rassemblant et chantant des louanges à Christ et à Dieu[26]. Quant à Cicéron, il est témoin à charge contre les offices nocturnes, puisqu'il souhaitait leur abolition[27]. Les deux auteurs païens sont une nouvelle fois gagnés à la cause chrétienne.

On s'y attendait, le traité de Viret ne s'achève pas en musique, une page stigmatise d'ailleurs « le son des orgues » à l'église (p. 55)[28], mais par une prière, pour que Dieu abolisse les pratiques superstitieuses des papistes (p. 74sq.).

Conclusion

Tyard, dans le cadre de l'*otium literatum* se promène au jardin avec des amis, devise et est interrompu par l'arrivée de musiciens. Le temps de Ronsard, de même, est autant marqué par le loisir lettré que par le plaisir, un plaisir affiché, revendiqué, avec des heures libres. On sait perdre du temps, dans ce milieu intellectuel. Avec Viret, mais surtout Calvin, la notion de temps utile, de rationalité du temps, sans moments morts (*i.d.* inactifs), est primordiale : il est impensable de perdre son temps. L'inactivité est considérée comme une insulte faite à Dieu, celle ne pas savoir utiliser les dons qu'il fait

---

[26] Il s'agit de la lettre de Pline le Jeune à Trajan et de la brève réponse de l'empereur. Dans la première on lit : « [...] quod essent soliti stato die ante lucem convenire carmenque Christo quasi Deo dicere secum invicem [...] » (in *Lettres, livre X, Panégyrique de Trajan*, texte établi et traduit par Marcel Durry, Paris, Les Belles Lettres, 1972, lettres 96 [97], § 7); ce texte correspond bien à ce que nous en dit Viret. Pourtant, dans le *De l'institution des heures canoniques*, la note marginale p. 33 mentionne « Epipha. lib. 10, epistola 317 ». Epiphane de Salamine ne semble pourtant pas avoir cité Pline (cf. entre autres l'*editio princeps* de la traduction latine de ses œuvres procurée par Janus Cornarius, Bâle, chez Robert Winter, 1543). La mention « lib. 10 » renvoie cependant bien aux lettres de Pline.

[27] Cf. *De l'institution des heures canoniques...*, p. 63 : « De Legibus, lib. 2 ». On lit en effet au livre II des *Lois* de Cicéron un bref développement contre les sacrifices nocturnes célébrés par des femmes (§ 22 et 35s).

[28] Calvin propose une critique identique lors d'un sermon sur Esaïe de 1558 : « Comme nous voions que les papistes cuident resjouyr Dieu avec leurs orgues. Ilz le veulent contenter avec leurs chandeles, avec leurs parfums et ceci et cela » (cf. Sermon 277 du 28 juillet 1558, sur Esaïe 55, 8–13, Londres, Église réformée française, Ms. VIII, f. 2, f° 556r°).

aux hommes. Déjà Martin Bucer, dans sa *Formula vivendi*, se donnait comme précepte fort : « oderint ocium et nugas ; perdere tempus horreant »[29].

L'horaire exigeant de Ribit, avec des journées qui éliminent tout temps mort, fait penser à un texte contemporain, dans un registre différent certes, la journée de Gargantua. Là, les nombres ne s'appliquent plus aux heures, mais aux matières et aux aliments[30]. La liberté de Ronsard, en revanche, rappelle plutôt Thélème, où le temps n'est plus compté, où chacun fait ce qu'il lui plaît, quand il lui plaît.

Le jour excessivement rempli, sans temps mort, de Jean Ribit s'oppose d'ailleurs à ce que Lucien Febvre appelait le « temps flottant » de la Renaissance, marqué par peu de précision[31]. La journée de Ronsard, en revanche, ou celle de Gargantua répondent davantage à ce concept de « temps flottant ».

Avec Ribit ou Viret, et également chez Calvin, il apparaît que tout le temps appartient à Dieu, l'homme remplissant sa tâche, faisant fructifier ses talents sur son chemin de sanctification personnelle. Chez Ronsard, tout comme chez Tyard, le temps est certes cosmique, mais il appartient à l'homme, qui en use, en abuse et s'y repose. L'*otium* fait alors complètement partie du temps humain, pleinement assumé dans les lettres, la musique et même, chez ces clercs, dans l'amour pour les femmes, unique moyen, hélas éphémère, de faire correspondre l'instant et l'éternité.

Max ENGAMMARE
Genève

---

[29] Cf. Martin Bucer et Matthew Parker, *Florilegium Patristicum*, éd. par P. Fraenkel, Martini Buceri Opera Latina III, Leyde, Brill, Studies in Medieval and Reformation Thought 41, 1988, pp. 189–91.

[30] Cf. *Gargantua*, ch. XXIII. Sur ce chapitre de Rabelais, cf. les belles pages de Jean Starobinski, « L'ordre du jour », in *Le temps de la réflexion*, 1983, IV, pp. 101–25, en part. pp. 106–14.

[31] Cf. *Le problème de l'incroyance au XVIe siècle. La religion de Rabelais*, Paris, Albin Michel, « Évolution de l'humanité », 1942, rééd. 1968, pp. 365–71.

LE DISCOURS
« DES VERTUS INTELLECTUELLES ET MORALLES »
PRONONCÉ PAR RONSARD À L'ACADÉMIE DU PALAIS

On ne saurait étudier Ronsard sans la grande édition Laumonier[1] à laquelle Isidore Silver apporta une contribution considérable. Du tome XVIII, paru presque vingt ans après la mort de Laumonier, Raymond Lebègue a noté avec sa concision habituelle — mais était-il besoin d'en dire plus ? — « qu'il est essentiellement l'œuvre d'I. Silver »[2]. C'est donc à I. Silver qu'on doit l'annotation des dernières œuvres de Ronsard, et notamment de ses rares textes en prose, parmi lesquels les discours de l'Académie du Palais. Je me propose d'examiner ici le premier de ces discours.

L'Académie du Palais succéda à l'Académie de Poésie et de Musique de Baïf en 1576[3]. L'une des sources d'information à ce sujet est D'Aubigné, qui assure avoir assisté aux premières réunions :

> Le roy le fit [D'Aubigné] un membre de son académie, une assemblée que le roy faisoit deux fois la semaine, pour ouïr les plus doctes hommes qu'il pouvoit, et mesme quelques dames, qui avoient estudié sur un problème toujours proposé par celuy qui avoit le mieux fait la dernière dispute[4].

Cela situe les débuts de cette institution en janvier, puisque D'Aubigné, sujet fidèle du roi de Navarre retenu en otage à Paris depuis la Saint-Barthélemy, allait suivre son maître dans sa fuite en février 1576.

---

[1] Malgré les mérites incontestables de la récente édition établie par J. Céard, D. Ménager et M. Simonin à la Bibliothèque de la Pléiade (les discours en prose de Ronsard sont au tome II.)

[2] *Lm*, t. XIX, p. 202.

[3] Sur ces questions de date, voir Robert J. Sealy, *The Palace Academy of Henry III*, Genève, Droz, 1981, p. 40.

[4] D'Aubigné, *Histoire universelle,* cité par Frances Yates, *Les académies en France au XVIe siècle,* trad. franç., Paris, PUF, 1996, p. 42. (Je rappelle que l'édition anglaise du livre de Yates date de . . . 1947!)

Toutes les pièces qui demeurent[5] de ces « disputes » traitent de sujets éthiques et présentent un caractère oratoire. Il est vrai, comme le rappelle Frances Yates dans son livre *Les académies en France au XVIe siècle*, qu'Henri III, qui prenait part à ces discussions, et Pibrac, l'« entrepreneur »[6] de l'Académie — son organisateur et son animateur —, étaient des orateurs de talent[7]. Parmi les auteurs de discours, il y eut même des dames, comme nous l'apprend encore D'Aubigné dans une lettre « À mes filles touchant les femmes doctes de nostre siecle » qui mentionne les noms de Mmes de Retz et de Lignerolles :

> Ces deux ont fait preuve de ce qu'elles savoyent plus aux choses qu'aux paroles, dans l'Academie qu'avoit dressee le roy Henry troisiesme, et me souvient qu'un jour entre autres, le probleme estoit sur l'excellence des vertus morales et intellectuelles ; elles furent antagonistes, et se firent admirer[8].

Ces deux discours sont perdus. D'ailleurs, les documents dont nous disposons ne donnent qu'une idée incomplète non seulement des orateurs mais des thèmes débattus, qui portaient sur les vertus intellectuelles et morales, sur les passions et les émotions, sur certaines vertus morales et sur les vices qui leur font pendant : la joie et la tristesse, l'honneur, l'ambition, l'envie, la crainte, etc.[9] Les deux principaux manuscrits qui les contiennent[10] placent les discours traitant des vertus intellectuelles et morales avant ceux qui ne considèrent que des passions isolées. Il est vraisemblable que cet ordre correspond à celui qui avait été observé à l'Académie pour les débats oraux.

Sur les vertus intellectuelles et morales, nous avons cinq discours : un de Ronsard, deux de Desportes, un de Jamyn et un anonyme, qui pourrait être l'un des discours manquants de Mme de Retz ou de Mme de Lignerolles.

---

[5]   Yates, pp. 142-43, Sealy, pp. 37-38. Voir aussi Colette H. Winn, « Les discours de Marie Le Gendre et l'Académie du Palais : quelques repères et définitions », in *La femme lettrée à la Renaissance,* Louvain, Peeters, 1997, pp. 165-75.

[6]   Voir Édouard Frémy, *L'Académie des derniers Valois,* Paris, 1887 ; Genève, Slatkine Reprints, 1969, p. 144.

[7]   Yates, pp. 140-41.

[8]   D'Aubigné, *Œuvres,* éd. H. Weber, J. Bailbé, M. Soulié, Paris, Gallimard, 1969, p. 853. Voir aussi C. Winn, art. cit.

[9]   « Mais peut-être le fait que tous les discours survivants relèvent de la philosophie morale n'est-il qu'un effet du hasard. Des recherches plus poussées pourraient découvrir les débats de l'Académie du Palais sur la philosophie naturelle », Yates, p. 140, n. 1 ; voir aussi pp. 142-43.

[10]   Le manuscrit de la Bibliothèque de Copenhague, et le manuscrit du fonds Dupuy à la BN de Paris. Sur ces deux documents et d'autres, mais isolés, voir Yates, pp. 142-43, n. 1, et Sealy, pp. 37-38.

En lisant *L'Académie des derniers Valois* d'Édouard Frémy, j'avais d'abord cru comprendre que le discours de Ronsard était le discours inaugural de l'Académie du Palais[11]. Rien n'est moins sûr. Robert Sealy affirme même que ce furent les deux dames qui parlèrent d'abord, suivies de Jamyn, et que Ronsard ne vint qu'en quatrième position[12]. Position qui, pour être tranchée, n'en reste pas moins conjecturale. Un exemple : « We know he [Jamyn] came second [c'est-à-dire après les dames] because he is refuted by Ronsard who thus must have followed him »[13], écrit Sealy. L'argument serait imparable si, en effet, Ronsard réfutait Jamyn. J'ai lu et relu son discours, et le moins que je puisse dire, c'est que cela ne m'a pas sauté aux yeux. Ce que Ronsard réfute, c'est d'une manière générale les arguments de ceux qui soutiennent une position autre que la sienne — Aristote compris —, et il le fait rapidement, sans nommer personne, contrairement à Desportes qui renvoie dans chacun de ses discours à « Monsieur de Ronsard », avec une emphase non dépourvue d'ironie, pour mieux s'y opposer[14].

Quoi qu'il en soit, ce qui fait l'intérêt du discours de Ronsard sur les vertus intellectuelles et morales n'est pas sa place lors des débats oraux de 1576, mais la qualité de son style[15] et surtout l'originalité de ses vues. Certes, comme ses confrères, Ronsard commence en s'inspirant d'Aristote, il se souvient en passant de Platon, voire de Plutarque[16], et il entreprend de définir en les différenciant les vertus intellectuelles des vertus morales. Les premières dépendent de la raison :

---

[11] « Dans son discours d'ouverture des auditoires de l'Académie du Palais, Ronsard [...] », Frémy, p. 206. J'ai fait cette erreur dans mon article « Des académies italiennes à celles de France au XVIe siècle », paru dans les actes du colloque de Chianciano, *Rapporti e scambi tra l'Italia e l'Europa nel Rinascimento*, Milano, Nuovi orizzonti, 2001.

[12] Sealy, p. 38.

[13] *Ibid.,* n. 10.

[14] Voir plus bas, à l'appel des notes 32 et 33.

[15] « Comme le montre la comparaison avec d'autres discours académiques, Ronsard se tira à son honneur d'une tâche difficile. [. . .] Son éloquence est plus vivante que celle de ses confrères, Desportes excepté. Comme le dit Binet, 's'il avoit à discourir en présence ou par commandement des grands avec quelque appareil, il disait des mieux' », *Céard et al.*, t. II, p. 1640, notule sur le discours.

[16] Voir les notes de Silver dans l'édition Laumonier. Quant à Plutarque, on sait quelle a été son influence. La traduction par Amyot des *Œuvres morales* avait paru en 1572, quelques années avant la fondation de l'Académie du Palais. Or l'un des traités moraux de Plutarque, « De la vertu morale », porte précisément sur le premier sujet qui sera débattu à l'Académie du Louvre. On croirait presque lire, dans la première phrase de ce traité, le programme des rencontres inaugurales de l'Académie : « Nostre intention est d'escrire et traiter de la Vertu qu'on appelle et qu'on estime Morale, en quoi principalement elle differe de la contemplative, pource qu'elle a pour sa matiere les passions de l'ame, et pour sa forme la raison, quelle substance elle a, et comment elle subsiste », (Plutarque, *Les œuvres morales,* trad. Amyot, Paris, T. Du Bray, 1606, t. I, p. 59).

> La partie raisonnable [de l'âme] est celle où l'intellect, qui, comme un grand
> cappitaine du hault d'un rempart commande à ses soudars. Les vertus attribuées à
> l'intellect sont : sapience, science, prudence, les arts, les cognoissances des causes et
> les notices des principes[17].

Les secondes, acquises « par longue accoustumance et long usage », se situent dans
la partie déraisonnable de l'âme. Ce sont « fortitude, patience, constance, foy, verité,
justice, liberalité, magnanimité et leurs dependances ». Elles présentent une
particularité bien connue depuis Aristote mais qui n'en demeure pas moins
intéressante, c'est de se situer entre l'excès et l'insuffisance, dans le juste milieu :

> Lesquelles vertus morales consistent tousjours en la mediocrité et au milieu de
> deux vices, c'est à sçavoir entre le trop et le peu[18].

Jusque-là, l'argumentation, largement tirée de l'*Éthique à Nicomaque,*
se retrouve dans les cinq discours sur ce sujet. Mais, alors que tous les autres
concluent en donnant la palme aux vertus intellectuelles — Jamyn parce que ce
sont elles « qui gisent en la plus belle partie de l'ame »[19], l'anonyme parce que les
vertus morales dépendent de la « prudence » au lieu que les intellectuelles ne
subsistent que par elles-mêmes[20], Desportes parce que les vertus intellectuelles
« procedent de la plus excellente puissance de l'ame [et] sont donc parfaictes »[21]—,
Ronsard se distingue en se « retirant du tout du costé de l'action »[22] et en
préférant les vertus morales aux intellectuelles parce qu'elles sont plus utiles.

Dans son article « Ronsard's Ethical Thought », Isidore Silver s'étonne
de ce choix[23] qu'il juge paradoxal, voire anti-philosophique :

> Having begun his discourse with moral premises indebted to Aristotle, Ronsard
> paradoxically refused to adopt the positions which gave deepest meaning both
> to the life of reason and to the highest plane of the ethical life as conceived by
> the philosopher. This was extraordinary in a poet who remained all his life
> interested in philosophic questions . . .[24].

---

[17]   *Lm,* t. XVIII, p. 453. (Toutes les citations du discours dans l'édition Laumonier viennent du
t. XVIII : cette indication ne sera pas répétée dans les notes suivantes.) Les notes de la p. 453
renvoient à l'*Éthique à Nicomaque* ; voir aussi Plutarque, *op. cit.,* pp. 60, 62, 64, 66 . . .

[18]   *Lm,* p. 453. Voir Aristote : « Ainsi donc on a vu que la vertu morale est un milieu ; et l'on sait
comment elle l'est, c'est-à-dire qu'elle est un milieu entre deux vices, l'un par excès, l'autre par
défaut », *Éthique à Nicomaque,* II, ix, trad. J. Barthélemy Saint-Hilaire, éd. A. Gomez-Müller,
Paris, Livre de Poche, 1992, p. 102.

[19]   Frémy, p. 240.

[20]   *Ibid.,* p. 223.

[21]   *Ibid.,* p. 234.

[22]   *Lm,* p. 460.

[23]   *Bibliothèque d'Humanisme et Renaissance,* 1962, pp. 358-62 pour le discours « Des Vertus
intellectuelles et moralles ».

[24]   *Ibid.,* p. 361.

Même réaction de la part du commentateur de la récente édition des *Œuvres* de Ronsard dans la Bibliothèque de la Pléiade :

> Cette opposition entre la contemplation et l'action n'est pas du tout dans la ligne de l'humanisme florentin, qui, avec Ficin, s'est toujours employé à les concilier[25].

À ces remarques, d'où toute réprobation ne semble pas exclue, on pourra objecter que Ronsard n'a jamais prétendu s'inscrire dans les pas de Ficin. De plus, l'originalité de sa prise de position n'est ni aussi évidente ni aussi nouvelle que ce que la lecture des seuls discours prononcés à l'Académie du Palais pourrait laisser penser.

Certes, les autres orateurs de cette série de débats aboutissent à des prises de position essentiellement « contemplatives », mais ils ne négligent pas pour autant les arguments en faveur des vertus « actives », même s'ils les rejettent : et pour cause, puisque cette opposition entre *pro* et *contra* charpente tous leurs discours. Toutefois, si ces discussions sur les vertus intellectuelles et morales rappellent par certains côtés les traditions de l'École[26], les problèmes qu'elles posent ont intéressé dès le début les hommes des temps nouveaux qu'étaient les humanistes, qui n'ont pas tous donné l'avantage aux vertus spéculatives.

Ainsi, dans ses *Elegantiae*, Lorenzo Valla « opposant la rhétorique à la philosophie, déclare que cette dernière est à l'origine de toutes les hérésies, tandis que la rhétorique donne au discours sa charpente, ses muscles et sa couleur »[27]. La réflexion de Valla va même plus loin et remet en cause les fondements de la philosophie platonicienne et aristotélicienne en ne séparant pas la vertu de l'action et du principe d'utilité[28].

Plus près de Ronsard et du cercle de l'Académie, on trouve des réflexions qui vont dans le même sens. Yates cite le protestant La Primaudaye, auteur d'une *Academie Françoise* évoquant les débats de la très hypothétique Académie d'Anjou[29], dont les membres discutent justement des vertus morales : Yates note la ressemblance « flagrante » entre le point de vue de La Primaudaye et celui de Ronsard[30].

---

[25]   *Céard et al.*, t. II, p. 1642, p. 1193, n. 3.

[26]   « La psychologie et les enseignements de morale que proposent les débats de l'Académie du Palais relèvent en effet de la scolastique », Yates, p. 146, n. 4.

[27]   Henri Weber, *La création poétique au XVIᵉ siècle en France,* Paris, Nizet, 1955, p. 15.

[28]   Dans le *De vero bono* notamment ; voir l'article de Riccardo Fubini in *Centuriae latinae*, éd. C. Nativel, Genève, Droz, 1997, p. 768.

[29]   L'Académie d'Anjou : Académie de la province d'Anjou, Académie du duc d'Anjou ou Académie purement fictive? Voir Yates, p. 168.

[30]   *Ibid.*, pp. 168-69.

Certes, le goût du débat pouvait inciter les orateurs à prendre le contrepied des idées communément admises ou des propositions que soutenait ou risquait de soutenir le plus acharné ou le plus haï de leurs adversaires. Par exemple, et contrairement à ce qu'affirme Sealy, si l'on ne voit guère que le discours de Ronsard réponde à celui de Jamyn, il est en revanche incontestable que les deux discours de Desportes[31] s'attachent explicitement à réfuter les arguments de Ronsard :

> Je conclu doncques au contraire de la preference que Monsieur de Ronsard, disant de fort belles choses, donnée aux morales [...] (1er discours)[32]

> Ayant [...] faict veoir l'avantage qu'ont les intellectuelles par dessus les morales, tant louées par les beaux discours de Monsieur de Ronsard [...] (2e discours)[33]

Laumonier note que cette opposition de pensée traduit la rivalité féroce qui séparait les deux poètes. Claude Faisant formule une remarque semblable[34]. Et le commentateur de l'édition de la Pléiade rappelle que « Ronsard fut le seul à défendre la supériorité des vertus morales : pour marquer peut-être, une fois de plus, ce qui l'opposait à Desportes ». Il est vrai qu'il ajoute : « Mais surtout par conviction personnelle »[35].

Pour marquer son opposition à Desportes : sans doute. Par conviction personnelle : c'est encore plus probable. En effet, qu'il y ait eu, avant Ronsard et autour de Ronsard, d'autres penseurs, d'autres poètes à avoir adopté un point de vue semblable au sien, c'est l'évidence. Mais lui-même n'avait pas attendu l'ouverture des séances de l'Académie du Palais pour exprimer ces idées.

Dès 1568, le prologue de l'« Hymne de l'Hyver » annonçait que

> Toute philosophie est en deux divisée.
> L'une est aiguë, ardente et prompte et advisée,
> Qui sans paresse ou peur, d'un vol audacieux
> Abandonne la terre et se promeine aux cieux.
> [...] L'autre philosophie habite soubs la nue,
> A qui tant seulement cette terre est cognue,
> Sans se loger au ciel : [...]
> Elle a pour son subject les negoces civilles,
> L'equité, la justice, et le repos des villes [...] [36]

---

[31] Qui probablement n'en font qu'un : ils semblent bien former les deux parties d'un même discours, voir Yates, p. 143 et Sealy, p. 39, n. 13.
[32] Frémy, p. 233.
[33] *Ibid.*, p. 237.
[34] Sealy, p. 39, n. 17 et n. 18.
[35] *Céard et al.*, p. 1640, fin de la notule sur le discours.
[36] *Lm*, t. XII, pp. 70-71, vv. 43-46, 59-61, 63-64.

« Ronsard aménage la distinction classique [...] de la philosophie contemplative ou théorétique et de la philosophie active ou pratique, et il prend pour ligne de partage la démarcation des mondes supralunaire et infra lunaire », note le commentaire de l'édition de la Pléiade à propos de ce passage[37]. Et si la préférence du poète n'est pas aussi nettement affirmée qu'elle le sera dans le discours de l'Académie, les définitions sont les mêmes ; entre l'abandon de la terre et « l'équité, la justice, et le repos des villes », il n'est guère besoin de chercher de quel côté penche Ronsard, d'autant plus que le poème est dédié, comme les *Quatre Saisons de l'an*, à un homme de gouvernement, nous dirions un ministre, un homme d'État[38], en un mot un homme politique : l'éloge du destinataire impliqué par le genre impose celui de la philosophie pratique et sublunaire plutôt que de la contemplation.

Un peu plus tard, en 1571, une pièce des *Poëmes* intitulée « Paradoxe » et sous-titrée « Que les mains servent plus aux hommes que la raison »[39], une sorte de blason des mains, va faire l'éloge de l'industrie humaine pour donner à nouveau l'avantage à la philosophie pratique sur la philosophie spéculative :

> Les seules Mains, qui en dix doigts s'allient,
> Comme il nous plaist qui s'ouvrent et se plient,
> Nous font seigneurs des animaux, et non
> Une raison qui n'a rien que le nom,
> Bien qu'arrogante et venteuse se fie,
> Aux vains discours d'une Philosophie,
> Et pour fumée au ciel veut faire aller
> Nos corps bourbeux qui ne peuvent voller[40].

Mais Ronsard n'en a pas fini avec l'affirmation de cette préférence. Dans son édition collective des *Œuvres* de 1584, il supprime toute la fin de l'« Hymne de la Philosophie »[41], à propos de quoi le commentateur de la Pléiade constate que ce remaniement signifie peut-être « que Ronsard n'est plus sûr de pouvoir identifier la Philosophie et la Vertu » et cite pour preuve le discours

---

[37] *Céard et al.*, t. II, p. 1468, p. 572, n. 1.

[38] L'« Hymne du Printemps » est dédié à « Fleurimont Robertet Seigneur d'Aluye » qui était secrétaire d'État aux affaires extérieures (*Lm*, t. XII, p. 28, fin de la note de la page précédente) ; l'« Hymne de l'Esté » est dédié à un autre Fleurimont Robertet, consin du précédent, et lui-même secrétaire d'État à l'Intérieur (*ibid.*, p. 35 n. 1) ; l'« Hymne de l'Autonne » est dédié à « Monsieur de Laubespine », autre secrétaire d'État, et diplomate (*ibid.*, p. 46 n. 1) ; l'« Hymne de l'Hyver » enfin à « Monsieur Bourdin », secrétaire des Commandements et des Finances (*ibid.*, p. 68, n. 1).

[39] *Lm*, t. XV, p. 309 sq.

[40] *Ibid.*, pp. 310-11, vv. 31-38.

[41] *Lm*, t. VIII, p. 96, voir la var. du v. 185 : « Ces vers et les cent trente-sept qui suivent sont supprimés à partir de 84 ».

« Des vertus intellectuelles et moralles » où le poète « propose un partage qui revient à récuser cette identification »[42].

Ces reprises de réflexions fort voisines sur le même thème d'une décennie à l'autre montrent que la défense des vertus morales par Ronsard dans son discours de l'Académie va bien au-delà d'une bravade de circonstance visant le concurrent Desportes. Et si bravade il y a, on peut se demander dans quelle mesure elle ne vise pas plus haut. Dans le décor de l'Académie du Palais, il fallait une certaine audace pour soutenir devant le roi la supériorité des vertus pratiques, c'est-à-dire, si l'on comprend ce que les mots veulent dire, politiques, sur les vertus spéculatives. De ce point de vue, le poème « Les Mains », que je citais plus haut, offre une première indication intéressante dans le fait qu'il fut dédié, mais à partir de 1578 seulement, au roi Charles IX que Ronsard aimait et regrettait, et qu'il présentait ainsi comme un amateur de réalités non illusoires ainsi qu'il sied à un roi, par opposition à son frère et successeur, Henri III, que le poète n'aimait guère et qui se perdait dans de vaines fumées philosophiques. En tout cas, en parlant comme il le faisait dans son discours, Ronsard joignait implicitement sa voix à une remontrance qu'il n'était pas le seul à formuler : pour dire les choses un peu vite, s'il était bien joli qu'Henri III rêvât d'être un roi-philosophe, il était désastreux, dans les temps de troubles où son destin l'avait fait régner, qu'il fût philosophe beaucoup plus que roi. Une lettre de Pasquier évoque sans indulgence cette situation et le goût excessif du souverain pour les « vertus intellectuelles » :

> Si jamais Prince eut subject de crainte, ce fut lors ; toutefois ce nouveau Roy, comme s'il eust esté exposé en la tranquillité d'une profonde paix, au lieu d'endosser le harnois, se faisoit enseigner d'un costé, la Grammaire et langue Latine par Doron, (qu'il fit depuis Conseiller au Grand Conseil) et d'un autre costé, exerçoit une forme de concert et académie avec les Sieurs de Pibrac, Ronsard et autres beaux esprits à certains jours, ausquels chacun discouroit sur telle matière qu'ils s'estoient auparavant désignée. Noble et digne exercice vrayement, mais non convenable aux affaires que lors ce Prince avoit sur les bras[43].

Dans le même esprit, on trouve des vers de Passerat adressés, eux, directement et assez brutalement, « au Roi Henri III » :

> Sans chercher donc la vertu endormie
> Aux vains discours de quelque academie,
> Lisés ces vers et vous pourrés sçavoir,
> Quel est d'un Roi la charge et le devoir[44].

[42] *Céard et al.*, t. II, p. 1456, notule de l'« Hymne de la Philosophie ».
[43] Pasquier, *Œuvres*, éd. d'Amsterdam, 1723, t. II, livre XIX, lettre 11, col. 560.
[44] Jean Passerat, *Les poésies françaises*, éd. Blanchemain, Paris, Lemerre, 1880, t. I, pp. 127-28. Un

La conclusion du discours de Ronsard résonne comme un écho à ces critiques :

> Car que sert la contemplation sans l'action ? De rien, non plus qu'une espée qui est tousjours dans ung fourreau ou ung cousteau qui ne peult coupper.
>
> Je conclus doncq, puisque les vertus morales nous font plus charitables, pitoyables, justiciers, attrampez, fors[45] aux périls, plus compagnables et plus obeissans à nos supérieurs, qu'elles sont à préférer aux intellectuelles[46].

Nous ne sommes alors qu'en 1576, au début du règne. L'histoire nous apprend que les critiques contre Henri III ne s'atténueront pas au fil du temps. En ce qui concerne les relations du roi avec Ronsard — ou plutôt de Ronsard avec le roi — ce ne sera pas beaucoup mieux. Certes, le poète n'attaque qu'à fleuret moucheté, mais l'hostilité n'en perce pas moins. J'avais tenté, il y a plusieurs années, une analyse des pièces du *Bocage royal* de 1584 dans cette perspective et j'avais pu montrer, je crois, l'habileté de Ronsard, s'adressant au roi, pour suggérer le blâme sous la louange[47].

Si l'on accepte ces vues, on constate que son discours à l'Académie du Palais prend place dans une suite cohérente de réflexions portant sur la philosophie et la politique et dans une suite non moins consistante de considérations peu enthousiastes à l'égard du roi Henri III — sans parler de la rivalité avec Desportes, cela va sans dire.

Je terminerai sur une remarque que m'a inspirée l'étonnement du commentateur de l'édition de la Pléiade devant le dévoiement de la pensée de Ronsard par rapport à « la ligne de l'humanisme florentin [...] avec Ficin »[48]. Bien entendu, nul ne saurait nier l'influence profonde et durable de la pensée de Ficin à travers le XVIe siècle. Mais outre que Ronsard ne s'est jamais particulièrement signalé comme un néo-platonicien fervent, l'influence de Ficin n'était pas la seule. Au milieu du siècle, les activités intellectuelles n'avaient pas ralenti en Italie, elles s'étaient diversifiées et enrichies de bien des manières, et l'activité académique elle-même s'était multipliée.

---

autre poème se rapporte à la traduction de Virgile (qui précède ces vers), avec ce titre : « Au Roy Henri III envers qui il fut calomnié pour quelques vers traduits du VI. de l'Æneïde de Virgile ». Ce poème de protestation commence par ces vers : « Ma Muse n'est point ennemie / De la nouvelle Academie, / Ni ne veult desplaire à son Roi [. . .] », *ibid.*, p. 166.

[45]   *Fors* : lire évidemment « forts ».

[46]   *Lm*, p. 460.

[47]   « L'organisation du *Bocage royal* de 1584 », in *Ronsard en son IVe centenaire*, 2 t., Genève, Droz, t. I, 1988, pp. 61-71 (Abréviation par la suite : *Centenaire*).

[48]   Voir plus haut, à l'appel de la n. 25.

L'un des intellectuels italiens les plus influents pendant tout le temps de
la carrière de Ronsard a été l'humaniste padouan Sperone Speroni, qui n'est pas
seulement l'auteur du « Dialogue des langues » plagié par Du Bellay dans la
Deffence et Illustration[49], mais, entre autres, d'un « Dialogo della vita attiva e
contemplativa » qui, par un fâcheux hasard, n'a pas été retenu par Gruget dans sa
traduction des dialogues de « messer Speron Speroni, italien » en 1551[50].

Or, sans qu'il y ait plagiat ni même à proprement parler imitation de la
part de Ronsard, un grand nombre de rapprochements s'imposent entre son
discours « Des vertus intellectuelles et moralles » et le dialogue du Padouan.
Sans doute, comme souvent à cette époque, il est impossible de savoir s'il s'agit
d'une influence directe (Ronsard a-t-il lu Speroni ?) ou d'une lecture commune à
plusieurs auteurs (Speroni comme Ronsard connaissait Aristote).

Le « Dialogo della vita attiva e contemplativa » clôt une série composée
d'abord du « Dialogo delle lingue » et du « Dialogo della retorica »[51]. Le premier
est connu en France grâce à Du Bellay[52]. Le thème des deux suivants, sur la
rhétorique et la vie active[53], forme un ensemble un peu à part. Jean-Louis Fournel,
qui en a donné une belle analyse dans son livre sur les dialogues de Speroni[54],
rappelle que :

> jusqu'à la fin de la République romaine, on peut [...] dire, schématiquement,
> que la rhétorique suppose une parole réelle, sociale, active et extérieure à la
> sphère privée, propre à l'*agora*, au *forum*, au conseil ou au sénat. [...] Il est
> bon de rappeler ces généralités parce que les « autorités » auxquelles Speroni
> se réfère, quand il rédige un dialogue sur la rhétorique, appartiennent à ce
> monde[55].

---

[49] Voir Pierre Villey, *Les sources italiennes de la Défense et Illustration de la langue française*,
Paris, Champion, 1908.

[50] Sur Speroni (1500-1588), voir Pierre de Nolhac, *Ronsard et l'humanisme*, Paris, Champion,
1966, pp. 228-31 et, surtout, Jean-Louis Fournel, *Les dialogues de Sperone Speroni : libertés de
la parole et règles de l'écriture*, Marbourg, Hitzeroth Verlag, 1990. Pour la traduction française :
Claude Gruget, *Les Dialogues de messire Speron Speroni, italien*, Paris, E. Groulleau, 1551. À la
fin de sa traduction du « Dialogue de Rethorique » [*sic*], Gruget inscrit cette remarque : « Il
semble par le discours de ce present dialogue, qu'il y en ayt encor un autre : toutesfoys il ne se
trouve point. Si quelque docte personnage veult suppleer à ce default, et poursuivre la matiere,
faire le pourra : et de ma part je l'en suplie », p. 209 r°. C'est ainsi que la traduction du
« Dialogue de la vie active et contemplative » se trouve escamotée. — La destinée littéraire de
Speroni a été infortunée puisque, après tant de gloire, son souvenir s'est effacé pendant plusieurs
siècles de « la mémoire culturelle italienne », Fournel, p. 12.

[51] *Ibid.*, p. 115.

[52] Quoique involontairement, puisque jamais il n'a fait la moindre allusion à son « emprunt » au
« Dialogue des Langues » dans la *Deffence et Illustration*.

[53] *Ibid.*, p. 116.

[54] Pour les dialogues en question, voir le chap. VI.

[55] Fournel, p. 131.

À la fin de son commentaire sur le « Dialogo della retorica », Fournel observe que « les effets de l'art oratoire sont [...] aussi variés que les publics auxquels s'adresse l'orateur mais tous les discours de l'orateur ont un point commun : ils supposent un contact avec ses semblables, un refus de la solitude contemplative et donc une vie active qu'il reste à définir. Speroni tente de le faire dans le « Dialogo della vita attiva e contemplativa »[56] qui suit[57].

Il est tout à fait possible que Ronsard ait connu ce dernier dialogue, publié en 1540, puisqu'il était en relation avec Speroni[58]. Les deux hommes ont peut-être échangé une correspondance, et on a en tout cas une épître d'éloge, longue de 314 vers et adressée en 1584, à la fin de leur vie, par Speroni « au seigneur Pierre de Ronsarde » [*sic*][59]. Les premiers vers en sont bien connus :

> Leggo spesso fra me tacito e solo,
> Gentil Ronsard, le vostre ode onorate [. . .]

Sans doute, outre la différence de taille entre le discours, qui n'est guère qu'une esquisse de raisonnement, et le dialogue, long d'une bonne quarantaine de pages[60], le point de départ est différent chez les deux auteurs. Chez Ronsard, la question, abruptement posée par un tiers — le roi — , est abruptement abordée quoique avec une certaine indécision. Je ne suis ni philosophe ni orateur, dit en substance le poète, et j'espère seulement avoir bien compris ce que je dois faire :

> Il me semble que la question que Vostre Majesté nous proposa l'autre jour, nous commandant de nous en aprester, est à sçavoir si les vertus morales sont plus louables, plus necessaires et plus excellentes que les intellectuelles.
> Quand à moy, j'en diray mon advis le plus briefvement que je pourray, laissant le surplus à ceste docte Compaignie, plus exercée que moy en la philosophie et en l'art de bien dire, comme mon principal mestier a tousjours esté la poësie[61].

---

[56] *Ibid.,* p. 138.

[57] Est-ce pour cette raison que les deux dialogues *Della retorica* et *Della vita attiva . . .* sont situés dans un cadre historiquement et politiquement réaliste, ce qui n'est pas le cas de l'ensemble des autres dialogues? Voir Fournel, Annexe I, pp. 255-58.

[58] Voir Nolhac, pp. 229-31. Et aussi Claude Binet, *Vie de Ronsard,* éd. Laumonier, Paris, 1909 ; Genève, Slatkine Reprints, 1969, p. 43, var. des l. 15-20, et pp. 213-14, n. de la p. 43, l. 15 et l. 20.

[59] Speroni, *Opere,* intr. Mario Pozzi, reprint de l'éd. de 1740, Rome, Vecchiarelli, 1989, t. IV, p. 356.

[60] *Ibid.,* t. II, pp. 1-43.

[61] *Lm,* p. 452.

Rien de comparable chez Speroni, qui poursuit dans son dialogue la réflexion sur les rapports entre rhétorique et vie pratique commencée avec le précédent. Fournel présente en ces termes la question philosophique et politique fondamentale que pose le « Dialogo della vita attiva e contemplativa » :

> Pas de vie active sans rhétorique et pas de rhétorique sans vie active, indiquent donc les renvois d'un dialogue à l'autre, car les républiques sont prudemment gouvernées « non da scienze dimostrative, vere e certe per ogni tempo, ma con retoriche opinioni variabili e tramutabili (quali son l'opre et le leggi nostre »)[62].

On se rappelle la perplexité de Silver devant le refus de Ronsard d'adopter le point de vue d'Aristote. Pourtant Ronsard n'inventait rien. Ce refus se trouvait déjà chez Speroni pour qui, dans le « Dialogo della retorica », l'orateur est supérieur au philosophe parce qu'il travaille sur la matière humaine, avec ses défauts et ses qualités, et non sur l'abstrait. Dans le « Dialogo della vita attiva [...]», c'est l'homme politique qui passe au premier plan, parce que le projet du Padouan « ne concerne pas simplement les formes d'expression mais toute l'organisation sociale »[63] :

> Il s'agit pour Speroni d'essayer de dépasser la contradiction entre vie contemplative et vie active, sur laquelle se termine l'*Éthique à Nicomaque,* et l'opposition entre l'« honnête » et l'« utile », sur laquelle est construite la troisième partie du traité *Des devoirs,* ou encore le parallèle entre les lois de la Cité de Dieu et celles de la cité des hommes, tel qu'il est discuté depuis saint Augustin[64].

Citant d'autres textes où l'humaniste italien oppose vertus et sagesse « actives » et vertus et sagesse « contemplatives », Fournel observe « que la cohérence des opinions qui y sont exprimées souligne combien les propos tenus dans le 'Dialogo della vita attiva e contemplativa' ne sont pas fortuits et ponctuels »[65]. Or ces propos aboutissent à la condamnation de la vie contemplative : ceux qui la choisissent « négligent alors la vraie vertu, qui réside dans les lois de la Cité autant que dans la parfaite équité idéale, et vivent dans l'illusion d'une reconnaissance future en dédaignant d'agir et d'exister dans leur propre époque »[66]. Pour un roi, on en conviendra, pareille attitude est fâcheuse.

Or c'est exactement à cette conclusion que parvient Ronsard à la fin de son discours :

---

[62]   Fournel, p. 140.
[63]   *Ibid.,* p. 142.
[64]   *Ibid.*
[65]   *Ibid.,* p. 143.
[66]   *Ibid.,* p. 145.

> Si l'on me dict que la vertu intellectuelle a pour subject les choses celestes, qui point ne faillent, et que les moralles n'ont pour subject que les choses basses et pleines de changement et de mutations et par consequent moins excellentes, je responds que ce n'est pas grande vertu de contempler et s'amuser à un subject qui ne peult faillir ny tromper. Mais avoir pour subject les choses incertaines et le gouvernement des villes ou les ungs sont coleres, les autres flegmatiques, les autres melancoliques, les ungs ambitieux, les autres modestes, les autres arrogans, les autres simples, comme on veoit en toutes villes pleines d'altercations, de changes, de varietez de meurs, et les sçavoir bien policer, gouverner et moderer, veritablement c'est plus d'artifice que regarder et mediter cela qui est constant et qui ne vous peult faillir ny decevoir[67].

Je le répète : il peut y avoir dans ces rencontres le souvenir commun de mêmes lectures autant et plus qu'une inspiration directe. Rien n'est jamais sûr. Autre exemple à propos de cette remarque de Ronsard :

> Je n'en veux pas trop opiniastrement disputer, mais je sçay bien que jamais homme ne congneut parfaictement la cause des choses, sinon par umbre et en nue, et que Dieu a mis telles curiositez en l'entendement des hommes pour les tourmenter[68].

Le commentateur de l'édition de la Pléiade[69] observe que « Ronsard est le seul des quatre orateurs (ayant traité le thème des « Vertus [...]» à l'Académie du Palais) à professer ce scepticisme quant à la connaissance de la réalité » et renvoie à l'Ecclésiaste[70]. Il me semble que Ronsard pourrait tout aussi bien se souvenir de ce passage du « Dialogo della vita attiva e contemplativa » de Speroni :

> Dunque lo'ntendere speculando non è intendere perfettamente la verità, ma è ombra e sembianza della perfetta scienza, che ha Iddio della verità[71].

(Étant bien entendu, après tout, que Speroni lui-même avait sans doute lu l'Ecclésiaste . . .)

Ainsi encore de cet argument qui rappelle certaines réflexions de Montaigne sur la présomption :

---

[67] *Lm*, pp. 459-60.

[68] *Ibid*, p. 459 ; *Céard et al.*, t. II, p. 1193.

[69] Il n'y a pas de note sur ce passage dans l'édition Laumonier.

[70] *Céard et al.*, 1642, n. 5 de la p. 1193. Voir Ecclésiaste I : 13 : « J'ai appliqué mon cœur à rechercher et à explorer par la sagesse tout ce qui se fait sous le ciel, tâche mauvaise que Dieu a donnée aux fils de l'homme pour s'y employer », texte de la Bible du chanoine Osty, pp. 1341-42.

[71] Speroni, *Opere*, t. II, p. 16

> Per la qual cosa l'essere uomo tutta sua vita filosofo, avendo ardire di spiare i
> secreti dell'abisso e del cielo, non men vana che arrogante professione mi era
> avviso di ritrovarla. E certo lo specular di continuo, non curando nè d'amici,
> nè di parenti, nè di patria, nè di famiglia, o men curandone che dell' atto del
> contemplare, parrebbe opra non pur vana o arrogante, ma piena tutta di
> pigrizia e di crudeltà[72].

Ronsard ne va pas si loin mais il exprime une idée voisine :

> Qu'ai-je affaire de la cause qui fait estre le soleil ce qu'il est, s'il est plus
> grand ou plus petit, s'il est rond ou faict en dos de navire, s'il s'allume au
> matin ou s'estainct au soyr ? Cela ne sert de rien ny à moy ny au publicq[73].

À la fin de son examen du discours, dans son essai « Ronsard's Ethical Thought », Isidore Silver dégage clairement les motifs de Ronsard, dans lesquels il voit « an act of civic magnanimity » afin de rappeler le roi à ses devoirs[74]. Si cette interprétation est évidemment juste, je crois que la magnanimité civique du poète dépasse cette seule circonstance. Ronsard a plusieurs fois dans sa vie été un poète politique, exprimant une réflexion menée de façon suivie sur les rapports de l'homme et de la société. La période troublée où il vivait y invitait sans doute. Et le discours « Des vertus intellectuelles et moralles », qui date de sa vieillesse, apparaît comme une clarification rapide et sans allégorie — donc sans ambages — de quelques points forts de sa philosophie, ou plutôt de sa pensée, puisqu'en effet il n'était ni orateur ni philosophe.

Yvonne BELLENGER
Université de Reims

---

[72]   *Ibid.*, p. 29.
[73]   *Lm*, p. 459.
[74]   Art. cit., p. 362.

L'ORDRE ET LA PAIX : UNE PERSPECTIVE
DE LA *DISPOSITIO* RONSARDIENNE

Jusqu'à ses derniers jours, rappelle Jacques Davy Du Perron dans son *Oraison funèbre sur la mort de Monsieur de Ronsard*, Ronsard revoit l'ordre des poèmes qui composent ses *Œuvres* pour les « laisser à la posterité, comme il vouloit qu'ils fussent leuz et recitez à l'advenir »[1]. La question de la *dispositio* et ses rapports avec l'*inventio* préoccupe les auteurs de traités de poétique et de rhétorique du temps. Dans son *Art Poétique* (1544), Jacques Peletier du Mans assimile la *dispositio* à une partie de l'*inventio*[2] ; sans aller aussi loin, Ronsard souligne les liens étroits qui unissent les deux notions. « Et ne fault point douter », remarque-t-il dans l'*Abbregé de l'art poëtique françois* (1565), « qu'apres avoir bien et hautement inventé, que la belle disposition de vers ne s'ensuyve, d'autant que la disposition suit l'invention mere de toutes choses, comme l'ombre faict le corps [...] Tout ainsi que l'invention despend d'une gentille nature d'esprit, ainsi la disposition despend de l'invention, laquelle consiste en une elegante et parfaicte colocation et ordre des choses inventées, et ne permet pas ce qui appartient à un lieu soit mis en l'autre »[3]. De telles remarques ont incité plusieurs critiques à tenter d'identifier un ordre dans divers livres de Ronsard[4], même si les difficultés méthodologiques de ce type de recherche sont patentes : le sens de l'agencement d'un recueil ne peut se décrypter à la manière d'un

---

[1] Jacques Davy Du Perron, *Oraison funèbre sur la mort de Monsieur de Ronsard*, éd. Michel Simonin, Genève, Droz, 1985, pp. 105-06.

[2] Jacques Peletier du Mans, *Art poétique françois*, éd. Jacques Boulanger, Paris, Les Belles Lettres, 1930, p. 30.

[3] Ronsard, *Lm*, t. XIV, pp. 13-14. Toutes les références ultérieures aux Œuvres de Ronsard sont tirées de cette édition. Cf aussi, dans le même *Abbregé* : « L'invention n'est autre chose que le bon naturel d'une imagination concevant les Idées & formes de toutes choses qui se peuvent imaginer tant celestes que terrestres, animées ou inanimes (*sic*), pour apres les representer, descrire & imiter[...] » (XIV, pp. 12-13).

[4] Cf. notamment Yvonne Bellenger, « L'organisation du *Bocage royal* », *Centenaire*, vol. I, pp. 161-71 ; Philip Ford, *Ronsard's « Hymnes ». A Literary and Iconographical Study*, Tempe, Arizona, Medieval and Renaissance Texts, 1997 ; Doranne Fenoaltea, *Du palais au jardin. L'architecture des « Odes » de Ronsard*, Genève, Droz, 1990. Voir aussi mon article « *Dispositio* as an Art of Peace in Ronsard's Poetry », *Peace and Negotiation. Strategies for Coexistence in the Middle Ages and the Renaissance*, éd. Diane Wolfthal, Arizona Studies in the Middle Ages and the Renaissance, Brepols, Turnhout, 2000, vol. 4, pp. 195-211.

message chiffré. Plusieurs siècles plus tard, les implications de certains changements d'ordre ne nous sont plus aisément compréhensibles ; elles dépendent en grande partie de notre familiarité avec la culture de Ronsard et avec le contexte historique de son temps. L'exégète peut en outre inventer des liens entre les pièces d'un recueil, ou au contraire, négliger des connexions intentionnellement faites par l'auteur. Malgré ces réserves, il est cependant possible de discerner, dans l'organisation d'une séquence de poèmes, un dessein d'ensemble qui contribue à suggérer des sentiments et des convictions communes à l'auteur et au public imaginé par le texte.

Cette perspective métalinguistique apparaît bien dans une suite de poèmes de Ronsard consacrés à la paix. Dans ces textes, comme je me propose de le montrer, l'ordre — une notion qui se trouve au cœur de la conception ronsardienne de la paix — offre au poète une manière de concilier la pratique d'un type de poésie « officielle » (visant à idéaliser les grands du royaume) avec l'expression d'ambitions personnelles. Un programme de propagande royale rejoint le sincère désir de Ronsard d'œuvrer à la concorde dans un contexte politique de plus en plus instable.

1. Guerre et paix

Un bref rappel de quelques événements historiques contemporains nous permettra de mieux cerner les enjeux de cette démarche. De 1558 à 1559, Ronsard écrit plusieurs poèmes liés aux longues suites de négociations qui précèdent le traité de Cateau-Cambrésis entre la France et l'Espagne. La signature de cet accord (en avril 1559) était d'une importance capitale pour la France, puisqu'elle mettait fin à des siècles de guerres en Italie. En 1557, le duc de Savoie, l'allié de Philippe II, s'empare de Saint-Quentin pour se frayer un passage vers Paris, et capture le connétable Anne de Montmorency. L'année suivante, François de Guise riposte par la prise de Calais, puis de Thionville ; mais en juillet, le maréchal de Termes perd la bataille de Gravelines. A la fin août, les armées de Philippe II et d'Henri II sont prêtes à s'affronter près d'Amiens. En septembre ou octobre 1558, Ronsard publie une *Exhortation au Camp du Roy pour bien combattre le jour de la bataille* pour encourager les troupes françaises. Mais au lieu de se battre, les deux rois discutent de paix. Les tensions religieuses et les problèmes économiques avec lesquels ces souverains sont aux prises chez eux rendent la perspective d'une entente plus attrayante[5]. Les pourparlers s'ouvrent le 8 octobre 1558 à l'abbaye de Cercamp, et Ronsard fait aussitôt paraître une *Exhortation pour la Paix*[6]. Devenu conseiller et

---

[5] Henri II avait aussi des raisons personnelles de désirer la fin des hostilités : la popularité de François de Guise, le héros de Calais et de Thionville, risquait de mettre l'autorité du roi en danger. Voir Lucien Romier, *Les origines politiques des guerres de religion*, Paris, Perrin, 1914, vol. I, pp. 191-293, 297-390.

[6] Paul Laumonier suggère que Ronsard a écrit ce poème avant la signature du traité (IX, p. 103) ; James Hutton situe par contre sa composition après cette date in *Themes of Peace in Renaissance*

aumônier ordinaire du roi[7] peu après le 14 octobre 1558 (date de la mort de Mellin de Saint-Gelais), pourvu d'une pension de mille deux cents livres, le poète est plus que jamais disposé à célébrer la politique d'Henri II. De toute évidence, les termes du traité de Cateau-Cambrésis devaient être au centre des discussions et Ronsard compose à cet effet un poème intitulé *La Paix, Au Roy* qui feint de convaincre Henri II d'accueillir la paix. Quelques semaines plus tard, un *Chant de liesse* célèbre le traité qui suscite une explosion de textes de circonstances et est scellé par des fêtes et des mariages royaux — dont celui de Marguerite, la sœur d'Henri II[8].

Ronsard était admirablement informé de toutes les décisions politiques, mais la célébration de la paix exigeait aussi des talents diplomatiques car la noblesse — et surtout le roi — comptaient sur leurs prouesses militaires pour rehausser leur image de marque. L'ordre de la séquence composée par l'*Exhortation au Camp du Roy,* l'*Exhortation pour la Paix*, et *La Paix, Au Roy* (un ordre qui reste immuable au cours des éditions successives de ces pièces)[9] permet à Ronsard de combiner l'éloge des armes et de la noblesse cher à Henri II à une défense de la paix. L'*Exhortation au Camp du Roy* s'inspire en effet d'idéaux chevaleresques remis en vigueur à la cour d'Henri II sous l'influence de livres en vogue à l'époque tels que l'*Amadis de Gaule.* D'entrée de jeu, le poème célèbre « nostre Roy, qui luymesme en personne, Veut les armes au poing deffendre sa couronne » (IX, pp. 4-5, vv. 17-18). Selon un ordre hiérarchique, Ronsard glorifie ensuite les nobles qui donnent à leurs soldats l'exemple de leur courage et de leur détermination :

> Vous, les plus grands Seigneurs, montrez vous diligens
> A renger bien en ordre et vous et tous vos gens,
> Que la noble vertu de vostre race antique
> Ne soit point demantie en ces honneurs belliques,
> Mais comme grans Seigneurs et les premiers du sang
> En defiant la mort, tenez le premier rang,
> Et par vostre vertu (qu'on ne sçauroit abattre)
> Montrez à vos soldas le chemin de combattre. (IX, p. 5, vv. 19-26)

[ ] *Poetry*, éd. Rita Guerlac, Ithaca, Cornell University Press, 1984, p. 107.

[7] Cette promotion justifiait pleinement le titre de *poëte du roi* que Ronsard se voit décerner en 1554.

[8] Des textes de Du Bellay, Des Autels, Belleau, Aubert célèbrent également le traité. Voir D. J. Harvey, « La célébration poétique du traité du Cateau-Cambrésis (1559) », *Bibliothèque d'Humanisme et Renaissance*, 1981, pp. 302-18. Voir aussi mon article « Le poète et le roi dans les *Antiquitez de Rome* et le *Songe* de Du Bellay », *Bibliothèque d'Humanisme et Renaissance*, 1998, pp. 41-55.

[9] En 1560, les trois poèmes font partie du troisième livre des *Poëmes* dans la première édition des *Œuvres*. De 1567 à 1573, ils passent dans le second livre des *Poëmes* ; en 1578, ils figurent dans le premier livre du même recueil, et en 1587 reprennent place dans le second livre — toujours dans le même ordre.

Le poète imagine les coups des canons, les cris des blessés, les corps étendus sur le champ de bataille et termine le texte sur la prédiction de la victoire prochaine de l'armée française (IX, pp. 4-5, vv. 17-18). Ses vers reprennent à dessein des clichés de la littérature patriotique pour élever les combattants au rang de héros et immortaliser la mémoire de leurs exploits dans la conscience collective (IX, pp.10-11, vv. 113-36).

Placé à la suite de ce texte, l'*Exhortation pour la Paix* invite les armées française et espagnole à cesser leurs luttes fratricides. Dans un esprit érasmien[10], le poète souligne à présent que la guerre est pour les lions, les ours, les tigres et non pour les chrétiens ; si ces derniers doivent se battre, qu'ils tournent leurs armes contre les Turcs, les usurpateurs de la Terre Sainte et leurs ennemis « naturels » (IX, pp. 18-20, vv. 57-79). De manière ironique, l'injonction de Ronsard s'adresse aussi au très catholique Philippe II pour lui rappeler l'obligation d'observer la loi évangélique d'amour du prochain (Mt. 22 : 37-40 ; Mc 12 : 29-31 ; Lc 10 : 27).

La reprise du terme « *Exhortation* », dans le titre des deux poèmes, associe ces pièces pour créer l'image d'une élite française qui excelle dans l'art de la guerre, mais respecte aussi les valeurs morales et chrétiennes associées à la paix. Le recours constant à des lieux communs simplifie l'éloge pour en intensifier les effets de persuasion. De façon révélatrice, les deux textes sont aussitôt traduits en latin par Jean Dorat et François Thoor pour diffuser cette représentation flatteuse du royaume dans l'Europe du nord[11]. Loin d'être un signe de la servilité de Ronsard[12], l'ordre des deux *Exhortations* met en valeur l'intelligence protéenne d'un poète de cour qui s'adapte avec grâce aux revirements de son prince. Ce trait correspond aux recommandations des traités de conduite du temps et notamment à celles du célèbre *Livre du Courtisan* de Baldassar Castiglione[13]. Une telle souplesse a des implications poétiques immédiates : Ronsard s'inspire de la forme de la *disputatio pro et contra* pour prouver sa maîtrise technique et montrer qu'il peut être également convaincant pour soutenir la guerre ou pour la dénoncer.

La Paix, Au Roy, qui suit les deux *Exhortations,* prolonge cette conception. Le poème célèbre l'itinéraire spirituel qui mène Henri II de la guerre à la paix. Tout au long de son règne, le souverain a vécu les armes à la main, observe Ronsard[14] :

---

[10]   Sur l'intertexte érasmien de ces vers, voir les notes de l'édition des *Œuvres complètes* de Ronsard établie par Céard *et al.*, t. II, p. 1526.

[11]   Les deux textes sont publiés dans des plaquettes séparées.

[12]   Certains critiques ont en effet interprété les deux *Exhortations* dans ce sens. Voir, à ce propos, Jean Céard, « Cosmologie et politique dans l'Œuvre et la pensée de Ronsard », in *Ronsard et Montaigne écrivains engagés ?*, éd. Michel Dassonville, Lexington, Kentucky, French Forum, 1985, p. 41. Céard s'oppose également à une telle interprétation.

[13]   Baldassar Castiglione, *Le Livre du Courtisan*, trad. G. Chappuis, éd. A. Pons, Paris, Gérard Lebovici, 1987, livre II, chap. 24, p. 138.

[14]   Pour une liste des guerres d'Henri II, voir la note 2 de l'édition *Lm*, t. IX, p. 103.

> Sire, quiconque soit qui fera votre histoire,
> Honorant vostre nom d'eternelle memoire,
> A fin qu'à tout jamais les peuples à venir
> De vos belles vertuz se puissent souvenir,
> Dira, depuis le jour que nostre Roy vous fustes,
> Et le sceptre François dans la main vous receustes,
> Que vous n'avez cessé en guerre avoir vescu,
> Meintenant le veinqueur, meintenant le veincu :
> Dira, que vostre esprit (tresmagnanime Prince)
> Ne s'est pas contenté de sa seulle province,
> Mais par divers moyens, et par diverses fois
> A tenté d'augmenter l'empire des François. (IX, pp. 103-04, vv. 1-11)

Après avoir salué la bravoure du roi, Ronsard vante les pouvoirs de l'éloquence, plus efficace que la force brutale (IX, p. 113, vv. 203-05). Une suite de contrastes marqués opposent les malheurs de la guerre au bonheur de la paix. Une fois de plus, l'argumentation de *La Paix, Au Roy* s'appuie sur des lieux communs et, comme dans les deux *Exhortations*, le rôle de la rhétorique est d'une importance stratégique. Le poète rappelle dans ce sens à son dédicataire (alors âgé d'une quarantaine d'années) que l'âge mûr recherche d'autres plaisirs que la passion juvénile pour les prouesses militaires. Des plaisirs qui ne fleurissent qu'en temps de paix :

> Il vaudroit beaucoup mieux, vous qui venez sur l'age
> Ja grison, gouverner vostre Royal menage,
> Vostre femme pudique, et voz nobles Enfans
> Qu'aquerir par danger des lauriers triomphans :
> Il vaudroit beaucoup mieux joyeusement bien vivre,
> Ou bâtir vostre Louvre, ou lire dans un livre,
> Ou chasser es forests, que tant vous travailler,
> Et pour un peu de bien si long temps batailler.
> Que souhaitez vous plus ? la Fortune est muable,
> Vous avez fait de meinte preuve honorable.
> Il suffist, il suffist, il est temps desormais
> Fouller la guerre aux pieds, et en parler jamais. (IX, p. 114, vv. 221-32)

L'insistance de Ronsard sur la mission culturelle d'Henri II répondait au manque d'intérêt bien connu du roi pour la littérature. Mais l'injonction de mettre un terme à la guerre pour cultiver la paix était aussi une manière de flatter les ambitions impérialistes du souverain. Par ce biais, Ronsard assimilait en effet Henri II à l'empereur Auguste qui, après un temps de glorieuses conquêtes, s'était consacré à la restauration de la *pax romana* et au mécénat des arts et des lettres. L'image d'Henri II sous les traits d'un nouvel Auguste — l'Auguste français — était un cliché de l'époque[15] et servait bien la propagande personnelle de Ronsard. Si Virgile et Horace

---

[15]   Voir, notamment, Verner Hoffmann, « Le Louvre d'Henri II : un palais impérial », *Bulletin de la*

avaient assuré la réputation du siècle d'Auguste, des poètes tels que Ronsard et des architectes tels que Pierre Lescot (qui rénovait alors le Louvre) garantiraient à jamais la renommée de leur souverain. L'association implicite d'Henri II avec l'empereur romain avait encore d'autres fonctions diplomatiques. Elle permettait d'abord d'éviter toute allusion spécifique au traité de Cateau-Cambrésis qui était loin d'être favorable à la France puisque, parmi d'autres clauses, l'accord fait perdre au royaume ses possessions en Italie du nord. Elle permettait aussi à Ronsard de se concilier les Guise, ardents défenseurs de la guerre contre l'Espagne, en louant les prouesses militaires du roi. Et elle permettait enfin au poète de se rallier aux vues de Montmorency, qui, contrairement aux Guise, œuvrait en faveur de la paix et avait sans doute influencé la décision du roi de signer le traité Cateau-Cambrésis.

La propagande royale de la séquence des deux *Exhortations* et de *La Paix, Au Roy* n'exclut cependant pas l'expression du patriotisme sincère de Ronsard : l'ordre des trois poèmes souligne la volonté du poète de servir son roi, quelles que soient les circonstances, et de rendre compte de chaque événement majeur du pays. Plus que jamais, Ronsard entend être une personnalité publique.

L'*Ode de la Paix* et la *dispositio* des odes pindariques qui ouvrent le premier livre d'*Odes* dans les éditions des *Œuvres* publiées de 1560 à 1587 s'inscrivent également dans cette perspective : si l'ordre des pièces constitue, comme on le verra, un moyen essentiel de flatter l'élite française et de construire un portrait idéal du roi, il offre aussi à Ronsard la possibilité de suggérer ses propres doutes et ses espoirs. Dans ces poèmes, la paix est elle-même un processus d'agencement dont je me propose de dégager les implications poétiques et politiques.

2. *L'Ode de la Paix* et la *dispositio* des odes pindariques du premier livre des *Odes* (1560-1587)

L'*Ode de la Paix* célèbre l'accord de 1550 entre la France et l'Angleterre. L'adaptation en français du modèle de l'ode pindarique révélait d'emblée l'ambition de Ronsard de rivaliser avec le plus grand poète lyrique de l'Antiquité[16]. Le genre de l'ode (qui est un chant d'harmonie avec le cosmos) situait en outre l'éloge du roi dans une perspective cosmique. Le poème décrit les origines fabuleuses de l'univers ; une paix mythique chasse le chaos et organise en les combinant les divers éléments qui composent le monde :

> C'est toy [la Paix] qui dessus ton echine
> Soustiens ferme ceste machine,
> Medecinant chaque element

Société de l'histoire de l'art français, 1982, pp. 7-15.

[16]   Telle était en effet la réputation de Pindare parmi les contemporains de Ronsard.

Quand une humeur par trop abonde,
Pour joindre les membres du monde
D'un contrepois egallement. (III, pp. 24-25, vv. 319-24).

La même fable est reprise dans l'*Exhortation pour la Paix* et dans *La Paix, Au Roy* (IX, p. 25, vv. 195-99 ; p. 108, vv. 73-76). Cette conception, qui s'appuie sur des réminiscences classiques — notamment sur la *Métaphysique* d'Aristote et le *Commentaire* de Ficin sur le *Banquet* de Platon[17] — , s'inspire aussi des thèses du *De Civitate Dei* sur la paix. Dans ce dernier ouvrage, saint Augustin observe en effet que « la paix du corps est un équilibre bien organisé de ses parties » (*ordinata temperatura partium*)[18]. Ronsard transpose cette conception sur un plan cosmique de facture païenne pour en développer les implications civiques : à l'instar de la paix mythique, le souverain impose l'unité ; il représente par conséquent l'intermédiaire entre le pays qu'il gouverne et le modèle cosmogonique dont il a la révélation. Cette vue s'inscrit pleinement dans la réflexion de Ficin sur la médiation : « l'un des traits originaux de l'ontologie de Ficin », observe André Chastel, « est la théorie du *primum in aliquo genere*, qui place au sommet de chaque groupe d'individus visibles ou invisibles un être privilégié chargé de l'articuler avec le degré immédiatement supérieur »[19]. La supériorité du roi de l'« Ode de la Paix » sur le commun des mortels n'est pas une connaissance des choses en elles-mêmes, mais est plutôt une prise de conscience de leurs connexions mutuelles ou l'intuition des rapports entre le divin et l'humain. Toute l'histoire de la monarchie française glorifiée dans cette première ode s'oriente vers la fondation par Henri II, d'une nouvelle Troie définitivement à l'abri de toute agression et où s'épanouira l'âge d'or. Telle est du moins la prédiction faite à Francion, le légendaire ancêtre des rois de France (III, p. 20, vv. 257-60). Ce dessein rédemptif s'accomplira au terme d'une succession de phases de paix et de guerres qui correspondent à une alternance de périodes de discorde et de concorde sur le plan cosmique. À la partie épique de l'ode succède un hymne à la paix politique et aux vertus d'Henri II dont la générosité n'est pas la moindre qualité. Après une brève digression sur son art, Ronsard offre ensuite au roi l'immortalité poétique et, en échange de ce don, demande au souverain sa protection et une récompense plus substantielle.

En 1552, Ronsard insère l'*Ode de la Paix* dans le livre V des *Odes*. Huit ans plus tard, il place le poème en tête du premier livre d'*Odes* qui ouvre l'édition *princeps* des *Œuvres* (1560). Au lieu de la paix de 1550 entre la France et l'Angleterre, le texte salue à présent le traité de Cateau-Cambrésis. Dès 1560,

---

[17]   Voir Jean Céard, « Cosmologie et politique dans l'œuvre et la pensée de Ronsard », pp. 41-55 et Malcolm Quainton, *Ronsard's Ordered Chaos. Visions of Flux and Stability in the Poetry of Ronsard*, Manchester, University Press, 1980, p. 15.

[18]   Saint Augustin, *Œuvres complètes*, éd. et trad. Péronne, Ecalle, Charpentier, vol. 23, chap. XIX, 12, p. 512.

[19]   André Chastel, *Marsile Ficin et l'art*, Genève, Droz, 1975, p. 81.

l'organisation des quinze premières pièces du recueil des *Odes* — la section pindarique — trouve sa forme définitive. Une telle fixité contraste singulièrement avec le statut des autres poèmes des cinq livres d'*Odes*, qui changent souvent plusieurs fois de place au cours des éditions successives[20] :

> 1. « Au Roi » (intitulée d'abord « Ode de la Paix »).
> 2. « A luy-mesme ».
> 3. « A la Roine sa femme ».
> 4. « A Madame Marguerite, sœur du Roi, Duchesse de Savoie ».
> 5. « Au reverendissime Prince Charles Cardinal de Lorraine ».
> 6. « La Victoire de François de Bourbon, Comte d'Anguien, à Cerizoles ».
> 7. « Au Seigneur de Carnavalet ».
> 8. « Usure à luimesme ».
> 9. « La Victoire de Gui de Chabot Seigneur de Jarnac ».
> 10. « A Michel de L'Hospital, chancelier de France ».
> 11. « A Jouachim Du Bellai Angevin ».
> 12. « A Bouju Angevin ».
> 13. « A Jan d'Aurat ».
> 14. « A Anthoine de Baïf ».
> 15. « A Jan Martin »[21].

Les quatorze poèmes qui suivent l'« Ode de la Paix » *réalisent* la prédiction de Francion puisqu'ils célèbrent une cité idéale peuplée de héros contemporains et de poètes[22]. Un *esprit de suite* met en valeur le respect de la hiérarchie[23]. Unique dédicataire de deux odes étroitement liées[24] (les odes 1 et 2), Henri II prend d'emblée la fonction de meneur du groupe. Après le roi, le poète loue la reine (ode 3) puis la sœur d'Henri II (ode 4). Puis viennent le cardinal de Guise, membre de l'Église et de la haute noblesse (ode 5), et François de Bourbon, guerrier exemplaire issu d'une illustre famille (ode 6). Carnavalet, le premier écuyer du roi, qui occupe à la cour une place choisie, apparaît à la suite de ces personnages (odes 7, 8). Sa louange est suivie de celle de Guy de Chabot, ardent guerrier mais de rang moins élevé que François de Bourbon (ode 9). L'ode à Michel de l'Hospital, chancelier de France (ode 10), protecteur des arts (surtout de la poésie) permet de passer sans rupture de l'éloge des grands à celui des poètes (odes 11 à 15). Les tâches et responsabilités civiques sont réparties selon le rang des dédicataires ; chacun d'eux contribue au bon

---

[20] Sur le mouvement des pièces, voir *Céard et al.*, t. I, pp. 1479-88.

[21] La graphie des titres se conforme à l'édition de 1560.

[22] Voir aussi Daniel Ménager, *Ronsard, le roi, le poète et les hommes*, Genève, Droz, 1979, p. 135 sq.

[23] Dans les phrases suivantes, je m'inspire de la description que donne Doranne Fenoaltea de la première édition des *Odes* dans *Du palais au jardin*, pp. 1-46.

[24] Carnavalet est lui aussi gratifié de deux odes, mais, comme l'indique le titre de la seconde ode « Usure, à luy-mesme », le deuxième éloge de Carnavalet n'est qu'un appendice de l'ode précédente. Ce procédé est inspiré de Pindare.

fonctionnement du royaume : la famille royale protège les arts (odes 3 et 4), les hommes politiques imposent la justice à l'intérieur du pays et donnent à leurs concitoyens l'exemple de leurs vertus, la noblesse triomphe de l'ennemi par sa vaillance à la guerre (odes 5 à 10, 12). La section s'achève sur l'éloge des écrivains qui confèrent l'immortalité à tous ces héros (odes 11, 13 à 15).

La paix implique et présuppose une organisation si harmonieuse. Dans ce sens, l'agencement de la suite pindarique reproduit, par sa configuration même, une thèse de saint Augustin sur la paix. Au chapitre XIX du *De Civitate Dei* (qui inspire en partie la représentation de la paix cosmique de l'« Ode de la Paix »), saint Augustin observait que « l'ordre est la disposition des êtres égaux et inégaux, en désignant à chacun la place qui lui convient » (*parium dispariumque rerum sua cuique loca tribuens dispositio*). « La paix », poursuit-il, « est la tranquillité de l'ordre de toutes les choses » (*Pax omnium rerum tranquillitas ordinis, XIX, 13*). Les quinze odes de Ronsard transposent cette perspective chrétienne sur un plan civique et social : l'ordre des poèmes crée visuellement l'image d'une communauté placée sous la tutelle du souverain et unie par le respect de la hiérarchie ainsi que la volonté de collaboration. La deuxième ode célèbre la cohésion de cette cité idéale — la Pergame française prédite à Francion et instituée par Henri II — sous la forme suggestive d'un banquet (I, p. 61, vv. 1-10) au cours duquel le poète se fait le porte-parole de la communauté nouvellement fondée pour remercier le roi d'avoir rendu cette réunion possible en restaurant la paix célébrée dans la première ode. La parole et le vin circulent d'un convive à l'autre, élargissant indéfiniment le cercle des invités.

Dans la section pindarique, la *dispositio* est un art des textures. Un processus complexe de digressions et d'amplifications orchestre en effet la séquence, assurant la cohésion de l'ensemble sous la forme de « réseaux » multiples. Une infinité de séries convergentes se prolongent les unes dans les autres, se développent d'un poème à l'autre selon un mouvement curviligne. Ce principe se vérifie aussi dans l'organisation individuelle des longs poèmes. On l'a déjà montré, un jeu d'associations, d'antithèses, de préfigurations relie les différents motifs qui composent l'« Ode de la Paix » et l'« Ode à Michel de L'Hospital »[25].

Un passage de transition de l'« Ode de la Paix » illustre bien cette conception. Dans quelques vers qui lient la partie épique à l'hymne et la concorde politique, le poète célèbre sa propre pratique :

> Celui qui en peu de vers
> Etraint un sujet divers,
> Se mét au chef la couronne :
> De cette fleur que voici,

---

[25]   Cf. Malcolm Quainton, *op. cit.,* pp. 57-59 et Guy Demerson, *La mythologie classique dans l'œuvre lyrique de la Pléiade,* Genève, Droz, 1972, pp. 114-16.

Et de celle, et celle aussi,
La mouche son miel façonne.
Diversement, ô Paix heureuse,
Tu es la garde vigoureuse
Des peuples, & de leurs cités :
Des roiaumes les clefs tu portes,
Tu ouvres des villes les portes,
Serenant leurs adversités... (III, p. 23, vv. 295-306)

L'abeille et la couronne sont des attributs royaux et leur mention annonce l'éloge de la concorde politique des strophes suivantes. Mais le tissage de la couronne et l'activité de l'abeille[26] évoquent aussi de façon réflexive le rôle du poète qui assemble des emprunts divers pour les combiner et les agencer en un poème « homogène ». Par une succession d'équivalences, le poète est à l'ode ce que la paix est au cosmos et ce que le roi est au royaume : chacune de ces instances est douée d'un pouvoir organisateur. Guidé par son intuition, le poète a, comme le roi, la révélation de l'ordre du monde et comme le roi, mais sur le plan textuel, il ménage des transitions entre le mythe et l'histoire, entre le monde des dieux et des hommes.

Mais lorsque Ronsard offre au public français de 1560 la première édition de ses *Œuvres* (qui s'ouvrent sur les odes pindariques), les notions qui informent la disposition de ces quinze premiers poèmes sont d'une actualité politique brûlante. La question qui se pose à ce moment est précisément d'agencer, de « faire tenir » l'édifice social. Salué dans l'« Ode de la Paix », le traité de Cateau-Cambrésis (1559) avait notamment pour objectif de remédier à la dégradation alarmante de la situation intérieure du royaume en renforçant la rigueur des répressions contre les protestants. Au moment où paraît la première édition de ses *Œuvres*, l'instabilité est encore plus grande : Henri II est mort depuis un an et le décès de François II, son successeur, précède d'une dizaine de jours la publication du recueil. Après le tumulte d'Amboise (en mars 1559) et à l'aube du massacre de Vassy qui marque le début des guerres civiles (en mars 1562), comment croire encore à l'existence d'un monarque capable d'imposer l'ordre dans le pays ? Dans cette optique, la disposition des odes pindariques masque, tout en les désignant, les défaillances et les faiblesses du pouvoir royal[27]. Le seul endroit où un agencement harmonieux est encore possible se

[26] Le tissage de la couronne est une référence d'origine homérique qui se retrouve chez Pindare, *Pythiques*, X, vv. 53-54. Pour les Anciens, la métaphore de l'abeille faisait déjà figure de lieu commun pour parler de l'*imitatio*. Le modèle de Ronsard semble être ici Sénèque, *Epistulae morales*, lxxxiv, 3-9 qui lie à cet égard l'*inventio* et la *dispositio*.

[27] Cette perspective mélancolique est inscrite dans la forme même de l'ode qui renvoie à une cité pindarique d'un âge d'or. Voir Daniel Ménager, *op. cit.* p. 135. Et si, comme l'observe Fenoaltea, *op. cit.*, p. 20 sq., l'agencement des quinze poèmes rappelle la parade de l'entrée d'Henri II à Paris en 1549 (qui précédait d'un an la publication de l'édition *princeps* des *Odes*), le maintien des grandes lignes de cette structure dans toutes les rééditions ultérieures du recueil serait l'indice de la nostalgie du « bon vieux temps » — celui du début du règne d'Henri II — où tous les

réduit à l'espace de l'œuvre elle-même : un non-lieu dont le poète, bien plus que le roi, est le point d'ancrage et d'aboutissement. Cette perspective relève d'une esthétique pré-baroque telle que la caractérise Gilles Deleuze : « Le propre du baroque est non pas de tomber dans l'illusion ni d'en sortir, c'est de *réaliser* quelque chose dans l'illusion même, ou de lui communiquer une *présence* spirituelle qui redonne à ses pièces et morceaux une unité collective »[28].

Bien des siècles plus tard, dans notre ère actuelle du soupçon, la célébration euphorique des odes pindariques peut nous paraître opportuniste et flatteuse. Mais un jugement si sévère constituerait un sérieux contresens parce qu'il ne tient pas compte du patriotisme d'un Ronsard pleinement conscient de ses fonctions officielles de conseiller du roi. La séquence des quinze odes pindariques entend influencer le cours de la politique française ; elle enseigne à ses lecteurs que, dans l'intérêt de la paix, il faut servir le roi. Dans et par l'intermédiaire de la représentation imaginaire d'une communauté idéale, le poète voudrait accréditer la conviction de sa possibilité. L'ordre de cette suite constitue un *rappel à l'ordre* : sa disposition réapprend au roi et à la cour l'art de la liaison ; elle rassemble là où le monde désassemble. De façon révélatrice, les odes dédiées à Jean Dorat et à Joachim Du Bellay louent les poètes chargés de chasser l'ignorance et de préparer les grands à agir vertueusement. Inspirée du néo-platonisme ambiant, cette image, qui est un cliché des arts et des lettres de l'époque, témoigne de la foi de Ronsard dans les effets moraux de la poésie.

La conviction du poète de contribuer à l'avènement de la paix civique se manifeste bien dans l'« Ode à Michel de L'Hospital » qui s'intègre définitivement dans la section pindarique du premier livre des *Odes* à partir de la première édition des *Œuvres* (1560), au même moment que l'« Ode de la Paix ». À bien des égards, ces deux poèmes dialoguent l'un avec l'autre ; leur longueur extrême les distingue des autres pièces de la séquence. Comme l'« Ode de la Paix », l'« Ode à L'Hospital » a recours au mythe pour célébrer l'instauration de l'ordre et de la concorde. Au récit de la genèse de l'univers (pleine de réminiscences hésiodiques) de l'« Ode de la Paix » correspond la gigantomachie (inspirée des mêmes sources) de l'« Ode à Michel de L'Hospital »[29]. La naissance du chancelier s'inscrit dans une longue évocation de la poésie pour annoncer un âge de lumière très proche où les Muses rétabliront l'harmonie du royaume et du cosmos[30] : les armées de l'ignorance, prédit l'ode, seront défaites par L'Hospital et cette victoire marquera le triomphe de la paix ainsi que de la culture. À l'éloge d'Henri II, restaurateur de la paix cosmique (dans l'ode 1), répond donc la célébration du chancelier de France, restaurateur de la poésie (dans l'ode 10).

---

espoirs étaient encore permis.

[28] Gilles Deleuze, *Le pli. Leibniz et le baroque,* Paris, Minuit, 1988, p. 170.

[29] On pourrait reconnaître dans Jupiter qui défait les géants une image allégorique d'Henri II.

[30] Voir Guy Demerson, *La mythologie classique dans l'œuvre lyrique de la Pléiade, op. cit.,* p. 122 sq.

La foi de Ronsard dans l'efficacité de son art à ramener la paix en France soulève des questions plus vastes : dans quelle mesure la poésie peut-elle influencer l'ordre social ? L'art est-il un moyen de propagande politique efficace, comment mesurer son pouvoir de persuasion ? L'érudition des odes pindariques de Ronsard — un aspect âprement critiqué par les disciples de Marot dès la parution de l'édition *princeps* des *Odes* en 1550 — limitait d'avance l'impact d'une Œuvre destinée à un public restreint de lettrés et d'humanistes proches de l'auteur : le cercle des lecteurs visés était *déjà* acquis à la cause de Ronsard et convaincu de la valeur politique et sociale de la poésie. Certaines manifestations contemporaines de la publication des *Œuvres* pourraient fournir un cadre de référence pour poursuivre ces réflexions sur le rôle politique de l'art. Dans le climat d'instabilité grandissante de la seconde moitié du seizième siècle, la cour adopte des stratégies de représentations fictives de la paix analogues à celles des odes pindariques de Ronsard. Un nombre croissant d'entrées royales et de fêtes (Ronsard participe à certaines d'entre elles) mettent en scène des sociétés idylliques, des cités idéales[31]. À l'instar de la suite des quinze odes pindariques de Ronsard, ces constructions allégoriques visaient à exorciser la peur de la division et du désordre social. Mais dans ces spectacles comme dans les odes pindariques, la construction d'une identité nationale imaginaire renvoyait en fin de compte à l'incapacité du pouvoir royal de contrôler des troubles politiques internes qui culmineront dans le massacre de la Saint Barthélémy du 24 août 1572. La paix était aussi fragile et artificielle que ses représentations artistiques.

Cynthia SKENAZI
University of California, Santa Barbara

---

[31]   Voir D. Ménager, *op. cit.*, pp. 319-54. Ronsard participe notamment à l'organisation artistique de l'entrée de Charles IX à Paris en mars 1571. Il écrit aussi plusieurs bergeries et pastorales pour les fêtes de Fontainebleau organisées en 1564 par Catherine de Médicis.

LES HISTOIRES TRAGIQUES DE PIERRE DE RONSARD

On décèle chez les écrivains et les artistes des années 1560-1590 une véritable prédilection pour le tragique. En témoignent de nombreux phénomènes, tel le rapide essor d'une forme de théâtre dont Jean de la Taille soulignait l'affinité avec les « piteux désastres » et « les vieilles et nouvelles douleurs » qui avaient ravagé la France des guerres civiles[1]. Dans le sillage des grandes tragédies d'Étienne Jodelle, de Robert Garnier et de Jacques Grévin, on assiste alors à la représentation et à la publication de l'œuvre d'une foule d'épigones comme Antoine Favre[2], Adrien d'Amboise[3], ou Antoine Du Verdier, qui nous rappelle dans sa *Bibliothèque* qu'il est aussi l'auteur d'une *Philoxene* imprimée à Lyon en 1567[4]. C'est alors que l'on traduit en français le *Theatre des cruautez des Hereticques*, texte où l'on voit des « joueurs se plaire à répandre, à verser, à tirer le sang humain, s'y baigner, s'y étuver, se réjouir en l'abondance »[5] ; c'est l'époque où triomphe ce « goût du macabre » qui pénètre toute la gamme des arts plastiques et décoratifs[6] ; mais surtout, on voit s'épanouir dans les années 1560-1590 un nouveau genre littéraire : celui de l'*Histoire tragique* qui, du recueil de Pierre Boaistuau aux *Nouvelles histoires tragiques* de Bénigne Poissenot, jouira d'une fortune dont les études de Michel Simonin[7], Richard Carr[8] et Sergio Poli[9] ont montré l'ampleur et la signification. Or le corpus Ronsardien, traversé dès les années 1556-1563 par ce que Michel Dassonville appelait une « période sombre sinon noire »[10] n'échappe pas à cette présence et à cette mode du tragique ; il entretient même avec le phénomène des *Histoires tragiques* des rapports dont il conviendra de retrouver les modalités.

---

[1] *De l'Art de la Tragedie* (1572), in *Saül le Furieux*, éd. critique avec introduction et notes par Elliott Forsyth, Paris, S.T.F.M., 1968, p. 2.

[2] *Les Gordians et Maximins ou l'Ambition. Œuvre tragique*, Chambéry, Claude Pomar, 1589.

[3] *Holoferne tragedie sacrée extraicte de Judith*, Paris, Abel L'Angelier, 1580.

[4] Cf. *Les bibliothèques françoises de La Croix Du Maine et de Du Verdier*, éd. Rigoley de Juvigny, Saillant et Nyon, 1772-1773, vol. III, p. 142. On n'a pas retrouvé cette œuvre.

[5] *Théâtre des cruautés des hérétiques de notre temps*, éd. Franck Lestringant, Paris, Chandeigne, 1995, p. 50.

[6] Voir à ce sujet Jean Rousset, *La littérature de l'âge baroque en France*, Paris, José Corti, 1954, pp. 81-117 et André Chastel, *Fables, figures, formes*, Paris, Flammarion, 1978.

[7] Voir « Faits divers tragiques », *Studi di letteratura francese*, vol. 18, 1990, pp. 141-53 et *Vivre de sa plume au XVIᵉ siècle ou la carrière de François de Belleforest*, Genève, Droz, 1992.

[8] *Pierre Boaistuau's Histoires tragiques : A Study of Narrative Form and Tragic Vision*, Chapel Hill, 1979.

[9] *Histoire(s) tragique(s). Anthologie/ typologie d'un genre littéraire*, Paris, 1991.

[10] *Ronsard, étude historique et littéraire*, Genève, Droz, 1990, vol. V, p. 50.

Les discours politiques de Ronsard et l'histoire tragique d'actualité

On oublie parfois qu'il existe dès le XVIe siècle plusieurs formes d'*Histoires tragiques*[11]. D'un côté, le genre de nouvelle historico-littéraire qu'affectionnent des auteurs comme François de Belleforest, Bénigne Poissenot ou Alexandre Sylvain : fondés sur des récits glanés dans des œuvres aussi diverses que les *Controversiae* de Sénèque le Rhéteur[12], le *De Bohemorum origine ac gestis historia* d'Enea Silvio Piccolomini[13], ou le *Floridan* de Rasse de Brunhamel[14], ces textes sont regroupés en recueils que l'on pourrait rapprocher des anthologies de *Leçons* qui fonctionnent selon le double principe de la variation et de la moralisation[15]. À cette première catégorie s'ajoute l'*Histoire tragique* d'actualité que pratiquent les auteurs de canards souvent anonymes qui rapportent chroniquent des faits divers : c'est le *Discours tragique et pitoyable sur la mort d'une jeune Damoiselle âgée de dix-sept à dix-huit ans, executée dans la ville de Padoüe*[16], ou des textes comme l'*Histoire tragique de la Villequier*, dont on retrouve la trace dans le *Journal de Pierre de l'Estoile*[17]. Pendant les troubles de 1562-1598, l'*Histoire tragique* se tourne parfois vers les massacres, les combats sanglants et les atrocités commises au nom de la religion ; sous la plume d'écrivains catholiques ou protestants, elle devient outil de propagande dans des libelles comme l'*Histoire tragique, en laquelle est nayvement depeinte & descrite la source, origine, cause & progres des troubles, partialitez & differens qui durent encore aujourd'huy*[18]. Or tout autant que les *Histoires tragiques* de Boaistuau ou de Belleforest, les discours politiques de Ronsard annoncent ce qu'il conviendrait d'appeler le genre de l'*Histoire tragique* d'actualité-propagande.

On s'est parfois interrogé, en effet, sur l'absence de modèles littéraires des *Discours*[19], ainsi que sur les analogies qui permettent de les rapprocher de la presse

---

[11]   Pour une présentation nuancée du genre voir Michel Simonin, *Vivre de sa plume, Éd. citée*, pp. 19-20.

[12]   C'est le cas de plusieurs récits figurant dans les *Epitomes de cent histoires tragicques, partie extraittes des Actes des Romains & autres, de l'invention de l'autheur* d'Alexandre Sylvain, Paris, Nicolas Bonfons, 1581.

[13]   Belleforest lui emprunte le récit consacré à la « grande hardiesse d'une damoiselle de Boesme nommée Valasque » qu'il relate dans la neuvième nouvelle du *Cinquiesme tome des histoires tragiques*, Paris, Jean Hulpeau, 1572.

[14]   Bénigne Poissenot s'inspire de ce texte dans l'*Histoire première* des *Nouvelles histoires tragiques*. Voir à ce sujet l'éd. par J-C. Arnould et R. Carr de l'œuvre de Poissenot, Genève, Droz, 1996, p. 69.

[15]   François de Belleforest insiste sur ces deux principes dans l'*Epistre* du *Septiesme tome des histoires tragiques*, Paris, Emmanuel Richard, 1583, f.aijr°, de même qu'Alexandre Sylvain dans l'avis au lecteur de ses *Epitomes de cent histoires tragicques*, Paris, Nicolas Bonfons, 1581.

[16]   Cité par Jean-Pierre Seguin dans *L'information littéraire avant le périodique*, Paris, Maisonneuve, 1964, p. 71.

[17]   *Journal de Henri II (1574-1580)*, in *Mémoires-Journaux de Pierre de L'Estoile*, éd. Brunet, Paris, Librairie des Bibliophiles, 1875, t.1, p. 204.

[18]   Paris, Guillaume Chaudière, 1566.

[19]   Henri Lebègue remarquait par exemple : « Entre le poète et la réalité la plus tragique que la France

moderne[20]. Il convient de souligner à cet égard qu'avec les plaquettes publiées dans les années 1562-1563, Ronsard pose les jalons d'un genre vraiment neuf, dont on retrouvera l'empreinte, comme on sait, dans l'œuvre d'Agrippa d'Aubigné, mais aussi dans des textes en prose[21] tels que l'*Histoire tragique des cruautez et meschancetez horribles commises en la Comté de Montbeliard*[22].

Dès 1560, le Vendômois était conscient du rôle que jouerait l'écrit dans les combats à venir ; c'est alors qu'il lançait à Guillaume des Autels cette invitation à défier « l'ennemy » faiseur de livres :

> Il fault en disputant par livres le confondre,
> Par livres l'assaillir, par livres luy respondre,
> Sans monstrer au besoing noz courages failliz,
> Mais plus fort resister plus serons assailliz[23].

L'idée fera école, puisqu'on lira en 1573 sous la plume de l'auteur d'une *Histoire tragique* intitulée *Discours simple et veritable des rages exercées, par la France* :

> Mais pource que plusieurs flatereaux courtisans, gens à louage font troter livres de toutes pars, par lesquels ilz mettent en avant choses faintes et faulses pour bien certaines et veritables : J'ay pensé que je debvois cest office à la posterité de mettre par escrit la chose ainsi qu'elle s'est passée : Comme celluy qui a heu le moyen de la bien remarquer tant pour avoir senti ma part de ceste calamité, que pour en avoir esté suffisamment informé de ceux desquels les yeux en ont esté pour la plus part tesmoins[24].

---

ait connue depuis la guerre de Cent ans jusqu'en 1940, aucun modèle littéraire ne s'interpose » (*Ronsard, l'homme et l'œuvre*, Paris, Boivin, 1950, p. 89). Voir aussi à ce sujet Michel Dassonville, *op. cit.*, vol. IV, pp. 131-32.

[20] Voir à ce sujet l'introduction de Malcolm Smith à son édition des *Discours des misères de ce temps*, Genève, Droz, 1979, p. 21.

[21] Rappelons que Bodo Richter a retrouvé l'influence des *Discours des misères de ce temps* dans deux textes de Belleforest (le *Discours des presages et des miracles advenuz en la personne du Roy, et parmy la France* et la *Remonstrance au peuple de Paris*) ; voir « Poetry into Prose : Ronsard and Belleforest », *Renaissance and Reformation*, vol. VII, 1971, n° 3, pp. 78-83.

[22] *Histoire tragique des cruautez et meschancetez horribles commises en la Comté de Montbeliard sur la fin de l'an 1587 & commencement de l'an 1588 par les troupes des Sieurs de Guise & Marquis de pont [...] Nouvellement mise en lumiere*. Ce texte figure dans le *Troisième recueil contenant les choses plus memorables advenues sous la Ligue, tant en France, Angleterre, qu'autres lieux* (1592).

[23] *Elegie à Guillaume des Autels*, in *Discours des misères de ce temps*, éd. Malcolm Smith, Genève, Droz, 1979, p. 29, vv. 21-24.

[24] *Discours simple & veritable des rages exercées, par la France, Des horribles et indignes meurtres commiz es personnes de Gaspar de Colligni Amiral de France, & de plusieurs grandz Seigneurs [...] Et du lache et estrange carnage faict indiferemment des chrestiens qui se sont peu recouvrer en la pluspart des villes de ce royaume sans respect aulcun, de sang, sexe aage, ou condition [...] Auquel est adjoustée en forme de Parangon, l'Histoire tragique de la cite de Holme [...]*, Bâle, Pieter Vuallemand, 1573, f. A2r°-v°.

Dans le contexte de ces affrontements et de ces querelles, l'auteur du *Discours simple* fait appel au tragique pour décrire le « piteux et lamentable spectacle » des massacres de 1572[25]. Or ce choix est celui qu'avait déjà effectué Ronsard avec ses écrits politiques. Que les *Discours* ressortissent au tragique, le poète nous le montre en effet lorsqu'il présente l'un des acteurs de sa *Remonstrance au peuple de France* comme un « Roy de tragedie »[26], ou lorsqu'il compare ses adversaires à « ceux qui font les tragedies »[27]. Le *style tragique* — pour reprendre l'habile formule d'Agrippa d'Aubigné — qui naît alors que Ronsard rédige les *Discours des misères de ce temps* se définit avant tout par sa richesse : il procède à la fois du délibératif, du judiciaire et de l'épidictique puisqu'il conduit successivement le Vendômois à exhorter, à juger, à blâmer, comme le fera encore un J. Boucher en s'attaquant au Duc d'Epernon et à la politique d'Henri III dans son *Histoire Tragique et memorable de Pierre de Gaverston* (1588). La richesse des discours ronsardiens se caractérise aussi par une recherche systématique du *pathos* dans le contexte d'un travail qui se rapproche de celui que le poète appelle les historiens de son temps à accomplir :

> O toy historien, qui d'ancre non menteuse
> Escrits de nostre temps l'histoire monstrueuse,
> Raconte à nos enfants tout ce malheur fatal,
> Afin qu'en te lisant ils pleurent nostre mal,
> Et qu'ils prennent exemple aux pechés de leurs peres[28].

Faire partager aux lecteurs les émotions ressenties, redonner la parole au « laboureur tout pensif et tout morne »[29] victime des brigandages et des atrocités, ainsi se définit le projet que s'assigne Ronsard en déclarant :

> Madame, je serois ou du plomb ou du bois,
> Si moy, que la nature a fait naistre François,
> Aux siecles advenir je ne contois la peine,
> Et l'extreme malheur dont nostre France est pleine[30].

Tel est aussi l'objectif que se fixera quelques années plus tard l'auteur de l'*Histoire tragique des cruautez et meschancetez horribles commises en la Comté de Montbeliard* :

> Nous produirons quelques histoires de ces cruautez que nous avons entendues, la plus part de ceux qui les ont senties, puis les nous ont recitees, sentans encor des extremes douleurs, lors qu'ils tiroyent à la mort, pauvrement gisans, couverts de playes, & jettans maints soupirs tesmoins de leurs recits indubitables[31].

---

[25] *Discours simple, Éd. citée*, p. LXI.

[26] *Remonstrance*, in *Discours des misères, Éd. citée*, p. 137, v. 635. Rappelons qu'il s'agit dans ces vers du Prince de Condé.

[27] *Continuation du discours des misères de ce temps*, in *Discours des misères, Éd. citée*, p. 90, v. 204.

[28] *Discours à la Royne*, in *Discours des misères, Éd. citée*, p. 68, vv. 115-20.

[29] *Responce de P. de Ronsard gentilhomme vandomois aux injures et calomnies*, in *Discours des misères, Éd. citée*, p. 207, v. 1079.

[30] *Continuation du discours des miseres de ce temps*, in *Discours des misères, Éd. citée*, p. 77, vv. 1-4.

[31] *Éd. citée*, p. 710.

Dans ce texte publié dans le *Troisième recueil contenant les choses plus memorables adventues sous la Ligue*, le tableau des supplices infligés aux habitants de Montbéliard par les troupes des Guises évoque les vers dans lesquels Ronsard, faisant appel à la sensibilité de ses lecteurs, décrivait

> L'extreme cruauté des meurtres et des flammes,
> La mort des jouvenceaux, la complainte des femmes,
> Et le cry des vieillards qui tiennent embrassés
> En leurs tremblantes mains leurs enfants trespassés[32].

L'accumulation d'images représentant « La mort, le sang, la guerre et les meurtres espaix »[33], la peinture d'une contrée que les Français « en leur sang bagnent de tous costés »[34], l'évocation des « chasteaux renversez », des « eglises pillées » et des « marchés desolés »[35], tels sont les éléments qui constitueront aussi le canevas de l'*Histoire tragique de Montbéliard*, longue liste d'hypotyposes de « corps demi-pourris »[36], de sépulcres éventrés « tant dedans les Eglises qu'es cimetieres »[37], de « tortures, & questions non ouyes, ausquelles ces pauvres personnes innocentes furent si cruellement appliquees, que la mort leur eust esté cent fois plus agreable »[38]. L'énumération — parfois insupportable — des atrocités commises culminera d'ailleurs dans ce texte sur un appel à la justice divine qui rappelle les vers sur lesquels se refermait le *Discours à la Royne*.

Chez Ronsard, la description des troubles de 1562 s'accompagne à plusieurs reprises de l'image d'un « monde renversé » résultant de la présence de « l'Opinion, peste du genre humain »[39] :

> Ce monstre arme le fils contre son propre pere,
> Et le frere (ô malheur) arme contre son frere,
> La sœur contre la sœur, et les cousins germains
> Au sang de leurs cousins veulent tremper leurs mains.
> L'oncle fuit son nepveu, le serviteur son maistre,
> La femme ne veut plus son mary recognoistre[40].

---

[32] *Remonstrance*, in *Discours des misères*, *Éd. citée*, p. 142, vv. 751-54.
[33] *Remonstrance*, in *Discours des misères*, *Éd. citée*, p. 122, v. 334.
[34] *Ibid.* p. 129, v. 488.
[35] *Responce aux injures et calomnies*, in *Discours des misères*, *Éd. citée*, p. 184, vv. 604-06.
[36] *Éd. citée*, p. 709.
[37] *Ibid.*
[39] *Histoire tragique de Montbéliard*, *Éd. citée*, p. 732.
[40] *Discours à la Royne*, in *Discours des misères*, *Éd. citée*, p. 70, vv. 159-64.

Ce *mundus inversus* où règnent le chaos et l'anarchie, c'est celui que décrira également l'auteur de l'*Histoire tragique de Montbéliard* en soulignant les effets dévastateurs de l'action des troupes des Guises sur le tissu social :

> Le mari ne sçavoit ou estoit sa femme, ni la femme son mari. Les meres delaissoient leurs enfants [...] Mesmes il advint que le frere appelant son frere, le mari sa femme, l'enfant sa mere & au contraire : ils fuyoient l'un arriere de l'autre, estimant que se fussent ennemis qui les poursuivissent [41].

Comme dans le cas des *Discours des misères*, l'efficacité d'un texte tel que l'*Histoire tragique de Montbéliard* est liée à l'exploitation rhétorique de deux registres distincts: le descriptif et le symbolique. On se souvient que Ronsard adjoint à des éléments qui évoquent le genre du reportage — comme par exemple la description du saccage de l'église de Cléry[42] — des images qui font appel à l'imagination du lecteur: c'est la célèbre allégorie de la France « Vollée, assassinée, à force despouillée »[43], le discours de « L'Opinion »[44] ou bien la description des réformés métamorphosés en « sauterelles » de l'Apocalypse[45]. Sans aller jusqu'à employer ce type de métaphore, l'auteur de l'*Histoire tragique de Montbéliard* choisit cependant de refermer la « tragedie espouvantable, jouee par ceux de Guise et de Lorraine »[46] en évoquant la destruction de plusieurs éléments symboliques: la papeterie et l'imprimerie dont il souligne la « beauté, commodité et élégance », mais aussi une statue de Pallas armée dont le perron est ornementé de « distiques en Latin, François, & Allemand »[47]. L'auteur du *Discours simple et veritable des rages exercées, par la France* présente de son côté les auteurs de la Saint Barthélemy comme des « bestes farouches et cruelles »[48] guidées par un souverain qu'il compare à « Mithridates, qui jadis par un seul messaige et une simple lettre avoit fait tuer en Asie cent cinquante mille citoiens Romains »[49].

Comme chez Ronsard, la volonté de décrire est indissociable de la leçon politique envisagée par des écrivains qui s'appuient sur un parcours jalonné de symboles et de comparaisons évocatrices. En dénonçant les violences dont il attribuait la responsabilité aux réformés, le Vendômois faisait aussi appel à une veine satirique: c'est le portrait des « predicans » comparés aux « basteleurs »

---

[41]   *Éd. citée*, p. 707.

[42]   *Responce aux injures et calomnies*, in *Discours des misères, Éd. citée*, p. 194, v. 821sq.

[43]   *Continuation du discours des misères*, in *Discours des misères*, p. 78, v. 24.

[44]   *Remonstrance*, in *Discours des misères*, p. 119, v. 269sq.

[45]   *Continuation du discours des misères de ce temps*, in *Discours des misères*, p. 81, v. 71sq.

[46]   *Éd. citée*, p. 732.

[47]   *Ibid.*, p. 730.

[48]   *Éd. citée*, f.lix.

[49]   *Ibid.*, f.xlii.

> Lesquels enfarinés au milieu d'une place
> Vont jouant finement leurs tours de passe passe[50],

celui des « corps effeminés des Ministres si palles »[51], ou encore celui des « Harpyes » et des « importuns », « Esponges de la Court » dont Ronsard demande le congédiement à la reine[52]. Mettre l'éloquence satirique au service du tragique, telle sera également dans plusieurs cas l'ambition des auteurs d'*Histoires tragiques* d'actualité-propagande des années 1580. J. Boucher choisit ainsi dans son *Histoire tragique de Pierre de Gaverston* de blâmer le duc d'Epernon en brossant le portrait d'un « mignon » qui « effemine et infatue le cœur » du souverain pour le conduire à une politique désatreuse pour le royaume[53]. De même dans le *Discours simple et veritable des rages exercées, par la France*, où le « carnage qui dernierement a esté faict presque en toutes les villes de France »[54] s'associe à la description d'une « Italo-France » où les banquets, les mascarades et les jeux finissent par ôter au roi « le loisir de dormir » et empêchent la cour de se consacrer aux affaires politiques[55].

S'adressant à ses adversaires protestants, Ronsard soulignait :

> [. . .] je suis seul vostre estude
> Vous estes tous yssus de la grandeur de moy,
> Vous estes mes sujets et je suis vostre loy,
> Vous estes mes ruisseaux, je suis vostre fonteine[56] [...]

Ces remarques pourraient tout aussi bien s'appliquer aux auteurs d'*Histoires tragiques* d'actualité-propagande, dont la « tragique prose »[57] est redevable aux techniques et aux motifs développés par le Vendômois dans les années 1561-1563.

Le *Discours de l'Equité des vieux Gaulois* et l'*Histoire tragique*

Bien que Ronsard se soit consacré à des « compositions toutes diferentes de stille et d'argument »[58], son œuvre n'exclura pas, après la publication de ses discours politiques, l'emploi de *topoï* et d'images qui appartiennent clairement au régime du tragique tel qu'il se définit dans le dernier tiers du XVIᵉ siècle. Le

---

50 *Continuation*, in *Discours des misères*, Éd. citée, p. 88, v. 169sq.
51 *Remonstrance*, in *Discours des misères*, p. 145, v. 800.
52 *Ibid.*, vv. 415-20.
53 *Histoire tragique et memorable de Pierre de Gaverston, Gentilhomme Gascon* (1588), p. 5 et 18.
54 *Éd. citée*, f. A2r°.
55 *Ibid.*, f. C3v°.
56 *Responce aux injures et calomnies*, in *Discours des misères*, Éd. citée, p. 205, vv. 1036-39.
57 La formule apparaît dans une ode de P. Tamisier imprimée dans le *Second tome des histoires tragiques* de Belleforest, Paris, Robert le Mangnier, 1567, p. 460v°.
58 *Epistre au lecteur*, in *Discours des misères*, Éd. citée, p. 218.

Discours de l'Equité des vieux Gaulois s'ouvre ainsi *in medias res* sur la représentation du supplice infligé par un prince gaulois à une « espouse mal-fidelle » :

> Lors en lieu de l'hostie il decolla la teste
> De la femme perfide, & le sang qui jaillit,
> Tout chaud contre le front de son mary saillit.
> Ainsi de son forfait elle tomba victime,
> Sans teste dans son sang lavant son propre crime[59].

La violence de l'*ekphrasis* — renforcée par la valeur expressive des sons dans le couple jaillit/saillit — évoque la cruauté des tourments que subissent les protagonistes des nouvelles de Boaistuau et de ses imitateurs[60]. Plus généralement d'ailleurs, la structure du texte et les techniques employées par Ronsard font du *Discours de l'Equité des vieux Gaulois* une véritable *Histoire tragique* en vers. Ainsi les vingt-deux premiers vers du poème, où sont décrits les préparatifs du supplice, l'exécution elle-même, et la réaction du mari, constituent un prologue qui remplit la fonction de l'*argument*, forme de *captatio* qui permet aux auteurs d'*Histoires tragiques* de piquer la curiosité de lecteurs avides de sensations fortes, comme le fait par exemple Bénigne Poissenot en énumérant une série de supplices exemplaires avant de conter la quatrième de ses *Nouvelles histoires tragiques*[61]. Dans ses vers introducteurs, Ronsard décrit aussi la réaction du Milésien :

> Le mari spectateur d'un acte si piteux,
> Eut le sein & les yeux de larmes tous moiteux :
> Une horreur le saisit, il sanglotte son ame,
> Et outré de douleur contre terre se pâme[62].

Créer un affect, faire appel aux émotions d'un lecteur devenu lui aussi *spectateur* en opérant une théâtralisation des émotions ressenties par les personnages, telle est également l'une des techniques fondamentales de l'*Histoire tragique*. L'*Histoire quatriesme* de Bénigne Poissenot se referme ainsi sur une longue description des « pleurs, larmes et fascheries » éprouvés par une jeune femme après l'exécution de son amant[63], tandis que le récit conté par la narrateur Fleur-d'Amour dans le cadre de la première journée du *Printemps* de Jacques Yver s'achève, après la décapitation d'Eraste et le suicide de Perside, par une

---

[59]   *Lm*, t. XVIII, p. 75, vv. 12-16.
[60]   Voir à titre d'exemple ce passage de l'*Histoire seconde* de Boaistuau: « Ces propos finiz, print incontinent d'une main la Grecque par les cheveux, et de l'autre tira le cymeterre qu'il avoit au costé; et ayant les mains lacées à la blonde trace de son chef, d'un seul coup lui trencha la teste, avec une espouventable tremeur d'un chacun » (*Histoires tragiques*, éd. R. Carr, Paris, Champion, 1977, p. 59).
[61]   *Éd. citée*, p. 168.
[62]   *Discours de l'Equité, Éd. citée*, p. 75, vv. 17-20.
[63]   *Éd. citée*, p. 204.

procession de dames et de seigneurs venus déposer des fleurs devant le tombeau des deux amants « avec si grand deuil, qu'on les eût pensés eux-mêmes descendre au tombeau et jugés à mort »[64].

Le prologue terminé, Ronsard structure son récit en offrant quatre discours : celui du mari[65], où s'inscrit l'intervention des Milésiens venus verser la rançon de leurs femmes[66], celui du prince gaulois[67] qui rapporte quant à lui les paroles de « l'espouse mal-fidelle »[68]. De cette manière, le Vendômois accomplit un important travail de récriture, puisque ces détails étaient absents du court récit emprunté au Περὶ ἐρωτιχῶν παθημάτων de Parthénius de Nicée qui est le modèle du *Discours de l'Equité des vieux Gaulois*[69]. En se livrant à cet exercice d'amplification, Ronsard se rapproche des métamorphoses opérées par les auteurs d'*Histoires tragiques* de son temps, pour qui le remaniement de textes anciens se définit souvent comme une véritable réinvention : comme l'explique Poissenot, il convient avant tout pour ces écrivains de privilégier « l'elegance du parler » alors que sont décrites des « mutations » et des « misères »[70].

Avec ses quatre discours en forme de plaidoyers, le *Discours de l'Equité des Vieux Gaulois* se présente aussi comme un procès dont l'enjeu revient à établir la culpabilité de la Milésienne, tout en démontrant l'impartialité du prince gaulois, dont Ronsard souligne en guise de péroraison les similarités avec « Les vertus, les honneurs, & la fidelité » du roi Henri III[71]. Comme les images macabres qui scandent le récit (« Un corps tronqué de teste est un fardeau pesant,/Ne remporte en ta ville un si vilain present », remarque le Gaulois à l'égard du Milésien[72]) cette mise en scène judiciaire nous renvoie elle aussi au genre de l'*Histoire tragique*. La huitième nouvelle du *Septiesme tome des histoires tragiques* de Belleforest se présente ainsi comme une suite de dialogues et de plaidoyers qui tendent à démontrer la culpabilité d'une jeune femme qui finira — comme dans la célèbre *quatriesme histoire* de Boaistuau — « emprisonnée par son mary, à cause de son impudicité »[73]. Alexandre Sylvain montrera d'ailleurs la profondeur

---

[64]   *Le Printemps d'Yver*, in *Les vieux conteurs français*, éd. P. L. Jacob, Paris, Desrez, Coll. « Panthéon littéraire », p. 548.

[65]   *Discours de l'Equité, Éd. citée*, vv. 23-200.

[66]   *Ibid.*, vv. 87-110.

[67]   *Ibid.*, vv. 205-308.

[68]   *Ibid.*, vv. 215-80.

[69]   Comme le rappelle Stephen Gaselee dans la préface de sa traduction, les récits de Parthénius constituent « a collection of skeleton stories, mostly belonging to fiction or mythology, some with an apocryphal claim to be historical » (*The Love Romances of Parthenius and Other Fragments*, London, Loeb Classical Library, 1916, p. 253).

[70]   *Nouvelles histoires tragiques, Éd. citée*, p. 47.

[71]   *Discours de l'Equité, Éd. citée*, vv. 309-28.

[72]   *Ibid.*, vv. 301-02.

[73]   *Septiesme tome*, pp. 222-48; voir en particulier le long plaidoyer de la jeune femme, pp. 242-43 (« Est-ce mal fait de se pourvoir d'un chose qu'on a faute », interroge le personnage en reprochant à son mari ses longues absences), et la scène du banquet, pp. 245-64, véritable procès auquel sont conviés les voisins du seigneur, qui fera servir à son épouse la tête de son amant.

du rapport qui lie l'*Histoire tragique* au genre judiciaire, puisque la première édition de ses *Epitomes de cent histoires tragicques*, publiée en 1575, s'intitulait *Premier livre des procès tragiques* : comme dans le *Discours de l'Equité des Vieux Gaulois*, la structure du récit tragique s'y fondait systématiquement sur une série d'accusations et de plaidoiries[74].

Car l'amour & la mort n'est qu'une mesme chose.

Dans le *Discours de l'Equité des vieux Gaulois*, l'intervention de la Milésienne s'accompagnait de représentations particulièrement violentes :

> Je te seray defuncte un fantosme hideux,
> Je rompray ton sommeil, & contre toy marrie
> Je te suivray tousjours importune Furie,
> Te donnant à manger ton fils pour ton repas[75],

déclare la jeune femme dans des vers qui font écho au mythe de Procné ; à la manière des héroïnes des nouvelles de Boaistuau et de Belleforest, elle offre même cette requête :

> Baille moy ton poignard pour nous tuer tous deux[76].

L'emploi de ce type d'image macabre, qui évoque l'univers de nouvelles où les ravages de la passion déchirent les êtres avec les effets les plus dévastateurs, ne se limite pas chez le Vendômois au *Discours de l'Equité des vieux Gaulois*. Isidore Silver remarquait ainsi que le motif d'un personnage fantomatique « descharné, deshallé » « n'ayant plus rien de vif » est présent dans des textes aussi divers que *Les amours de Cassandre*, la *Responce aux injures*, l'*Hymne de l'Esté* ou la *Prosopopée de Beaumont levrier du Roy, & de Charon*. Comme nous l'apprend encore I. Silver, le *topos*, qui apparaît dès 1552 chez Ronsard, est emprunté à Pétrarque, qui déclarait en s'adressant à Laure :

> Non spero del mio affanno haver mai posa
> Infin ch'i mi disosso, e snervo, e spolpo[77].

L'appel systématique aux lieux de l'invention pétrarquiste constitue d'ailleurs plus généralement un point de rencontre entre le corpus ronsardien et les *Histoires tragiques* des années 1560–1600. Les amants des *Histoires tragiques* sont continuellement en proie à des « pleurs, gemissemens, deffiances, transports

---

[74]   La structure des ces récits est la suivante: courte description de la situation et des lois
       concernées; discours de l'accusation, plaidoyer de la défense.
[75]   *Discours de l'Equité, Éd. citée*, vv. 270-73.
[76]   *Ibid.*, v. 269.
[77]   *The Intellectual Evolution of Ronsard*, Genève, Droz, 1979, vol. II, pp. 262-67.

d'esprit, jalousies, plaintes, querelles, desespoirs »[78], l'indifférence des dames contribuant toujours à attiser le « feu » qui les consume. Belleforest explique ainsi comment Theodore Zizime, éperdument amoureux d'une dénommée Cassandre, « perd le repos, et occupé en contemplations , le boire et le manger », « de sorte que devenant maigre et melancolique, on l'eust prins pour un fantosme, ou plustost comme les ossemens descharnez de quelque corps Anatomisé »[79].

La similitude est bien évidemment fortuite : pour décrire les affres de la passion, Boaistuau et ses imitateurs, comme Ronsard, ont fait appel aux thèmes et aux motifs du *canzoniere*. D'autres parallèles permettent néanmoins de rapprocher des textes comme les *Sonnets pour Hélène* ou les *Amours diverses* des *Histoires tragiques*. Les *topoï* du « sanglant sacrifice », du « mort qu'en la fosse on dévale », d'un visage qui « n'aura veines ni arteres », que le Vendômois exploitait dès 1552 dans le *Premier livre des Amours*[80], s'associent en effet, après 1560, au type de faits tragiques que décrivent des auteurs comme Belleforest ou Poissenot. Le « combat »[81] amoureux qui conduit Hélène à « ravir, tuer, piller »[82] n'est plus seulement métaphore du désir : en parlant d'amour, le poète évoquera désormais « les champs de Montcontour »[83], ou bien la « Thebaïde » qui divise la France des années 1570 [84]. « La guerre est à mon huis »[85], « Les soudars m'ont pillé, tu as ravy mon cœur »[86], déclare encore Ronsard dans les *Amours diverses* ; chez le poète vieillissant, les affres de la passion sont une « folie »[87] qui, comme les ravages de la guerre civile, constituent autant de témoignages de la faiblesse et du destin tragique de l'être humain. Dans deux sonnets publiés en 1578 se glissent d'ailleurs des observations révélatrices à cet égard :

> Voila comme Atropos les Majestez atterre
> Sans respect de jeunesse, ou d'empire, ou de foy[88],

remarque le poète avant d'écrire également au sujet de la mort de Charles IX :

---

[78] François de Belleforest, *Le quatriesme tome des histoires tragiques, partie extraictes des œuvres Italiennes de Bandel, & partie de l'invention de l'autheur François*, Paris, Jean de Bordeaux, 1580, f. 250.

[79] *Ibid.*, f. 253.

[80] Cf. *Lm*, t. IV, p. 23 ; t. V, p. 129 ; t. VI, p. 218.

[81] *Sonnets pour Hélène*, in *Lm*, t. XVII/1, Sonnet LII, v. 1.

[82] *Ibid.*, sonnet IX, v. 3.

[83] *Ibid.*, sonnet XLII, v. 7.

[84] *Les amours diverses*, *Lm*, t. XVII/1, sonnet XXXIX, v. 11.

[85] *Ibid.*, sonnet XL, v. 3.

[86] *Ibid.*, sonnet LI, v. 9.

[87] *Ibid.*, sonnet XXXIX, v. 2.

[88] *Sonnets pour Hélène*, *Éd. citée*, sonnet XLVIII, vv. 5-6.

> Son sceptre, tant fust grand, Charles ne secourut,
> Qu'il ne payast sa debte à la Nature humaine[89].

Ronsard rejoint ainsi des auteurs comme Belleforest et Poissenot, chez qui l'analyse des passions se mêle très souvent à une réflexion sur les conséquences des guerres civiles ou sur la mort tragique de grands personnages pour s'intégrer à un projet dont l'auteur des *Nouvelles histoires tragiques* résume ainsi la teneur :

> Car outre l'elegance du parler qui y est, les subites mutations s'y voyent si dru et menu — tantost d'un langoureux et affligé, relevé et monté au plus haut de la roue de fortune, pour en après tresbucher en une vallée de miseres ; tantost d'un autre qui, se pensant fils de fortune, est precipité en moins de rien d'un Paradis de delices et un enfer de travaux — que le lecteur n'en peut faire lecture sans un admirable contentement d'esprit[90].

En rapprochant des pièces du corpus ronsardien des *Histoires tragiques,* il convient de parler de *convergence* plutôt que d'influence, puisque le goût du tragique se présente beaucoup plus généralement dans les années 1560–1600 comme un phénomène de société résultant des particularités d'un contexte historique et politique. Le poète « déchiré par la tragédie civile qui, sa vie durant, lui offre la vue de sa patrie résolue à s'enferrer de sa propre main »[91] exploite cependant dans les sonnets écrits après 1560 des motifs et des idées qui évoquent très précisément l'univers de l'*Histoire tragique* tel que le conçoivent Boaistuau et ses imitateurs. Ronsard fut-il lecteur d'*Histoires tragiques* ? Ces vers d'une élégie de 1569 peuvent nous offrir les bases d'une réponse :

> Je sçay combien la femme nous decoupe,
> Alors qu'assize au meillieu d'une troupe
> Se va plaignant des amoureux, qui n'ont,
> Ny foy au cœur, ny honte sur le front :
> Et s'aigrissant d'une parolle noire,
> Dit contre nous meinte tragique histoire[92][...]

Hervé CAMPANGNE
University of Maryland, College Park

---

[89] *Ibid.*, sonnet LIV, vv. 3-4.
[90] *Éd. citée*, p. 47.
[91] Selon la formule employée par Isidore Silver dans son introduction au vol. XVIII (*Lm*, p. xlviii).
[92] *Lm*, t. XV/2, p. 217, vv. 101-06.

HOUEL ÉMULE DE RONSARD ?

> Dès long temps les escrits des antiques Prophètes,
> Les songes menaçans, les hideuses cometes,
> Avoient assez predit que l'an soixante et deux
> Rendroit de tous costez les François malheureux.
> *Discours des miseres de ce temps*, vv. 95–98.

Ces vers de Ronsard datent du printemps 1562. Le poème auquel ils appartiennent, le *Discours sur les miseres de ce temps*[1] était adressé à la reine Catherine de Médicis, mère du jeune roi Charles IX. Trois mois plus tard, un autre long poème signé par Ronsard sort des presses du même imprimeur, Buon. C'est la *Continuation du Discours des miseres de ce temps*, lui aussi dédié à la reine. Poète officiel de la cour, lui-même de souche noble, Ronsard était le familier de tous les grands du royaume. Il avait déjà bien souvent adressé ses poèmes directement à ses protecteurs royaux et mis son génie au service de ses mécènes en rédigeant des pièces de circonstances qui les célébraient. Cette fois-ci pourtant les textes qu'il donne à lire ne sont pas des éloges. Ils rapportent les événements qui ont marqué l'actualité politique de l'année en cours et peignent la situation de la France à deux moments subséquents.

Le *Discours des miseres de ce temps* est un texte au ton pressant, mais qui reste impersonnel. Le poète pose sur les événements dont il parle un regard large et panoramique. Le texte s'ouvre sur la vision du monde où s'alterne le règne du vice et de la vertu. Ce monde instable et en perpétuel mouvement peut trouver un point d'équilibre s'il est gouverné par un prince sage, respectueux des traditions de son royaume. Malheureusement les Français ont perdu la raison et se sont laissés séduire par la voix de nouvelles sirènes : Opinion, et ses acolytes, Orgueil, Présomption, Fantaisie, Jeunesse folle et Ambition. Les théologiens, particulièrement sensibles à leurs charmes, ont introduit de nouvelles idées qui ont engendré la guerre civile. Ronsard illustre les effets de ce dévoiement à

---

[1]   Ronsard, *Œuvres complètes*, éd. Céard et *al.*, t. II. Cette édition regroupe sous le titre général de *Discours des misères de ce temps* des pièces publiées sur une période de plus de dix ans. Nous avons considéré ici les trois poèmes écrits et publiés en 1562 : *Discours à la Royne* (pp.991-96); *Continuation du discours des misères de ce temps* (pp. 997-1006) ; *Remonstrance au peuple de France* (pp.1020-39). Toutes les citations des textes de Ronsard sont empruntées à cette édition.

travers une suite d'images qui s'articulent autour du topos du monde renversé[2]. Il conclut que la France, tel un jeune poulain, a besoin d'un maître. C'est le devoir de la reine mère de dompter les Français rebelles pour pacifier le royaume. Elle seule a l'autorité de le faire, et le poète, confiant en sa vertu, prie Dieu d'apporter son aide à la souveraine et de punir de sa foudre les fauteurs de trouble.

La *Continuation du discours des miseres de ce temps* est de ton beaucoup plus personnel et véhément. Le poète s'y adresse à la première personne comme d'égal à égal à la reine et décrit des scènes d'extrême violence, meurtres assassinats, pillages, viols de tombes. Il lance une série d'attaques virulentes *ad hominem*. Luther, Bèze, Calvin, Zwingli, ces « nouveaux chrestiens », y sont ridiculisés et fustigés pour leur hypocrisie à coup de questions rhétoriques, de réponses ironiques, de comparaisons construites sur la dérision[3]. La deuxième partie du poème joue sur un registre différent et se divise en deux moments. Le poète lamente l'erreur dans laquelle sont égarés ses deux protecteurs et amis, Condé, « prince si doux et si courtois » et Odet de Coligny « digne Prélat »[4], tous deux chefs de la rébellion et forme le vœu qu'ils retrouvent le droit chemin. Finalement, il écoute la complainte de la France, présentée sous les traits d'une pauvre femme blessée « atteinte de la mort ». Le poème se conclut de façon brutale, avec l'envol de ce personnage allégorique qui a pourtant auparavant encouragé le poète à reprendre sa plume et à se faire le témoin des malheurs de la France.

Au moment même où Ronsard composait ces vers un autre homme de lettres, lui aussi familier de la cour, travaillait à un projet qu'il allait présenter à la reine quelques mois après la parution de la *Continuation du discours des miseres de ce temps*. Nicolas Houel, « bourgeois de Paris »[5], respectable apothicaire, admirateur de Ronsard[6] connaisseur et marchand d'art, présente à Catherine de Médicis le huit février 1562[7] un manuscrit intitulé *Histoire de la Royne Arthemise*[8]. Une longue épitre dédicatoire à la « Royne, mere du Roy » présente

---

[2]   *Discours à la Royne*, p. 995, vv. 175–78. « Morte est l'authorité ; chacun vit à sa guise ; / Au vice desreiglé la licence est permise ; / Le désir, l'avarice et l'erreur insensé/ Ont sans dessus dessous le monde renversé ».

[3]   *Continuation du discours*, pp. 997-1003, vv. 23 à 276.

[4]   *Continuation du discours*, pp. 1003-04, vv. 277–98.

[5]   C'est ainsi qu'il signe son premier ouvrage dédié à Catherine de Médicis, l'*Histoire de la Royne Arthémise,* et qu'il signera désormais toutes les autres œuvres qu'il présentera aux souverains.

[6]   Ronsard figure sur la liste des auteurs desquels Houel reconnaît s'être inspiré. Ms. Fr. 309, 10 r°.

[7]   Il faut rappeler ici les importants changements dans les dates qui ont suivi l'édit de Paris de 1564. Celui-ci a fixé au premier janvier le commencement de l'année civile. Avant cette date, l'année débutait en général le jour du dimanche de Pâques (Voir Bernard Barbiche et Monique Chatenet, *L'édition des textes anciens XVI* [e] *- XVIII* [e] *siècles*, Paris, 1990). Le manuscript présenté à la reine porte la date de février 1562, ce qui correspond, selon notre datation moderne, à février 1563. Le texte de Houel est donc bien postérieur aux textes de Ronsard.

[8]   Ce manuscrit est conservé à la Bibliothèque Nationale dans le fonds Manuscrits Français, sous la cote 306. Nous adopterons pour les références à ce volume la notation Ms. Fr. 306.

le projet et ses objectifs[9]. Houel adhère à l'opinion des anciens que « les choses qui nous sont représentées a la vue émeuvent et incitent davantaige l'esprit et rendent la comprehension plus vivement touchée que celles qui ont leur seule entree par l'oreille »[10]. Il s'est donc appliqué dans son œuvre à doubler son récit de « cartons et peintures en noir et blanc par les meilleurs ouvriers du monde sur des histoires de mon invention, avec l'exposition d'un sonnet à chacune histoire pour mieux la faire comprendre [. . .] Ces dessins mis en bon ordre vous fourniront le sujet pour des tapisseries qui feront l'ornement de vos maisons des Tuileries et de Saint Maur, et vous en recevrez autant d'honneur que de plaisir[11]. Un deuxième manuscrit[12] reproduit exactement le schéma annoncé par Houel. Impeccablement calligraphié sur un luxueux papier, la suite de sonnets et dessins à la plume attribués à Antoine Caron et à son école[13] retrace la vie exemplaire de la légendaire reine de Carie. Le recueil est organisé en deux livres. Le premier comprend actuellement seize sonnets articulés en une suite de tableaux décrivant les funérailles solennelles du roi Mausole. Le deuxième devait comprendre à l'origine quatre épisodes de douze sonnets accompagnés de leurs illustrations. Trois des quatre épisodes sont construits autour des mêmes faits qui avaient inspiré les textes de Ronsard. Je propose ici de comparer l'interprétation que ces deux auteurs offrent des événements survenus dans le courant de cet « an soixante et deux » et de voir s'il y a convergence ou divergence dans leur façon de percevoir l'actualité et plus largement la culture qui les entoure et à laquelle ils participent.

L'enfant roi et la reine mère

L'éducation idéale du jeune prince était au XVIe siècle un topos à succès auquel Ronsard lui-même avait touché quelques mois à peine avant les événements qui nous intéressent dans son *Institution pour l'adolescence du Roy*

---

[9] Ms. Fr. 306, [8 v°] : « . . . Je me suis evertué en toute diligence selon la petitesse de mon esprit et ma petite puissance de présenter en toute humilité et obeissance à vostre Majesté le discours de l'histoire de la reine Arthémise, . . . ne m'estant amusé si fort à la vérité de l'histoire qu'à l'intention de vous présenter ce que doit estre une Royne à qui Dieu a fait grace de l'eslever pour commander à son peuple ».

[10] *Histoire de la Royne Arthemise*, Ms. Fr. 306.

[11] *Histoire de la Royne Arthemise*, Ms. Fr. 306.

[12] Cabinet des Estampes de la Bibliothèque nationale de France, cote Ad 105. L'original, démantelé au cours des siècles, est en partie conservé aujourd'hui à la réserve du Cabinet des Estampes de la Bibliothèque Nationale. Le volume a été relié sans doute au dix-huitième siècle et sa pagination est problématique. Certains sonnets ne correspondent pas aux illustrations, d'autres ont simplement disparu. Les dessins ont souvent été disséminés à travers l'Europe entière, puis, rachetés et placés dans des collections séparées.

[13] Voir Jean Ehrmann, *Jean Caron, peintre des fêtes et des massacres*, Paris, 1987.

Tres-Chrestien Charles IX de ce nom[14]. Le thème est traité de façon explicite dans le *Discours sur les miseres de ce temps* :

> Il faut donq dès jeunesse instruire bien un Prince,
> Afin qu'avec prudence il tienne sa province.
> Il faut premierement qu'il ait devant les yeux
> La crainte d'un seul Dieu ; qu'il soit devotieux
> Vers l'Eglise approuvée, et que point il ne change
> La foy de ses ayeuls pour en prendre une estrange :
> Ainsi que nous voyons instruire nostre Roy,
> Qui par vostre vertu n'a point changé de loy[15].

Le respect de la foi de ses ayeux et des lois du royaume forment ici le centre de l'instruction du prince, reprenant l'un des principes sur lequel reposait la monarchie française : « une loi, une foi, un roi »[16]. Mais l'éducateur du prince n'est pas un précepteur quelconque, c'est la reine elle-même qui en mère vigilante guide et contrôle son enfant. Le couple fils-mère réapparait à plusieurs reprises dans les deux poèmes de Ronsard où les qualités maternelles et féminines de la souveraine sont mises en relief : sa sagesse, sa vertu, sa patience, sa compassion, sa capacité de réconcilier les ennemis sont les traits dominants de sa personnalité. À la fin de la *Continuation du Discours,* la France dans sa complainte souligne les deux rôles joués par la reine vis à vis de ses enfants. Après avoir éprouvé elle-même le pouvoir consolateur de la reine (rôle maternel)[17], elle se trouve guérie et prévoit les effets positifs une telle mère aura sur l'avenir de son fils (éducatrice) :

> Puis, quand je voy mon Roy, qui desjà devient grand,
> Qui courageusement me soustient et defend,
> Je suis toute guarie, et la seule apparence

---

[14] Ce texte écrit à l'époque du Colloque de Poissy à l'automne 1561 a été publié chez Buon sous forme de plaquette de six feuillets en 1562. Il reprend les grandes lignes d'une *Instruction* latine que Michel de L'Hôpital avait écrite pour François II et que Du Bellay avait traduite en vers français. Voir Jean-Paul Barbier, *Bibliographie des discours politiques de Ronsard*, Genève, Droz, 1985

[15] *Discours à la Royne*, p. 992, vv. 35-42. Il faut rappeler ici que Ronsard avait publié en 1561, sous forme de plaquette, l' *Institution pour l'adolescence du Roy Tres-Chrestien Charles IXe de ce nom.* Ce texte figure dans l'édition que nous citons aux pages 1006-11.

[16] Emmanuel Le Roy Ladurie, *L'État royal. De Louis XI à Henri IV (1460-1610)*, Paris, Histoire de France Hachette, 1987. Voir en particulier l'introduction, « La monarchie classique ».

[17] *Continuation du discours*, pp. 1005-06, vv. 378–88 : « Toutefois en mon mal je n'ay perdu le cœur, / Pour avoir une Royne à propos rencontrée / Qui douce et gracieuse envers moy s'est monstrée ; / Elle, par sa vertu, quand le cruel effort / De ces nouveaux mutins me trainoit à la mort, / Lamentoit ma fortune, et comme Royne sage / Reconfortoit mon cœur, et me donnoit courage. / Elle, abaissant pour moy sa haute Majesté, / Preposant mon salut à son authorité, / Mesme estant malade est maintes fois allée / Pour m'appointer à ceux qui m'ont ainsi volée ».

> D'un Prince si bien-né me nourrist d'espérance.
> Avant qu'il soit long temps, ce magnanime Roy
> Dontera les destins qui s'arment contre moy[18].

Les paroles de la France font basculer la caractérisation de la reine-mère dans le registre de l'allégorie. Elle est à la fois une mère biologique pour ses enfants, en particulier pour le roi, mais elle est aussi et surtout la mère de la France et de son peuple qu'elle va garder et protéger.

Une considération similaire sous-tend un groupe de sonnets du livre II de l'*Histoire d'Arthémise*. Cette unité narrative est entièrement consacrée à l'éducation de Lygdamis, le jeune fils d'Artémise. Le petit roi été solennellement couronné, et sa mère lui a remis les insignes de son pouvoir, le livre des lois de son royaume, et l'épée, symbole de la fonction militaire du futur souverain. C'est la reine qui agit ici en tant que mère du souverain, et non un des pairs du royaume, signe qu'elle garde son fils sous sa tutelle directe. Cette prise en main par la reine du jeune roi est réitérée dans la façon dont Houel décrit le programme éducatif qu'elle dessine pour lui. Elle fait appeler les meilleurs esprits et les plus fameux capitaines et leur demande de lui soumettre un plan pédagogique qu'elle fera appliquer sous sa supervision directe. Les lois et les armes en forment les deux axes, mais la reine y ajoute certains éléments de son cru qui ne font pas partie généralement de l'éducation d'un roi. Elle le fait entraîner au dessin, à la peinture et à l'architecture :

> Cela lui enseignoit les ouvrages plus beaux
> Dont il devoit peupler ses maisons, et chasteaux
> Et les rendre en bauté sus toutes admirables.
> Et mesme la façon, comme malgré le temps,
> Pour les rendre quasi à jamais perdurables
> Il falloit massonner les riches bastimentz[19].

Cette thématique de l'éducation du prince reprise à la fois par Ronsard et par Houel répond à des circonstances bien précises. La première est la crise dynastique provoquée par la jeunesse du prince. La mort prématurée de François II en décembre 1560 avait laissé le trône à un enfant de dix ans, trop jeune pour régner[20]. La décision prise par le Conseil Privé quelques jours après, le 21 décembre 1560, de nommer Catherine de Médicis « Gouvernante du royaume » contrevenait à la pratique institutionnelle de l'ancien droit capétien selon laquelle le premier prince du sang devait assurer la régence. Or Antoine de Bourbon, roi de Navarre, avait abandonné ses droits, se contentant du titre de Lieutenant Général du Royaume que lui avait octroyé Catherine. Cette dérogation à la tradition avait exacerbé les jalousies des deux familles rivales, les Montmorency et les Guise qui tentaient d'imposer leur influence et d'orienter à leur profit la

---

[18]   *Continuation du discours*, p. 1006, vv. 393–98.
[19]   Estampes, ms. Ad 105, [36 v°], vv. 9–14.
[20]   L'âge de la majorité des rois était fixé à treize ans.

politique royale. Le couronnement à Reims de Charles IX le 15 mai 1561 n'avait pas résolu les conflits car il restait toujours sous la tutelle de sa mère dont l'autorité et le pouvoir demeuraient contestés.

Le rôle joué par la reine auprès de son fils était aussi un point fort controversé en 1562. Après l'échec du Colloque de Poissy en septembre 1561[21] la politique royale s'était orientée dans la direction de la tolérance religieuse. Le 17 janvier 1562 l'Edit de Pacification de Saint-Germain reconnaissait aux protestants le droit de célébrer le culte même s'ils devaient se plier à certaines conditions et restrictions pour le faire. Ces efforts de conciliation religieuse de la part de la couronne se heurtèrent à l'hostilité des princes catholiques, les Guises, et des parlementaires qui refusèrent d'enregistrer l'édit jusqu'à ce que la reine les y force[22]. Au début de l'année 1562, la reine était perçue par beaucoup comme ayant trahi la foi catholique et favorisant l'avancée de la Réforme en France. Ronsard dans ses *Discours* réfute cette opinion. Il présente au contraire Catherine comme celle qui a maintenu le roi dans le giron de l'Eglise. De même Houel souligne dans sa préface l'orthodoxie religieuse que la reine impose au jeune roi[23], et l'on peut imaginer qu'il en avait fait le sujet d'un sonnet aujourd'hui perdu.

Régence et autorité

Dans le *Discours des miseres de ce temps* Ronsard lance un appel à l'aide à la reine :

> Las ! Madame, en ce temps que le cruel orage
> Menace les François d'un si piteux naufrage,
> Que la gresle et la pluye, et la fureur des Cieux
> Ont irrité la mer de vents seditieux,
> Et que l'Astre Jumeau ne daigne plus reluire,
> Prenez le gouvernail de ce pauvre navire,
> Et maugré la tempeste, et le cruel effort
> De la mer et des vents, conduisez-le à bon port.
> La France à jointes mains vous en prie et reprie,
> Las ! qui sera bien-tost et proye et moquerie

---

[21] Ce fut la première tentative pour trouver un terrain d'entente entre catholiques et protestants. Catherine et son chancelier Michel de l'Hopital avaient déployé d'extraordinaires efforts au cours de l'été 1561 pour faire accepter par le clergé le principe de cette réunion extraordinaire qui s'était tenue entre le 9 septembre et le 13 octobre. Les pourparlers échouèrent, car les deux confessions en dialogue ne pouvaient se mettre d'accord sur la présence réelle du Christ dans l'Eucharistie. Voir Donald Nugent, *Ecumenism in the Age of the Reformation ; the Colloquy of Passy,* Cambridge, MA, 1974.

[22] Mack P. Holt, *The French Wars of Religion 1562–1629*, Cambridge, CUP, 1995, pp. 45–49.

[23] Ms. Fr. 306 [4 v°] : « Aussi est-ce une chose plus que asseurée que la posterité qui se ressent dejà du fruit de vos labeurs ne mettra jamais en oubli le travail que vous avez pris à pacifier la France, mais aussi la diligence qu'avez mise à donner la nourriture au roi vostre filz et à l'imitation de la mere du roi Saint Louis, à le faire instruire en bonnes mœurs, lettres et armes, luy accoustumant à craindre Dieu et à demourer ferme et stable en l'ancienne religion ».

> Des Princes estrangers, s'il ne vous plaist en bref
> Par vostre authorité appaiser son mechef[24].

Le ton est pathétique et urgent comme l'indiquent les exclamations en début de vers. L'image du navire pris dans la tempête est peut-être un cliché pétrarquiste, il n'en reste pas moins qu'elle se développe sur le rythme martelé de la pluie et de la grêle grâce aux nombreux vers fortement ponctués à la césure, et à la reprise de la conjonction de coordination « et » employée six fois en sept vers. La conclusion en forme de litote juxtapose les deux mots « autorité » et « appaiser » établissant une relation implicite de cause à effet. Cette notion est reprise encore une fois à la fin du poème au nom de la Raison :

> Ainsi la France court, en armes divisée
> Depuis que la Raison n'est plus autorisée
> Mais vous, Royne tres-sage, en voyant ce discord,
> Pouvez, en commandant, les mettre tous d'accord[25].

Ces vers réitèrent la légitimité de la reine à commander et suggèrent que la reconnaissance de cette légitimité est la condition essentielle au rétablissement de la paix. Dans la *Continuation du discours*, Ronsard souligne encore une fois l'autorité légitime de la régente en la faisant reconnaître par la France. Celle-ci exprime sa conviction que son salut dépend du respect de l'autorité dont est investie la régente[26]. Placés dans la bouche d'un tel personnage, ces mots acquièrent une dimension universelle de loi morale.

Chez Houel, nous retrouvons une détermination semblable à prouver la légitimité de la régente. Un groupe de cinq sonnets du deuxième livre de son *Histoire de la royne Arthémise* montrent le juste gouvernement de la reine et sa reconnaissance par les États Généraux de son statut de régente légitime du royaume. Trois aspects essentiels de la fonction du monarque sont illustrés dans trois sonnets différents. Le roi est le protecteur de ses sujets. Houel nous peint donc la reine « ayant de ses subjectz et le soing et la cure »[27]. Le souverain doit respecter les lois et les coutumes de son royaume. Ainsi, Artémise se montre-t-elle extrêmement attentive à convoquer les États Généraux selon les règles établies, à s'enquérir que les lois sont respectées, que la justice est rendue, et que les décisions sont enregistrées dans des édits en bonne et due forme[28]. Finalement, le prince entretient des liens privilégiés avec le divin. Artémise en est convaincue, et elle remplit parfaitement son rôle d'intermédiaire entre son peuple et la « Déité » en priant publiquement « que son peuple vescut en amour singuliere »[29]. Un dernier sonnet se passe à l'évidence après le couronnement du

---

[24] *Discours à la Royne,* p. 992, vv. 43–54.

[25] *Discours à la Royne,* p. 995, vv. 195–98.

[26] *Continuation du discours*, p. 1005, vv. 378-79.

[27] Estampes, ms. Ad 105, [15 v°], v. 3.

[28] Estampes, ms. Ad 105, [15 v°], vv. 4–8 ; [16 v°], vv. 5–12 ; [37 v°], vv. 7–12 ; [17 v°], vv. 1–4.

[29] Estampes, ms. Ad 105 [17 v°], vv. 9–14.

jeune roi[30]. Le peuple acclame son nouveau souverain tandis que les États Généraux assemblés proclament la reine gouvernante du roi et de son royaume malgré le désir qu'elle a de fuir cette charge :

> Par le commun advis de ceste compagnie
> Et pour avec le Roy tout le peuple esjouir,
> La Royne qui vouloit cette charge fuir
> Gouvernante on esleut du Roy et de Carie[31].

Le fait de noter que la reine accepte par obligation la charge de la régence souligne son respect pour les décisions prises par les États du royaume. Tout se passe donc dans la légitimité la plus absolue, opinion qui est loin d'être partagée de tous les acteurs pris dans le drame qui se joue en France.

Nous avons déjà vu la résistance que les nobles et les parlementaires avaient opposée à la reine au moment de l'Édit de Janvier. Faire reconnaître son pouvoir de régente et se faire obéir est une lutte quotidienne pour Catherine. Son gendre, le roi d'Espagne, critique ses décisions et lui fait savoir par l'intermédiaire de sa femme Elizabeth de Valois que si elle ne chasse pas les huguenots de son royaume, il s'alliera contre elle avec les princes catholiques[32]. Ceux-ci la menacent d'encore plus près. Après le massacre de Wassy, par exemple, Catherine avait ordonné au duc de Guise de venir à Fontainebleau où séjournait la cour. Au lieu de suivre les ordres de la reine, il était allé directement à Paris où sa présence avait exacerbé les haines entre catholiques et protestants. Il avait ourdi un complot visant à l'enlèvement du fils préféré de Catherine, Édouard-Alexandre, le futur Henri III. Les efforts de légitimation du pouvoir de la reine mis en œuvre par Ronsard et par Houel peuvent donc être vus comme des prises de position visant directement à soutenir la politique royale et l'autorité de la régente pour ramener du calme dans les esprits.

La guerre civile

La troisième réalité de l'année 1562 évoquée dans les textes que nous considérons est la guerre civile qui déchire la France. Ronsard décrit de façon incisive ces luttes fratricides dans le *Discours des miseres de ce temps* :

> Au Ciel est revolée et Justice et raison,
> En leur place, hélas ! regne le brigandage,
> La force, le harnois, le sang et le carnage.
> Tout va de pis en pis ; le sujet a brisé
> Les serments qu'il devoit à son Roy mesprisé ;
> Mars, enflé de faux zèle et de vaine apparence,
> Ainsi qu'une Furie agite nostre France,

---

[30]   Estampes, ms. Ad 105, [37 v°].
[31]   Estampes, ms. Ad 105, [37 v°], vv. 5–8.
[32]   Robert Jean Knecht, *Catherine de' Medici*, New York, Longman, 1998, p. 83.

> Qui farouche a son Prince opiniastre suit
> L'erreur d'un estranger, et folle se destruit[33].

C'est un tableau pitoyable de la situation de la France : violence effrénée, justice bafouée, toutes les lois réglant l'ordre social ont disparu, car le lien d'origine féodale qui unit le roi à son peuple n'est plus respecté. Le chaos social atteint des proportions mythiques. Mars, dieu de la guerre qui servait de modèle exemplaire aux souverains et qui arbitrait les conflits en donnant la victoire aux justes a perdu la raison et s'est transformé en une des Furies, déesses qui dans la mythologie grecque étaient associées à la désobeissance, la trahison et le meurtre. La *Continuation du discours* est une vaste amplification sur le thème de la guerre civile. Les images s'enchaînent, de tortures en blessures, en vols, en meurtres. Le sang coule à flot, les armes étincellent, les familles se désunissent. Les discordes religieuses et la sédition des princes entraînent la destruction violente des règles morales et préparent une apocalypse pour la France et sa dynastie. Les dernières paroles que la France adresse au poète à la fin du morceau se présentent sous forme de maxime à valeur universelle[34].

Chez Houel, tout un épisode de la geste d'Artémise retrace la révolte des princes rhodiens contre la reine et la victoire qu'elle obtient sur les mutins. Un sonnet, perdu aujourd'hui mais dont on conserve l'illustration[35] devait narrer le conseil de guerre convoqué par la reine pour faire face à l'attaque des rhodiens. Le texte du manuscrit en prose souligne que la guerre n'est pas une initiative de la reine, mais le résultat d'une agression contre l'état[36]. La reine se doit de protéger son peuple et prend donc les armes en légitime défense. Quatre sonnets décrivent le siège d'Halicarnasse par les rhodiens, leur défaite grâce à la sagacité de la reine, et la prise de la ville par Artémise et ses troupes. La reine y est peinte comme un stratège avisé, prudent et efficace qui, par sa présence sait donner du courage à ses capitaines. La reine sait aussi que les victoires militaires sont passagères et elle allie à la force la persuasion. Le sonnet le plus original de l'épisode développe ce thème à travers la description des deux statues qu'Artémise fait élever après sa victoire au centre de la ville de Rhodes[37]. L'une

---

[33]   *Discours à la Royne*, p. 995, vv. 182–90.

[34]   *Continuation du discours*, p. 1006, v. 404, « Que l'homme est malheureux qui se prend à son maistre ».

[35]   Estampes, ms. Ad 105, [19 r°].

[36]   Ms. Fr. 306, [55 v°] : « La Royne Arthemise ayant comme perpetuel object le treppas du feu roy son mary ne se pouvoit tenir de larmoyer. Toutefois les occurrences des guerres la controignirent quelquefois de les laisser à part, pour prendre garde en son païs et pour subvenir aux nécessités qui se presentoient. Comme il advint lors que les Rhodiens, qui n'estoient loing de son païs, indignez de la voir commander, dressèrent secrètement une grosse armée pour descendre en la ville d'Hallicarnasse. La leur entreprise estant descouverte par bons espions (à qui la royne faisoit beaucoup d'avancement) [. . .] le conseil fust tenu, où il fust resolu d'aller au devant, la royne donnant grand courage à ses capitaines et soldats pour bien combattre [. . .] ».

[37]   Estampes, ms. Ad 105, [25 v°].

représente la ville rebelle baissant le front en signe de soumission devant la reine qui la marque au front d'un fer rouge. Ce monument commissioné par Artémise en personne a une valeur didactique : il rappellera aux rhodiens et à leurs descendants la honte attachée à la trahison d'un monarque légitime[38] :

> Là estoit ceste royne armée à l'advantage,
> Qui tenoit un fer chauld sus le front attaché
> De Rhodes qui en bas tenoit le front penché,
> En honte du forfaict que commit son courage[39].

Son devoir de souveraine justicière maintenant parachevé, la reine reprend le chemin de sa capitale.

La violence aveugle décrite par Ronsard et la fiction romanesque des exploits d'Artémise rendent compte des campagnes militaires, des siéges et des batailles que Catherine de Médicis livra entre avril et décembre 1562. Le premier mars 1562 François de Guise revenant de son fief de Joinville vers Paris s'arrêta dans la petite bourgade de Wassy où un groupe de huguenots célébrait le culte dans une grange proche de l'église, en un lieu qui, selon les termes de l'édit, était prohibé. Une échauffourée entre les hommes du duc et les fidèles protestants s'ensuivit et se termina en massacre. Cet événement isolé catalysa les énergies des forces ennemies en présence. Les catholiques y virent une victoire de leur cause et firent de François de Guise leur héros. Les protestants déléguèrent Théodore de Bèze pour demander justice à la reine pendant que Louis de Bourbon, Prince de Condé et Gaspard de Coligny assemblaient sous leur commandement une armée pour défendre la cause protestante. Les négociations qui se poursuivirent entre le pouvoir royal et les deux factions tout au long de mars 1562 n'aboutirent pas. Le 2 avril, Condé entra en vainqueur dans Orléans. La guerre civile était déclenchée et trois mois durant le chef protestant accumula les victoires, conquérant ville après ville[40] et étendant son autorité le long de la vallée de la Loire, de la vallée du Rhône et surtout dans tout le midi. Pour tenter d'arrêter cette descente victorieuse de Condé, Catherine se tourna vers les Guises et leurs alliés. Les princes protestants recevaient des subsides de leurs alliés allemands et anglais et leurs forces étaient importantes, si bien que l'armée royale ne put rien jusqu'à l'automne. En septembre, Catherine en personne organisa et mena le siège de Rouen qui capitula le mois suivant. Mais Condé s'était mis en marche vers Paris et la capitale était menacée. La bataille de Dreux, au mois de décembre, marqua un tournant décisif, Guise remportant la bataille sur Condé qui fut capturé par les forces catholiques. Une période d'intenses

---

[38]   Estampes, ms. Ad 105, [32 r°], vv. 3–8 : « elle fit eslever au milieu du marcher, / Et d'elle et de la ville une fort belle image / Là estoit ceste Royne armée a l'advantage, / Qui tenoit un fer chaud sus le front attaché, / De Rhodes qui en bas tennoit le front penché/ En honte du forfaict que commit son courage ».

[39]   Estampes, ms. Ad 105, [25 v°], vv. 5–8.

[40]   Voir Mack P. Holt, *op. cit.*, pp. 52–55.

négociations entre la reine et les forces protestantes suivit, car, bien que la victoire militaire appartint aux catholiques, l'un de leurs chefs, Montmorency, était maintenant prisonnier des protestants dont les troupes s'étaient réfugiées à Orléans. Il était évident que la force seule ne pouvait résoudre la crise et que la pacification du royaume se ferait à travers des efforts diplomatiques.

Les deux *Discours* aussi bien que l'*Histoire de la Royne Arthemise* reflètent les préoccupations de leurs auteurs. Ronsard et Houel s'y font les voix de l'actualité de l'année 1562. Ils s'accordent pour reconnaître la situation périlleuse de leur pays en proie à la guerre civile. Ils assignent les mêmes causes à la crise : jeunesse du roi et dissensions religieuses. Ils recommandent le même remède : la médiation de la reine mère qui seule a l'autorité voulue pour rétablir la concorde. La version qu'ils donnent l'un et l'autre de l'actualité est une sorte de version officielle qui passe sous silence, par exemple, les exactions commises par les catholiques contre les protestants. Stylistiquement, ils ont l'un et l'autre recours à l'allégorie pour transmettre leur message. Pourtant, malgré l'interprétation similaire qu'ils donnent des ces événements de l'année 1562, ils proposent une vision radicalement différente du monde et révèlent une sensibilité différente envers la culture dans laquelle ils évoluent. Ronsard s'y révèle comme un militant, fougueux et passionné qui tente de préserver la tradition chevaleresque et épique qui l'a nourri. Houel est un pragmatique. Il sait qu'il ne pourra arrêter le passage du temps. Il tente donc d'immortaliser le moment présent en le transformant en monument et en lieu de mémoire.

Ronsard, le paladin au service de la France

Le *Discours des miseres de ce temps* et sa *Continuation* font plusieurs fois référence au rôle de l'histoire et de l'historien. Dans le premier *Discours* Ronsard conçoit l'histoire dans une dimension didactique :

> Vous (Royne) dont l'esprit se repaist quelquefois
> De lire et d'escouter l'histoire des François,
> Vous sçavez (en voyant tant de faits memorables)
> Que les siecles passez ne furent pas semblables.
> Un tel Roy fut cruel, l'autre ne le fut pas :
> L'ambition d'un tel causa mille debats :
> Un tel fut ignorant, l'autre prudent et sage,
> L'autre n'eut point de cœur, l'autre trop de courage,
> Tels que furent les Rois tels furent les sujets :
> Car les Rois sont tousjours des peuples les objets[41].

Exemplaire certes, cyclique bien sûr, ce qu'enseigne avant tout l'histoire est l'instabilité du monde. Tout change, les rois ne sont jamais semblables à leurs prédécesseurs, les peuples sont inconstants et peuvent faire et défaire les rois.

---

[41] *Discours à la Royne*, pp. 991-92, vv. 25–34.

Ce thème est amplifié un peu plus tard lorsque Ronsard adresse une supplique à un historien hypothétique et lui demande de consigner dans ses écrits les faits dont il est témoin pour enseigner aux générations futures à ne pas tomber dans les erreurs commises de son temps. Le credo en la valeur universelle de l'histoire amorcé dans les premiers vers est bien vite modifié et l'invocation se termine sur des images d'instabilité et de destruction[42]. Ronsard introduit ici le thème de la subjectivité de l'histoire. Chaque lecteur lira dans les faits relatés par l'historien une réalité différente. L'historien est scribe, capable de relater des événements, mais incapable d'en contrôler l'interprétation. Au contraire le poète est un visionnaire qui, à travers les images qu'il construit peut changer le cours de l'histoire en poussant ses lecteurs à agir. L'indignation de Ronsard, le poète, qui dans la deuxième partie du passage parle en son nom propre, croît de vers en vers et culmine en une image qui souligne encore une fois la notion de mutabilité entraînant le chaos. Le rocher solide qui, tel un fort dominant la vallée supportait l'honneur de la France s'est maintenant éboulé. Ce sera au poète de le redresser.

La *Continuation du discours des miseres de ce temps* propose une stratégie pour effectuer cette restauration : l'action militante contre les ennemis de la France :

> Ma Dame, je serois ou du plomb ou du bois,
> Si moy, que la Nature a fait naistre François,
> Aux races à venir je ne contois la peine
> Et l'extreme malheur dont nostre France est pleine.
> Je veux de siecle en siecle au monde publier
> D'une plume de fer sur un papier d'acier,
> Que ses propres enfans l'ont prise et dévestue,
> Et jusques à la mort vilainement batue[43].

La plume de l'écrivain devient ici une arme qu'il met à la disposition de la reine. La métonymie militaire se poursuit dans le deuxième hémistiche où le papier se transforme en bouclier. Le poète s'engage directement dans la meslée pour défendre l'honneur de la France affaiblie. Celle-ci est présentée comme une victime innocente, mère dépouillée et tuée par ses enfants, le poète comme le chevalier prenant les armes pour défendre sa juste cause. Le texte est structuré comme une quête chevaleresque. Ronsard fait la liste des ennemis qu'il doit abattre avant d'avoir accès à sa dame, usant de métaphores bibliques, par exemple les sauterelles de l'Apocalypse qui représentent les divers chefs de la

---

[42]   *Discours à la Royne*, p. 994, vv. 115–26 : « O toy historien, qui d'encre non menteuse / Escris de nostre temps l'histoire monstrueuse, / Raconte à nos enfants tout ce malheur fatal, / Afin qu'en te lisant ils pleurent nostre mal, / Et qu'ils prennent exemple aux pechez de leurs peres, / De peur de ne tomber en semblables miseres. / De quel front, de quel œil, ô siecles inconstants! / Pourront-ils regarder l'histoire de ce temps ? / En lisant que l'honneur, et le sceptre de France, / Qui depuis si long âge avoit pris accroissance, / Par une opinion nourrice des combas, / Comme une grande roche est bronché contre-bas ? ».

[43]   *Continuation du discours*, p. 997, vv. 1–8.

Réforme, ou bien de références mythologiques qui font de lui un nouveau héros[44]. Au moment où il est tenté de laisser la place, découragé par la vilenie de ses ennemis, la France vient à son secours et, reconnaissant sa valeur, l'engage à continuer à la défendre. Ces deux poèmes débordent d'images belliqueuses et de scènes dignes d'un roman picaresque. Ronsard peint un monde vivant, chaotique, entraîné dans un tourbillon de violence et où par son engagement et sa détermination à restaurer l'ordre, il joue un des rôles principaux.

Houel, architecte des souvenirs

L'*Histoire de la Royne Arthémise* est en comparaison statique. Dès l'abord le texte se donne comme le reflet d'un monde disparu. Le choix de traiter son personnage en trompe l'œil, de décrire l'actualité de son époque à travers un jeu de miroir est une pratique architecturale. Houel conçoit son texte comme un monument commémoratif, stable, un point de référence, car pour lui l'histoire se répète, toujours semblable à elle même. Le projet de l'écrivain n'est pas de prendre le monde qu'il décrit à bras le corps pour le remettre dans le droit chemin mais d'immortaliser des moments clé du passé et du présent qui pourront servir de guide pour le futur[45]. Le choix même du sujet indique la fascination de Houel pour le passé, pour la mort, pour les rites qui l'entourent, pour l'occasion qu'elle fournit d'ériger un mémorial. La légende d'Artémise était un *topos* littéraire largement réactualisé après la mort de Henri II. Veuve inconsolable du roi Mausole, cette reine de Carie avait recueilli les cendres du roi sur le bûcher funèbre, les avait mêlées à son vin, et avait fait le vœu de boire chaque jour une gorgée de ce breuvage en signe de sa fidélité au défunt. Ensuite, pour perpétuer sa mémoire, elle avait fait construire à Halicarnasse une splendide tombe considérée comme l'une des septs merveilles du monde. Tout le livre I du receuil de Houel est une description des funérailles du roi Mausole[46]. Dans le livre II, un quart des sonnets et de leurs illustrations montrent la construction du sépulchre qu'Artémise fait élever à son époux[47]. Les vicissitudes auxquelles Artémise et son

---

[44] *Continuation du discours*, pp. 998-1001, vv. 71–206. Les diverses allusions développées dans le passage proposent une image syncrétique du poète qui cumule les qualités de figures bibliques telles que Daniel ou Gédéon avec celles des héros antiques Ajax, Nestor et Hector.

[45] Ms. Fr. 306, [6 v°] : « Aussy ce peut-il dire que l'histoire est la fresque de la vie humaine, qui preserve l'homme de la mort et de l'oubly [. . .] [c]'est une eschole de prudence que l'homme se forme en son esprit lors qu'il considere l'estat des choses qui ont esté par le passé et qu'il observe diligemment par quelles loix, par quelles mœurs et disciplines les Empires royaumes et seigneuries se sont premierement establyes, maintenues et augmentées ».

[46] Les sonnets qui composent cette partie de l'ouvrage sont directement inspirés du compte rendu des funérailles de Henri II. Voir *Le trespas et ordre des obseques, funerailles et enterrement de Tres-Heureuse memoire le Roy Henri deuxieme de ce nom, par le Seigneur de La Borde, François de Signac, Roy d'armes de Dauphiné*, Paris, 1559.

[47] Rappelons que Catherine avait commissionné Primatice comme architecte de la chapelle des Valois à Saint Denis après la mort de Henri II. En 1562, Germain Pilon avait la charge des

double contemporain, Catherine, font face, leur victoire finale sur leurs ennemis ne sont pas traitées chez Houel comme des aiguillons à l'action mais comme des prétextes pour extraire ces événements du moment présent et les ériger en lieux de mémoire, en monuments à la gloire de la monarchie, de la reine et de la dynastie dont elle a la garde. Le choix de présenter son *Histoire* en une suite de sonnets qui commentent une illustration renforce le caractère statique de la narration tout comme les inscriptions qui figurent à l'intérieur des dessins. L'histoire d'Artémise est un spectacle « son et lumière » avant la lettre et revêt ce même caractère fictif de mise en perspective et de reconstruction d'un moment culturel.

Houel émule de Ronsard ? D'une certaine manière, oui. Bien que Houel n'ait ni le statut social ni surtout l'auréole de gloire qui couronne Ronsard, les deux hommes appartiennent à une même culture, celle de la cour. Houel, respectable bourgeois est aussi un lettré qui voue une passion aux arts plastiques. Gendre de Jacques Le Breton, maître des œuvres du roi à Villers-Cotterêts, il connait bien les artistes qui travaillent pour la cour et a réussi à réunir une collection importante de dessins et tableaux qu'il négocie à l'occasion. Ses clients sont des courtisans[48] et incluent la reine mère[49]. Malgré sa naissance, il est donc lié culturellement et économiquement à l'entourage royal[50], tout comme Ronsard. Les deux hommes ont fait les choix religieux et idéologiques qu'exige le milieu qu'ils fréquentent et auquel ils sont intégrés. Leur fidélité à l'Eglise et à la dynastie des Valois est sincère et il serait faux de les taxer d'opportunisme. Ils ont simplement absorbé l'idéologie de la culture qui les entoure. Pourtant même

---

sculptures qui devaient orner le monument, entre autres les quatre vertus cardinales qui sont encore aujourd'hui aux angles du tombeau.

[48] En 1572 Houel adresse à Lord Burghley, chargé par Elizabeth I d'acheter des pièces rares pour les collections anglaises, une lettre intéressante qui indique clairement qu'à l'époque qui nous occupe, les activités de Houel comme collectionneur et marchand d'art étaient déjà bien établies. Voir Hector de La Ferrière, *Le XVIᵉ siècle et les Valois d'après les documents inédits du British Museum,* Paris, 1879, pp. 299–301 : « [. . .] c'est que depuis vingt-cinq ans en ça, j'ai esté fort diligent de recueillir les pièces de portraicture des plus excellens ouvriers du monde, tant Italiens, que François, que Allemans, et en si grande quantité, que il y en a pour faire vingt casses, chacun en leur ordre, qui seroit une chose belle et excellente pour enrichir sa librairie, dont sa Majesté recepvroit honneur, plésir et grant contentement [. . .] Aussy j'ay ici ung cabinet remply de plusieurs excellents tableaux, façonnés par les meilleurs maistres, avec plusieurs figures, medailles, vases critallins, et aultres singularitez propres à faire cabinet. Toutes lesquelles choses sont à prix raisonnable ».

[49] *Histoire de la Royne Arthémise,* Estampes, ms. Ad 105, [1 rº] : « un jour [. . .] il vous pleut venir à mon logis pour voir quelques pieces qu'avois en mon cabinet, et pour y voir quelques peintures des premiers ouvriers de nostre France ».

[50] Les données sur la vie de Nicolas Houel sont fragmentaires et il n'existe aucune biographie récente sur ce personnage. Les informations les plus utiles se trouvent dans les ouvrages suivants : Jules Guiffrey, « Nicolas Houel, apothicaire parisien du XVIᵉ siècle, fondateur de la Maison de Charité Chrétienne et inventeur de la Tenture », in *Mémoires de la Société de l'Histoire de Paris et de l'Ile de France,* XXV, Paris ; André de Laborde, *Un philantrope au XVIᵉ siècle. Nicolas Houel, fondateur de la Maison de Charité Chrétienne,* Paris, 1937.

si leurs choix politiques convergent, leur façon de traiter l'actualité de cette année 1562 suggère une divergence radicale dans leur sensibilité. Ronsard adhère encore à l'idéal culturel courtois et chevaleresque caractéristique de la cour de Henri II. Il déplore les « miseres de ce temps », mais n'offre qu'un remède traditionnel : prendre les armes et faire escalader la violence jusqu'à ce que le plus fort gagne. Houel est sans doute plus pessimiste mais semble plus ouvert à l'évolution des sensibilités qui marque son temps. Il ressent comme Ronsard que la ruine d'un monde est proche mais il sait aussi qu'une restitution des valeurs féodales est un leurre. Bourgeois, apothicaire, donc homme de science, il ne peut pas ignorer les enseignements de la révolution copernicienne et se rendre compte que le chaos qui s'offre à ses yeux n'est pas limité à la sphère politique mais s'étend aux autres facettes des activités humaines et même à tout le cosmos. Incertain de l'avenir, il tente dans son œuvre de fixer, comme en un cliché photographique, le passé et le présent et de les reconstruire selon une perspective monumentale.

Sylvie DAVIDSON
Dickinson College

IV

LE PRINCE DES POÈTES FRANÇAIS

RONSARD SOUS LA PLUME DE JOACHIM DU BELLAY OU LA MISE EN SCÈNE D'UN PROGRAMME POÉTIQUE : À CHACUN SON RÔLE ET CHACUN À SA PLACE

Le Professeur Isidore Silver a été un des premiers chercheurs à montrer que la rivalité entre Ronsard et Du Bellay était d'abord littéraire. Ainsi il a participé à dédouaner l'étude des œuvres de l'un et l'autre poètes de la Pléiade du point de vue trop biographique ou très psychologisant. Ses travaux sont de ceux qui ont ouvert la réflexion à la problématique de la gloire : nécessairement exclusive dès lors qu'était désigné un « Prince des poètes », celle-ci engageait plus qu'une émulation, une reconnaissance et comme une vassalité des pairs et notamment de l'ami déclaré, de l'Angevin de belle lignée et signataire de la martiale et belliqueuse *Deffence et Illustration de la langue françoyse*. Jusqu'à quel point et dans quelle contenance ? S'en tenir à la seule « psychomachie » de la jalousie de Du Bellay pour expliquer au cœur des poèmes les tensions, la véhémence, l'exhortation mais aussi l'ironie, la remontrance, le persiflage, voire la satire à l'encontre du grand Vendômois et Poète des princes, quel que fût le gain quant aux contextes, était hors du propos poétique et rhétorique.

Or Monsieur I. Silver a contribué à opérer ce recentrement littéraire, par sa pratique critique qui aura parcouru formes et thèmes de l'inspiration ronsardienne. Quant au point de vue de la réception de l'un par l'autre des poètes fondateurs de la « moderne poésie française », il aura cerné le plus paradoxal pour l'imaginaire collectif dans son article « Ronsard imitator of Du Bellay »[1]. Œuvrant comme de nouveau l'a récemment fait, très complémentairement, Jean-Charles Monferran qui, lui, pose la question de savoir si signée de l'Angevin, *La Deffence et Illustration de la langue françoyse* aurait pu être écrite par Ronsard[2], I. Silver est allé contre les préjugés d'une mémoire imaginaire collective, nourrie de la confusion entre hommes et œuvres, sans doute victime aussi de la

---

[1] *Studies in Philology*, n° 38, 1941, pp. 165-87. Perrine Galand-Hallyn à juste titre renvoie à cet article au sujet de la rivalité littéraire entre Du Bellay et Ronsard en général et plus particulièrement en ce qui concerne la pratique des odes latines chez Du Bellay, au retour de Rome : pour travailler sur un autre terrain que l'illustre Ronsard ? : *Le « génie » latin de Joachim Du Bellay*, Rumeur des Ages, La Rochelle, 1995, p. 17.

[2] « *La Deffence et Illustration de la langue françoyse* : un œuvre ronsardien ? » : *Figures*, pp. 101-18.

« posture » des poètes : de la mise en scène qu'il donnent d'eux-mêmes dans leurs œuvres. Le grand critique a approfondi ce faisant, et partiellement révélé, la connaissance d'un incessant travail de modélisation, autant que d'imitation, de la part des *deux* grands « phares » du groupe des poètes de la Pléiade, suggérant même que le maître d'œuvre ne fut pas toujours, ni peut-être pas, celui qu'on croit : Du Bellay n'aurait pas été l'éternel « second » — en tout cas pas dans la passivité, ni dans une malheureuse destinée qu'il accrédita pourtant par ses fictions romaines[3]. Pas dans la fatalité, mais bien au contraire dans la concertation et l'activité poétique délibérée, le plus souvent conjuguée ou partagée.

Insistons encore un peu sur cette topique que véhiculent encore des manuels scolaires[4] et parfois des vulgarisations universitaires[5], afin de mieux engager notre étude. On retient assez généralement non que les poètes furent amis mais que Du Bellay fut l'ami de Ronsard. Nuance d'importance, qui de l'un fait un soleil et de l'autre, un satellite. Comme le note bien Francis Goyet, Ronsard est dès lors un de ces géants qui puissamment illuminent la poésie française : style enthousiaste et ample, ardent et chaud, prochainement « hugolien » et, de fait, *pour les contemporains*, il ne peut y avoir qu'un seul soleil[6]. En contrepoint donc le Saturnien, le poète élégiaque, auteur d'amères et tristes satires, qui de surcroît mourut prématurément, tandis que Ronsard, lui, vécut plus longtemps, quoi qu'il en dît ou en crût, que les roses flétries dès qu'écloses.

---

[3]   On verra cependant comment il ne faut pas trop vite confondre les *Regrets* et les *Elegiae* : les travaux de Perrine Galand-Hallyn sur ce point, qui fait fond de ceux de Geneviève Demerson, sont capitaux : P. G.-H, *op. cit.* et « L'Odyssée latine », dans *Les yeux de l'éloquence*, Paradigme, Orléans, 1995, pp. 89-96 (ou, primitivement, « Mythe ou mythologie : le voyage poétique dans les *Elegiae* de Du Bellay », *Il Mito nel Rinascimento,* Atti del III convegno internazionale di studi umanistici, Milano, 1993, pp. 271-95 ; G.D., « Joachim Du Bellay et le modèle ovidien », Colloque *Présence d'Ovide*, Paris, Les Belles Lettres, 1982, pp. 281-94 et « Préface », « Introduction » ou Notes à l'édition des *Poemata*, t. VII et VIII de l'éd. des *Œuvres poétiques de Joachim Du Bellay*, S.T.F.M. — numérotation à la suite des six volumes de la poésie française éd. par Henri Chamard : voir référence et compléments bibliographiques *infra* (note 12).

[4]   C'est le cas des anthologies scolaires destinées aux Collèges et aux Lycées, chez Nathan ou chez Hatier — par ailleurs de grand recours, généralement tout à fait informées.

[5]   Il faut le très récent *Littérature du XVIᵉ siècle* de Frank Lestringant, Josiane Rieu et Alexandre Tarrête, Paris, P.U.F., 2000, pour que la perspective aille presque s'inverser : « La Pléiade », J. Rieu, pp. 190-247.

[6]   « Introduction » aux *Traités de poétique et de rhétorique de la Renaissance*, Le Livre de Poche Classique, 1990, p. 35 : « Pour nous tous sont des 'stars', naguère 'poètes-phares' […] mais aux yeux des contemporains, il ne saurait y avoir de place pour deux soleils ».

Or ce raccourci persistant, dans le fond dès son origine[7], a été exprimé ou étudié en tant que tel. Par les biographes ou par les chroniqueurs d'une part, par les critiques littéraires d'autre part. Bien des travaux essentiels ont restauré de la sorte sinon la « vérité », du moins les traits établis et caractéristiques d'un commerce littéraire[8], soit qu'on mît l'accent sur la perte d'auréole — l'amitié est ruinée par la rivalité, la jalousie, voire l'envie — , soit qu'on insistât, et là est notre propos, sur la construction d'une figure de poète, d'autant plus remarquable qu'elle fut largement orchestrée et même autoprogrammée[9]. Figure du docte Ronsard *lauratus*... Minerve d'argent du concours de Toulouse, apothéose... nous y reviendrons ; figure de Du Bellay pourfendeur « des vieilles episseries », des poètes flagorneurs... exilé... mélancolique, oublié... nous y reviendrons également : nous voudrions en effet poursuivre ici des travaux

---

[7] Voir par exemple l'édition récente par Marie-Madeleine Fragonard et François Roudaut, (3 vol., Paris, Champion, 1996) des *Recherches de la France* d'Estienne Pasquier (l'introduction est un apport important, comme les notes érudites) : voir le fameux chapitre VI du Livre VII qu'étudie, grâce par ailleurs à sa connaissance de la correspondance de E. Pasquier (*Les lettres*, Paris, 1616 ; *Choix de lettres sur la littérature, la langue et la traduction*, publiées et annotées par D. Thickett, Genève, Droz, 1956) Catherine Magnien pour y mettre au jour, dans « la grande flotte des poëtes françois », l'éloge exceptionnel de Ronsard, Claude Binet, *La vie de Pierre de Ronsard*, éd. crit., Paul Laumonier, Paris, Hachette, 1910. Le Cardinal Jean-Davy Du Perron, *Oraison funèbre sur la mort de Monsieur de* Ronsard, éd. critique par M. Simonin, Genève, Droz, 1985. *Lettres de Joachim Du Bellay*, éd. par Pierre de Nolhac, Paris, Charavay, 1883, Slatkine Reprints, Genève, 1974, etc.... On tirera profit du dossier établi par Yvonne Bellenger dans *Du Bellay : ses regrets qu'il fit dans Rome*, Paris, Nizet, 1983. On consultera Claude Faisant, *Mort et résurrection de la Pléiade*, édité par Joasiane Rieu, Paris, Champion, 1998.

[8] Pierre Champion, *Ronsard et son temps,* Paris, Champion, 1925, Paul Laumonier : voir note suivante et *Ronsard poète lyrique,* Paris, 1932, Pierre de Nolhac, *Ronsard et l'humanisme*, Paris, 1923.

[9] Voir *Figures* : Isabelle Pantin fait le point sur cette « construction d'une figure de poète » et met pleinement en lumière le rôle déterminant des travaux de Paul Laumonier dont l'édition monumentale des œuvres de Ronsard vient parfaire le grand livre de Marcel Raymond sur *L'influence de Ronsard sur la poésie française (1550-1585)*, 2 vol., Paris, Champion, 1927 ; nouvelle éd. : Genève, Droz, 1965. Elle montre également comment l'œuvre critique de Daniel Ménager dans sa thèse sur *Ronsard, le roi, le poète et les hommes* (Genève, Droz, 1979) poursuit la recherche sur la vocation du poète à se situer parmi les hommes de sa cité. Elle souligne enfin l'importance de la biographie de Michel Simonin (*Pierre de Ronsard*, Paris, Fayard, 1990) qui a étudié le métier d'écrivain à la Renaissance : il a montré de façon déterminante l'importance de la communauté littéraire et des groupes d'influence pour le grand Ronsard éditeur de ses œuvres, conscient de leur « place » dans une composition et dans une « réception » d'ensemble et variable selon les temps : il se réfère bien sûr aux travaux de I. Silver et notamment à son article « Difference between the Third and the Fourth Editions of Ronsard », *Bibliothèque d'Humanisme et Renaissance*, XV, Genève, Droz, 1953, pp. 92-104. De M. Simonin on citera encore: *Vivre de sa plume au XVIe siècle ou la carrière de François de Belleforest*, Genève, Droz, 1990.

d'explorations ponctuelles que nous avons déjà pu mener sur la *persona* de Du Bellay qui se compose par rapport au rôle qu'il assigne à chacun au sein de la communauté des poètes français[10], communauté qu'il organise idéalement dans une hiérarchie où, *en poésie*, règne Ronsard — Ronsard dont précisément il trace la figure tour à tour concurrente ou complice, idéale ou décevante, en devenir dans un projet ambitieux et surtout conquérant. Ronsard dont il fait et l'éloge et la satire, Ronsard qu'il admoneste autant qu'il veuille sinon l'imiter du moins le suivre, mais qu'il met en droit chemin. Ronsard que peut-être Du Bellay « gouverne » ou plutôt qu'il met en scène, dans un jeu de rôles complémentaires et de longue date convenu ? Par cette interrogation nous voulons rouvrir un dossier, continuer de l'instruire : étudier comment dans l'intertextualité bellayenne, française et néolatine, le portrait de Ronsard est délibérément tracé, dans un souci d'accomplissement moins problématique que programmatique. Nous pensons pouvoir ici, quoique modestement — car pas de nouvelles « pièces », seulement une mise en perspective plus complète — nous espérons pouvoir donc suivre comment chaque nouvelle peinture du Prince des poètes par Du Bellay accomplit le programme *collectif* de 1549, autant que, *ce pendant*, son œuvre et sa carrière propres.

Le système épidictique et sa stratégie dans l'œuvre de Du Bellay, chantre mais aussi exhortateur ou mentor de Ronsard, qu'il satirise parfois ou dont il se plaint, sont déjà assez connus. Nous les rappellerons brièvement pour successivement nous attacher à des aspects plus implicites du discours de Du Bellay qui prépare, nuance ou infléchit sa parole au fil des années et des circonstances, sans pourtant se départir du projet de « prendre la place » comme dit le langage militaire, et d'accomplir une œuvre « en collaboration », sinon toujours collective, pour rénover la poésie et faire de la France sa nouvelle et triomphante patrie. Nous rappellerons ainsi quelques points de détails de *La Deffence et Illustration de la langue françoyse* qui préparent autant la gloire de Ronsard poète officiel et premier de tous que la place de Du Bellay et ses choix « mineurs ». Pour approfondir les conséquences de cette programmation au long cours, quoique singulièrement ouverte — ou lacunaire ? — , nous le verrons, nous nous attacherons à saisir la continuité de l'œuvre latine par rapport à l'œuvre française de Du Bellay par l'étude de celles des odes, « A Pierre de

---

[10] « La fin des *Regrets* : poésie d'éloge et structure intime du recueil », *Du Bellay. Actes de la journée d'étude à l'Université de Paris VII Jussieu, Cahiers Textuel, n° 14,* 1994 ; « Le modèle épistolaire dans les *Regrets* de Joachim Du Bellay », *Nouvelle Revue du Seizième Siècle,* n° 13/2, Genève, Droz, 1995 ; « Joachim Du Bellay, Scévole de Sainte Marthe, Guillaume Colletet : Points de vue sur Pierre de Ronsard poète », *Figures*, pp. 43-57. Voir aussi dans cet ouvrage l'article de Marie-Madeleine Fragonard qui s'est placée sur le terrain de l'iconographie des portraits des auteurs « en poètes » : « Ronsard en poète : portrait d'auteur, produit du texte », pp. 15-43.

Ronsard » qui est aussi l'ode « Ad Petrum Ronsardum », qui se fait le mieux réceptacle, parfois jusque dans la lettre de véritables citations, des thématiques des sonnets romains. Là s'achèvera notre étude de la construction d'un jeu de rôles où il est entendu que Ronsard, après le roi qu'il sert, « est » le premier, qu'il « joue » ce rôle-là, dans une dynamique glorieuse que les thèmes cosmiques parfois modulent[11].

Dans un deuxième temps nous cernerons le remarquable paradoxe de la poésie néolatine de Du Bellay qui donc poursuit l'accomplissement et du programme de 1549 et de la mise en scène qui en a découlé, mais en prenant le « biais », suggère Perrine Galand-Hallyn, de la langue des anciens : théâtre concurrent en somme, pour lequel rien donc n'avait été prévu, pas plus d'ailleurs, on peut le noter au titre des « ouvertures » — faut-il parler lacunes ou de failles ? — , que n'avait été au préalable décidé, pas avant 1550 et de façon incomplète (deuxième *Olive* et *Premier Livre des Odes et Bocage*), qui de l'un ou de l'autre serait « officiellement », explicitement, chargé d'illustrer ou sonnet ou l'ode … Théâtre où il se peut bien que Du Bellay tînt un premier rôle — « le » premier ? — … même pour continuer à composer le panégyrique de Ronsard et à le poursuivre inlassablement d'une absolue exigence.

C'est pourquoi, dans un temps de récapitulations, nous nous intéresserons à la défense permanente du style haut et de l'épopée par Du Bellay, qui ne l'investit donc pas personnellement, encore qu'il en eût peut-être la « voix » : voilà qui nous amènera à priviliégier l'hymne paradoxal que Du Bellay consacre à la surdité … laquelle, physiquement et surtout spirituellement, l'*égale* à Ronsard : après 1560, dans l' « Elégie à Loys Des Masures »[12], ne sera-ce pas Du Bellay, fût-ce en un songe où il apparaît à

---

[11]   Voir par exemple la note de G. Demerson au poème 5 des *Varia* (éd. cit. notre note 12, t. VIII, p. 216) : Du Bellay y compare la puissance de l'inspiration ronsardienne à celle de l'Océan, progrès certain par rapport au sonnet liminaire qu'il avait donné pour le *Premier Livre des Odes et Bocage de 1550* (*Ibid.,* éd. cit. des *Œuvres poétiques*, t. II, « A.P. De Ronsard », p. 213) : « Comme un torrent qui s'enfle et renouvelle… ». G.D. indique que Ronsard reprendra la métaphore de la mer pour louer Turnèbe défunt (« Comme la mer sa louange est sans rive ») en 1585.

[12]   *Discours des misères de ce temps*, dans *Céard et al.*, t. II, p. 1016. Nous citerons désormais cette édition qui donne tous les renvois utiles à l'édition fondatrice de Paul Laumonier. Pour Du Bellay nous utilisons en général Henri Chamard, actualisé régulièrement depuis 1961 par Henri Weber, puis par Yvonne Bellenger : *Œuvres poétiques françaises*, 6 t. en 7 vol., Paris, 1908-1983. Pour *La Deffence et Illustration de la langue françoyse*, éd. H. Chamard, Paris, Marcel Didier, 1948 : nous utilisons la nouvelle éd. introduite par Jean Vignes, Paris, S.T.F.M., 1997. Pour les *Poemata* nous nous référons à l'éd. latin-français de Geneviève Demerson, t. VII et VIII des *Œuvres poétiques*, après les six volumes des poésies françaises éd. par Henri Chamard.

Ronsard, qui « reviendra » se faire la « mauvaise conscience de son temps[13] » et le guide idéal des « Champs Elysées » ? Prosopopée : Ronsard metteur en scène de Du Bellay, *post mortem* . . . justement, pour jamais et dans une immortelle gloire et juste retour des choses.

Deux mots donc pour rappeler que dans les années dernières[14] on a particulièrement mis au jour comment d'une part, et dès *L'Olive*, Du Bellay compose une société idéale des poètes où « l'héliocentrisme », même dans les *Regrets,* participe d'une sorte d'hagiographie ronsardienne. Hagiographie cependant relative tant à la convenance du discours chrétien que de la conception théologique du pouvoir royal qui lui est inhérente : Ronsard est presque immédiatement reconnu Prince des poètes et Poète des princes (il n'est cela dit poète officiel du roi qu'en 1564, sous Charles IX), ce qui lui donne la puissance d'une parole démiurgique mais le soumet tant au mécène qu'à son service, ou plutôt à l' « office » qui *ipso facto* est le sien. On sait en outre quelles sont les figures tutélaires et médiatrices de cette société poétique : les autres poètes, les autres grands du royaume et de la Maison de France, singulièrement les princesses et, parmi elles, illustre plus que toutes, presque égale tant à la Sybille delphique qu'à la Vierge Marie, Marguerite de France, sœur du roi Henri II, lui même successeur du grand François Ier, qui eut pour sœur Marguerite de Navarre . . . Sonnet LX de *L'Olive*, conversion et fin chrétienne de ce *canzoniere* où Olive, par le truchement emblématique de Pallas-Minerve-Marguerite de France, est capable aussi d'assumer une Intercession. De façon interne le recueil des *Regrets* facilite la lecture : honneur à Ronsard qui indique le chemin de la Vertu (III), qui est ce soleil, cette chaleur et cette flamme « non commune » (VIII) qui participent de la présence et du roi et de la Princesse Marguerite (VII & CLXXIV-CLXXVIII . . .) ; honneur encore au Vendômois qui est digne du roi Henri (XIX), qui de son vivant recueille déjà « l'immortel honneur », lui, Ronsard : le « sage » (XXIII), lui qui, dans un palais idéal (CLVIII), occupe une place d'élite :

> L'appartement premier Homere aura pour marque,
> Virgile le second, le troisième Pétrarque,
> Du surnom de Ronsard le quatrieme on dira. (v. 9-11)

---

[13]   On reconnaît le mot de la fin du *Discours de Stockholm* (1960) de Saint John Perse, éd. des *Œuvres poétiques*, coll. La Pléiade, Gallimard, 1972, p. 447.

[14]   Voir *Cahiers Textuel*, n° 14, 1994 ; *Du Bellay et ses sonnets romains*, Études sur les *Regrets* et *Les Antiquitez de* Rome, Paris, Champion, 1994 ; *Du Bellay. Actes des journées d'étude de Nice-Sophia Antipolis (17-18 février 1995)*, Publications de la Faculté des Lettres de Nice, n° 21, 1995 ; *Figures*, déjà cité...

Or le mot conclusif des *Regrets*, selon d'ailleurs une topique quasi familière (« jeu de salons ») se trouve au sonnet conclusif CXCI, qui est un éloge paradoxal adressé au roi (et non « du roi » ...) : chacun ainsi est à sa place, et Dieu et Ronsard ... et Du Bellay, qui après tout a choisi le « je » de l'énonciation :

> Puis donc que Dieu peult tout, & ne se trouve lieu
> Lequel ne soit enclos sous le pouvoir de Dieu,
> Vous, de qui la grandeur de Dieu seul est enclose,
>
> Elargissez encor sur moy vostre pouvoir,
> Sur moy, qui ne suis rien : à fin de faire voir
> Que de rien un grand Roy peult faire quelque chose. (vv. 9-14)

Or on sait aussi comment se développe la succession des élégies qui, principalement dans ce même recueil des *Regrets*, peint le poète abandonné, exilé à Rome, et peu amène avec celui qui, comme Ronsard resté en France, tout auprès de la cour du Roi, a « lyre crossée », qui fait fortune et a renommée, qui est « bien en cour » : ce sont ces poèmes de satire, tant plaintive qu'arrogante, qui font de Du Bellay ce pauvret, un peu gémissant — encore ne doit-on oublier qu'il a de la vindicte, comme en témoigne par exemple son talent satirique, non seulement dans *Les Regrets*, mais aussi dans un poème comme « La nouvelle maniere de faire son profit des lettres. Ensemble le Poete Courtisan »[15]. On sait aussi comment, posé en refus et en incapacité d'autre registre, la poésie du regret se fait à Rome mineure : voir toutes les déclarations d'intentions négatives qui renoncent à l'imitation et à la science des anciens. Bref, Du Bellay file le registre multiple de la commisération de soi-même, manière de se plaindre et manière aussi d'imposer un style, le style réaliste ou burlesque qu'il apprend des Italiens et qu'il importe en France. A ce point il faut enfin rappeler comment s'exprime le malheur suprême de la fuite des Muses (*Regrets*, VI), cette perte d'ardeur bien proche de la déréliction et qui fait de l'exil romain un banissement : plus d'aimable troupe des poètes, plus de joie à composer ensemble dans l'émulation et la ferveur ardente de l'amitié du grand ami et modèle, Ronsard.

Pour faire provisoirement le point, nous pouvons souligner que quel que soit la puissance et parfois le pittoresque mémorables de la poésie de Du Bellay, qu'on aurait bien sûr tort de cantonner au seul lyrisme épidictique ou élégiaque, le portrait solaire et dynamique de Ronsard qui en émerge est une synthèse de toute une réception d'époque. On a déjà évoqué le rôle bien connu que jouent, mais plus tard, après la mort de Du Bellay, Estienne Pasquier, Claude Binet et le

---

[15]   Chamard, t. VI*, pp. 111-30 (1559).

Cardinal Du Perron[16] dans la transmission de laudation capitale de Ronsard qui incarne une docte sagesse, celle de la vertu autant que de la poésie maîtresse d'elle-même dans son art, heureuse car inspirée et de vocation prophétique : du côté de la Vérité et de l'Immmortalité, de son temps, comme déjà du temps de Du Bellay, Ronsard est révéré et vénéré. Du Perron, plus encore que Cl. Binet, et le genre de l'éloge funèbre, encore plus que celui de la biographie, y est favorable, va jusqu'à l'apothéose et jusqu'à une sorte de béatification ou de sanctification. Bien entendu il faudrait aussi chercher par exemple dans les recueils de poésie, ceux de Baïf, de Belleau et de Jodelle ... mais aussi dans les célèbres dédicaces du maître de Coqueret, et sous la plume des néo-latins comme Michel de l'Hospital ou de Odet de Turnèbe ... de Jean Dorat : cela est bien connu et dans ce dernier cas l'inversion du schéma traditionnel par la reconnaissance du disciple par son maître, par la gloire d'être devenu un « guide », du vivant de celui qui l'a « institué », nourri au grec et aux Muses, a son importance[17]. J. Du Bellay offre donc, comme d'autres, l'écho de la pratique humaniste de la République des lettres et, à travers le cas privilégié de Ronsard qui nous attache ici, témoigne de l'importance de la reconnaissance du poète par le groupe qui, réciproquement, existe en lui. Nous verrons un peu plus loin dans quelle mesure le discours non plus laudatif mais exhortatif ou satirique, dans un registre qui est plutôt celui du blâme, répond au même consensus. Disons immédiatement que de nombreux travaux nous permettent d'évaluer progressivement ces mouvements de l'opinion contemporaine de La Pléiade. Nous reviendrons sur tel article de Malcom Smith — un parmi bien d'autres — qui montre qu'il est assez facile de cataloguer les principaux points de la critique humaniste sur Ronsard[18]. En outre, sous le titre significatif qu'elle choisit, « Le personnage de Ronsard dans les dialogues de son temps »[19], Eva Kushner, notamment dans *Le Monophile* de Pasquier et dans les dialogues de Loys Le Caron et ceux de Guy de Brués, nous montre comment la mise en scène de Ronsard par « la critique », c'est-à-dire par les représentants les plus marquants de la *doxa* d'un temps, offre des traits constants, capables de confirmer le « réalisme » peut-être, et le vraisemblable certainement, avec lesquels les poètes du temps, Du Bellay en particulier, le donne pour « modèle » — d'ailleurs avec

---

[16]   Voir la note 7.

[17]   G. Demerson, *Les odes latines de Jean Dorat*, préface de V.-L. Saulnier, Clermont-Ferrand, Association des Publications de la Faculté des Lettres et Sciences Humaines, 1979 : éd. bilingue, latin-français, de ces poèmes parfois inédits, qui a permis notre étude « *Honos lit artes*. Une pratique de l'éloge : les *Odes latines* de Dorat » dans la *Nouvelle Revue du Seizième Siècle*, n° 18/2, 2000, pp. 37-53.

[18]   « Ronsard et ses critiques contemporains », dans *Centenaire*, t. 1, pp. 83-89.

[19]   *Ibidem*, pp. 91-102.

toute la coquetterie qu'il peut y avoir à être éventuellement un « modèle indocile », éventuellement infidèle et parfois irascible[20] !

Pour l'instant il nous faut rouvrir *La Deffence et Illustration de la langue françoyse*. Nous ne ferons que rappeler globalement à quel point Du Bellay fait fond dans sa poésie, recueil après recueil, des principes énoncés dans ce pamphlet à bien des égards programmatique et d'un art poétique et d'une instauration d'un ordre patriotique, d'inspiration éthique et politique. On sait comment en cette année 1549, qui est aussi celle de l'entrée triomphale du roi Henri II dans Paris, la « Conclusion de tout l'œuvre » donne les dernières lignes à l'Hercule gallique et laissent à la mémoire cette construction emblématique d'un règne à venir de la langue française : ainsi le roi de France a besoin des poètes de bonne volonté et leur gloire immortelle sera commune. Toute cette péroraison est une quintessence de cet ouvrage splendidement bondissant, fièrement pénétré d'une docte mission, par là tout à dessein redondant, tour à tour dogmatique ou argumentatif, dans l'apparence aussi triomphale qu'un bel arc romain de ses deux fois douze chapitres — plus cette pénétrante allégorie finale donc. Or on connaît fort bien l'essentiel de la théorie poétique et les conditions de possibilité de son exercice qui s'énoncent. Nous ne revenons pas sur la question de l'inspiration et du travail du poète. Nous rappelons pourtant comment s'appellent le premier et le deuxième livres de *La Deffence et Illustration de la langue françoyse* par la glose de l'adage des *Tusculanes*, « Honos alit artes » (II, 5 : « Du long poëme François », p. 127), qui justement fonde en théorie préalable la gloire ronsardienne, et par les louanges de la France (II, 12) indissociables du devoir du poète : « Exhortation aux Françoys d'ecrire en leur langue : avecques les louanges de la France » (p. 182). Ces pages plus connues peut-être que la plupart des autres, notons-le déjà au passage, confondent le poëte et l'*orateur*, comme le montrent bien l'annotation de H. Chamard qui relève tous les passages, de plus en plus nombreux, qui sont quasi mot à mot traduits de Cicéron et l'édition de ce grand texte bellayen par F. Goyet qui voit là une clef peut-être première de la lecture[21]. Le poëte ainsi s'inscrit au cœur de la Cité[22]. Pourtant nous voulons nous arrêter sur les toutes dernières lignes du chapitre II, 12 (pp. 193-94), un peu méconnues, mais auxquelles les rapprochements suggérés par H. Chamard avec les odes III et IV

---

[20]   Car, bien qu'en dehors de notre thème, ce n'est pas un des moindres intérêt des pages érudites et chaleureuses d'Eva Kushner que de cerner à travers les dialogues du temps cette marge de fantaisie et de liberté qu'on devine çà et là chez le « maître » : voir avant dernier paragraphe de sa conclusion.

[21]   Tome I des *Œuvres complètes de Joachim Du Bellay*, sous la direction de Olivier Millet, Champion, sous presse.

[22]   Voir sur ce modèle du poète parmi les hommes Daniel Ménager, *op. cit.*

du *Recueil de poesie* (1549, t. III, pp. 95-96 et 99) donnent toute leur importance :

> Il me semble (Lecteur amy des Muses Françoyses) qu'apres ceux que j'ay nommez, tu ne doys avoir honte d'ecrire en ta Langue : mais encores dobs-tu, si tu es amy de la France, voyre de toymesmes, t'y donner du tout, avecques cseste genereuse opinion, qu'il vault mieux estre un Achille entre les siens, qu'un Diomede, voyre bien souvent un Thersite, entre les autres.

Dans l'ode IV « A Madame Marguerite d'escrire en sa langue » on lit aux vers 33-37 :

> Mieulx vault que les siens on precede,
> Le nom d'Achille porsuyvant,
> Que d'estre ailleurs un Diomede,
> Voire un Thersite bien souvant.

Le propos est là exactement superposable au thème illustré dans la prose citée de *La Deffence* . . . : l'ambition doit être entièrement guidée par le souci du triomphe français et ce succès seul donnera en effet la gloire du premier, étant donc entendu qu'on ne saurait dépasser le modèle des Grecs[23]. Mieux vaut une ambition qui ne succombe pas à l'hybris, d'essence « cata-strophique », donc tragique et vouée à l'échec. Pourtant, et là est notre intérêt pour ces lignes à nos yeux capitales, si l'idée d'être le premier des Français demeure, l'idée qu'on peut être le premier *relativement à un modèle* est clairement posée. C'est nous semble-t-il de fait encore plus net dans l'ode III qui précède donc l'hommage à Marguerite et qui est adressée « A Mellin de Sainct Gelais », l'ennemi que l'on sait[24]. En voici les vers 41-48 :

---

[23]   Voir *Le modèle à la Renaissance,* études réunies et présentées par Claudie Balavoine, Jean Lafond et Pierre Laurens, L'oiseau de Minerve, Paris, Vrin, 1986 ; Walter-Friedrich Otto, *Les dieux de la Grèce, la figure du divin au miroir de l'esprit,* trad. de l'allemand par Claude-Nicolas Grimbert et par Armel Morgat, Préface de Marcel Détienne, Paris, Payot, 1981 et *Essais sur le mythe*, trad. de l'all. par Pascal David, éd. Trans-Europ-Repress, Mauvezin, 1987 : que les humanistes imitent les Grecs qui ont été la perfection ; quant à la différence entre le modèle absolu et le modèle « idéal », songer à l'opposition entre Scaliger et Erasme : éd. et traduction française, présentée et annotée par Jacques Chomarat de « Parascève », Livre V de *La poétique* de J.-C. Scaliger, Genève, Droz, 1994, tout entier consacré à Virgile, modèle absolu, et éd. texte et traduction, présentée et annotée par Michel Magnien, de *Orationes duae contra Erasmum*, du même Scaliger, Genève, Droz, 1999.

[24]   A propos de Saint Gelais on se reportera à Du Bellay : ode III « A Mellin de Sainct Gelais », *Vers liriques*, t. III, pp. 93-97, ode française XIX « A Pierre de Ronsard » et latine (Elegia 6, t. VII, 89 sq. : dans ces deux odes, que nous retrouverons dans notre étude, sont évoquées envie ou jalousie de Ronsard qui cependant triomphera avec courage de ces passions-là — comme quoi la jalousie se fait thème littéraire . . . ce qui élargit la perspective.

Celuy qui le ciel n'ottroye
Le plus fort des Grecz ressembler,
Qui les superbes murs de Troye
Fist mile & mile fois trembler,
Desdaigner il ne doibt pourtant
La vertu d'Ajax ancienne,
Ou celuy qui en combatant
Blessa Mars & la Cyprienne.

Prose de *La Deffence* . . . et vers du *Recueil de poesie* que nous venons de citer nous semblent fort importants pour comprendre la place de « second » que Du Bellay « prend » dans les années romaines. Cette place est celle qu'il *revendique* non seulement dans *Les Regrets*, cela est presque trop connu, mais aussi dans les *Poemata*. Il faut particulièrement citer (nous le ferons dans la traduction de G. Demerson) les *Varia*, poème 5 (t. VIII, pp. 130-31) et les *Xenia*, poème 41 (*Ibid.*, pp. 89-90) :
Varia 5 « Du Bellay à Ronsard »

Bien que, de partout, les fleuves roulent leurs eaux vers l'Océan, bien qu'Iris puise les nuages dans l'Océan, pourtant, ô Ronsard, ces fleuves ne font que croître l'Océan, et ces nuages ne le font pas décroître : il en est ainsi de ta gloie, qui embrasse au loin le monde entier. Elle n'est pas plus petite que les flots de l'Océan immense : elle ne peut, désormais, ni croître, ni décroître ; elle a surpassé toute gloire humaine, elle a surpassé la jalousie.

L'un, donc, dira que tu es plus grand que le grand Homère, l'autre, que le grand Virgile te cède. Moi, il me suffit de dire, à l'imitation des marbres qui s'enorgueillissent d'une antique inscription : c'est encore ici, ô Lecteur, une œuvre de Ronsard.

Xenia 41 « Sur l'anagramme de Pierre de Ronsard, SOS O TERPANDROS »

Celui qui désire te connaître suffisamment par la seule connaissance de ton nom, qu'il procède à l'anagramme de ton nom en grec. Il trouvera que, dans le nom de Ronsard, est celui de « Terpandre qui a survécu » et que, de ce fait, tu es l'égal des inspirés anciens. Ce vieux poète, parce que ses doctes vers ont pu fléchir les Laconiens qui, d'aventure, se battaient entre eux, a mérité que tout poète éminent fût le second, eu égard au nom fameux du chantre de Lesbos. Mais parce qu'elle exhorte les Français, tout humides du sang espagnol, à déposer pacifiquement les armes, ta Muse a déjà obtenu qu'il serait un excellent poète, celui qui se contentera d'être le premier après le poète vendômois.

Dans ce système il faudrait placer quelque chose comme une permanence du discours tenu dans l'éloge pardoxal adressé au roi, à la fin des *Regrets*, et que nous avons déjà évoqué : être premier *relativement*, c'est être premier dans une hiérarchie d'un ordre humain, lequel est transcendé par un ordre princier à son tour « relatif » à Dieu. De même que dans le *Phédon* Simias est et n'est pas le plus grand — plus grand que Phédon et plus petit que Socrate —, Ronsard est et n'est pas le plus grand . . . ce qui par conséquent permet de conclure que Du Bellay est et n'est pas le second . . . au regard divin toutes créatures sont au demeurant égales, ce qui nous sera d'importance *in fine*, dans notre conclusion. Mais dès maintenant ce petit raisonnement syllogistique nous permet de comprendre les poèmes des *Xenia* où Du Bellay loue Ronsard encore davantage pour avoir offert la Minerve d'argent des Jeux de Toulouse au roi Henri II que pour avoir obtenu cette distinction admirable : rendre à César . . . , être à sa juste place, toujours et, au risque de se discréditer et de tomber sous les *lazzi*, ne jamais l'oublier.

Quoi qu'il en soit nous pouvons lire mieux instruits la fameuse ode XIX des *Poesies diverses* (1559, t. V, pp. 360-65). Cette ode « A Pierre de Ronsard » est en effet, on l'a dit, la traduction de l'une des *Elegiae* (1559, t. VII, Elegia 6, pp. 58-63), « Ad Petrum Ronsardum lyrae gallicae principum »[25]. Dans les deux cas ce sont des vers qui datent de la période romaine, composés en 1555 ou en 1556 et si, comme nous l'indique G. Demerson, les vers latins sont plus « énergiques », les vers français plus « redondants »[26], le discours tenu est identique, celui de la doctrine poétique qui assoie Ronsard, nouvel Orphée, au milieu des Muses :

> Courage donc, Ronsard : la victoire te donne,
> Pour enlacer ton front, la plus docte couronne.
> La troppe de Phœbus se dresse à ton honneur,
> Et Phœbus te faict seoir au milieu de son chœur,
> Comme à l'entour de luy Orphé tient amusee,
> S'estonnant de le voir, la grand' bande Elysee.   (vv. 17-22)

Et Du Bellay de faire écho termes à termes à ses sonnets des *Regrets* :

> Ronsard, la plus grand' part de notre docte bande,
> *Et de mon ame encor' la partie plus grande* . . . (vv. 1-2)

---

[25] En outre cette ode est une parmi celles dédiées à Ronsard et les dédicaces bellayennes au Vendômois en général : voir Ode IV des *Vers lyriques*, « De l'inconstance des choses, au Seigneur Pierre de Ronsard », t. III, pp. 15-21, Ode X, « Au seigneur Pierre de Ronsard », *Ibid.*, pp. 40-43... On sait que Ronsard répondit à l'ode française que nous étudions plus particulièrement et, dans un développement plus ample, on pourrait gloser sur les éloges de l'Angevin par Ronsard en général : voir éd. cit. t. I, pp. 651, 668, 762, 803, 984. — là aussi chacun sa place et son style et Ronsard de construire la figure du « doux » poète du Petit Liré.

[26] Note de la page 240-41. Elle renvoie aussi à son précieux article « J.D.B. traducteur de lui-même », [Mélanges Ian Dalrymphe Mac Farlane] *Neo-latin and the Vernacular in Renaissance France*, ed. by Graham Castor and Terence Cave, Oxford, Clarendon Press, 1984, pp. 113-28.

France, mere des arts, france te retient ores . . . (v. 5)

Nous chetifs ce pendant, ausquels le ciel fait guerre,
Fuyons la pauvreté & par mer & par terre :
Mais *l'importun souci* qui nous suit pas à pas,
Et par terre & par mer nous ne le fuyons pas.
Las où est ce grand cueur indontable ? où est ores
Ce mepris de fortune, & ce desir encores
De l'immortalité ? . . .   (vv. 33-39)

Or dans ce dispositif si Du Bellay joue le second rôle, ou plutôt « un » second rôle, il est celui qui fait remontrance et entonne la critique du poète des amours . . . amours profanes, ne cesseront de seriner les détracteurs du camp protestant, dont Théodore de Bèze[27], et ce souffle-là de la critique ne fera que s'envenimer plus tard, après la mort de Du Bellay ; L'Angevin pour l'heure insiste sur la futilité et surtout sans doute sur le travail qui reste à accomplir. Cette exhortation à l'épopée, qu'il faudrait confronter à plusieurs sonnets des *Regrets*, dont les poèmes XXII et XXIII, doit se lire en clair regard du chapitre II, 5 de la *Deffence et Illustration de la langue françoyse*, plus haut évoqué : la tâche est difficile et peut décourager mais :

> p. 132 : [. . .] c'est chose honneste à celuy qui aspire au premier ranc, demeurer au second, voire au troizieme, Non Homere seul entre les Grecz, non Virgile entre les Latins, ont aquis loz & reputation. Mais telle a été la louange de beaucoup d'autres, chacun en son genre, que pour admirer les choses haultes, on ne laissoient pourtant de louer les inferieures.

M.A. Screech avait raison de se méfier de cette modestie affichée et un petit peu misérabiliste qu'il trouve incompatible dans *Les Regrets* avec par exemple le modèle prestigieux que se donne Du Bellay en Janet, alias Clouet, dans le sonnet XXI[28]. De fait cet exemple complexe est passionnant à étudier, d'autant plus qu'il revient presque tel quel dans le *Discours au roy sur la poésie* (1560, t. VI*, pp.161-66). Qu'on compare donc les vers du sonnet qui s'adresse au Conte d'Alsinois, alias Nicolas Denisot, poète et peintre :

Quant à moy, je n'aspire à si haulte louange,
Et ne sont mes protraits aupres de voz tableaux,
Non plus qu'est un Janet aupres d'un Michelange. (vv. 12-14)

---

[27] Article cité de M. Smith qui renvoie à la préface de l'*Abraham sacrifiant*.
[28] Éd. J. Jolliffe et A.M. Screech, T.L.F., Genève, Droz, 3 éd., 1979, Introduction, p. 17.

à ceux du discours, après qu'à été introduite la comparaison entre l'art de l'historien et celui du poète et que vont être nommés successivement le portraitiste du roi, Michel Ange, l'historien bien cour, Paschal, et . . . Ronsard :

> Tel que ce premier là est vostre Janet, SIRE,
> Et tel le second Michelange on peult dire :
> A l'un vostre Paschal est semblable en son art,
> A l'autre est ressemblant vostre docte Ronsard. (vv. 93-96)

Nous voyons là de nouveau actualisée cette occupation du théâtre de la poésie en France, chacun dans son rôle et à sa place. Or, reprenant ici un argumentaire et un horizon artistique qui lui sont chers, Du Bellay expose ce que la Préface de *La Franciade* dit aussi : poésie et histoire diffèrent et sont complémentaires. Dès lors que Ronsard se substitue à Denisot, il semble que la cause soit entendue et le mot de la fin le dit :

> [. . .] Que le poëte il faut joindre à l'historien.
> Car bien que cestuy-cy d'un plus seur tesmoignage
> Depose à l'advenir des gestes de son aage,
> Et de ce qu'il a veu (car sans ce dernier poinct
> Le nom d'historien il ne merite poinct)
> Cestuy-la toutefois est trop plus admirable,
> Et son œuvre n'est moins que l'histoire durable,
> Pource qu'en imitant l'autheur de l'univers,
> Toute essence & toute idee il comprend en ses vers. (vv. 108-16)

La démiurgie ne fait-elle pas du poète le supérieur ou le maître de l'historien ? Mais on achoppe sur l'interrogation qui fut celle de Screech : dira-t-on que ce Janet à qui un jour Ronsard demanda de peindre le portrait de Cassandre soit « secondaire » ? Et l'on sait que pour être d'autre farine et d'autre registre commentaires et papiers journaux de qui se fait témoin de son temps ont tout de la dignité de qui, comme l'orateur au fond, « instruit » la vive représentation de son séjour sur terre : du côté de l'histoire Du Bellay laisserait son chant héroïque à Ronsard . . . comme, suggère Perrine Galand-Hallyn il lui laisserait la *translatio imperii et studii* en écrivant finalement une œuvre latine ? C'est possible et nous allons maintenant en venir à cette œuvre paradoxale des *Poemata*, sous un angle autre que celui que nous avons jusqu'ici adopté. Provisoirement encore concluons que Ronsard sous la plume de Du Bellay se laisse peut-être mieux saisir que ne se laisse pleinement saisir Du Bellay lui-même. Car, si nous pensons de nouveau aux systèmes de classement ou de comparaison que nous avons tâché de cerner, nous observons l'absence d'un point de fuite objectif : est-ce là lacune ou faille ? Ouverture loisible . . . et en somme ce que nous risquons d'appeler un « secret delphique » ? Ceci ne serait pas incompatible avec des postures bien connues de Du Bellay, celui de la « parade » ou de l'*eiron*[29]. Masques et maniérisme : nous le croyons et en cohérence avec cette quête d'identité qui accompagne toute l'œuvre de Du Bellay.

Ce qui est certain est la lecture d'un choix qu'il nous reste à étudier toujours sous le masque peut-être, mais positivement et non plus par défaut. Telles sont l'expérience de l'écriture poétique en latin et la revendication paradoxale de la surdité, en l'espace d'un hymne, forme d'excellence ronsardienne ; On pourra enfin songer à la « lyre chrétienne » et à un certain tempérament « épique » chez Du Bellay (refoulé ? c'est à voir).

Nous nous référons à P. Galand-Hallyn pour exposer brièvement la thèse que les *Elegiae* parmi les *Poemata* ont un statut et un sens différent[30]. Les élégies en latin développent en effet autrement le mythe personnel d'Ulysse. Si dans les *Regrets* le roi d'Ithaque est une grande figure tragique, dans les *Elegiae* il devient un héros positif de l'énonciation poétique : il réconcilie le chant avec les aventures chantées car il est poète de son destin. P. Galand-Hallyn glose clairement cette désinvolture du poète qui maintenant a deux Muses et qui a quelque préférence pour la plus illégitime, sa maîtresse latine. Comme l'écrit plaisamment ce critique, en somme dans les *Elegiae* Ulysse a ramené Calypso avec lui ! Cette audace de la palinodie nous la trouvons de loin en loin dans l'œuvre de l'Angevin, par exemple dans son Epître-préface à Jean de Morel d'Embrun qui ouvre sa traduction partielle de *L'Enéide* où il réclame un droit à la contradiction . . .[31] De même que la dédicace à Louis Des Masures, également louangé dans *Les Regrets* pour ses qualités de traducteur, indique peut-être le goût de la rivalité au moment même d'exprimer l'allégeance à un modèle, de même, quoique dans une autre dynamique, l'œuvre latine de Du Bellay aurait vocation, tout en louant autant que faire se peut le Prince des poètes, on l'a vu, à

---

[29] Malcom Quainton, « *Les Regrets* : une poétique de la parade », dans *Du Bellay. Actes du colloque international d'Angers* (26-28 mai 1988), 2 vol., Presses de l'Université d'Angers, 1990, pp. 249-59 et « L'ironie dans les *Regrets* de Joachim Du Bellay », *Du Bellay. Actes des journées d'étude de Nice-Antipolis* (17-18 février 1995), Publications de la Faculté des Lettres, Arts et Sciences Humaines de Nice, Université de Nice Sophia-Antipolis, C.I.D. Diffusion, Paris, 1995, pp. 19-36. (P. Galand-Hallyn récapitule bien cette opposition que F. Hallyn emprunte à l'*Ethique à Nicomaque* et qui situerait, sous la plume de Du Bellay, Ronsard en *alazon*).

[30] *Op. cit.* Nous avons déjà dit ce qu'elle doit explicitement à G. Demerson. P.G.-H. dit aussi sa dette à l'égard de Olivier Millet : « Les *Epigrammata* de 1558 : sens et fonction du recueil », Actes du colloque d'Angers déjà cité.

[31] T. VI**, pp. 246-55 . Voir références bibliographiques plus complètes et commentaires à ce sujet dans « Sur quelques vers de *L'Enéide* traduits par Joachim Du Bellay », M.-D. Legrand, à paraître dans *L'exotisme dans la poésie épique française*, Mélanges à la mémoire de Klará Ksürös, recueillis par Anikò Kalmár, Paris, L'Harmattan.

exceller dans un « travail » auquel Ronsard ne s'attelle pas. Cette argumentation qui est celle de P. Galand-Hallyn nous convainc, d'autant plus que dans *Les Regrets* apparaît la justification de la nécessité : comment parler français au milieu des étrangers ? Ovide lui-même ne fut-il pas *contraint* de parler Gète, le barbare au milieu des Barbares. Soit, mais le latin n'est ni le gète ni l'italien ; en quoi il s'agit bien d'une fiction, d'un mythe personnel, fondateur d'une œuvre plus « personnelle » et sans ombre portée du grand Ronsard. De fait on sait que c'est un peu de la même manière que nous avons suivi G. Demerson à propos des odes latines de Jean Dorat[32].

Or nous pensons pouvoir continuer à analyser le goût de la palinodie et plus encore du paradoxe dans une autre stratégie, moins désinvolte, de type plus burlesque, en envisageant « l'Hymne de la surdité, A Pierre de Ronsard Vendômois » (t. V, *Divers jeux rustiques*, XXXVIII, pp. 185-96). Dans cet hymne en alexandrins à rimes plates, Du Bellay emprunte une grande forme de la poésie savante qui est une des gloires de Ronsard, lui qu'il dit « grave » ou « docte »[33]. Le développement est simple et édifiant : cette infirmité égale en somme Du Bellay à Ronsard puisque tous deux en sont affectés. Mais plus profondément, ils sont protégés du bruit bien vain du monde. Leur oreille est la même, elle est l'ouïe spirituelle qui les unit dans plus haute aspiration. Du Perron n'alléguera pas Du Bellay, mais se saisira de ce bel argument de prédication dans son éloge funèbre de Ronsard.

Il n'y a dès lors plus qu'un pas, que nous franchissons, pour dire que Du Bellay dans toute son œuvre accomplit une carrière dont il assure en permanence la promotion. En cela il n'a rien à envier à Ronsard qui orchestre aussi sa gloire. On voit que Ronsard sous la plume de Du Bellay est un Prince des Poètes exhorté à devenir davantage Poète des princes, car lui se réserve une autre lyre. Or nous n'avons pas encore dit que si Ronsard fit *L'Hercule chrestien*, cette inspiration fut plus celle qu'entonna Du Bellay. Il faudrait envisager *La Monomachie de David et de Goliath* en ce sens là aussi. Et il n'est pas dit que Du Bellay n'eût pas de talent — sinon de tempérament, mais au fond qu'en sait-on ? — épique ni d'aspiration foncière pour le style haut et le « long poème ». Nous en revenons encore aux lignes conclusives de *la Deffence*...qui ont véritablement du souffle, de l'ampleur, une force « altiloque » : Du Bellay renonçant héroïquement à l'épopée qu'il confie à Ronsard ?...c'est beaucoup affirmer et sans doute trop dire. Mais Du Bellay orchestrateur c'est plausible, ne serait-ce qu'au sein de cette « fiction vivante » que compose le groupe des poètes de son temps et dans le souci de réussir, de toucher au but, donc de s'organiser et de

---

[32] Article déjà cité dans la *Nouvelle Revue du Seizième Siècle*, n° 18/2, 2000.
[33] Dans ses *Poemata* encore voir par exemple : *Amores*, 24, t. VIII, p. 124 (Ronsard est là « gravis » comme Thiard).

ménager son talent, comme Montaigne voudra qu'on ménage sa volonté, certainement. Il y va de l'accomplissement d'un ambitieux projet poétique et politique comme de la place et gloire de chacun : *qui decet.*

Pour conclure nous emprunterons quelques idées clairement récapitulées par F. Goyet dans son édition des *Traités de poétique et de rhétorique de la Renaissance* [34]. D'une part il insiste judicieusement sur ce qui de fait aura été peu ou prou notre point de départ : pour un poète de la Renaissance la *persona* c'est le style. Nous espérons à ce titre avoir bien montré en quoi la question n'est pas celle de la comédie de la jalousie mais bien de celle de la représentation de l'art poétique et de son accomplissement. Ronsard sous la plume de Du Bellay se voit reconnaître un rôle et une place, d'où il ressort qu'être « premier » s'entend sans doute en partage et surtout dans une symbolique infiniment spirituelle et au fond qui ressortit à l'humanisme chrétien. Par-delà les passions sans doute bien réelles des hommes dans le monde et à la cour, poètes et princes œuvrent pour la Mémoire : la postérité leur fera ou non une gloire immortelle, pourvu qu'ils restent dans les limites de leur pouvoir propre et que chacun fasse ce qu'il se doit. Enfin, et nous revenons en plus exactement aux propos allégués de F. Goyet, il est bien possible que cette impertinence, parfois désinvolte, fort peu respectueuse des « étiquettes » dont fait preuve Du Bellay à l'égard notamment de Ronsard, puisque ici ce fut lui notre centre, ait quelque rapport profond avec celle d'un poète plus audacieux encore, encourant risques plus mortels en tous les cas : nous avons nommé Marot. Car, pour ces grands poètes, il y avait une grande certitude qui reléguait en effet petits jeux de cour et juvéniles amours au magasin des accessoires, comme toute rivalité autre que poétique : en ces temps d'humanisme chrétien, les hommes avaient la conviction que tous sont égaux devant Dieu.

Marie-Dominique LEGRAND
Université de Paris X-Nanterre (IUFM de Versailles)

---

[34] *Op. cit.*, Introduction, pp. 33-35. Encore de belles pages sur lesquelles P. Galand-Hallyn attire notre attention.

LE DIALOGUE AMOUREUX ET LA POÉTIQUE DES DISCOURS PHILOSOPHIQUES À LA RENAISSANCE : L'EXEMPLE DE PONTUS DE TYARD

Ce travail fait partie d'une entreprise de longue haleine qui s'intéresse aux interférences entre littérarité et référentialité dans le dialogue au seizième siècle en France[1]. C'est en effet là un genre littéraire trop souvent lu pour son seul contenu thématique, qu'il soit philosophique, scientifique, politique, social, religieux, ou autre, alors qu'il tombe aussi sous le coup des contraintes d'une poétique rhétorique et formelle qui le définissent. Dans ce cadre, les dialogues dits philosophiques sont exemplaires d'une hybridité que leur appellation rend explicite entre un code esthétique mis en œuvre par le mimétisme dialogique du genre littéraire, et une référentialité, dans ce cas, le savoir philosophique qu'il cherche à transmettre. Parmi ces dialogues philosophiques, ceux de Pontus de Tyard ont à la fois le privilège d'ouvrir la voie en France, sur le modèle des Anciens et des Italiens, et de mettre en évidence, souvent même en les thématisant, ces rapports problématiques entre les dimensions mimétique et noétique du texte. Le dialogue philosophique soumet la lecture à la réalité de cette double contrainte : d'un côté, le texte est sensé représenter mimétiquement les données circonstancielles de l'échange qui constitue le « dialogue », de l'autre, il est aussi sensé transmettre une pensée, objet d'un « discours » à tendance plutôt monologique. Dans ces pages, j'aimerais montrer comment le premier dialogue de Tyard, connu sous le nom de *Solitaire premier*, problématise cette double contrainte au niveau générique, aussi bien du point de vue de la terminologie que du point de vue stylistique et rhétorique.

Ma démarche rejoint celle d'Isidore Silver qui, pour sa part, dans un effort de reconstitution de la pensée philosophique de Ronsard, est bien conscient de ce recoupement entre littérature et philosophie : « We do not in advance exclude the possibility that there may sometimes be more profundity of thought, of feeling, and of expression in a *cento* of passages miraculously fused from the flying echoes of the harps of other poets and of the strings in heaven

---

[1]   Une version de ce travail, ultérieure au colloque Isidore Silver, a été présentée au congrès annuel de la Renaissance Society of America, Florence 2000.

and earth, than in the possibly erudite transpositions from the pages of formal philosophy »[2]. Cherchant quant à moi à reconstituer, à l'envers, une poétique du dialogue philosophique, j'aimerais mettre en évidence la présence incontournable de la littérature en son sein.

Rassemblés dans un recueil unique, les six dialogues du corpus philosophique de Pontus de Tyard sont publiés en 1587 sous le titre de *Discours philosophiques*. Si ces textes sont formellement des dialogues, ce ne sont pas les titres qui le manifestent[3]. En fait, avec une seule exception, le terme dialogue est absent de tous les titres ou sous-titres des éditions et rééditions de ces six textes. Dans les deux premiers, intitulés *Solitaire premier* et *Solitaire second*, publiés réciproquement en 1552 et 1555 chez Jean de Tournes à Lyon, c'est le terme « prose »[4] qui désigne le genre littéraire : *Solitaire premier, ou*, Prose *des Muses, et de la fureur Poëtique* et *Solitaire second, ou* Prose *de la Musique* (je souligne). Ces deux textes sont aussi ceux dans lesquels Tyard avait entrepris son projet de vulgarisation néo-platonicien implicitement abandonné après le *Solitaire second*. Dès 1556, et pour les quatre autres dialogues, c'est le terme discours[5] qui désigne leur genre littéraire. La seule exception a lieu en 1575, avec la réédition du *Solitaire premier*, publiée à Paris par Galiot du Pré, qui inclut dans son titre la seule référence explicite au genre littéraire auquel chacun de ces textes appartient : *Solitaire premier, ou* dialogue *de la fureur poétique, Seconde Edition, augmentee* (je souligne). Avec l'édition collective de 1587 qui porte le titre général *Discours philosophiques*, comme nous l'avons déjà noté,

[2] *Ronsard's Philosophical Thought, Part I : The Evolution of Philosophy and Religion from their Mythical Origins*, Genève, Droz, 1992, p. 12.

[3] Dédié à Henri III et imprimé à Paris chez Abel L'Angelier, le recueil inclut, dans l'ordre : *Solitaire premier, ou, Discours des Muses, et de la fureur Poëtique* ; *Solitaire second, ou, Discours de la Musique* ; *Mantice ou Discours de la verité de Divination par Astrologie* ; *Le Premier Curieux, ou premier discours de la nature du Monde, et de ses parties* ; *Le Second Curieux, ou Second Discours du monde, et de ses parties, traitant des choses intellectuelles* et *Scève, ou, Discours du temps, de l'an et de ses parties*. Pour plus de détails sur l'histoire des éditions de ces textes, voir Sylviane Bokdam, *Pontus de Tyard*, vol. 8 de la *Bibliographie des écrivains français*, Paris, Memini, 1997 ; Kathleen M. Hall, *Pontus de Tyard and his* Discours philosophiques, Oxford, Oxford University Press, 1963, pp. 34 sq. ; et John McClelland, « Un exemplaire annoté des *Discours philosophiques* de Pontus de Tyard », *Bibliothèque d'Humanisme et Renaissance*, 1979, pp. 317-39.

[4] « Prose » fait évidemment penser au titre « *Prose della volgar lingua* » de Pietro Bembo dont la première édition date de 1525, titre qui lui aussi recèle un dialogue, forme initialement privilégiée par Bembo, en latin et en italien, sans que le terme dialogue n'apparaisse une seule fois dans ses titres, cf. le *De Aetna* (1496) ou les *Asolani* (1505). Voir Mario Fubini, « Introduzione » à l'édition des *Prose e Rime di Pietro Bembo*, Turin, UTET, 1978, p. 12.

[5] Voir *Discours du temps, de l'an et de ses parties* (1556, 1578) ; *L'Univers ou, discours de ses parties, et de la nature du monde* (1557 et 1578) ; *Mantice, ou, Discours de la vérité de Divination par Astrologie* (1558 et 1573).

c'est le terme « discours » qui apparaît dans tous les sous-titres, y inclus celui du *Solitaire premier*, définitivement appelé *Discours des Muses, et de la fureur Poëtique*[6]. Il fait peu de doute que le recours au terme « discours » répond ici à une volonté d'uniformisation des titres de textes dont les éditions et les rééditions s'étendaient sur quelque trente-cinq ans.

Ce qui est remarquable dans cette référence unique à « dialogue » en 1575, pour le *Solitaire premier*, c'est qu'il s'agit bien d'une entorse unique à ce qui était devenu une règle à partir de 1556. Si, comme le note John McClelland, le « vocable 'discours' pour désigner ces dialogues ne fut adopté qu'en 1556 » (*op. cit.*, p. 317), l'exception du *Solitaire premier* est à remarquer puisqu'il fait bande à part, évitant le terme « discours » de façon évidente. Dans cette deuxième édition, Tyard écarte « prose » de la première édition et choisit « dialogue » pour le nouveau titre, alors qu'il conserve « discours » dans les autres rééditions quasi contemporaines[7]. Comme si, après « prose », « dialogue » servait encore à distinguer, en 1575, ce texte qui avait inauguré le projet néo-platonicien[8], avant qu'il ne soit uniformisé dans le recueil collectif. Il s'agit cependant de bien plus que cela : non seulement le terme générique « dialogue » apparaît pour la première et seule fois dans le titre du *Solitaire premier* en 1575, mais l'auteur, dans la dédicace de cette édition, offre une analyse terminologique comparée, opposant le contenu discursif de son texte à sa démarche mimétique.

Ce qui apparaît bien vite en effet dans la nouvelle « Dédicace », datée de cette année 1575 et adressée à Catherine de Retz, c'est que Tyard insiste sur une différence entre « discours » et « dialogue ». Il en appelle à sa protectrice pour la bonne réception de ses « presents discours »[9]. Il renvoie au *Solitaire premier* en le désignant de son nouveau titre, « ce Dialogue de la fureur Poëtique » (p. XXVIII) ; puis il le commente en soulignant qu'il est « plus remply de beaux discours tirez de l'ancienne Mythologie, que coulant en facilité d'un entretien vulgaire » (p. XXVIII). L'auteur, dédiant son dialogue à celle qui sera capable d'en apprécier le contenu discursif, en accentue la réussite philosophique, c'est-à-dire ici « mythologique », et excuse son insuffisance générique à représenter les conditions mimétiques de l'« entretien » lui-même. Anticipant l'uniformisation finale des titres de ses dialogues, Tyard avoue à sa dédicataire

---

[6]   *Les Discours philosophiques de Pontus de Tyard*, Paris, 1587, p. 1 recto. Dans le *Solitaire second*, « Discours » *de la Musique* (p. 38 recto) remplace « Prose » *de la Musique* de l'édition originale : il n'y a pas de réédition intermédiaire du *Solitaire second*.

[7]   Une réédition deux ans plus tôt de *Mantice* (1573) conserve « discours » dans le sous-titre, ainsi que celles qui suivront, en 1578, du *Discours du temps* ainsi que de *L'Univers,* divisé en deux parties et réédité sous le nouveau titre *Deux discours de la nature du monde et de ses parties*.

[8]   Il n'y a pas de réédition intermédiaire du *Solitaire second* qui aurait pu confirmer ce point.

[9]   *Solitaire premier*, édition critique par Silvio F. Baridon, Genève, Droz, 1950, p. XXVIII. Nous citons désormais d'après cette édition.

que son *Dialogue de la fureur poétique* est plus proche du discours (fait *des* « discours » mythologiques qui le composent) que du dialogue. Concluant sa dédicace, il confirme ce point : « je vous consacre donc, Madame, ce *discours* [au singulier] des Muses et des Graces » (p. XXIX, je souligne).

Discours et dialogue représentent bien deux dimensions différentes et même opposées du texte. Face au « discours mythologique », la démarche générique du dialogue est sensée représenter, faire voir, mimer par écrit l'échange tel qu'il aurait vraiment eu lieu. Ce mimétisme dialogique inclut les données qui permettent de définir le contexte circonstanciel capable de manifester toute la « facilité » de l'« entretien vulgaire » et conçu en fin de compte comme un cadre ornemental, extérieur à la communication référentielle, indépendant du savoir philosophique qu'il contiendrait. « Discours » renvoie à contenu référentiel, annoncé comme essentiel au projet. « Dialogue » renvoie au mimétisme d'une représentation littéraire dont l'auteur confesse rhétoriquement les faiblesses.

Tergiversant, Tyard écarte la référence générique au dialogue dans ses titres et hésite de manière intrigante à propos du *Solitaire premier*, en 1575. Or c'est aussi le moment où, dans une dédicace spécifique, il accentue le contenu « mythologique » de cette nouvelle édition dite « augmentée » d'un « discours […] mieux limé » maintenant (p. XXIX). Silvio F. Baridon, qui remarque qu'il y a en fait peu de corrections ou d'additions, suggère que ce n'est là, « pour ainsi dire, que de la propagande [d]'éditeur » (Introduction, p. XII). On pourrait avancer que Tyard désirait aussi honorer sa nouvelle protectrice en exagérant la nouveauté aussi bien que la valeur philosophique de cette réédition[10]. L'uniformisation des titres dans l'édition collective de 1587 est donc plus qu'un geste de cohérence éditoriale. Elle confirme de la part de l'auteur le souci de mettre au premier plan ses achèvements philosophiques plutôt que littéraires, ses discours plutôt que ses dialogues. En fin de compte, ce ne sont pas les dialogues qui seraient philosophiques, mais les discours.

Il n'en faut pas moins voir, derrière cette mise en évidence du discours face au dialogue, l'indice d'une occultation rhétorique des questions génériques liées au mimétisme dialogique. Ce qui m'intéresse, c'est de remettre en question cette occultation de la dimension générique et littéraire des « discours philosophiques ». Le genre du dialogue est loin pourtant d'avoir mauvaise presse et c'est même Tyard qui le premier a introduit en France sa version philosophique avec le *Solitaire premier*, annoncée comme la représentation mimétique d'une rencontre ayant vraiment eu lieu et dont l'idéal serait qu'il soit

---

[10]   L'occasion avouée de cette réédition de 1575 était de répondre par une version approuvée à une édition pirate qui, selon l'auteur « sortit sans [s]on nom ou aveu, il y a ja long temps, en lumiere » (p. XXIX).

« coulant en facilité d'un entretien vulgaire » (p. XXVIII)[11]. Le dialogue philosophique est en plus didactique : la communication référentielle se fera plus attractive par le biais alléchant de la représentation interactive d'une leçon entre un maître et son élève. Le genre exige en outre un aveu de fausse humilité de la part de l'auteur qui s'excuse du peu d'art de son style bas. En réalité, il s'agit de feindre cette facilité pour mieux donner à croire à la situation et la mettre ainsi sous les yeux d'autant plus vivement et avec d'autant plus d'*enargeia*. Parmi les données du mimétisme dialogique, la discontinuité, la digression, le style bas, occultés dans cette dédicace, sont mis en œuvre dans le texte lui-même avec insistance et brio.

L'appel obligé à la rhétorique de la fausse humilité pour affirmer le peu d'art du dialogue se retrouve dans les premières pages du dialogue proprement dit. Avant que le narrateur ne mette en place les circonstances qui amènent à la rencontre avec Pasithée et n'introduise l'échange entre le maître et l'élève, il s'excuse pour les interruptions introduites par les parenthèses et incises qui marquent le passage de la parole d'un interlocuteur à l'autre : « Restoit [écrit-il] de m'excuser de quelques, dy-je, dit-elle, repondy-je, adjoutay-je, demanda elle et autres semblables, qui empireront l'aspre rudesse de mon stile grossier » (p. 4). Il s'en excuse, mais il ne renonce pas à poursuivre l'exposition de cette pensée dans les conditions stylistiques et formelles que lui impose le dialogue.

Il a pour se justifier l'exemple de Platon et de Cicéron, « deux *diserts*, s'il en fut onques », qui eux non plus « n'ont effacé ceste mode d'escrire » (p. 4). Ce qu'il veut, poursuit-il, c'est « reciter *nuement* un deviz tel, qu'il s'en rencontre entre celle, que je cache souz le nom de Pasithee, et moy ». Selon les règles du genre, il ne cherche pas à « mettre en avant un œuvre elaboré *curieusement* », car, comme Platon et Cicéron, il ne s'est pas « forcé à plus estroites loix de bien dire » (p. 4, je souligne)[12]. Voilà succintement décrit le genre du dialogue et son esthétique : cette forme nue, proche de la conversation, exempt de tout soin particulier et renonçant aux lois du bien dire afin de rester fidèle au caractère non recherché de l'échange familier qu'il a l'habitude d'avoir avec son hôtesse, Pasithée ; un récit sans art, destiné à faire voir, à représenter un entretien dont il prétend respecter le caractère vivant et familier par l'absence

---

[11] Et cela, comme le note encore Fubini à propos de Bembo, dans ses propres dialogues des *Asolani* ou des *Prose*, sur le modèle de Cicéron qui, lui aussi, en recourant au latin, faisait appel au style bas de sa langue vulgaire alors que le grec aurait dû être de règle (Fubini, p. 23).

[12] Mario Fubini, dans son introduction à l'édition des *Prose e Rime* de Bembo déjà citée, rapproche cette préférence au désir « di poter sciogliere l'impegno scientifico in una conversazione piana e di tutto agio, di uomini che senza ostentazione partecipano il loro conoscenze » (p. 12). L'idée est ici d'une rencontre décontractée entre amis. Les premiers dialogues de Tyard en retiendront la dimension « conversation » mais emprunteront ailleurs, chez Léon l'Hébreu par exemple, la dimension amoureuse et subversive d'une relation interpersonnelle entre le maître et l'élève.

d'effets littéraires ou rhétoriques. Les interférences de ces « dit-elle » ou « dy-je » serviraient à le confirmer : ils sont les témoins de la référentialité d'un procès-verbal.

Si cependant, comme le suggère l'auteur à sa dédicataire, en 1575, ce texte est plus discursif que dialogique, plus philosophique que mimétique, c'est en fait aussi, et peut-être avant tout, parce que l'exposé « mythologique » lui-même est essentiellement monologique. Dès que l'on entre dans le « discours mythologique » en effet, le dialogue est quasi absent, seuls, le plus souvent, ces « dit-elle » et « dy-je » interrompent le flot d'un exposé plutôt académique et livresque. Or ces incises, dont le narrateur s'excuse, sont bien inoffensives en face du déferlement des interférences génériques. Il est en fait un aspect de ce texte qui met au contraire fortement en évidence la « facilité de l'entretien vulgaire » au niveau du mimétisme dialogique : c'est l'insertion entre les étapes successives de l'exposé philosophique des différents épisodes d'une relation amoureuse entre le maître et l'élève. Conçue comme véritable « corniche »[13] de l'exposé philosophique, la représentation de cette relation et des échanges interpersonnels et privés entre le maître et l'élève peut passer en effet pour constituer l'essentiel du dialogue dans le *Solitaire*, poursuivant non seulement une démarche parallèle à l'exposé philosophique, mais interférant avec lui. Le maître se fait amant et engage, au niveau diégétique du dialogue, un discours de séduction destiné à l'élève. Bien vite, ces interventions se transforment en véritable harcèlement, interrompant à toute occasion l'exposé philosophique.

Contrairement donc à ce que prétend la dédicace de 1575, loin de minimiser pratiquement dans le texte lui-même les interférences structurales, stylistiques ou génériques du dialogue, Tyard les met en scène de façon incontournable. Pour pouvoir affirmer que son dialogue est « plus remply de beaux discours tirez de l'ancienne Mythologie, que coulant en facilité d'un entretien vulgaire », il doit passer sous silence l'échange amoureux entre le maître et son élève qui représente plus d'un tiers du texte. C'est bien sûr aussi ce que fait le lecteur intéressé au seul contenu « mythologique » de ces discours. Le *Solitaire premier*, cependant, amplifie d'une manière exemplaire cette corniche, donnant à la forme du dialogue une importance démesurée par rapport à ce qui passe pour être son sujet essentiel. Plus que simple digressions, ces écarts

---

[13]   Ou encore *cornice*, « cadre » ou « fiction-cadre », au sens où on l'entend dans le *Décaméron* ou dans l'*Heptaméron* de Marguerite de Navarre. Voir sur ce point, Gisèle Mathieu-Castellani, *La conversation conteuse : Les nouvelles de Marguerite de Navarre*, Paris, Presses Universitaires de France, 1992 ; « Devis / récits : le cadre et le contrat narratif », pp. 57 sq., pour l'impact de la *cornice* sur le recueil de nouvelles, spécialement en ce qui concerne les rapports interpersonnels qui, comme c'est le cas dans les dialogues, « dessinent en filigrane une autre histoire et un autre commentaire » (p. 63).

constituent un véritable discours parasitique qui, aux yeux de l'élève, mettent sans cesse en doute la poursuite de la leçon de « mythologie ».

Je montre ailleurs l'insistance et la cohérence avec laquelle a lieu ce qui est bel et bien un détournement, une subversion du contenu discursif par les épisodes amoureux qui constituent cette corniche : les interférences qui en découlent vont prendre une ampleur telle que c'est la démarche philosophique néo-platonicienne elle-même qui finit par être occultée[14]. Cette première enquête porte essentiellement sur les interférences narratives entre ce que j'appelle le roman d'amour et l'exposé philosophique. Dans les pages qui suivent, je lis de plus près deux épisodes de la relation amoureuse pour montrer, à travers la conscience qu'en a l'élève, comment, responsable d'une véritable désinformation pédagogique, le maître détourne l'exposé sur les Muses à son profit : ses plaintes et ses efforts de séduction contribuent à épuiser, aux yeux de l'élève, les ressources rhétoriques nécessaires à la poursuite de l'exposé promis sur les Muses.

Dans le premier épisode, dédié au sexe des Muses (pp. 46-48), Solitaire, maître et amant, profite d'une question de Pasithée, l'élève aimée, pour affirmer que, si les Muses sont du sexe féminin, c'est que les « perfections sont nommées en plus grand nombre femelles que masles, ainsi que la femme est embellie de plus diverses perfections, que l'homme » (pp. 46-47)[15]. Parmi ces perfections, Solitaire inclut la constance[16], au grand étonnement de Pasithée qui, surprise, soupçonne quelque stratégie amoureuse à la place de la réponse attendue sur le sexe des Muses :

> Lors en souriant, je vous remercie Solitaire (dit Pasithée) de l'advantage, que vous donnez à ce sexe accusé ordinairement d'inconstance et de legereté. Mais je crain que ce que vous en dites, soit plus pour me contenter (car possible soupçonnez-vous que je me laisse avec plaisir chatouiller aux loüanges) que pour resolution veritable à ma demande. (p. 47)

Solitaire est ici accusé de détourner littéralement le discours mythologique de son objet : la dame soupçonne que s'il est capable d'attribuer

---

[14]   Voir « Interférences dialogiques et 'efficace' littéraire dans les *Dialogues philosophiques* », à paraître dans les actes du Colloque Pontus de Tyard, Paris-Créteil, 1998, éd. Sylviane Bokdam.

[15]   Rappelons que la dédicace de 52, adressée « aux doctes, gentils et gracieux esprits françois », après avoir affirmé qu'il apportait par son texte « choses jamais veues en vostre region », dédie l'essentiel du texte à la louange des femmes (pp. XIX sq.).

[16]   « [...] estant les vertus et les sciences féminines, il sembloit estre necessaire, que les Muses encor fussent nommées de mesme sexe, pour montrer, qu'ainsi que la femme est excellemment constante, l'erudition et la vertu sont la plus stable et immuable possession, que l'on puisse acquerir [...] » (p. 47).

ainsi paradoxalement la constance au sexe féminin ce ne peut être que pour la flatter.

Ce soupçon est confirmé par l'exploitation inattendue que l'amant s'apprête à faire de cette affirmation paradoxale. S'alliant aux reproches de l'amant et empruntant ses artifices à la sophistique amoureuse la plus excessive, la rhétorique de la séduction amoureuse va se faire de plus en plus tortueuse. Le maître répond à son élève qu'il est loin en réalité de vouloir la flatter et qu'au contraire, la constance qu'il reconnaît à son sexe est chez elle un grave défaut. Loin de contribuer à la flatterie que l'élève a cru y déceler, l'amant accuse cette constance d'être source de son malheur :

> Bien veux-je vous advertir (puisque vous m'avez piqué) que ce que j'ay loüé en vostre sexe est l'unique faute que je plain (pour n'oser dire blasmer) en vous. [...] la constance en vous accompagnée de tant d'excellences, est l'impiteux Tyran, qui souz vostre obeissance (Pasithée) me persecute et tient en martyre insupportable et continuel : car ayant mon jugement (assis sur la cognoissance des rares vertus et accomplies perfections qui vous decorent) engendré en moy un desir d'attaindre où l'amour me contraint d'aspirer : je rencontre vostre constance armée de liberté, qui vous sert d'un si ferme appuy, que je ne puis tant soit peu, vous flechir en une simple estincelle de reciproque affection. (pp. 47-48)

Ce serait donc dans son refus continuel de répondre à l'amour de son maître que l'élève fait principalement preuve de constance ; une telle constance se fait « Tyran » impitoyable et persécuteur de l'amant. Profitant de l'occasion pour corriger l'erreur d'interprétation de Pasithée qui a trop vite soupçonné la flatterie, Solitaire s'offre l'occasion de poursuivre sa stratégie amoureuse en rendant de plus en plus confuse la frontière entre le dialogue amoureux et le discours philosophique. Pour ce faire, il a passé sans crier gare de la constance, comme une des qualités féminines des Muses, à la constance avec laquelle Pasithée conserve sa liberté en refusant de répondre à l'amour que ses autres qualités ont provoqué irrésistiblement en lui. Il y a certainement ici une référence voilée à l'exigence platonicienne de la réciprocité amoureuse nécessaire au salut de l'âme désirante et que la dame, aimée en connaissance de cause, refuse, cruellement : il ne pourra ainsi pas « attaindre où l'amour [l]e contraint d'aspirer ».

Si l'élève s'était trompée en prenant ce qui était sensé être un reproche pour de la flatterie, elle ne s'est pas trompée en soupçonnant qu'au lieu de répondre à sa question portant sur le sexe des Muses, le maître avait véritablement détourné l'exposé philosophique de son objet, l'utilisant « plus pour [la] contenter [...] que pour resolution veritable à [s]a demande » (p. 47). L'exercice privé et intéressé de la séduction amoureuse finit par se confondre dans l'esprit du maître avec la leçon promise : la plainte amoureuse dont le dialogue se fait l'écho interrompt le discours philosophique. Pasithée, qui ne cesse de le ramener vers le sujet promis de leur leçon, exige ici qu'il lui offre une réponse moins intéressée à sa question sur le sexe des Muses :

> J'enten bien que c'est, Solitaire (dit-elle) vous avez envie d'entre-rompre avec vos plaintes la continuation de notre discours : mais si n'aurez vous de moy replique à vostre dernier propos, pour maintenant : parquoi ne laissez de me dire, si vous sçavez quelque autre raison, qui ait esmeu les anciens à feindre les Muses femelles. (p. 48)

L'élève dénonce ici explicitement l'existence de ces interruptions qui non seulement dérangent l'ordre de *leur* « discours », mais en détournent le contenu même, déformé, au profit de l'amour. Après avoir annoncé la possibilité d'entrer elle-même dans l'ordre du discours amoureux, elle la diffère, refusant d'y passer « pour maintenant », et ramène le maître à l'objet de la leçon. L'élève qui ne croit pas à l'explication donnée sur la « raison » pour laquelle les Muses sont du sexe féminin, demande à son maître s'il n'en connaît pas d'autres. C'est évidemment là la transition qui va permettre un retour au « discours mythologique ». Ainsi, plutôt que de poursuivre, selon sa préférence, la plainte amoureuse, le maître semble accepter de revenir, selon les vœux de l'élève, sur les autres raisons qui expliqueraient le caractère féminin des Muses, des vertus et du savoir[17] :

> Combien (luy respondy-je) qu'il me fust plus agreable de me douloir de vous à vous, pour du moins essayer d'esclaircir l'evidence, laquelle vous avez desja de ma servitude, si attendray-je une autre opportunité, pour (vous obeissant) ajouter à ce que je disois qu'en respect de la fertilité et feconde abondance des disciplines […] l'on comprend les Muses souz des noms feminins. (p. 48)

Le maître reconnaît ici le lien qu'il y a entre l'appel stratégique à la constance féminine et le désir « d'esclaircir l'evidence » de sa « servitude ». Dans son entreprise amoureuse, il a vraiment réussi à détourner le discours sur les Muses. Encore qu'il préfère se plaindre d'elle à elle, il veut lui obéir cependant et reprendre son discours philosophique, séparant à nouveau les deux plans du dialogue et de l'exposé. La dame avait raison de soupçonner l'attribution de la constance aux femmes. Il y a donc bien lieu de parler ici d'une véritable désinformation : à l'occasion de cette première explication du sexe des Muses, le maître a fait passer la constance comme une des qualités féminines des Muses, pour pouvoir ensuite se plaindre de ce que, chez son élève, cette

---

[17]   Voir note 16 ci-dessus, explication qui a été le point de départ de l'interruption qui prend fin ici.

constance est négative et lui fait tort à lui. La poursuite de ce thème sexuel n'est d'ailleurs pas exempte du même risque de détournement[18].

L'exemple précédant a illustré combien le maître sait exploiter la tortueuse et déconcertante *inventio* amoureuse par laquelle il essaie de piéger son élève pour « esclaircir l'evidence » de son amour. Aux dangers thématisés de l'*inventio,* à travers la conscience qu'en a la dame, l'épisode suivant ajoutera ceux de l'*elocutio*, des effets de style. Ensemble, ils minent, aux yeux de la dame, les ressources linguistiques dont le maître a besoin pour poursuivre son exposé philosophique. En plus de l'argumentation à laquelle on est déjà habitué, c'est en effet un véritable feu d'artifice que l'amant met en œuvre au profit de la séduction et de la plainte amoureuse. L'épisode vaut la peine d'être considéré dans son entier, car c'est sur la rhétorique de l'*inventio* et de l'*elocutio* de tout l'échange que porte la nouvelle dénonciation et, sur cet exemple, c'est certainement aussi toutes les autres interruptions qui, faisant chacune à sa façon appel à la rhétorique amoureuse, finissent par contribuer à l'essoufflement du discours philosophique.

Suivant le précédent, après quelque huit pages de monologue philosophique (pp. 48-56), ce second épisode amoureux (pp. 56 sq.) s'offre comme un écho amplifiant la rhétorique dans laquelle l'amant s'était déjà perdu. Il intervient à la fin de l'explication du sexe et du nom des Muses, tâche à laquelle le maître avait accepté de se mettre à la fin de l'interruption précédente (pp. 48 sq.). Faisant preuve de sa modestie habituelle, Pasithée avoue que si elle a compris tout ce que son maître vient de lui dire, cela n'est pas toujours le cas avec les livres qu'elle lit[19]. Elle s'en était déjà plaint, dit-elle, « […] quelque-fois […] je sentois en mon esprit une confusion de choses lesquelles je ne pouvois desgluer l'une de l'autre, et les mettre dehors avec quelque prompte facilité »

[18] En fait une ambiguïté syntaxique permettrait de comprendre la réponse de l'amant comme un refus de revenir sur le sexe des Muses, puisque précisément son début d'explication avait détourné la véritable réponse de son but. Proposer d'autres raisons qui auraient pu entraîner les Anciens « à feindre les Muses femelles » (p. 48) risquerait en effet de l'entretenir dans la voie du harcèlement amoureux. L'enchaînement syntaxique « pour (vous obéissant) ajouter à ce que je disois […] » sur « si attendray-je une autre opportunité », pourrait aussi se lire ainsi : « bien que je préfère me plaindre de vous à vous, j'attendrai une autre occasion pour vous obéir et pour ajouter à ce que j'ai déjà dit du caractère féminin des Muses ». Cette lecture est tentante, mais la suite, quoiqu'elle-même ambiguë, n'offre pas de contre-discours explicite. On s'attendrait en effet à voir le maître annoncer un nouveau thème philosophique à la place de la féminité des Muses, or ce n'est pas le cas. Je me contente donc de lire pour l'instant ce passage comme je le fais dans le texte : « bien que je préfère me plaindre de vous à vous, j'attendrai pourtant une autre occasion [pour le faire], pour rajouter maintenant, en vous obéissant, à ce que je disais des Muses ».
[19] Ailleurs dans le *Solitaire premier* (pp. 20-21), c'est l'efficacité de la voix sur la lecture qui est explicitement donnée comme cause de la supériorité de la leçon orale.

(p. 56). Le maître la reprend en lui disant qu'il ne s'en est pas aperçu et se lance dans une louange dithyrambique (et intéressée) des qualités intellectuelles de Pasithée :

> […] mais au contraire, je ne puis qu'admirer en si jeune aage, en si delicate personne moins propre pour endurer le labeur de l'estude, à laquelle encor (autant à mon regret qu'au vostre) vous ne pouvez despendre que le temps desrobé : je ne puis, dy-je, non admirer en vous l'abondance de tant de gentils discours, la cognoissance de tant de diverses choses, la promptitude de vostre langue diserte, et la fertile vivacité de vostre divin esprit avec ses graces infinies, qui m'ont tant indissolublement lié à vostre obeissance, et me tiennent admirateur continuel de vos rares vertus. (pp. 56-57)

L'élan de l'éloge, contredisant la modestie féminine, se transforme vite en flatterie amoureuse : ce sont les qualités intellectuelles qu'elle se dénie qui rendent l'élève encore plus admirable et plus aimable aux yeux du maître. Non content de la reprendre sur cette fausse modestie, il la lui reproche dans un mouvement rhétorique qui relie directement les qualités intellectuelles de Pasithée à un don des Muses. Dénigrer vos qualités, lui dit-il, pourrait vous valoir d'irriter les Muses qui en sont la source :

> Gardez-vous aussi, que le trop de modestie qui vous fait souvent estendre au mespris de vos graces, et plaindre du defaut des perfections (lequel à grand tort vous vous imputez) n'irrite les Muses, et non seulement les esmeuve à restraindre celle prodigue liberalité, avec laquelle elles vous font ouverture de leurs cabinets, mais encor retirent et vous ostent ce que vous avez d'elles. (p. 57)

La flatterie entraîne l'amant à confondre à nouveau les deux niveaux discursifs dans lesquels il s'est engagé : les Muses, qui sont le sujet de l'exposé philosophique maintenant interrompu, interviennent au sein de la corniche pour enrichir l'*inventio* à laquelle la rhétorique amoureuse a recours. Ironique à nouveau, la dame accepte malicieusement d'impliquer les Muses au niveau de l'échange amoureux. « [L]e regardant du meilleur œil », elle réplique qu'il pourra toujours servir d'intermédiaire en sa faveur : « je m'asseure que vous, qui leur estes tant serviteur, travaillerez en tout devoir pour les appaiser et les me rendre amies : feriez pas, Solitaire ? » (p. 57) Ce jeu dans lequel la dame accepte de rentrer souligne combien la dimension dialogique du texte est loin d'être marginale et accidentelle : elle se développe selon sa propre logique interne liée entre autre au *decorum* de l'échange social et de la conversation mondaine qui sont au cœur de ces dialogues.

La réponse du maître met en jeu, au-delà de la casuistique amoureuse la plus sophistiquée, les effets de style de questions quasi rhétoriques :

> Vous estes trop certaine (luy respondy-je) avec quel contentement je m'employe
> à vostre service ; et toutefois il ne faudroit que vous attendissiez de moy aide en
> cest endroit : car comment pourrai-je estre agreable à celles qui ne vous auroient
> en grace ? A celles qui ne me favorisent, sinon autant que vous l'impetrez
> d'elles, et que la devotion que je vous porte les prie ? Mais il vaut mieux que
> vostre modestie diminuée laisse plaindre les simples et ignorantes, et ne mesprise
> de vous en vous ce que les bons jugements loüent et reverent. (p. 57)

C'est trop attendre de moi que j'intervienne en votre faveur auprès de celles que vous auriez irritées par votre modestie. Les deux questions suivantes sont sensées clore un cercle vicieux dans lequel le maître enferme la dame : si vous irritez les Muses, je ne puis pas intervenir pour les apaiser en votre faveur, car en réalité elles ne m'écoutent que dans la mesure où vous le leur recommandez en m'étant favorable et où ma « devotion » envers vous les y engage si vous ne les irritez pas. En bref : si vous irritez les Muses, je ne peux rien pour vous, car vous les irritez ! Vous seule, la flatte-t-il, pouvez commander aux Muses et vous les rendre amies ; la fausse modestie ne vous convient pas : laissez les vraies ignorantes se plaindre et rendez-vous les Muses favorables en acceptant de reconnaître en vous-même ce que tout « les bons jugements loüent et reverent ».

Dans sa réponse destinée à relativiser cette importante interruption et à ramener le dialogue vers son sujet philosophique, l'élève dénonce explicitement les excès rhétoriques mis en œuvre par le maître : « Ne despendez tant (dit-elle) voz couleurs à me paindre (Solitaire) qu'il n'en reste pour achever vos Muses : et me dites pourquoy en les nommant vous n'avez tousjours observé un mesme ordre, les logeant chascune en son rang ordonné » (pp. 57-58). On ne peut pas ne pas penser à l'« ut pictura poesis » : les « couleurs » qui servent à « paindre » la dame sont évidemment celles d'une poétique de la flatterie et incluent ici aussi bien l'*inventio* que l'*elocutio*. En dépensant toute sa rhétorique au service de la flatterie, le maître épuise les ressources dont il aurait encore besoin pour poursuivre son exposé philosophique, qui, lui est-il rappelé, est loin de sa fin. Suivant le schéma de l'interruption précédente, et de toutes les interruptions semblables, Solitaire accepte de revenir à son exposé.

Ainsi dans le mouvement de va-et-vient entre les pôles littéraire et philosophique du texte, le dialogue va à nouveau faire place au monologue didactique du discours mythologique, ô combien plus plat, ô combien moins rehaussé de couleurs de rhétorique que ne l'est son effort amoureux! La rhétorique de la séduction mise en œuvre constitue une dimension de subversion littéraire dans lequel la dame voit un détournement de ressources qu'elle dénonce au nom du « discours mythologique » dont elle est la bénéficiaire et la jalouse gardienne. Marginalisée, dans la dédicace de 1575, pour mettre en évidence la dimension philosophique du *Solitaire premier*, non seulement la corniche dialogique ne cesse d'interrompre l'exposé philosophique, mais sa présence linguistique, encore que quantitativement moindre[20], est, rhétoriquement et stylistiquement, bien plus évidente.

Inséparable d'un texte sensé être le véhicule didactique d'une vulgarisation philosophique qu'il ne cesse d'interrompre, comme à l'élève, le mimétisme linguistique du dialogue nous semble dangereusement subversif. Il n'en reste pas moins qu'il appartient à l'essence du genre littéraire que Tyard exploite avec tant d'efficacité, contrairement à ce que la rhétorique de la fausse humilité propre à l'art du dialogue l'engageait à occulter. La rhétorique et la stylistique mises en jeu assurent que son *Dialogue des Muses* non seulement « coul[e] en facilité d'un entretien vulgaire » (p. XXVIII), mais finit par occulter le didactisme monologique des « discours tirez de l'ancienne Mythologie » (p. XXVIII), contrairement à ce que l'amant prétendait dans sa dédicace de 1575. À les passer sous silence, ainsi que n'importe quel autre aspect du mimétisme dialogique, au nom de sa gratuité et de son inutilité, on se condamne à ignorer la fonction littéraire du texte qui en est le résultat. À en tenir compte, à la suite de la dame, on s'engage dans une voie déroutante et ambiguë.

Comme toute littérature, le dialogue ne peut être philosophique qu'au prix de cette ambiguïté. Hybride, plutôt que dialectique, le dialogue philosophique est sans cesse en exil entre ses contraintes littéraires et référentielles, comme l'hésitation sur les titres du *Solitaire premier* le montre. Il n'est capable d'accomplir sa tâche philosophique qu'en fonction des risques que lui fait courir l'insidieuse rhétorique d'un désir amoureux qui ne peut manquer de naître, dans la perspective néo-platonicienne qui est au cœur de ce texte, entre le maître et son élève.

Jean-Claude CARRON
University of California, Los Angeles

---

[20]   Rappelons-le : un tiers environ du texte lui est consacré.

RONSARD DANS L'ŒUVRE DE
GUILLAUME DES AUTELZ

Si Guillaume Des Autelz n'a jamais fait partie de ce qu'on pourrait appeler la garde rapprochée de Ronsard au sein de la Brigade, il n'en a pas moins bénéficié, de la part du poète vendômois, de plusieurs actes de reconnaissance importants. Salué comme un des maîtres de la poésie amoureuse dans *les Amours*[1], Des Autelz, l'année suivante, est cité parmi les poètes invités à s'embarquer pour les « Isles Fortunées »[2]. La même année, dans *Le Cinquiesme livre des Odes*, son nom apparaît dans l'*Elégie à Jean de La Péruse*[3], où il est de nouveau salué comme poète amoureux, tandis que, dans un sonnet[4], c'est sa pratique de l'ode pindarique qui est célébrée. Il faut ensuite attendre 1560 pour trouver un hommage d'un autre genre : dans l'*Elegie à Guillaume Des Autelz gentilhomme Charrolois*[5], Ronsard s'adresse au poète engagé, regrettant que ses talents ne soient pas utilisés à leur juste mesure à un moment où la France sombre dans le désordre civil : face à un ennemi jugé comme un corrupteur du peuple, il faut, selon le Vendômois, « Par livres l'assaillir, par livres luy respondre »[6]. Certes, on est tenté de conclure à la rareté des mentions de Des Autelz dans le vaste *corpus* ronsardien. Trois remarques doivent néanmoins nuancer une telle conclusion. D'une part, l'éloge de Des Autelz, sous la plume de Ronsard, est chaque fois sans réserve ; d'autre part, Des Autelz est cité dans des textes aussi importants que l'*Elégie à Jean de La Péruse* ou *Les Isles Fortunées* ; enfin, peut-on imaginer marque d'estime plus incontestable que l'appel lancé dans l'*Elégie à Guillaume Des Autelz* dans le Livre V des *Poëmes* de 1560, à un moment où est assignée au poète une tâche noble et grave dans une situation de crise extrême ? De telles marques d'estime entrent-elles dans le cadre d'un rituel de célébration réciproque qui unirait les deux poètes ? Qu'en est-il de Ronsard dans l'œuvre de Guillaume Des Autelz, dont les premiers écrits datent de la fin

---

[1]   Voir le sonnet LXIII dans l'édition de 1552 où le nom de Des Autelz est associé à ceux de Pontus de Tyard, Du Bellay et Baïf. Dans *Œuvres Complètes*, édition de Paul Laumonier, t. IV, Paris, Nizet, 1982, p. 75.

[2]   *Lm*, t. V, Paris, Librairie Marcel Didier, p. 180, v. 76.

[3]   *Ibid.*, p. 262, vv. 49-52.

[4]   *Sonet à Guillaume Des Autelz Charrolois*, *Ibid.*, p. 223.

[5]   Dans les *Œuvres* de 1560, *Les Poëmes*, Livre V., *Lm*, t. X, Paris, Librairie Droz, 1939, pp. 348-62.

[6]   *Ibid.*, p. 350, v. 22.

des années 1540 et dont les derniers textes voient le jour en 1560, soit une période au cours de laquelle la suprématie de la poésie ronsardienne ne souffre guère de contestation ?

La carrière du poète charollais et celle du Vendômois commencent à peu près en même temps : rien d'étonnant à ce que Ronsard soit absent des premiers recueils de Des Autelz : *Le moys de May*, publié sans lieu ni date mais qui voit sans doute le jour en 1548 ou 1549[7], et le *Repos de plus grand travail*, qui sort des presses des imprimeurs lyonnais Jean de Tournes et Guillaume Gazeau en 1550. En revanche, Ronsard est bien présent dans le recueil qui sort des mêmes presses lyonnaises en 1551 : la *Réplique de Guillaume Des Autelz aux furieuses défenses de Louis Meigret. Avec la Suite du Repos de Lautheur.* La partie finale du texte polémique sur l'orthographe prend l'allure d'un véritable art poétique qui permet à Des Autelz d'affirmer ses principes et de se situer notamment par rapport à la *Deffence et Illustration de la langue francoyse* : l'auteur y défend en effet les « inventions » des « anciens François » contre ceux qui les appellent « espisseries »[8], réplique évidente au chapitre IV du livre II de la *Deffence*[9]. Particulièrement intéressante est la réflexion que Des Autelz consacre à l'ode au moment où Ronsard vient de livrer au public les quatre premiers livres, avec leur orgueilleuse épître liminaire « Au Lecteur » :

> Mais quand tu m'appelleras le premier auteur Lirique François, et celui qui a guidé les autres au chemin de si honneste labeur, lors tu me rendras ce que tu me dois, et je m'efforcerai de te faire apprendre qu'en vain je ne l'aurai receu[10].

Dans cette préface, Ronsard fournit involontairement à Des Autelz matière à controverse en s'octroyant un titre de gloire au regard de la langue et de l'histoire littéraire :

> Donques desirant [...] m'approprier quelque louange, encores non connue, ni atrapée par mes devanciers, et ne voiant en nos Poëtes François, chose qui fust suffisante d'imiter : j'allai voir les étrangers, et me rendi familier d'Horace, contrefaisant sa naive douceur, des le méme tens que Clement Marot (seulle lumiere en ses ans de la vulgaire poësie) se travailloit à la poursuite de son Psautier, et osai

---

[7] Voir Margaret L. M. Young, *Guillaume Des Autelz. A Study of His Life and Works,* Genève, Droz, 1961, pp. 36-39.
[8] P. 61.
[9] « Ly donques et rely premierement (ò Poëte futur), fueillete de main nocturne et journelle les exemplaires Grecz et Latins : puis me laisse toutes ces vieilles poësies Francoyses aux Jeuz Floraux de Thoulouze et au Puy de Rouan : comme rondeaux, ballades, vyrelaiz, chantz royaulx, chansons, et autres telles episseries, qui corrumpent le goust de nostre Langue, et ne servent si non à porter temoingnaige de notre ignorance ». *La Deffence et Illustration de la langue francoyse,* éd. Henri Chamard, Paris, Librairie Marcel Didier, 1970, pp. 107-09.
[10] *Lm*, t. I, Paris, Marcel Didier, 1973, p. 43.

le premier des nostres, enrichir ma langue de ce nom Ode, comme l'on peut veoir par le titre d'une imprimée sous mon nom dedans le livre de Jaques Peletier du Mans, l'un des plus excelens Poëtes de nostre âge, affin que nul ne s'atribue ce que la verité commande estre à moi[11].

Des Autelz a beau jeu de riposter : si le nom n'existait pas avant le Vendômois, la chose existait, et il saisit l'occasion pour laisser libre cours à son chauvinisme bourguignon :

Je veux aussi bien advertir les François, que nostre Bourgongne leur ha produit le premier, qui ha commencé de bien user de l'Ode, c'est Bonavanture des Periers, comme le montre son voyage de l'isle[12], ce que je ne dy pour diminuer l'honneur, deu à celuy qui en ce temps en ha fait un œuvre entier, selon mon avis, digne d'estre immortellement leu et loué : et le premier a donné le nom Grec à la chose qui estoit ja usitee et receue d'autres, sinon tant bien, au moins à mesme fin[13].

La prééminence de Ronsard dans la pratique du genre lyrique est reconnue, non le rôle inaugural qu'il revendique. Des Autelz ne met nullement en cause le mérite de Ronsard, qui est d'avoir, le premier, donné un recueil entièrement composé d'odes et d'avoir rendu au genre son nom grec. Il rectifie ce que les déclarations ronsardiennes pourraient laisser entendre, frustrant d'autres poètes comme Des Périers des lauriers qui leur reviennent. Au reste, l'éloge est sans réserve, et il sera repris dans la dernière page de l'ouvrage :

Il seroit difficile de dire combien meritent de louenges ceux, qui depuis ont mis en lumiere leurs doctes vers, principalement trois qui seront par tout assez nommez : combien que l'un ayt teu son nom, et l'autre l'ayt aucunement caché : leurs œuvres les louent assez[14].

Si Des Autelz ne cite aucun nom, il n'est pas difficile de voir dans ces trois poètes son propre Panthéon : son cousin Pontus de Tyard, sans nul doute le préféré, qui a « teu son nom » en publiant anonymement ses *Erreurs Amoureuses*[15] ; Joachim Du Bellay, dont le nom est « caché » sous les initiales I.D.B.A. qui signent *L'Olive* ; « Pierre de Ronsard, Vandomois », qui, lui, affiche fièrement son nom en tête des *Quatre Premiers livres des Odes*[16].

En somme, Des Autelz ne cache pas son admiration pour Ronsard mais conserve sa liberté critique, notamment par fidélité aux poètes de la génération précédente. La même attitude d'admiration critique se retrouve dans

---

[11]   *Ibid.*, p. 44.
[12]   Il s'agit du poème *Du voyage de Lyon à Notre-Dame-de-l'Isle*, publié dans le *Recueil des Œuvres de Feu Bonaventure Des Periers*, Lyon, Jean de Tournes, 1544. Voir les *Œuvres* de Des Périers, édition de Louis Lacour, Paris, P. Jannet, 1856, pp. 54-68.
[13]   *Réplique de Guillaume Des Autelz, aux furieuses défenses de Louis Meigret. Avec la Suite du Repos de Lautheur.* Lyon, Jean de Tournes et Guil. Gazeau, 1551, pp. 62-63.
[14]   *Ibid.*, p. 72.
[15]   Lyon, Jean de Tournes, 1549.
[16]   Paris, Arnoul L'Angelier, 1549.

l'antépénultième poème du recueil de 1551 : *Pour Platon : de la reminiscence, contre la VII. Ode du III. livre de Ronsard*[17]. Ici, Des Autelz se place sur le plan de la controverse philosophique non sans avoir pris quelques précautions de nature à ménager la susceptibilité de Ronsard. L'adresse initiale à sa Muse vaut mise en garde : il s'agit pour elle de prendre les armes « Contre une plus forte »[18], et la reconnaissance due à Ronsard exclut toute polémique :

> Toutesfois nomme avec honneur
> Ronsard, qui ha tant de bonheur
> Apporté en France en jeune aage,
> Que de luy apprendre l'usage
> De sonner proprement la Lyre[19].

Oubliant les réserves formulées dans la *Réplique*, Des Autelz va presque jusqu'à se faire l'écho des déclarations de Ronsard relatives à son rôle dans l'introduction de la poésie lyrique : précaution destinée sans doute à mieux faire accepter l'expression du litige. Le texte contre lequel réagit Des Autelz est une ode dédiée « A Maistre Denis Lambin »[20] : Ronsard y exprime sur un ton léger sa défiance à l'égard de la théorie de la réminiscence, avant de donner sa propre version de l'image aristotélicienne de la « table rase »[21] :

> Mais c'est abus, l'esprit ressemble
> Au tableau tout neuf, où nul trait
> N'est par le peintre encor portrait,
> Et qui retient ce qu'il i note[22].

La riposte de Des Autelz prend appui sur cette image du tableau avant de présenter deux arguments en faveur de la réminiscence : l'attirance de l'esprit pour les réalités intelligibles et le choix du chemin de vertu qui ne peuvent s'expliquer que parce que l'esprit en a eu connaissance avant d'être « au corps descendu ». Le véritable enjeu de cette controverse se trouve dans les choix poétiques du poète charollais :

> Pourroit bien mon foible cerveau
> Imaginer le premier beau
> Bellifiant les belles choses
> Qui sont en son bel œuvre encloses ?
> Non, mais alors il m'en souvient
> Que presenter à moy se vient
> L'interieur beau de ma Dame[23].

---

[17] Éd. citée, pp. 118-21.
[18] *Ibid.*, p. 118, v. 2.
[19] *Ibid.*, pp. 118-19, vv. 9-13.
[20] *Lm*, t. II, Paris, Marcel Didier, 1973, pp. 15-17.
[21] Aristote, *De l'âme*, III, IV, 430 A.
[22] Éd. citée, p. 16, vv. 14-17.
[23] *Ibid.*, vv. 31-37.

Le passage est d'importance, car il s'agit de légitimer le parti pris néo-platonicien de la poésie amoureuse de Des Autelz, parti pris qui, à ce moment, le rapproche de son cousin Pontus de Tyard.

La place de Ronsard dans le volume de 1553, l'*Amoureux Repos*, est plus importante. Trois des cent sonnets qui constituent la première partie du volume mentionnent Ronsard. La seconde partie du volume, les *Façons lyriques*, se referme sur un poème intitulé *De l'accord de Messieurs de Saingelais, et de Ronsart*. Enfin, et surtout, la préface des *Façons lyriques* est le lieu où s'exprime un nouveau litige avec Ronsard quant au choix du terme « ode » pour désigner le genre lyrique.

Les deux premiers sonnets mentionnant le nom de Ronsard (XXI et XXII) appartiennent à une série (XVII-XXII) dominée par le thème poétique. Ces cinq sonnets proposent un véritable parcours chronologique qui permet à Des Autelz de se situer dans la chaîne qui relie les poètes depuis les origines. Le poème XVIII, *De la force d'Amour, aux poëtes*, évoque successivement Homère, Virgile, Pétrarque et Maurice Scève. Le poème XX est adressé à Pontus de Tyard. Lorsque le nom de Ronsard apparaît dans le poème XXI, c'est dans un sonnet que Des Autelz adresse « A sa Sainte » et dont le titre est tout un programme : *De son Caos entrepris, et du Francion de Ronsart* :

> J'avoys déja sus d'Olympe le dos
> Assis (pour n'estre à autruy redevable)
> Les fondements d'une tour pardurable,
> Voulant au ciel faire toucher ton los :
>   Le monde ja brouillé en mon Caos,
> En t'admirant se voyoit admirable,
> L'Amant, l'Amour, et la beauté aymable
> En leur triade avoyent l'un tout enclos :
>   Mais j'abbas tout, puisque Terpandre encor
> Son doux luth change à un horrible cor,
> Pour en faire en France ouir sa Franciade :
>   Place Rommains, place écriveins Gregeoys,
> Voyci venir devers le Vandomoys
> Je ne say quoi plus grand que l'Iliade[24].

Le sonnet suivant porte le titre *De troys poëtes, et de soy*. Ronsard, Du Bellay et Tyard, déjà associés dans la *Réplique*, y sont successivement interpellés :

> Oste aux nouveaux, oste aux poëtes vieux
> Brave Ronsart, qui de main non craintive
> A l'autre Ajax as ravy sa captive,
> Cestuy laurier cestuy myrte envieux :
>   Doux Du Bellay, Du Bellay gracieux,
> Voy que Pallas produyt sa palle Olive
> En ta faveur, sus l'Angevine rive,

---

[24]   *Amoureux Repos de Guillaume Des Autelz Gentilhomme Charrolois*, Lyon, Jean Temporal, 1553, a vii v°.

> Pour l'honorer comme l'Attique, et mieux :
> Divin Tyard, dont l'aile inimitable
> Hausse le nom tetragrame, ineffable,
> Ta couronne est au ciel ou vas errant :
> Moy, pour avoir ou l'hierre, ou la vigne
> Du libre dieu, au nom de luy plus digne
> J'offre ma vie immortelle en mourant[25].

Dans les deux poèmes, Des Autelz met son activité poétique en parallèle avec celle de Ronsard. Le texte XXII exprime l'ambition du poète de rejoindre les trois phares de la poésie amoureuse que sont Ronsard, Du Bellay et Tyard, d'où la mention du « libre dieu », Dionysos, dont le patronage est appelé par le nom de sa Sainte, Denise. Cette ambition répond à l'abandon d'un projet épique dont fait état le poème XXI, où Ronsard est désigné sous le nom de Terpandre, que, dans un distique grec, Dorat lui a attribué dès la page de titre des *Quatre premiers livres des Odes*. On sait que le projet d'une grande épopée nationale hante Ronsard et qu'il est annoncé dès l'ode X du livre I, dédiée « A Bouju Angevin » :

> Mais mon ame n'est ravie
> Que d'une brulante envie
> D'oser un labeur tenter
> Pour mon grand Roi contenter,
> Afin que le miel de l'euvre
> Son oreille oigne si bien,
> Que facile je la treuve
> L'importunant pour mon bien[26].

Ce projet est esquissé par Ronsard dans l' *Ode de la Paix*[27] puis encore annoncé dans l' *Ode à Michel de l'Hospital*[28] où il demande aux muses leur assistance :

> Donnez moy le sçavoir d'eslire
> Les vers qui sçavent contenter,
> Et mignon des Graces, chanter
> Mon FRANCION sur vostre Lyre[29].

À un moment où Ronsard n'a pas encore obtenu de son roi les garanties matérielles qu'il juge nécessaires pour se lancer dans son entreprise, le texte de Des Autelz, quelles qu'aient été ses intentions, prend un caractère publicitaire et relaie dans une certaine mesure les revendications du Vendômois. Mais on retiendra surtout le fait que l'entreprise ronsardienne semble être la cause d'un renoncement du poète charollais : les quatrains du sonnet XXI esquissent un projet qui, à vrai dire, ne fait pas double emploi avec l'épopée projetée par

---

[25]   *Ibid.,* a vii v°-a viii r°.
[26]   *Lm*, t. I, vv. 17-24, pp. 122-23.
[27]   *Lm*, t. III, pp. 3-35.
[28]   *Ibid.,* pp. 118-63.
[29]   Pp. 147-48, vv. 519-22. Voir également, pp. 162-63, vv. 795-806.

Ronsard. Sous le titre de *Caos*, Des Autelz envisageait apparemment de chanter sa Sainte sous les traits d'une divinité ayant le pouvoir d'organiser les éléments et d'instaurer un ordre à l'image de sa beauté : une sorte d'épopée élémentaire dans laquelle le rôle de la Sainte serait celui que Lucrèce prête à Vénus en ouverture du *De natura rerum*. Tel n'est pas le propos de *La Franciade*, mais on peut se demander si Des Autelz n'avait pas interprété l'éloge initial du roi, dans l'« Ode de la Paix », comme partie du programme de *La Franciade* : le roi y est célébré comme celui qui a « fait reverdir l'age, / Où florissoit l'antique paix »[30]. Le passage se poursuit, en préambule à la prédiction de Cassandre qui est la véritable esquisse programmatique de *La Franciade*, par une célébration de la paix organisant le chaos :

> Laquelle osta le debat
> Du Chaos, quand la premiere
> Elle assoupit le combat
> Qui aveugloit la lumiere.
> Elle seule oza tenter
> D'effondrer le ventre large
> Du grand Tout, pour enfanter
> L'obscur fardeau de sa charge.
> Puis demembrant l'univers
> En quatre quartiers divers,
> Sa main divinement sainte
> Les lia de clous d'aimant,
> Afin de s'aller aimant
> D'une paisible contrainte[31].

C'est peut-être parce qu'il s'est mépris sur les véritables intentions de Ronsard, à supposer toutefois que celles-ci fussent claires et définitives pour le poète vendômois à l'époque de l'*Ode de la Paix*, que Des Autelz a renoncé à un projet littéraire qui l'aurait mis en concurrence avec celui qui s'affirme comme le chef de file de la nouvelle génération poétique. Le geste peut être interprêté comme un hommage et un acte de reconnaissance de la suprématie ronsardienne, puisqu'il s'agit de laisser le champ libre dans le genre qui est alors considéré comme le plus prestigieux : Du Bellay, dans *La Deffence et Illustration de la langue françoyse*[32], lui consacre un chapitre entier alors que les autres genres sont passés en revue en un seul chapitre[33]. C'est donc tout naturellement que Des Autelz peut affirmer se replier sur la veine amoureuse, dans le sillage du Ronsard des *Amours*, de l'auteur de l'*Olive*, de son cousin Pontus de Tyard, auteur des *Erreurs Amoureuses* : tel est le sens du sonnet XXII. Certes, rien n'oblige le lecteur à croire à l'existence de ce « Caos entrepris ». Pourtant, les vers suivants d'un autre poème du recueil de 1553 font peut-être allusion au même projet :

---

[30] P. 5, vv. 35-36.
[31] *Ibid.,* vv. 37-50.
[32] Livre II, ch. V, « Du long poëme François ».
[33] Livre II, ch. IV, « Quelz genres de poëmes doit elire le poëte François ».

> Cette paix me fait souvenir
> De la tienne avecques Mercure,
> Que (s'il te plait me survenir
> Phebus) de chanter j'auray cure.

Ces vers appartiennent à un poème où il est encore question de Ronsard : la dixième et dernière « façon lyrique », intitulée *De l'accord de messieurs de Saingelais, et de Ronsart*[34]. Des Autelz y célèbre la réconciliation encore toute récente entre les deux poètes[35] et il saisit l'occasion pour esquisser lui aussi, dans un chant qui permet à Hermès de se concilier l'amitié d'Apollon, ce qui aurait bien pu être le propos de son épopée élémentaire :

> Il chanta quel commencement
> Avoyent eu les cieux, et la terre,
> Et comment chacun element
> Voulut son propre siege querre :
> Des grans dieux la gloire il sonna,
> Mais l'honneur premier il donna
> A l'Amour, divine lumiere,
> Qui hors du caos s'envolant,
> Le desordre alla démélant
> De la confusion premiere :
> Apres, Juppiter pourvoyant
> Aux choses qui au monde duysent :
> Et puis les Muses, qui conduysent
> Les accors du ciel tournoyant.

Si, dans ces vers, il n'est pas question de la Sainte, au moins le chant d'Hermès semble-t-il coïncider dans ses grandes lignes avec le projet mort-né présenté dans le sonnet XXI.

Ainsi, dans le recueil de 1553, Ronsard apparaît-il par deux fois dans des contextes où il est question de paix : on est tenté de sourire en voyant le virulent détracteur de Meigret se donner des airs de colombe et fustiger la discorde lorsqu'il évoque la brouille entre Ronsard et Saint-Gelais :

> Pas ne convient à notre foy
> L'envie qui tant se débride,
> De Pindare et de Bacchylide,
> Ny à la court de notre Roy.

S'il s'efface devant Ronsard dans le domaine de l'épopée, Des Autelz n'en vient pas moins chasser sur les terres du Vendômois avec ses *Façons lyriques*. Non, d'ailleurs, sans faire entendre sa différence : après avoir reproché à Ronsard, dans la *Réplique*, d'oublier que, si le nom d'« ode » n'existait pas

---

[34]   Éd. citée, i ii v°-i iv r°.
[35]   Sur cet épisode, voir notamment Michel Simonin, *Pierre de Ronsard*, Paris, Fayard, 1990, pp. 141-43.

avant lui, la chose, elle, existait, il conteste, dans l'épître liminaire « Au lecteur »
des *Façons lyriques*, le choix terminologique de Ronsard, et justifie son propre
choix d'un terme français plutôt que grec :

> Voyla pourquoy j'use des tiltres françois, et appelle FAÇON ce, qui en grec par
> Pindare heut esté appelle ΕΙΔΟΣ. Tu aviseras si j'ay bien sceu trouver la
> convenance d'un mot à l'autre, mais je te veux bien avertir, qu'à ses escriz chacun
> peult donner tel tiltre qu'il luy plait : pourveu que le nom signifie sa chose. Or
> pource que de tous les poëmes, le lyrique est celuy qui se diversifie en plus de
> façons : tel nom m'a semblé tant convenant, que je croy Pindare avoir usurpé le
> sien, pour mesme raison : sans ce que le mot FAIRE, duquel FAÇON est descendu,
> est propre aux poëtes[36].

Ronsard n'est pas cité, mais le propos ouvre, sinon une polémique, du moins une
controverse : aussi Des Autelz a-t-il pris soin, une fois de plus, de faire précéder
son propos d'une clause de modestie à destination des poètes lyriques qui l'ont
précédé :

> Ce n'est par audace, lecteur, ny desir d'entreprendre choses plus nouvelles, que ces
> divins espritz, lesquelz avecques toy j'admire, premiers auteurs de notre lyre
> françoise : que j'ay tiltré mes vers autrement qu'ilz n'ont fait. Mais plus tost tu dois
> penser, que connoissant la foiblesse de mes epaules non egales au poix du fardeau
> grec, ou latin, je n'ay osé prendre leurs noms : pour crainte de te tromper d'une
> esperance de voir en mes euvres mesme majesté.

En dépit du pluriel, Des Autelz vise d'abord Ronsard et sa fierté d'avoir, « le
premier des nostres », enrichi le français « de ce nom Ode ». Malgré de telles
précautions, il apparaît que Des Autelz était suffisamment satisfait de son choix
terminologique pour le justifier à nouveau dans un texte post-liminaire qui,
refermant les *Façons lyriques*, s'en remet au jugement du lecteur :

> Ce peu de mes Façons Lyriques, ne t'est presenté, Lecteur, que pour avoir ton avis,
> pour parfaire le reste : de mesme ruse qu'Apelles proposoit à la veüe du peuple ses
> tableaux, écrivant au dessous APELLES FAISOIT CECY, et non pas A FAIT,
> donnant entendre encores l'imperfection : à laquelle il ajoutoit, selon l'avis de
> chacun qui en parloit, moyennant que le courdouannier ne passast point la
> pantoufle. A l'exemple duquel jay intention de corriger mes vers : et mesmes ne
> suis point opiniatre, que si je voy que la plus saine partie de noz françois treuve
> mauvais les noms que j'ay prins, je ne remette bien les grecz en leur place[37].

Certes, Des Autelz se ménage une certaine marge de manœuvre face au jugement
des lecteurs : selon quels critères, sinon très subjectifs, sera-t-il décidé que
d'éventuels détracteurs appartiennent à « la plus saine partie de noz françois » ?
Reste que cette postface confirme le prix que notre auteur accordait à sa
trouvaille lexicale : si l'engagement — jamais tenu — de corriger ses vers fait

---

[36]   Éd. citée, d viii r°-v°.
[37]   *Ibid.*, i iv v°.

l'objet d'une phrase, le poète consacre une bonne demi-page à son choix terminologique. C'est visiblement sur ce terrain qu'il entend affirmer son originalité, et, s'il s'en remet au jugement du lecteur, c'est sans doute parce que c'est sur ce terrain qu'il rêve de rivaliser avec Ronsard, voire de l'emporter : en choisissant le nom d' « ode », le Vendômois n'avait-il pas quelque peu usurpé une paternité littéraire qui revenait à d'autres ? Tel était le grief présenté dans la *Réplique*.

En fait, il apparaît que Des Autelz rêve d'un partage des tâches et de la gloire littéraire au moment où la prééminence ronsardienne s'affirme. Ce rêve apparaît nettement dès la première façon lyrique, *Au roy* :

> Ton Ronsard jusques au bout
> Du monde, qui te craint tout,
> Bruyra l'honneur de tes armes :
> Mais ta Justice et tes loix
> Joindront aux cordes mes dois,
> Sujet de mes petitz carmes.
>
> Ton los n'est point plus haussé,
> Et n'est point plus abbaissé
> Par le sceptre, ou par la lance :
> Mais est egalement droit
> En l'un, et en l'autre endroit,
> Comme la juste balance[38].

Pour Ronsard, la célébration de la gloire militaire du roi, le domaine épique. Pour le juriste Des Autelz, l'éloge du souverain garant de la justice. L'auteur prend soin de souligner l'égalité de dignité des deux fonctions royales en utilisant l'image des plateaux de la balance : égalité en dignité qui rejaillit sur les actes poétiques qui leur sont consacrés, donc sur les poètes, quel que soit leur domaine de spécialisation. Ajoutons que si la façon lyrique qui célèbre la réconciliation de Ronsard et de Mellin de Saint-Gelais occupe une place de choix dans le recueil, la dernière, et si le nom de Ronsard fournit la dernière rime, d'autres poètes ont été l'objet d'attentions marquées : Pontus de Tyard, à qui est consacrée la troisième façon lyrique, et Joachim Du Bellay, à qui est consacrée la quatrième.

Si dans les recueils de 1551 et 1553 Des Autelz prend toujours soin d'exprimer son admiration pour Ronsard et de ménager sa susceptibilité, il en va tout autrement dans la fantaisie satirique au ton rabelaisien qu'est la *Mitistoire barragouyne de Fanfreluche et Gaudichon*. Nous disposons de deux éditions de ce texte : l'une parue à Lyon chez Jean Dieppi en 1574, l'autre à Rouen chez Nicolas Lescuyer en 1578. La première édition, perdue, de la *Mitistoire* semble néanmoins bien antérieure et pourrait remonter au moins à 1555 : c'est la date d'une lettre d'Étienne Pasquier à Ronsard qui fait une allusion à l'ouvrage de Des

---

[38]   *Ibid.*, e ii r°-v°.

Autelz, sans d'ailleurs citer l'auteur[39]. Très probablement, donc, la première édition de la *Mitistoire* se situe à un moment très proche des deux recueils dans lesquels nous avons rencontré Ronsard. Le chapitre de la *Mitistoire* dans lequel nous le retrouvons est d'ailleurs largement marqué par l'actualité littéraire de ces années.

Il s'agit du chapitre XIV intitulé « Des Poetes Françoys »[40]. Le héros, Gaudichon, arrive au sommet de l'Hélicon où, sous la conduite de « Madame Calliope », il découvre les poètes grecs, latins, italiens puis français. Ces derniers seuls intéressent Gaudichon, de sorte que ceux qu'il rencontre font l'objet d'une brève présentation. Aucun n'est nommé, mais l'auteur permet l'identification au moyen d'allusions transparentes à caractère satirique ou facétieux. Après Peletier du Mans, Scève, Tyard, Du Bellay, Des Autelz lui-même, les « translateurs » et les « pindariseurs », ceux qui, « suyvans la proprieté de leur langage, donnent à entendre leurs doctes conceptions à tout le monde » — les préférés du héros —, apparaît celui que nous pouvons identifier comme le chef de la Brigade :

> […] mais qui est ce jeune brave, qui faict entrer ceans ceux qu'il veut, et en chasse ceux qu'il luy plaist ? Je ne sçay, je vous asseure, dict-elle, c'est la premiere fois que je le veis onques ceans, celuy là se faisoit appeler sergent de bande, et estonnoit toutes les Muses avec des mots d'un pied et demy. Certes il parloit doctement, mais il estoit fort outrecuidé, et ainsi gastoit son vin à force d'eau.

La ponctuation de l'édition Dieppi, que nous avons respectée[41], masque le retour au récit après la réponse de Calliope. Que cette dernière découvre le « jeune brave » en même temps que Gaudichon est le signe d'une intention satirique claire : il s'agit bien de dénoncer l'outrecuidance d'un nouveau venu qui se comporte, dans le séjour des poètes immortels, en pays conquis. Le comportement qui suscite la question initiale de Gaudichon vise non seulement le chef de la Brigade qui délivre les certificats d'admission dans son groupe selon son bon plaisir, mais encore celui qui se donne le droit de décider des labels de qualité poétique. Si Des Autelz retient comme seul trait stylistique caractéristique du « jeune brave » l'usage de « mots d'un pied et demy », ce n'est pas seulement pour stigmatiser les orientations de la Brigade dans le domaine lexical : avant la rencontre du « sergent de bande », Gaudichon a rencontré les poètes qui ont eu sa préférence, caractérisés par la simplicité et la clarté de leur expression. Puisqu'il s'agit d'un groupe, il faut probablement voir en eux, pour simplifier, les poètes marotiques, ceux de la génération antérieure à la Brigade et si sévèrement jugés par elle. Des Autelz n'adhère pas au caractère abrupt de la réaction des ronsardiens contre leurs prédécesseurs. Son attitude plus consensuelle donne à l'*Amoureux Repos* son allure composite : après les sonnets, les façons lyriques, et

---

[39]   Les éditions de 1574 et 1578 sont anonymes : il en était probablement de même dans les
       éditions antérieures supposées. Voir sur ce point Margaret L. M. Young, *op. cit.* pp. 98-99.
[40]   e ii v°-e vi r° dans l'édition Jean Dieppi.
[41]   Ponctuation identique, pour ce passage du moins, dans l'édition Lescuyer.

une élégie « à la toute divine de Pontus de Tyard », le recueil se referme sur un album d'épigrammes. Le deuxième poème de cet album, dédié à Tyard, justifie le retour à une manière plus simple en des termes qui rappellent ceux employés pour caractériser le groupe des marotiques dans la chapitre XIV de la *Mitistoire* :

> Je suis contraint de retraire
> Ma Muse, de tes hauteurs,
> Et par des vers plus flateurs
> Luy commander de complaire
> Aux oreilles du vulgaire :
> Celui qui ne veut que rire
> Fuit les douceurs de la lyre
> Du harpeur grec, ou latin,
> Et se baigne plus à lire
> En Marot, serre Martin[42].

Dans la *Mitistoire*, aucun des poètes rencontrés par Gaudichon n'est épargné : c'est la loi du genre auquel sacrifie Des Autelz. Ronsard, cependant, pourrait apparaître comme le plus malmené, s'il n'était à son tour mis en situation de victime :

> Toutesfois pour la bonne indole de sa jeunesse, Phœbus le regardoit de bon œil, quand voyci arriver un maistre Pedant, tenant en main une poignée de verges (sceptre vrayement digne de sa magistralité) qui vint lourdement frapper sus ce jeune homme de grand espoir, chose qui fut desplaisante à toute la compagnie : tant pour-ce qu'en maint endroict il fut reprins à tort par ce Magister, extraict de grimaude Pedanterie, comme pour-ce que la faulte qu'il avoit faicte par trop de hardiesse, ne meritoit que d'avoir un peu l'aureille tirée. C'est celuy qui se veut nommer, comme anciennement on souloit appeller le moys de Juillet du nombre de son ordre, faisant la superstition de tels Grammatistes resveurs pour l'e imparfaict, qu'ils appellent fœminin, comme si Claude, Antoine, Pierre, Pie, Helie, Hieremie, etc. n'estoient noms d'Hommes. Je te prie pauvre haire de Quintil, puis que tu ne t'oses nommer autrement, n'ayes honte de t'appeller Quintilie, ou Quintile, à l'exemple de Vergile, combien qu'en reprenant à tort, par frivoles raisons et escrits publics, tu ne merites le nom de celuy qui reprenoit bien, et en secret[43].

On reconnaît aisément, sous les traits du « Magister », celui qui fut Principal du Collège de la Trinité, à Lyon, de 1540 à 1551[44], et qui répondit avec virulence à la *Deffence et Illustration de la langue francoyse* par le *Quintil Horatian*, auquel il est fait allusion dans le passage cité. Des Autelz, qui aime décidément jouer les justiciers, rend à Aneau la monnaie de sa pièce en le reprenant sur son pseudonyme, comme en réponse aux plaisanteries qu'Aneau avait faites, dans le

---

[42]   Éd. citée, i vii r°-v°.

[43]   Éd. citée, e v r°-v°

[44]   Voir Brigitte Biot, *Barthélemy Aneau, régent de la Renaissance lyonnaise*, Paris, Champion, 1996, pp. 120-49.

Quintil, sur les initiales qui avaient servi de signature à Du Bellay[45]. Là est sans doute le point le plus intéressant de notre passage : le jeune poète agressé par le « Magister » ne peut être que Ronsard, l'allusion à « la bonne indole de sa jeunesse », autrement dit Cassandre, le confirmant s'il en était besoin. La scène, pourtant, ne peut renvoyer qu'à la polémique entre Du Bellay et Aneau, ce dernier n'ayant jamais directement visé Ronsard dans le *Quintil Horatian*. Des Autelz se livre à un véritable amalgame qui en dit long : plutôt qu'une étourderie, il semble qu'il faille voir dans la confusion qui s'opère dans cette scène entre les figures de Ronsard et Du Bellay une expression de la profonde solidarité, voire complicité, qui existait, aux yeux du public, entre les deux fondateurs de la Brigade : le programme de la *Deffence* était, notoirement, non le programme du seul Du Bellay, mais celui aussi de Ronsard. Autrement dit, en s'attaquant à la *Deffence*, le *Quintil*, à travers Du Bellay, ne peut qu'atteindre Ronsard. Notons d'ailleurs que, si Des Autelz caricature à son tour Aneau, la défense du jeune poète n'est pas dépourvue d'un certain humour : conformément à la première image que le texte nous offrait de Ronsard, c'est bien un poète en enfance que nous avons sous les yeux, dont les sottises sont de peu de conséquences et qui ne mérite, pour tout châtiment, que de se faire un peu tirer l'oreille !

De toute évidence, dans les premières années de la décennie 1550-1560, Ronsard force l'admiration de Des Autelz en même temps qu'il agace et qu'il est ressenti comme un rival un peu encombrant : face au Vendômois, le Charollais aspire au moins à une meilleure répartition des tâches et des lauriers. Célébré, le chef de file de la Brigade est donc considéré aussi avec une certaine réserve critique qui vise d'ailleurs plus l'homme, avec ses faiblesses, que le poète. Cette réserve disparaîtra à la fin de la carrière de Des Autelz. Ce dernier observe un long silence après la publication de l'*Amoureux Repos*[46] en 1553 : il faut attendre 1559 pour lire la *Remonstrance au peuple Françoys, de son devoir en ce Temps, envers la majesté du Roy*[47], l'*Encomium Galliae Belgicae*[48], *La Paix venue du Ciel*[49], suivis en 1560 de la *Harengue au Peuple Francois contre la rebellion*[50]. On retrouve Ronsard dans deux de ces quatre ouvrages : la *Remonstrance au peuple Françoys* proprement dite est suivie de trois poèmes constituant une série

---

[45] Voir le *Quintil Horacien*, pp. 191-92, in *Traités de poétique et de rhétorique de la Renaissance*, éd. de Francis Goyet, Paris, Librairie générale Française, « Le livre de poche », 1990.

[46] À moins que la première édition de la *Mitistoire* intervienne entre celle de l'*Amoureux Repos* et 1555.

[47] Paris, André Wechel.

[48] Anvers, Christophe Plantin.

[49] Anvers, Christophe Plantin.

[50] Paris, Vincent Sertenas.

thématique dont le premier est l'*Eloge de la Paix. A Pierre de Ronsard*[51]. L'*Encomium Galliae Belgicae* contient un poème de 24 vers, *Ad. P. Ronsardum*, qui est un éloge univoque et conventionnel.

En ces années 1559-1560, le contexte a bien changé par rapport au début de la décennie. Les préoccupations littéraires prennent un importance relativement moindre alors que le contexte politique et religieux conduit les poètes à s'engager dans les grandes causes de la vie publique. Ainsi, la *Remonstrance au Peuple François* s'inscrit-elle dans le contexte des tensions entre les troupes françaises et les troupes espagnoles aux ordres du Duc de Savoie : tandis que l'affrontement paraissait inévitable à la fin de l'été 1558, l'ouverture de négociations permit d'aboutir à la signature du Traité de Cateau-Cambrésis en avril 1559. La production de Ronsard reflète les incertitudes de cette période : à son *Exhortation au camp du roy Henri II*, écrite fin août 1558, et destinée à stimuler l'ardeur guerrière des troupes françaises, succède l'*Exhortation pour la Paix*, rédigée selon Paul Laumonier en septembre ou au début d'octobre 1558[52]. La même incertitude est reflétée par le recueil de Des Autelz : la *Remonstrance* proprement dite délivre un message clair : le peuple de France doit se tenir prêt à servir son roi, voire à se sacrifier pour lui. Message qui ne serait déjà plus de saison lorsque le texte fut publié, si on ne lisait les vers suivants

> Or tant que tu seras, ma FRANCE, si loyalle
> Dieu tousjours t'aydera : car à Dieu tout puissant
> Rien n'est qui plaise plus, qu'un peuple obeissant,
> Et qui envers son Prince est de loyal courage :
> Le tresbon tresgrand Dieu rien ne hayt daventage
> Qu'un peuple desloyal aux Princes : car le lieu
> Ilz nous tiennent, et sont comme images de Dieu.
> Par ce moyen tu peux la douce paix acquerre :
> Et par ce seul moyen chasser dehors la guerre.
> Quand l'ennemy sçaura quel bon devoir tu fais,
> Luy mesme nous tendra le verd rameau de Paix :
> Sachant que nulle force a pouvoir d'effroyer
> Un peuple si loyal qui sçait bien guerroyer[53].

Passage important, peut-être rajouté après coup pour donner actualité au texte, et qui explique les trois éloges successifs regroupés à la fin du volume, le dernier, l'*Eloge de la Guerre* dédié à Jodelle, étant un éloge paradoxal. L'*Eloge de la Paix. A Pierre de Ronsard* est constitué pour l'essentiel d'un tableau du retour à une sorte d'Age d'Or grâce à la paix. Ce tableau est précédé d'un vœu adressé à Ronsard :

---

[51]   Suivent l'*Eloge de la Trefve. A Joachim Du Bellay* et l'*Eloge de la Guerre. A Estienne Jodelle.*
[52]   Voir *Lm*, t. IX, Paris, Nizet, 1982, p. X.
[53]   Éd. citée, p. 8.

> Veullent les Dieux, Ronsard, que les Princes, qui lisent
> Maintesfois tes beaux vers, et à bon droit les prisent,
> En lisant ceux, lesquelz nagueres tu as faictz
> Pour leurs cœurs endurciz inciter à la Paix,
> Ayent par tes raisons aussi douces que sages,
> Et si tost, et si bien amolly leurs courages,
> Qu'ayans de leurs subjectz, et d'eux mesmes pitié,
> Ilz changent leur querelle en constante amitié.

Des Autelz fait allusion dans ces vers à l'*Exhortation pour la Paix*. Au moment même où il s'engage en faveur de la paix, on le voit formuler un vœu pour la réussite de l'intervention ronsardienne en des termes qui sont riches de sens : dans le contexte de cette époque, une nouvelle mission du poète se dessine : celle d'intermédiaire entre le souverain et son peuple, et celle de conscience du souverain. Les premiers vers de l'adresse à Ronsard disent nettement la foi en une efficacité de la poésie, un pouvoir qu'elle peut exercer sur les hommes de pouvoir. Évidemment, le statut du poète s'en trouve considérablement valorisé, et il le sera d'autant plus que l'efficacité de sa parole sera vérifiée par les faits, en l'occurrence par le triomphe de la paix. D'où les vers qui servent de conclusion au poème de Des Autelz, après le tableau du royaume plongé dans un nouvel âge d'or :

> Tous les poëtes lors des Princes et des Roys
> Chanteront les honneurs : entre lesquelz ta voix
> Surpassera d'aultant qu'un horrible tonnerre
> Du ciel, passe le bruit qui se fait en la terre.
> Ha qu'il me tarde à voir, en ce doulx temps promis,
> Les graces qui suyvront la fille de Themis.

Le rêve de paix coïncide avec celui d'une stabilité sociale dans laquelle les poètes s'insèrent harmonieusement et confortablement derrière leur divin chef de file, vouant leurs plumes à l'éloge des grands, garants de cette harmonie. De rivalité, à ce moment-là, il n'est plus question. S'exprime plutôt la solidarité des poètes qui partagent l'engagement pour une même cause. On sait ce qu'il advint du rêve de paix de Guillaume Des Autelz : l'année suivante il dut rappeler, dans la *Harengue*, le peuple français à son devoir d'obéissance : avec la Conjuration d'Amboise, qui a dicté au poète le dernier texte que nous avons de lui, ce sont de bien mauvais jours qui s'annoncent pour le royaume. C'est le moment où le poète charollais reçoit le plus bel hommage que lui ait jamais rendu Ronsard : celui de l'*Elégie à Guillaume Des Autelz*.

Le poète cher au cœur de Guillaume Des Autelz, n'en doutons pas, était son cousin Pontus de Tyard. Ronsard, pour sa part, était l'incontestable figure dominante à l'époque où Des Autelz donnait l'essentiel de sa production, de sorte que, à travers la façon dont il évoque le Vendômois ou s'adresse à lui, ce sont souvent ses propres aspirations et ses propres ambitions que trahit le poète charollais. Indéniablement, Ronsard force l'admiration de Des Autelz, en même temps qu'il l'agace par une réussite et une prééminence orgueilleusement assumées. Aussi, l'éloge peut se faire assassin : célébrer la réconciliation entre Ronsard et Saint-Gelais est aussi l'occasion, discrètement saisie, de rappeler qu'il est de grands poètes qui s'autorisent des bassesses de comportement indignes. Certes, dans la première partie de sa carrière, Des Autelz ne peut que s'incliner devant le Vendômois, et au besoin faire habilement rejaillir l'éloge sur sa propre personne : en prétendant abandonner son « Caos entrepris », ne camoufle-t-il pas en retrait magnanime ce qui n'est peut-être qu'une incapacité à faire aboutir un projet trop ambitieux ? Dès lors, les irrévérences que l'on peut se permettre dans une fantaisie rabelaisienne comme la *Mitistoire barragouyne*, si elles sont corrigées par le respect affiché dans les œuvres plus sérieuses, traduisent peut-être des sentiments plus authentiques que les éloges convenus. Beaucoup moins problématiques sont les sentiments que laissent deviner les œuvres de la deuxième et dernière période de la carrière de Guillaume Des Autelz. Les poètes, à ce moment-là, ne sont plus dans la même situation de rivalité. Dans un contexte beaucoup plus tendu, ce sont plutôt les complicités et la nécessité de se réunir autour de valeurs communes qui importent. La poésie, à ce moment-là, se prête à des actes militants et politiques, les livres peuvent se révéler aussi efficaces que les armes, et le poète aspire à conquérir un nouveau statut dans la cité. Sans vouloir minimiser la sincérité des ultimes entreprises littéraires de Des Autelz, on peut s'interroger sur la part d'ambition personnelle, voire d'opportunisme, qui a motivé ce retour à la pratique littéraire après un long silence. Si Ronsard, à cette époque, n'a déjà plus grand chose à prouver, Des Autelz, lui, peut espérer commencer une seconde carrière.

Daniel MARTIN
Université de Provence

GABRIELLE DE COIGNARD
« SUR LA MORT DE RONSARD » (1594)

La mort de Ronsard le 27 décembre 1585 eut des répercussions profondes dans le monde littéraire de la Renaissance. Des témoignages de toutes sortes font foi de l'estime que lui portaient ses contemporains — les amis de longue date, les disciples et les admirateurs plus éloignés comme la poétesse toulousaine Gabrielle de Coignard. Comme dernier hommage au gentilhomme vendômois, elle composa un sonnet intitulé « Sur la mort de Ronsard », qui rappelle étrangement le tombeau écrit par Ronsard lui-même avant sa mort :

Muses, sçavez vous point la piteuse avanture,
Qui a d'un coup mortel affligé l'univers ?
Ouy, vous la sçavez, d'un nuage couvers,
Vos beaux yeux vont pleurans ceste mesadvanture.

Vostre Apollon est mort, couvres sa sepulture
De vos cheveux dorez, faictes cent mille vers
À celuy qui premier planta vos lauriers vers,
Et vous faict honorer d'un los qui tousjours dure.

Dieu l'a voulu tirer du cloistre de ce corps,
Sa belle ame a trouvé les celestes accords,
Ayant vollé plus haut que le mont de Parnasse.

Ronsard est immortel en la terre et aux cieux,
Nous heritons icy ses labeurs precieux,
Il possede le ciel voyant Dieu face à face.
— Gabrielle de Coignard, « Sur la mort de Ronsard »,
Sonnets spirituels, CXXIX (1594)[1]

Ronsard repose icy qui hardy dés enfance
Détourna d'Helicon les Muses en la France,
Suivant le son du lut et les traits d'Apollon :
Mais peu valut sa Muse encontre l'eguillon
De la mort, qui cruelle en ce tombeau l'enserre.
— Pierre de Ronsard, « Pour son tombeau »,
Les Derniers Vers (1586)[2]

Que savons-nous de la vie de Gabrielle de Coignard dans ces années-là, de sa relation à Ronsard, qui aurait pu motiver cette composition ? Quelle est la

---

[1]   Toutes les références à cet ouvrage proviennent de notre édition critique (désignée par la suite par *OCH*): Gabrielle de Coignard, *Œuvres chrétiennes*, Genève, Droz, 1995. Ce poème, composé aux alentours de 1586, se trouve pp. 295-96.

[2]   In *Céard et al.*, t. II, p. 1104.

signification de ce poème dans les *Œuvres chrestiennes* (1594), le seul ouvrage qu'il nous reste d'elle ? Quel impact la mort de Ronsard a-t-elle eu sur sa vie personnelle, sur sa carrière lyrique, sur l'évolution de son art ?

Gabrielle de Coignard appartenait à l'élite parlementaire de Toulouse. Sa famille, tant du côté de son père que du côté de son mari, compta des conseillers au Parlement, des présidents (même un premier président) et des capitouls[3]. Son père, Jean de Coignard, fut mainteneur au Collège des Art et Science de Rhétorique à partir de 1555 et maître ès jeux floraux pendant plus d'une trentaine d'années. De sa personne, de sa vie privée, on ne sait rien d'autre que ce qu'elle dit dans ses vers. Apparemment elle prit la plume après la mort de son mari (autour de 1573) dans le but non pas de publier ses écrits[4], mais de se consacrer entièrement à chanter les louanges de Dieu. Pour atteindre à ce but, il faut qu'elle renonce aux plaisirs mondains et à la poésie profane à laquelle le nom de Ronsard tout spécialement est alors associé. Toutefois, à y regarder de près, Ronsard est partout présent dans les *Œuvres chrestiennes*. On décrira brièvement la posture de la poétesse « Chrestienne »[5] face aux dangers de l'art mondain.

Les *Œuvres chrestiennes* sont divisées en deux parties distinctes comme pour mettre en relief le tournant dans la crise spirituelle que traverse Gabrielle à la suite de la disparition de son mari[6], voire la rupture définitive d'avec les

---

[3] Son père, Jean de Coignard, fut conseiller au Parlement dans les années 1562. Le père de son mari, Jean de Mansencal, fut successivement conseiller au Parlement de Toulouse (6 mars 1521), président (16 novembre 1537) et premier président du Parlement (7 mars 1539). Son mari, Pierre de Mansencal, fut successivement conseiller au Grand Conseil (18 juin 1561), avocat général au Parlement de Toulouse (8 mai 1568) et président au même parlement (20 mars 1572). Il n'occupa pas très longtemps ce poste puisqu'il mourut aux alentours de 1573. Cf. Pierre Salies, « Gabrielle de Coignard : poétesse toulousaine du XVIe siècle », *Archistra*, 79, mars-avril 1987, pp. 33-43 ; Jean Vilain, *La France moderne. Grand dictionnaire généalogique, historique et biographique*, Montpellier, Firmin et Montane, 1913, t. III, *Haute-Garonne et Ardèche*, pp. 1173-74, « De Mansencal ».

[4] Jeanne et Catherine de Mansencal ont publié les *Œuvres chrestiennes* après la mort de leur mère. Elles prétendent que celle-ci n'avait pas d'ambition littéraire. En publiant ses écrits, elles veulent simplement faire connaître la personne qu'elle était, une veuve exemplaire qui occupa son loisir à des passetemps honnêtes :

> Car, à qui sont plus justement deus ces vers devotieux ? Et mesme d'une Dame devotieuse, laquelle durant son vefvage ayant à commander des filles et à gouverner sa maison sceut si bien mesnager et les heures du jour et les graces d'entendement qu'elle avoit receu du ciel, qu'elle en fit ces vers chrestiens tesmoins des vertueuses pensées dont elle entretenoit son esprit et son loisir. Or ne nous est il pas à l'avanture bien seant de la louer, puis que nous sommes ses enfans. Aussi n'en est il nul besoin : ceux qui l'ont cognuee, ont assez veu ce qu'elle avoit de louable et ses escrits la feront assez cognoistre à ceux qui ne l'ont jamais veue. (*OCH*, « Aux Dames devotieuses », p. 129)

[5] Cf. *OCH*, II, p. 141 : « Je ne veux point la Muse des payens,/Qu'elle s'en voise aux esprits qui sont siens,/Je suis Chrestienne et bruslant de ta flamme ».

[6] Gabrielle se remet lentement de la mort de son mari (XXX, LII, CI). Sous d'énormes pressions

préoccupations mondaines, qui coïncide avec la fin de la première partie. Cette partie, intitulée *Sonnets spirituels*, se réclame de l'esthétique de la Pléiade et de Ronsard en particulier. L'influence qu'il exerce sur Gabrielle de Coignard se manifeste à plusieurs niveaux : d'abord, dans le choix du sonnet — genre « moderne » promu par Ronsard[7] — et dans la manière de le structurer[8] ; puis, dans la versification (i.e. l'alternance des rimes masculines et féminines recommandée par Ronsard dans l'*Abbregé de l'Art poétique françoys*[9]; l'enjambement qui plut à Ronsard sur le tard de sa carrière[10]) ; enfin, dans les réminiscences plus ou moins directes au niveau de la langue et du style[11]. En voici quelques exemples : la reprise d'une même tournure (doublée ici de l'asyndète rédupliquée) pour développer le thème des impossibles :

Plustost le ciel perdra ses clairs flambeaux,	*Plus tost* le bal de tant d'astres divers
Et l'esté chaut sera roidy de glace,	Sera lassé, plus tost la Mer sans onde,
L'hyver aura du printemps les rameaux,	Et du Soleil la fuitte vagabonde
Et les mortels n'auront plus de fallace.	Ne courra plus en tournant de travers :
Plustost la mer environnant la masse,	*Plus tost* des Cieux les murs seront ouvers,
Et seiche et froide, ayant perdu ses eaux,	*Plus tost* sans forme ira confus le monde,
N'aura poissons, ne portera batteaux,	Que je sois serf d'une maistresse blonde
Que de chanter ta gloire je me lasse [...]	Ou que j'adore une femme aux yeux vers.
(*OCH*, VII, p. 146)	(*Le Premier Livre des Amours*, XXVI,
	in *Céard et al.*, t. I, pp. 37-38)

---

sociales et familiales (CV), avec deux enfants à charge (CXIX), elle souffre d'une profonde solitude. Ce sentiment est peut-être en partie à l'origine de la crise spirituelle qu'elle traverse.

[7]   Il appartient à Marot ou à Mellin de Saint-Gelais d'avoir introduit le sonnet en France (sur cette question, voir l'introduction à l'édition des *Sonnets* de Mellin de Saint-Gelais par L. Zilli, Genève, Droz, 1990), mais c'est Ronsard qui avec le succès de ses *Amours* (1552-1553) va assurer au sonnet son rayonnement. D'ailleurs, jusqu'en 1548, date de la parution de la traduction partielle du *Canzoniere* de Pétrarque par Vasquin Philieul (*Laure d'Avignon*, Paris, impr. de J. Gazeau), le genre est bien négligé. À la suite de cette publication, les recueils constitués uniquement de sonnets vont se multiplier : Du Bellay, *L'Olive* (1549); Pontus de Tyard, *Erreurs amoureuses*, I (1549), II (1551); Baïf, *Amours de Meline* (1552); Des Autels, *Amoureux repos* (1553); Du Bellay, *Regrets* (1558); Magny, *Amours* (1559). Voir André Gendre, *Évolution du sonnet français*, Paris, Presses Universitaires de France, 1996, pp. 31-107.

[8]   Voir Georges Soubeille, « Le charme retrouvé d'une poétesse toulousaine, Gabrielle de Coignard (1550 ?-1586) », *Mémoires de l'Académie des Sciences, Inscriptions et Belles-Lettres de Toulouse*, vol. 158, 17ᵉ série, t. VII, 1996, p. 23.

[9]   *Céard et al.*, t. II, p. 1181, « De la ryme ».

[10] Cf. *Preface posthume sur La Franciade, touchant le poëme heroïque*, « Au lecteur apprentif », in *Céard et al.*, t. II, p. 1169 : « J'ay esté d'opinion en ma jeunesse, que les vers qui enjambent l'un sur l'autre, n'estoient pas bons en nostre Poesie : toutefois j'ay cognu depuis le contraire par la lecture des bons Autheurs Grecs & Romains [...] ».

[11] Gabrielle de Coignard adopte le style « bas » remis à la mode par Ronsard avec la *Continuation des Amours* (1555).

le retour anaphorique avec divers effets d'insistance et de symétrie pour suggérer la force d'une émotion[12]:

Ni des vers prez les fleurettes riantes,
Ny d'un ruisseau le doux flot argentin,
Ny le long cours d'un fleuve serpentin,
Ny les rameaux des forests verdoyantes,
Ny du printemps les beautez differentes,

Ny de Ceres les pleines blondoyantes,
Ny ce beau ciel d'où vient nostre destin,
Ny la fraischeur du soir et du matin,

Las ! ne m'ont point le regret allenty
De mes pechez : je l'ay plus ressenti,
Considerant cest ouvrage admirable
De ce grand Dieu [...]
(*OCH*, XL, p. 187)

Ny de son chef le tresor crespelu,
Ny de son ris l'une et l'autre fossette,
Ny le reply de sa gorge grassette,
Ny son menton rondement fosselu,

Ny son bel œil que les miens ont voulu
Choisir pour prince à mon ame sugette,
Ny son beau sein dont l'Archerot me gette
Le plus agu de son trait esmoulu,

Ny son beau corps le logis des Charites,
Ny ses beautez en mille cœurs escrites,
N'ont asservi ma jeune affection[13].
(*Le Premier Livre des Amours*, XLVIII, in *Céard et al.*, t. I, pp. 48-49)

l'emploi des diminutifs mignards que Ronsard affectionnait[14] ; les longues listes accumulatives en hommage à la nature[15] :

Mes yeux sont esblouys de veoir la difference
Des champs, preds, bois et fleurs, herbes et arbrisseaux,
Rivieres et rochers, fontaines et ruisseaux [...]
(*OCH*, XCI, p. 249)

Ciel, air et vents, plains et monts découvers,
Tertres vineux et forests verdoyantes,
Rivages torts et sources ondoyantes,
Taillis rasez et vous bocages vers [...]
(*Le Premier Livre des Amours*, LXVI, in *Céard et al.*, t. I, p. 57)

Ailleurs le souvenir d'un vers permet de surprendre, davantage qu'une imitation voulue, une attraction à demi-consciente :

---

[12]   Cette tournure, empruntée à Pétrarque (*Rime*, CCCXII), plut beaucoup à Ronsard (*Le Premier Livre des Amours*, LX, CXXVIII, CLXXVI) et à Du Bellay. Cf *L'Olive* (XCVI), *Les treize sonnets de l'honneste amour* (II), *Les antiquitez de Rome* (XIV), etc. Pour des variations voir *Regrets* I, IV, V, LXXIX, CXXXV, etc.

[13]   Le compliment menant d'ordinaire à la déclaration d'amour exprime ici la résolution du poète de ne pas se laisser piéger par la beauté de la dame. Belle illustration de l'écriture paradoxale très en faveur depuis la parution à Lyon des *Paradossi* (1543), adaptés en français par Charles Estienne en 1553.

[14]   « buissonnet » (*Sonnets spirituels*, XIV); « mortelles sagettes » (XIX); « aignelet », « seulet », « oyselets » (CXXVI) ; « basse logette », « bande camusette » (CVIII). Sans doute Gabrielle de Coignard emprunte-t-elle cette expression à Ronsard qui parle des « troupes camusettes » dans « De l'esté ». Voir *Le Troisiesme Livre des Odes*, XI, in *Céard et al.*, t. I, p. 759.

[15]   Voir aussi *OCH*, XCIII, 1er tercet. Toutefois la nature joue un rôle bien différent dans ces poèmes. Chez Gabrielle Coignard, elle est essentiellement témoin de l'amour que le Créateur porte à sa créature, et non pas de l'amour que le poète porte à sa dame comme elle l'est chez Ronsard.

Instrument de Pallas, quenouille menagere [...]
(*OCH*, CXXII, p. 286)

Quenoille, de Pallas la compagne et l'amie [...]
(*Le Second Livre des Amours*, « La quenoille »,
in *Céard et al.*, t. I, p. 236)

Ores j'espere, ores je suis craintive,
Quand je ne puis vaincre mes passions :
Car les liens de mes affections
Serrent mon cœur et me tiennent captive.
(*OCH*, XLIV, p. 191)

J'espere et crain [...][16]
(*Le Premier Livre des Amours*, XII,
in *Céard et al.*, t. I, p. 30)

Ores la crainte et ores l'esperance
De tous costez se campent en mon cœur:
Ny l'un ny l'autre au combat n'est veinqueur,
Pareils en force et en perseverance.

Ores douteux, ores pleins d'asseurance,
Entre l'espoir le soupçon et la peur,
Pour estre en vain de moy-mesme trompeur,
Au cœur captif je promets delivrance.
(*Le Premier Livre des Amours*, XLIII,
in *Céard et al.*, t. I, p. 46)

Dans ce dernier cas, le rapprochement est plus frappant. Citons encore, à titre d'exemple, le sonnet XIX, « Amour est un enfant, ce disent les Poëtes »[17] : la seconde strophe est calquée directement sur un passage de « L'amour oyseau », dans lequel la mère fait la leçon à son fils qui cherche en vain à prendre « Amour emplumé » :

Amour est un enfant, ce disent les poëtes [...]

Dardant à tous propos des mortelles sagettes,
Il donne en nous flattant la mort et le tombeau,
Il vole dans nos cœurs tout ainsi qu'un oyseau,
C'est un foudre tonnant, racine de tempestes.
(*OCH*, XIX, pp. 161-62)

La vieille en branlant ses cheveux
Qui jà grisonnoient de vieillesse,
Luy dit : « Cesse mon enfant, cesse,
Si bien tost mourir tu ne veux,
De prendre ce fier animal,
Cet oyseau, c'est Amour qui vole,
Qui tousjours les hommes affole
Et jamais ne fait que du mal » [...]
(« L'amour oyseau », in *Le Second Livre des
Amours*, in *Céard et al.*, t. I, pp. 290-91)

On pourrait multiplier les exemples. Ce qui mérite d'être noté, c'est l'attraction qu'exercent sur la poétesse les *Amours*, œuvre du poète courtisan (nul ne si trompe à l'époque[18]), épris de cette gloire que Gabrielle de Coignard prétend rejeter.

---

[16]   Sonnet inspiré de Pétrarque (*Rime*, CXXXIV).

[17]   Il peut paraître exagéré d'attribuer à Ronsard tout spécialement la figure d'Amour-oiseau, encore qu'il choisisse souvent de représenter Amour de la sorte. Voir entre autres « Amour logé », *Le Bocage royal*, II, in *Céard et al.*, t. II, p. 111 : « Oiseau leger qui voles d'heure en heure, sans foy, sans loy, sans arrest ny demeure ».

[18]   Cf. Estienne Pasquier, *Recherches de la France*, éd. Marie-Madeleine Fragonard, 3 t., Paris,

Gabrielle de Coignard semble avoir été une lectrice assidue de Ronsard. Quelques exemples montreront l'impact de ses lectures sur l'écriture féminine. Ainsi lorsqu'elle entreprend de faire l'analyse des passions humaines (la jalousie dans le sonnet XX ; l'avarice, l'envie et la convoitise dans le *Sommaire des sept sermons*, vv. 71-80 & 91-107), ce n'est plus le Ronsard des *Amours* que Gabrielle de Coignard sollicite, mais le poète-moralisateur et l'orateur du Palais[19]. Pour décrire ses insomnies et la terreur que suscitent l'approche de la mort et la pensée du Jugement dernier, c'est le Ronsard des *Derniers Vers* qu'elle consulte.

Je trouve le lict dur, la nuict m'est une année,
Il semble que mes draps soient de chardons poignans,
Que mon corps soit pressé dans des ceps estraignans,
Tant je suis de souci cruellement genée.

Apres m'estre en tous lieux cent et cent fois tournée
Et faisant enfanter à mes pensers preignans
Tant d'ennuys et regrets, mon repos esloignans,
Je passe ainsi la nuict au sommeil ordonnée.
(*OCH*, LXXX, pp. 236-37)

Le cœur plain de regret, les yeux chargés de pleurs,
Je passe ainsi les nuicts longues et solitaires,
Ayant comme un marteau mes importuns affaires,
Qui vont frappant le clou de mes fortes douleurs.
(*OCH*, CXIX, p. 283)

Meschantes nuicts d'hiver [...]

Que fait tant le soleil au gyron d'Amphytrite ?
Leve toy, je languis accablé de douleurs,
Mais ne pouvoir dormir c'est bien de mes malheurs
Le plus grand, qui ma vie et chagrine et despite.

Seize heures pour le moins je meur les yeux ouvers,
Me tournant, me virant de droit et de travers,
Sus l'un, sus l'autre flanc je tempeste, je crie, [...]
(*Les Derniers Vers*, Sonets, II, in *Céard et al.*, t. II, p. 1102)

Ah longues nuicts d'hyver, de ma vie bourrelles, [...]

Le sommeil tant soit peu n'esvente de ses ailes
Mes yeux tousjours ouvers, et ne puis affermir
Paupiere sur paupiere, et ne fais que gemir,
Souffrant comme Ixion des peines eternelles.
(*Les Derniers Vers*, Sonets, IIII, in *Céard et al.*, t. II, p. 1103)

Champion, 1996, t. II, Livre VII, ch. vi, p. 1423 : « En ses premieres [*Amours*], il voulut contenter son esprit, et aux secondes et troisiémes vacquer au contentement des Sieurs de la Cour ». Sur les rapports entre Ronsard et Pasquier, voir Catherine Magnien, « Ronsard vu par Pasquier », in *Figures*, pp. 59-83.

19   Voir « Contre les Avaricieux, et ceux qui pres de la mort bastissent », *Le Second Livre des Odes*, IV, in *Céard et al.*, t. I, pp. 686-88 ; « De l'envie », discours prononcé à l'Académie du Palais (*Céard et al.*, t. II, pp. 1194-99).

Enfin lorsqu'elle évoque la vie rurale, c'est du peintre rustique qu'elle se réclame[20] :

Ainsi que le berger qui veoit une tempeste
S'espessir dedans l'air d'une noire couleur,
Menassant les vers prez et la superbe fleur
De la rose et du lis qui esleve la teste.

Il serre les brebis dans sa basse logette
Et triste veoit tomber l'orage et le malheur [...]
(*OCH*, CVIII, p. 269

[...] ainsi qu'on voit devant
Le fort orage errer un petit vent,
Qui çà qui là en se jouant remue
Par les chemins mainte fueille menue :
Incontinent le soupçonneux berger
Voyant tel signe evite le danger,

Et retirant ses brebis de l'herbage
Sous un rocher attend venir l'orage.
(« Discours de l'alteration et change des choses humaines »,
Le Premier Livre des Poemes, in *Céard et al.*, t. II, pp. 747-48)

Chez Ronsard, la vie rurale se place sous le signe de l'action. Les *Quatre saisons de l'an* évoquent les travaux des champs, les journées bien remplies de « la diligente troupe de mesnagers, qui coupe, abat ». Gabrielle de Coignard, pour sa part, se contente de signaler les activités rurales, mais l'homme est comme absent du lieu idyllique. On notera, par contre, la primauté accordée aux animaux dont elle se plaît à décrire les comportements presque humains (CXXVI) :

Les jours me sont si doux en ce beau lieu champestre,
Voyant d'un fer tranchant fendre le long gueret,
Et enterrer le bled jaunissant pur et net,
Puis le veoir tost apres tout verdoyant renaistre.

Mon Dieu, le grand plaisir de veoir sur l'herbe paistre
La frisée brebis portant son aignelet,
Et le cornu belier qui marche tout seulet
Au devant du troupeau comme patron et maistre.
(*OCH*, CXXV, pp. 291-92)

Ici la diligente troupe
Des mesnagers, par ordre coupe
Le poil de Cerés derobé,
Et là, jusques à la vesprée
Abat les honneurs de la prée,
D'une faucille au dos courbé.

Ce pendant leurs femmes sont prestes
D'asseurer au haut de leurs testes
Des plats de bois, et des baris,
Et filant, marchent par la plaine
Pour aller soulager la peine
De leurs laborieux maris.
(« De l'esté », *Le Troisiesme Livre des Odes*, XI,
in *Céard et al.*, t. I, p. 758)

En général, la nature dépasse le statut de simple objet de contemplation pour devenir le point de départ d'une réflexion sur les rapports de l'homme et de son Dieu. La poétesse célèbre les bienfaits de la vie rustique[21] — les plaisirs simples qui

---

[20]   La nature champêtre est partout présente dans la poésie ronsardienne. Voir Marcel Raymond, *L'influence de Ronsard sur la poésie française (1550-1585)*, 2 t., Paris, Champion, 1927, t. II, pp. 219-37. Sur les hymnes saisonniers, voir Donald Stone, *Ronsard's Sonnet Cycle. A Study in Tone and Vision*, New Haven & London, Yale UP, 1966, pp. 106-20.

[21]   Sur le thème de la vie rustique et la vogue de la poésie bucolique dans le dernier tiers du seizième siècle, voir Jacqueline Boucher, « Vrai ou faux amour de la campagne à la cour des derniers Valois », in *Essais sur la campagne à la Renaissance. Mythes et réalités*, Actes du Colloque de la

prédisposent à la vertu et procurent la « tranquillité » — qu'elle oppose à la corruption qu'on trouve dans les villes, ou elle chante les louanges du grand Dieu et fait la leçon à l'homme oublieux. La bienveillance du Créateur contraste étrangement avec l'ingratitude de sa créature [22]. Dans le sonnet CXI en hommage au « grand ouvrier » (p. 251), la description du tableau champêtre est brusquement interrompue par l'allusion au « vol d'Icare »[23] et la confession qui s'ensuit :

> Lors mon esprit va prendre une haute carriere,
> Voulant de l'intellect fendre le ciel vouté.
>
> Mais ainsi qu'il poursuit tout à coup le nuage
> Fit lors en se crevant tomber un tel ravage
> Que mon esprit mouillé fut constrainct s'abaisser.
>
> Ha ! vaine, dis-je alors, voicy le vol d'Icare,
> Il ne t'appartient pas de veoir chose si rare,
> Ne monte point plus haut qu'on ne te veut hausser.
> (*OCH*, p. 273)

Sans que le renvoi soit précis, l'allusion au désir de « fendre le ciel vouté » paraît se rapporter à la poésie philosophique de Ronsard. On pense à l'*Hynne des Estoiles*, dédié au sieur de Pibrac (1575)[24], et plus particulièrement à l'*Hynne des Astres,* publiée une première fois en 1555, puis en 1578 avant d'être remplacée dans les *Hynnes* de 1584 par l'*Hynne des Estoiles* :

> C'est trop long temps, Mellin, demeuré sur la terre
> Dans l'humaine prison, qui l'esprit nous enserre,
> Le tenant engourdy d'un sommeil ocieux :
> Il faut le deslier, et l'envoyer aux Cieux.
> Il me plaist en vivant de voir sous moy les nues,
> Et presser de mes pas les espaules chenues

Société Française des Seiziémistes (Paris, 11-12 décembre 1987), textes réunis par Gabriel-André Pérouse et Hugues Neveux, Paris, Société Française des Seiziémistes, 1991, pp. 57-72.

[22] Le sonnet XCI veut souligner tout ensemble l'ingéniosité du « grand ouvrier » et sa très grande bonté : « Voyant ce grand ouvrier si soigneux des mortels,/Donnant si largement ses presens temporels » (*OCH*, p. 249). Voir aussi S XCIII : « Admirez l'Eternel et son divin pouvoir,/Qui sa grand majesté par ses œuvres faict veoir/Envers les clairs miroüers de sa bonté divine » (*OCH*, p. 252).

[23] L'allusion mythologique surprend dans ce poème tout à la louange du divin Créateur. On reviendra plus loin sur la position de Gabrielle de Coignard à l'égard du « paganisme » de Ronsard. Sur ce mythe, voir Marc Eigeldinger, « Le mythe d'Icare dans la poésie française du XVIᵉ siècle », *Cahiers de l'Association Internationale des Études Françaises*, nᵒ 25, mai 1973, pp. 261-80.

[24] Cf. « O des Muses la plus faconde/Ma Calliope, conte moy/L'influs des Astres, et pourquoy/Tant de fortunes sont au monde./.../Chante moy du Ciel la puissance,/Et des Estoiles la valeur,/D'où le bon-heur et le mal-heur/Vient aux mortels dés la naissance/[...] » (*Hynnes*, I, in *Céard et al.*, t. II, p. 515).

> Du Maure porte-ciel : il me plaist de courir
> Jusques au Firmament, et les secrets ouvrir
> (S'il m'est autant permis) des Astres admirables,
> Et chanter leurs aspects de noz destins coulpables.
> (*Céard et al.*, t. II, p. 623)

Le désir de savoir (la *curiositas*) revêt chez Gabrielle de Coignard un sens très nettement péjoratif car il est à la fois vain et dangereux pour la foi. Dans l'épître liminaire, ses filles donnent d'elle le portrait suivant :

> Elle n'estoit ny n'avoit desiré d'estre une grande clergesse, non qu'elle n'honorat les sçavantes dames, mais elle disoit que c'estoit savoir tout que n'ignorer point les moyens de son salut. C'estoit là sa science, ses preceptes et maximes, les commandemens de Dieu ; sa theorique, cognoistre et contempler la bonté, sagesse et puissance divine ; sa pratique, les œuvres de misericorde ; ses propos et ses escrits, les louanges de Dieu. (*OCH*, pp. 129-30)

Le sonnet XIV permet de mieux comprendre le renoncement de celle qui de toute évidence avait accès à la culture. On y découvre une voix partagée entre la conviction que l'activité poétique devrait rester un événement privé et la crainte d'être dissuadée : « Mes vers, demeurez coys dedans mon cabinet,/Et ne sortez jamais, pour chose qu'on vous die » (p. 155). Le second quatrain envisage un instant le rêve inavouable ou plutôt les moyens conduisant à sa réalisation. Qu'est-ce qui fait un bon poète, se demande Gabrielle : l'étude assidue des classiques selon les principes énoncés par la Pléiade[25], le temps surtout pour devenir « bon » à ce qu'on fait (« le temps volé à Dieu » s'entend), l'inspiration enfin (« Et le riche pinceau des Muses l'on mandie »), cette *furor* que seul possède le « poete divin ».

> Il faut estre sçavant pour bien faire un sonet,
> Qu'on lise nuit et jour, qu'Homere on estudie,
> Et le riche pinceau des muses l'on mandie
> Pour peindre leurs beautez sur un tableau bien net.
> (XIV, in *OCH*, p. 156)

La réflexion sur la création poétique vient confirmer la première intuition : « Demeurez donc mes vers enclos dedans mon coffre ». Gabrielle doute-t-elle de son savoir, de ses aptitudes, d'où la décision de ne rendre pas sa voix « publique » ?

---

[25] Cf. Du Bellay, *Deffence et Illustration*, éd. Henri Chamard, Paris, Librairie Marcel Didier, 1970, p. 107 : « Ly donques & rely premierement [O Poëte futur] fueillete de main nocturne et journelle les exemplaires Grecs & Latins » ; Ronsard, *Abbregé de l'art Poëtique françois*, in *Céard et al.*, t. II, p. 1175-76 : « Apres tu seras studieux de la lecture des bons poëtes, et les apprendras par cœur autant que tu pourras. Tu seras laborieux à corriger et limer tes vers, et ne leur pardonneras non plus qu'un bon jardinier à son ante, quand il la voit chargée de branches inutiles ou de bien peu de proffit [...] ».

Craint-elle de se laisser piéger par « l'envie » toujours renouvelée de savoir et les démons qui l'accompagnent : l'appétit de gloire, la recherche des vains honneurs ? Craint-elle d'oublier Dieu? L'écriture est une offrande à Dieu, conclut Gabrielle sur le point de renoncer, mais le Dieu qu'elle remercie ici, c'est celui qui lui a donné la voix[26] : « Je vous ay façonné pource que je vous offre/Aus pieds de l'Eternel, qui m'a fait entonner [...] ».

Jusqu'ici, nous avons considéré les traces de l'influence ronsardienne dans la poésie de Gabrielle de Coignard. On considèrera à présent les références directes à Ronsard. Curieusement, dans cette poésie toute nourrie de Ronsard, le nom de Ronsard n'apparaît que deux fois : au début des *Sonnets spirituels* (sonnet VIII) et tout à la fin (sonnet CXXXIX).

> Je voudrois manier ceste lire d'ivoire,
> Que le grand Vandomois fait si haut retentir,
> Je ferois de mes chants les rochers mi-partir,
> Si j'avois le laurier, marque de sa victoire.
>
> Mon Dieu ! que j'ay le cœur plain d'admiration,
> Lisant parmy ses vers la docte invention,
> D'un Hercule Chrestien r'apportant ta semblance.
>
> Ah ! non divin Ronsard, je ne puis advouer
> Telle comparaison : leur payenne insolence
> Offence le Seigneur au lieu de le louer.
> (VIII, in *OCH*, pp. 147-48)

Là encore, la poétesse balance entre deux sentiments : l'admiration d'abord pour le chantre de Thrace[27], pour le poète vraiment exceptionnel[28], inspiré[29] et inspirateur à la fois, avec l'aveu de la « secrete envie » d'émuler le poète qui suscite en elle une telle admiration, peut-être aussi celle de gagner le renom éternel dont Ronsard fait commerce[30], puis (le changement surprend) la désapprobation : « Ah ! non [...] je ne puis advouer ». On voit clairement ici l'incapacité de la poétesse de débrouiller ses contradictions. Ainsi le vers 9 sert à la fois de conclusion aux deux premiers quatrains à la louange du « grand Vandomois » et d'introduction aux tercets incriminants. La ponctuation entretenant l'équivoque, il est difficile de dire si

---

[26]   Ailleurs elle déclare sa ferveur à chanter haut et fort la gloire du « grand Dieu ». Il semblerait alors que son livre a bel et bien une fonction publique. On voit ici toute l'ambiguïté de l'écriture de l'intime et de la poésie religieuse.

[27]   Cf. v. 7 : « de mes chants les rochers mi-partir ».

[28]   Cf. v. 6 : « le grand Vandomois » ; « fait si haut retentir ».

[29]   Cf. vv. 10 & 12 : « divin Ronsard » ; « la docte invention ».

[30]   Cf. « Je voudrois », « Je ferois », « Si j'avois le laurier, marque de sa victoire ». On notera la place prépondérante du « je », suggérant le danger d'amour-propre à cultiver un art pour soi-même.

l'admiration avouée a pour objet le poète inspiré, le modèle idéal dépeint dans les quatrains ou l'auteur de l'*Hercule chrestien* dont il est question par la suite[31] : « Mon Dieu! que j'ay le cœur plain d'admiration,/Lisant parmi ses vers la docte invention ». Il semblerait que la poétesse s'adresse à Dieu comme pour confesser sa « faute » (la secrète admiration qu'elle porte au poète profane). Le dernier tercet rend de manière encore plus vivide le conflit interne. Au vers 12, les sentiments contradictoires sont mis sur un plan d'égalité par la juxtaposition de la négation « Ah ! non » (renforcée par la palinodie « je ne puis advouer ») et du superlatif « divin (Ronsard) ». Le rejet dans le vers suivant met l'accent sur « la faute » (« Telle comparaison ») mais le possessif à la troisième personne (« *leur* payenne insolence ») opère une mise à distance qui montre bien la volonté de disculper le « divin Ronsard »[32], tout au moins de le dissocier de l'auteur de l'*Hercule chrestien*[33]. Le dernier vers semble osciller entre le désir de justifier sa position et le besoin de réévaluer les choses : « Offence le Seigneur au lieu de le louer ».

Pour la poétesse « Chrestienne », l'attrait presque irrésistible qu'exerce sur elle le poète profane demeure toujours problématique, d'où les affirmations brutales et la tendance à nier ce qu'elle ne peut (s')avouer. Ainsi, dès le premier sonnet Gabrielle proclame son indépendance de la tradition profane à laquelle Ronsard est associé :

> Je n'ay jamais gousté de l'eau de la fontaine,
> Que le cheval aeslé fit sortir du rocher.
> A ses payennes eaux je ne veux point toucher,
> Je cerche autre liqueur pour soulager ma peine.
> (*OCH*, I, p. 139)

Même si Ronsard n'est pas nommé dans ce sonnet, il est assez clairement désigné par les trois premiers vers qui font écho au fameux poème qui s'ouvre ainsi : « Pegase fist du pied la source d'Hippocrene [...] » (*Céard et al.*, t. II, p. 278).

---

[31] Pour se faire pardonner les plaisantes libertés qu'il avait prises dans le *Livret de Folastries* (ouvrage anonyme, condamné et brûlé dès sa publication en avril 1553), Ronsard avait fini par adresser à Odet de Coligny, Cardinal de Chastillon l'*Hymne de l'Hercule chrestien*. Sur cet ouvrage, voir Claude Faisant, « Le sens religieux de l'*Hercule Chrestien* », in *Autour des « Hynnes » de Ronsard*, études rassemblées par Madeleine Lazard, Paris, Champion, 1984, pp. 243-57.

[32] Au vers 10, on voit déjà le souci de disculper le poète. Le terme « parmy » (« Lisant parmy ses vers ») suggère que cet écart est exceptionnel.

[33] La position prise par Gabrielle de Coignard s'inscrit dans un mouvement plus large en réaction contre l'emploi de la mythologie pour des sujets religieux. La réaction avait été particulièrement violente dans le Languedoc. Voir M. Raymond, *op. cit.*, t. I, pp. 329-33, 339-50; Marc-René Yung, *Hercule dans la littérature française. De l'Hercule courtois à l'Hercule baroque*, Genève, Droz, 1966, pp. 105-25, sur Gabrielle de Coignard, pp. 122-23; Malcolm Smith, « Ronsard et ses critiques contemporains », in *Centenaire*, pp. 85-88. Sur la réaction dans le Languedoc, voir l'introduction à notre édition critique, *Œuvres chrétiennes*, pp. 35-38.

Le nom de Ronsard figure une seconde fois dans le tout dernier sonnet reproduit au début de cette étude. Dans les quatrains Ronsard est peint tour à tour comme le poète des *Amours*, le chantre de la poésie profane en la figure d'Apollon, le poète couronné de gloire (« lauriers vers », « le mont de Parnasse »). Les tercets s'intéressent essentiellement à l'homme délivré par la mort des attaches terrestres et des soucis mondains, à l'homme sauvé par Dieu : « sa belle ame a trouvé les celestes accords ». Après l'effroyable constat (« Vostre Apollon est mort »), Gabrielle réfléchit à la destinée humaine. À la survie par les œuvres (credo des humanistes), elle oppose la survie octroyée par le salut, qui est à ses yeux bien supérieure à l'autre: « Ayant vollé plus haut que le mont de Parnasse ».

Les poèmes analysés plus tôt révélaient l'attitude mitigée de Gabrielle de Coignard à l'égard de Ronsard. Dans le premier sonnet, elle nie une quelconque influence de la tradition profane représentée par Ronsard. Dans le sonnet VIII, elle dit sa fascination mais exprime des réserves. Dans le dernier sonnet consacré à Ronsard, le changement est frappant. La mort du poète rend son hommage légitime, elle peut désormais, sans culpabilité, avouer sa dette. Les poètes de sa génération sont les héritiers de Ronsard. Personne ne soutiendra le contraire : « Nous heritons icy ses labeurs précieux ». Le processus d'imitation n'est qu'une affaire de génération. De plus, c'est un autre Ronsard qui à présent la fascine et suscite en elle « une secrète envie » de l'« émuler ». Le Ronsard que Gabrielle peut avouer « sien », c'est l'homme qui a payé sa dette, l'homme qui a « fait le saut » et a retrouvé son Dieu, un état auquel elle aussi aspire. Si la mort de Ronsard vient fournir une preuve supplémentaire à l'argument développé dans la première partie (la nécessité de renoncer à la vaine poursuite des honneurs mondains), elle rend plus vivide encore le souvenir de l'approche de la mort, du jugement dernier, du moment où il faudra rendre des comptes « face à face » avec Dieu. La méditation sur la mort du poète glorieux force Gabrielle à faire un retour rétrospectif sur sa propre vie, elle prélude la rupture définitive, la renonciation aux honneurs d'ici-bas, l'abandon du registre mondain et en partie de l'esthétique ronsardienne.

La mort du poète évoquée dans le poème-tombeau coïncide donc avec la mort symbolique . . . la mort au monde. Il aurait pu être intéressant de considérer la fonction de ce poème dans la logique narrative du recueil à partir de la place qui lui est attribuée (à la charnière entre la première et la seconde partie). Cependant, faute de manuscrits et de papiers personnels, il paraît difficile de dire au juste à qui l'ordonnance du recueil posthume doit être attribuée. Dans tous les cas, on comprend mieux à présent la place occupée par Ronsard dans les *Œuvres chrestiennes* et peut-être aussi la raison pour laquelle l'influence de Ronsard ne disparaît jamais entièrement, même dans la seconde partie du recueil[34]. Ronsard, le maître à penser, le

---

[34]   Dans la seconde partie, Gabrielle de Coignard adopte plusieurs genres (hymne, discours) que Ronsard avait mis au goût du jour.

père symbolique, ne meurt jamais pour Gabrielle de Coignard. Le poète mondain à l'origine de son inspiration prend tout simplement une forme nouvelle . . .

> Il est bien vray, à parler proprement,
> On ne meurt point, on change seulement
> De forme en autre, et ce changer s'appelle,
> Mort, quand on prend une forme nouvelle,
> Et quand on cesse à n'estre plus ici,
> Des cœurs humains le plus fascheux souci.
> (« Discours de l'alteration et change des choses humaines »,
> *Le Premier Livre des Poemes*, in *Céard et al.*, t. II, p. 745)

Colette H. WINN
Washington University in Saint Louis

V

LE POÈTE AU TRAVAIL

_____

THÉORIE ET PRATIQUE DE L'ÉPITAPHE DANS
LA POÉSIE HÉROÏQUE DE RONSARD

Dans son *Art poétique* de 1555, Jacques Peletier du Mans célèbre en ces termes la majesté du poème héroïque :

> Nous dirons [...] les autres genres d'Écrits être les Rivières et ruisseaux : et l'Héroïque être comme une Mer, ainçois une forme et image d'Univers : d'autant qu'il n'est matière, tant soit-elle ardue, précieuse, ou excellente en la nature des choses, qui ne s'y puisse apporter, et qui n'y puisse entrer[1].

On peut lire ces lignes comme une invitation à sonder les profondeurs du poème héroïque là où les eaux de tels ruisseaux et rivières le pénètrent. Les pages suivantes interrogent ainsi *La Franciade* de Ronsard à partir du genre poétique de l'épitaphe, qui soulève les questions, cruciales dans le cadre de la geste épique, de l'héroïsme, du rapport au temps — passé, présent et avenir — et du rapport entre l'individu et la collectivité. Mais comme Ronsard, dans sa *Preface sur la Franciade touchant le Poëme Heroïque* (1587), évoque rapidement l'épitaphe et renvoie son lecteur à un passage de l'*Énéide*, il faudra d'abord tenter de comprendre en quoi consiste l'épitaphe selon cet auteur, et comment s'articulent la règle et l'exemple dans sa réflexion poétique.

Définir l'épitaphe

Dans la théorie poétique de la Renaissance, l'épitaphe occupe une position variable, se mouvant quant à sa forme entre l'épigramme et l'élégie[2]. Pour Thomas Sébillet, les épitaphes « ne sont autres qu'inscriptions de tombes, ou épigrammes sépulchraux », et il en offre deux exemples dans le chapitre de

---

[1] Jacques Peletier, « Art poétique », in *Traités de poétique et de rhétorique de la Renaissance*, introduction, notices et notes de Francis Goyet, Paris, Librairie générale française, « Le Livre de poche classique », 1990, p. 305. Il faut rapprocher cette image de celle que Quintilien emploie pour faire l'éloge d'Homère lui-même : « les mers, les fleuves et les fontaines y prennent tous leur source, ne peut-on pas dire qu'il est le modèle et le type [*exemplum et ortum*] de toutes les parties de l'éloquence [Quintilien poursuit sur les genres et les styles d'éloquence] » (Quintilien, *Œuvres complètes de Quintilien*, traduction de M. C. V. Ouizille, nouvelle édition revue par M. Charpentier, Paris, Garnier, « Panckoucke », 1865, tome III, p. 148 [chap. X.1]).

[2] Voir Margaret de Schweinitz, *Les épitaphes de Ronsard. Étude historique et littéraire*, Paris, P.U.F., 1925, p. xii.

son *Art poétique français* consacré à l'épigramme[3]. La brièveté est à la fois une caractéristique et une qualité du genre épigrammatique, dont Sébillet souligne l'origine architecturale. Dans le chapitre « De la Déploration, et Complainte », il compte l'épitaphe comme l'élégie au nombre des formes variées que peut adopter la « matière déplorable »[4]. Jacques Peletier, au contraire, ne trace aucun lien entre l'épigramme et l'épitaphe dans son *Art poétique*, mais il rattache cette dernière à l'élégie :

> La première matière de l'Élégie furent choses tristes : comme lamentations, déplorations sur les morts, doléances des cas piteux : ainsi même que sonne le mot en Grec. Et même les Épitaphes des morts, se faisaient en vers Élégiaques[5].

Dans un ouvrage paru en 1569 et intitulé *De toto eo poematis genere quod epigrammus vulgo dicitur [...]*, Thomas Correa manifeste une meilleure compréhension théorique du genre mineur de l'épitaphe, qu'il définit comme un « écri[t] compos[é] pour rendre les derniers devoirs aux morts »[6]. La liste des éléments qui peuvent s'inscrire dans ce poème et celle de ses parties essentielles, « la déploration, les louanges, la consolation, l'exhortation, l'exposé du dommage et de la perte, l'amplification [... et...] la consolation », indiquent assez que la brièveté n'est pas un trait constitutif de l'épitaphe selon cet auteur, quoiqu'il en traite dans un ouvrage dédié à l'épigramme, et que les liens sont nombreux, au contraire, avec le mode élégiaque[7].

Ronsard n'a pas traité de l'épitaphe, non plus que de l'épigramme ni de l'élégie, dans son *Abbrégé de l'art poëtique* de 1565[8]. En tant que poète, c'est tardivement, en 1567, qu'il se décide à consacrer un livre entier de ses *Œuvres* à l'épitaphe ; les pièces rassemblées dans ce livre proviennent de recueils divers ou de diverses sections des *Œuvres* de 1560, comme *Les quatre premiers Livres des Odes*, les *Elegies, Mascarades et Bergerie*, *Les Hynnes* et *Le Septiesme Livre des Poëmes*[9]. On y trouve des poèmes brefs, mais également neuf pièces de plus

---

[3] Thomas Sébillet, « Art poétique français », in *Traités de poétique et de rhétorique de la Renaissance, op. cit.*, p. 102.
[4] *Ibid.*, p. 141. Les concepts se chevauchent : dans la première, l'épitaphe se définit comme la conjonction d'une forme (épigrammatique) avec un contenu (« sépulchral »), alors que dans la seconde, l'épitaphe est envisagée elle-même comme une forme, susceptible d'accueillir un contenu (la « matière déplorable », lorsqu'il s'agit de déplorer une mort, et non, par exemple, une déception amoureuse).
[5] Jacques Peletier, « Art poétique », in *Traités de poétique et de rhétorique de la Renaissance, op. cit.*, p. 300.
[6] Voir la notice de l'équipe éditoriale, *Céard et al.*, t. II, p. 1546.
[7] Cité dans la même notice, *Céard et al.*, t. II, p. 1547.
[8] On ne trouve qu'une remarque sur le type de vers (décasyllabe, alexandrin) employé dans l'élégie (Pierre de Ronsard, « Abbregé de l'Art poëtique françois, à Alphonse Delbene, Abbé de Hautecombe en Savoye », in *Lm*, t. XIV, p. 26.
[9] Formellement, ces épitaphes sont donc plus variées que ce que laissent supposer les commentaires de Sébillet et de Peletier. Pierre Laudun d'Aigaliers, dans son *Art poétique français*, relève cette diversité chez le Vendômois et en conclut : « Bref toute chose, soit Sonnet, Madrigal, Ode, Elegie, Quatrain, Huictain ou autre chose faicte sur la mort de

de cent vers, dont le très long *Tombeau de Marguerite de France, duchesse de Savoye*, qui compte 454 vers[10]. Michel Simonin a souligné la dette du poète envers l'abondante topique de l'*epitaphios* qu'on trouve dans certains ouvrages scolaires de l'époque, et Margaret de Schweinitz, dans une étude intitulée *Les épitaphes de Ronsard*, soutient que la variété caractéristique de ces pièces « résulte non pas de circonstances extérieures, mais de toutes les façons dont le poète conçoit l'épitaphe, de l'abondance des procédés littéraires dont il dispose, pour tout dire de la souplesse de son art »[11]. Ronsard lui-même ne livre pas explicitement sa conception du genre de l'épitaphe avant l'édition posthume de ses *Œuvres* (1587), qui contient le huitain suivant adressé « A tres-illustre et vertueux Prince Charles Cardinal de Lorraine » :

> Le dernier honneur qu'on doit à l'homme mort,
> C'est l'Epitaphe escrit tout à l'entour du bord
> Du tombeau pour memoire. On dit que Simonide
> En fut premier aucteur. Or si le Sens preside
> Encore aux trespassez comme il faisoit icy,
> Tel bien memoratif allege leur soucy,
> Et se plaisent de lire en si petit espace
> Leurs noms, et leurs surnoms, leurs villes, et leur race.
> (*Céard et al.*, t. II, p. 974)

Brève poésie de circonstance résumant ce qu'était le défunt aux yeux de tous — noms, surnoms, villes et race — , l'épitaphe est un lieu de mémoire, un pont que l'on voudrait construire entre le monde des vivants et celui des morts[12].

Cette « définition » est assez proche de celle qu'on peut lire dans un autre texte posthume, la *Preface sur la Franciade touchant le Poëme Heroïque* de 1587, où Ronsard développe ses réflexions antérieures sur ce genre poétique[13]. Comme « [l]e Poëme Heroïque [...] est tout guerrier », il constitue un cadre propice pour l'épitaphe : il faudra honorer de quelques mots les soldats tombés lors des combats, et marquer les autres pertes humaines qui ponctuent

---

quelqu'un soit en bien soit en mal est appelée épitaphe » (cité par Michel Simonin, « Ronsard et la tradition de l'*epitaphios* », dans *La mort au texte*, études réunies par G. Ernst, Lyon, Presses universitaires de Lyon, 1989, p. 86).

[10]   À titre d'exemple : en 1584, on trouve 6 pièces comptant de 4 à 8 vers, 8 sonnets, 9 pièces de 32 à 50 vers, 6 pièces de 50 à 100 vers, et 9 pièces de plus de 100 vers.

[11]   Michel Simonin, « Ronsard et la tradition de l'*epitaphios* », *loc. cit.*, pp. 83-99 ; Margaret Schweinitz, *Les épitaphes de Ronsard*, *op. cit.*, p. 143.

[12]   Il s'agit d'une définition classique, qui ne convient qu'à une partie des épitaphes composées par le poète. On peut comparer cette liste des constituantes de l'épitaphe à celle qu'on trouve, toujours en 1587, dans l'« Epitaphe de feu Monsieur le President de Sainct-André » : « Pource raconte-moy, Déesse, je te prie, / Quel fut ce corps, son nom, son estre et sa patrie, / Aussi de quels parens il se vit engendré. / [...] / De quel estat fut-il ? » (*Céard et al.*, t. II, p. 976).

[13]   Pierre de Ronsard, « Preface sur la Franciade, touchant le Poëme Heroïque. Au lecteur apprenti » (1587), in *Lm.*, t. XVI, vol. 2, pp. 331-53. Abréviation : *Pr. 87.*

nécessairement les aventures du héros (*Pr.* 87 335)[14]. Après avoir évoqué le potentiel de cette matière guerrière, Ronsard attire explicitement l'attention de son « Lecteur apprentif » sur l'importance des épitaphes :

> Si quelque excellent homme meurt, tu n'oublieras son Epitaphe en une demie ligne, ou une au plus, engravant dans tes vers les principaux oustils de son mestier, comme de Misene qui avoit esté trompette d'Hector, puis avoit tiré la rame de bonne volonté soubs Aenée : car c'estoit anciennement l'exercice de grands Heroes & Capitaines, & mesme de ces quarante Chevaliers qui allerent avec Jason en Colchos. (*Pr.* 87 344)

L'épitaphe, dans le genre épique, se caractériserait donc par sa très grande brièveté ; elle servirait la mémoire d'« excellent[s] homme[s] », dont elle marquerait essentiellement le rôle dans une entreprise héroïque. Le terme « engravé » évoque d'ailleurs l'épitaphe inscrite sur la pierre d'un monument, nécessairement succincte. Il s'agirait, en somme, de tourner « Ci-gît Misène, brave trompette d'Hector, vaillant rameur sous Énée » en un ou deux décasyllabes bien frappés.

Ces conclusions sont peut-être trop hâtives. Elles supposent une correspondance étroite entre le précepte donné, clair et concis, et l'exemple choisi pour l'illustrer. Or, le lecteur qui retourne au texte virgilien constate au contraire que Ronsard amalgame, dans son exemple, trois passages dont chacun compte plus du vers ou demi-vers prescrit, et dont le troisième se trouve à distance des deux premiers. Misène est d'abord nommé et rapidement identifié :

> *Misenum Aeoliden, quo non praestantior alter*
> *Aere ciere uiros Martemque accendere cantu.*
> [Misène, sans rival par sa trompe de bronze
> Entraînant les guerriers dans les fureurs de Mars.][15]. (*Én.* VI.164-65)

Le narrateur trace ensuite les grandes lignes de sa vie, en rappelant les héros près desquels il a combattu :

> *Hectoris hic magni fuerat comes, Hectora circum*
> *Et lituo pugnas insignis obibat et hasta.*
> *Postquam illum uita uictor spoliauit Achilles,*
> *Dardanio Aeneae sese fortissimus heros*
> *Addiderat socium, non inferiora secutus.*
> [Féal du grand Hector, près d'Hector à la guerre,
> Sa lance et son clairon brillaient dans les combats.
> Quand Achille vainqueur prive Hector de la vie,
> Héros vaillant et fier sauvegardant son rang,
> Du fils d'Anchise alors il se fit compagnon.] (*Én.* VI.166-70)

---

[14] Ce commentaire sur la nature guerrière du poème héroïque est fait de manière ponctuelle et ne donne lieu à aucun développement immédiat : Ronsard ne revient sur ce sujet que bien plus loin dans sa préface.

[15] Virgile, *L'Énéide*, traduite du latin par Jean-Pierre Chausserie-Laprée, texte bilingue présenté par Claude Michel Cluny, Paris, Éditions de la Différence, 1993. Abréviation : *Én.*

Et, nettement plus loin, il évoque le tombeau de Misène qui reçoit les « oustils de son mestier » :

> At pius Aeneas ingenti mole sepulcrum
> Imponit suaque arma uiro remumque tubamque
> Monte sub aerio, qui nunc Misenus ab illo
> Dicitur aeternumque tenet per saecula nomen.
> [Don du pieux Énée, un énorme tombeau
> Prend les rames, le cor, les armes du héros,
> Sous un grand mont qui tient, ce jour, son nom, Misène
> Et le garde à jamais dans la suite des âges.] (*Én.* VI. 232-35)

Peut-on essayer de trouver un sens au propos de Ronsard, malgré le caractère déroutant de cette non-coïncidence entre le précepte et l'exemple ? Pour ce faire, il faut replacer l'un comme l'autre dans un contexte plus large.

Le poème héroïque et l'émotion

Le précepte sur l'épitaphe s'intègre dans un développement où Ronsard fait briller aux yeux de son « Lecteur apprentif », et résonner à ses oreilles, les ressources poétiques qu'offre une matière guerrière. Ronsard énumère ces ressources en suivant l'*ordo naturalis* fourni par la séquence logique d'un combat et des événements qui l'entourent : préparation, affrontement, mort[16].

> Tu n'oublieras à faire armer les Capitaines comme il faut, de toutes les pièces de leur harnois, soit que tu les appelles par leur nom propre, ou par périphrases : car cela apporte grand ornement à la Poesie Heroique.
> Tu n'oublieras aussi la piste & battement de pied des chevaux, & representer en tes vers la lueur & la splendeur des armes frappees de la clarte du Soleil, & à faire voler les tourbillons de poudre soubs le pied des Soldats & des Chevaux [...] et le son diabolique des canons & harquebuses qui font trembler la terre, froisser l'air d'alentour[17]. Si tu veux faire mourir sur le champ quelque Capitaine ou Soldat, il le faut navrer au plus mortel lieu du corps [...] et en cela tu dois estre bon anatomiste. (*Pr. 87* 344)

Suivent le précepte et l'exemple concernant l'épitaphe, et tout ce passage se termine par une réflexion fondamentale sur le rôle de l'émotion :

---

[16] On peut faire commencer ce passage un peu plus tôt, par l'évocation des « magnifiques presens de Capitaine à Capitaine », qui succède à la réflexion suivante : « la poésie Héroïque qui est dramatique, & qui ne consiste qu'en action, ne peut longuement traicter un mesme subjet, mais passer de l'un à l'autre en cent sortes de varietez » (*Pr. 87* 343). Ou encore légèrement plus haut, à la mention des comparaisons : « Quant aux comparaisons dont j'ay parlé au commencement assez briefvement [...] » (*Pr. 87* 342). On verra que ce renvoi au début de la *Preface* n'est pas sans intérêt.

[17] Ronsard semble penser en termes d'hypotypose et d'harmonie imitative : ne s'agit-il pas déjà de la « grande sonnerie & baterie » qu'il évoque un peu plus loin, en attirant l'attention de son lecteur sur les « vrayes lettres Heroïques » (*Pr. 87* 347) ?

> Tu seras industrieux à esmouvoir les passions & affections de l'ame, car c'est la meilleure partie de ton mestier, par des carmes qui t'esmouveront le premier, soit à rire ou à pleurer, afin que les lecteurs en facent autant apres toy. (*Pr. 87* 344-45)

Dans la préface posthume de sa *Franciade*, Ronsard place l'émotion au cœur d'un art poétique conçu comme mouvement dynamique entre lecture et écriture : par l'émotion qu'elle crée, la lecture d'une grande œuvre fait naître un poète, dont les vers devront à leur tour émouvoir de nouveaux lecteurs[18]. La réflexion qu'on vient de citer évoque la seconde moitié de cette séquence, soit l'émotion que le futur poète, en tant que *producteur* d'une nouvelle œuvre, devra susciter chez son public. Elle doit être mise en relation avec un autre passage, tiré du début de cette même préface, où Ronsard peint la première moitié de cette séquence, soit la *réception* de l'émotion par le « Lecteur apprentif », lors de sa lecture (et relecture) du texte virgilien.

> Relisant telles belles conceptions, tu n'auras cheveu en teste qui ne se dresse d'admiration. [...] Et davantage si tu lis [...] cette lamentation miserable de la pauvre vieille, mere d'Euriale, voyant la teste de son fils fichee sur le haut d'une lance, il n'y a cœur si dur qui se peust contenir de pleurer. [Deux autres exemples] & ceste lamentable plainte de Mezance sur le corps mort de son fils Lauzus, & mille autres telles ecstatiques descriptions, que tu liras en un si divin aucteur, lesquelles te feront Poëte, encores que tu fusses un rocher, t'imprimeront des verves, & t'irriteront les naifves et naturelles scintilles de l'ame que des la naissance tu as receues [...]. (*Pr. 87* 332-33)

Une des tâches du poéticien, et peut-être sa tâche essentielle, est de favoriser cette transmission de l'émotion d'un poète à l'autre, d'un texte à l'autre. Ainsi, dans sa *Preface sur la Franciade touchant le Poëme Heroïque*, Ronsard rassemble-t-il pour son « lecteur apprentif » divers « bouquets » de passages de l'*Énéide* propres à susciter cette émotion, et l'on conçoit bien que le thème de la mort y joue un rôle important. Pour tenter de saisir les rapports qui se tissent, dans la réflexion de Ronsard sur le poème héroïque, entre la mort des héros, l'épitaphe et l'émotion, il faut peut-être relire dans l'*Énéide* non seulement la mort de Misène, mais aussi celles d'Euryale et de Lausus.

Dans le grand œuvre virgilien, la mort de Misène s'inscrit dans le contexte suivant. Après avoir révélé le secret du rameau d'or, la Sibylle apprend à Énée qu'un de ses hommes a péri. Lourd d'inquiétude, le fils d'Anchise retourne vers les siens, et voit sur le rivage le corps de Misène. Suit un éloge de ce héros « sans rival par sa trompe de bronze » : le poète évoque en quelques vers ses liens avec Hector puis Énée, les circonstances de sa mort, les plaintes de ceux qui le trouvent sur le rivage, et raconte enfin longuement la cérémonie funèbre dont les Troyens l'honorent. L'émotion est présente à la fois comme donnée thématique de ce passage, rempli de plaintes, pleurs, deuil et tristesse, et

---

[18]   C'est une conception qu'il partage avec Peletier (voir notre article intitulé « Lecture, émotion et économie dans l'*Art poétique* [1555] de Jacques Peletier du Mans », in la *Nouvelle Revue du Seizième Siècle*, vol. 18, n° 1, 2000, pp. 95-111).

comme effet du traitement poétique que le poète lui réserve. Le tout se termine sur ces vers, qu'on a déjà cités[19] :

> Don du pieux Énée, un énorme tombeau
> Prend les rames, le cor, les armes du héros,
> Sous un grand mont qui tient, ce jour, son nom, Misène
> Et le garde à jamais dans la suite des âges. (*Én.* VI. 232-35)

Formule emblématique, l'épitaphe s'insérerait donc dans un développement plus long à couleurs funèbres, religieuses et cérémoniales, et porteur d'émotion. C'est l'élément architectural et géographique lui-même, ici un tombeau et le mont où il se trouve, qui inscrit le nom du disparu dans la mémoire collective et conserve les traces de sa présence en accueillant son corps et ses « oustils » (rames, cor et armes).

Contrairement à Misène qui meurt noyé par un Triton jaloux, Euryale et Lauzus tombent au combat, c'est-à-dire dans le contexte guerrier que Ronsard évoque dans sa *Preface* juste avant de mentionner l'épitaphe. La « lamentation miserable » de la mère d'Euryale et la « lamentable plainte » de Mézence s'intègrent dans des développements semblables à ceux qui entourent la mort de Misène, et dont il paraît difficile de les séparer, du moins en ce qui concerne la question de l'émotion. Le lecteur est ému par l'ensemble du récit de la mort d'Euryale et de son ami Nisus, et la lamentation maternelle qui le conclut a un impact d'autant plus fort qu'elle est amenée par une construction en *crescendo* ; elle occupe, en fait, la même position que l'épitaphe de Misène, conclusion magistrale de tout l'émouvant récit d'une mort héroïque[20]. Il en va de même pour la plainte de Mézence (*Én.* X. 846-56) sur le corps de son fils, qui ne s'apprécie vraiment qu'en relation avec l'exploit généreux de ce dernier, dont le poète a introduit le récit en ces termes :

> Le dur fait de ta mort et ta belle prouesse
> — Si la longue mémoire en tel exploit fait preuve —
> Seront dits, jeune preux : tu ne seras point tu.
> [*Hic mortis durae casum tuaque optima facta,*
> *Si qua fidem tantost operi latura uetustas,*
> *Non equidem nec te, iuuenis memorande, silebo.*] (*Én.* X. 791-93)

Rompre le silence qui entoure les morts, par des mots propres à saisir l'essence d'une vie admirable — ici, le récit, fait par le narrateur poète, d'un exploit héroïque — , voilà qui ramène à la question de l'épitaphe. Et ce passage, comme

---

[19] L'ensemble du passage compte 80 vers (*Én.* VI. 156-235), du moment où Énée quitte la Sibylle jusqu'à la fin de la citation concernant le tombeau ; de tout ce passage, 22 vers (*Én.* VI. 190-211) racontent l'intervention des colombes de Vénus pour aider Énée à trouver le rameau d'or.

[20] La plainte occupe les vers IX. 480-97 ; elle s'intègre dans la peinture de la réaction maternelle (*Én.* IX. 473-502), et conclut le premier grand mouvement du livre IX (qui compte pour un peu plus de la moitié de ce livre).

celui que Virgile a consacré à Misène, se termine sur l'évocation d'un tombeau matériel : « Porte mon corps en terre », demande Mézence à son ennemi vainqueur, « Et qu'une même tombe au fils joigne le père » (*Én.* X. 904-06). Encore deux vers pour sceller son destin, et le livre X s'achève ; le livre IX s'ouvrira sur la cérémonie funèbre réclamée par Mézence[21].

Par son caractère universel, la poésie épique peut jouer sur les deux registres de l'épitaphe : d'une part, la formule emblématique, épigrammatique, le message gravé sur un monument offert à la vue de tous et qui doit inscrire un nom, une destinée, dans la mémoire collective ; d'autre part, la plainte élégiaque, cri ému ou lamentation qu'inspire la mort d'un être cher. Ces deux registres possèdent un même lien privilégié avec le domaine des émotions et peut-être un même caractère clausulaire ; ils sont donc particulièrement susceptibles de marquer la mémoire du lecteur (et du théoricien, et du poète). Qu'en est-il concrètement dans *La Franciade* ? La matière funèbre abonde dans ce poème, et deux cérémonies appellent des commentaires[22].

La Franciade

La première cérémonie suit la terrible tempête qui fait échouer Francus en Crète. Pendant cette épreuve initiatique, les compagnons du jeune Troyen combattent vaillamment les éléments déchaînés, et la plus grande partie d'entre eux périssent. Les recommandations de Ronsard pourraient laisser croire qu'une brève épitaphe poétique, comme celle que Virgile « engrave » dans l'*Énéide* pour Misène, préservera de l'oubli certains de ces disparus. Mais il n'en est rien, car les camarades de Francus forment une masse humaine indifférenciée, qui combat et meurt dans l'anonymat[23]. Or, sans nom, peut-il y avoir épitaphe ? Rien n'est moins sûr. C'est dans la pleine résonance du mot *nomen* que Virgile choisit de clore tout l'épisode de la mort de Misène, évoquant le mont « *qui nunc Misenus ab illo / Dicitur aeternumque tenet per saecula nomen* » (*Én.* VI. 232-35). Les textes que Ronsard rassemble dans ses *Œuvres* sous le titre commun d'épitaphes contiennent toujours le nom de la personne disparue ; ce nom peut être répété comme un *leitmotiv* lourd de sens, et dans plusieurs poèmes, il fait l'objet d'une mise en scène : un passant s'arrête devant un tombeau et veut connaître le nom de celui qui y repose ; ce nom, le poète ne le

---

[21]   Tout ce passage possède donc lui aussi un caractère conclusif.

[22]   Sauf indication contraire, nous citons *La Franciade* dans la version de 1572 (*Lm.*, t. XVI, vol. 1 et 2). Abréviation : *Fr.* À titre d'exemples de cette « matière funèbre » (dans l'édition de 1572) : pour former Francus, Hélénin l'envoie « Voir le tombeau de son père » (*Fr.* I. 715) ; Mars puis Francus font un éloge posthume d'Hector (*Fr.* I. 819-28 et II. 514-21) ; Andromaque évoque ses obsèques (*Fr.* I. 983-94) ; Dicée veut priver Francus de sépulture (*Fr.* IV. 49-58), etc.

[23]   Nous avons soulevé ce problème de l'identité des camarades de Francus dans *Les théories de la* dispositio *et le Grand Œuvre de Ronsard*, Paris, Champion, 2000 (ch. III).

dévoile parfois qu'*in extremis*, en conclusion de son poème[24]. En fait, l'éloquence du nom peut être telle qu'une épitaphe se résume à ce seul élément[25]. Et l'on peut encore appuyer d'une preuve *a contrario* cette importance du nom, puisque Ronsard évoque ainsi la mort infâmante de Priam : « Le corps sans nom, sans chaleur & sans face / Comme un grand tronc broncha dessu la place » (*Fr.* I. 93-94), et reprend des termes analogues pour marquer celle du géant Phovère, abattu par Francus en combat singulier : « N'estant plus rien de Phovère sinon / Qu'un tronc bronché, sans face ny sans nom » (*Fr.* II. 1467-1468, variante 1578-1587). Lorsque la « chaleur » de la vie n'est plus et que la mort dérobe au regard la « face » aimée ou maudite, seul le rempart du nom empêche qu'une individualité se dissolve dans la masse indifférenciée d'une trop vaste forêt humaine[26].

Le lecteur de *La Franciade* ne connaîtra jamais ni le nom des camarades de Francus, ni « les principaux oustils de [leur] mestier », ni les exploits qui faisaient d'eux la fine fleur de la nation troyenne exilée. Lorsqu'ils apparaissent à Francus, sous forme de « fantaumes [...] / Enflez, bouffis, écumeux, & ondeux, / Aux nez mangez, au visage hideux » (*Fr.* II. 644-48), ce sont des ennemis potentiels dont il importe de satisfaire les mânes par les rites prescrits. Ainsi, loin d'inscrire le souvenir de ces compagnons dans la mémoire collective et de réaffirmer les liens qui unissent les vivants et les morts, fonctions que l'on reconnaît habituellement à l'épitaphe et aux monuments funéraires, la cérémonie

---

[24] L'« Epitaphe du Seigneur de Quelus, en dialogue » se conclut ainsi : « LE PASSANT : Au reste, dy son nom. LE GENIE : Quelus. / Va, Passant, n'en demande plus » (*Céard et al.*, t. II, p. 961). Le nom est presque toujours présent à la fois dans le titre et dans le corps du poème ; lorsqu'il est présent seulement dans le titre et non dans le corps du poème, le pronom « je » ou le pronom « tu » ancre solidement l'identité du sujet. Les seules exceptions sont le sonnet « À Monsieur Sorbin, Predicateur dudit feu Roy Charles IX, Evesque de Nevers », précédé et suivi de poèmes contenant le nom de Charles ; l'« Epitaphe de feu Roc Chasteigner, Seigneur de la Roche de Posé », qui contient des données biographiques très précises et nomme par exemple les lieux où Chasteigner a combattu ; le sizain « Pour les cœurs de Messieurs de L'Aubespine », qui suit l'« Epitaphe de Claude de l'Aubespine » où Claude est nommé dans le titre et l'un de ses frères, de Neufville, identifié aussi ; et enfin l'« Epitaphe de Françoise de Vieil-Pont, Abbesse de Poissy », qui célèbre Annebaut, son oncle, « Qui de son nom les terres a semées » (*Céard et al.*, t. II, p. 949).

[25] Sur l'importance du nom, voir Joshua Scodel, *The English Poetic Epitaph. Commemoration and Conflict from Jonson to Wordsworth*, Cornell University Press, Ithaca and London, 1991, pp. 48-49. Sur le nom comme seul élément d'une l'épitaphe modèle, voir la discussion de « *Fui Caius* », pp. 52-55. Gisèle Mathieu-Castellani parle de « trois motifs solidaires : *la pierre*, symbole ordinaire d'une durée qui défie le temps, *l'inscription* gravée sur du marbre, matérialisation d'un message solennel, et *le Nom*, reposant à jamais dans sa gloire préservée » (Gisèle Mathieu-Castellani, « L'Inscription-épitaphe ou le tombeau-figure », dans *La Licorne*, n° 29, Poitiers, 1994, p. 146 ; italiques de cet auteur).

[26] « [S]ans face ny sans nom » exprime l'anéantissement mieux que la version précédente, « diffamé de renom » (1572 et 1573).

que Francus leur consacre est destinée à rompre tout lien entre défunts et survivants, entre le passé du naufrage et l'avenir de l'entreprise héroïque[27] :

> Esprits malins, ne nous suivez jamais [...]
> Et en dormant n'épouventez nos songes
> D'effroy, de peur, ny d'horribles mensonges,
> Qui au reveil rendent l'homme transi,
> Et sans nous suivre arrestez-vous icy. (*Fr.* II. 699-704)

La seconde cérémonie mérite une lecture attentive. Francus est arrivé sain et sauf en Crète, et il a secouru son hôte le roi Dicée en combattant le cruel géant Phovère. Mais le jeune héros s'attarde sur l'île accueillante, et ne semble pas pressé de reprendre la mer pour voguer vers ses destinées héroïques. Il reçoit donc la visite de la nymphe Leucothoé, qui l'exhorte à repartir. Cette nymphe termine son discours en annonçant la mort d'un ami de Francus, « [s]eur compagnon de [s]a dure fortune » (*Fr.* III. 313). Elle ne nomme pas cet ami, dont le lecteur ignorait jusqu'à présent l'existence, mais elle fait succinctement le récit de sa mort — un sanglier envoyé par Junon l'a « navré dedans l'aine » (*Fr.* III. 321) — puis elle évoque la cérémonie qui devra apaiser ses mânes : comme les compagnons morts en mer, l'ami peut constituer un danger si Francus néglige de remplir ses pieux devoirs envers lui. Enfin, Leucothoé se livre à un curieux éloge funèbre, une sorte de brève épitaphe en forme de prophétie avortée[28] :

> Dessous ta main le monde il eust soubmis
> Si le Destin envieux eust permis
> Qu'il eust en Gaule ordonné ton armée :
> L'homme n'est rien qu'une vaine fumée! (*Fr.* III. 327-30)

En somme, l'existence de cet ami privé de nom et de substance (c'est un personnage à construire, et qui ne sera pas construit) se réduit paradoxalement à l'événement de sa mort, et nulle épitaphe ne peut rappeler ce qu'il a été[29].

---

[27] Sur le rôle de l'épitaphe et du tombeau dans l'économie des rapports entre vivants et morts, voir par exemple Joshua Scodel, *The English Poetic Epitaph. Commemoration and Conflict from Jonson to Wordsworth*, *op. cit.*, p. 21.

[28] Michel Simonin signale « *le regret de ce que le mort eût pu faire* » parmi les lieux retenus par la tradition scolaire, telle qu'elle s'exprime entre autres dans l'ouvrage de Correa, lorsqu'il s'agit de composer une épitaphe (voir Michel Simonin, « Ronsard et la tradition de l'*epitaphios* », *loc. cit.*, p. 94).

[29] Ronsard a beaucoup retravaillé l'annonce de cette mort : le récit bref mais saisissant de l'assaut du sanglier et de la blessure à l'aine, présent en 1572, a été supprimé de 1573 à 1584 puis repris et modifié en 1587 (la version finale montre que l'ami attaque avant d'être terrassé). Il faut lire ces lignes à la lumière des commentaires que formule Ronsard théoricien sur la façon de peindre les combats (dont ses considérations sur le poète « bon anatomiste ») lesquels, on s'en souvient, précèdent immédiatement le commentaire sur l'épitaphe (*Pr.* 87 344). À défaut de connaître les « faits du demi Dieu » (*Fr.* III. 719), le lecteur aura au moins entrevu la couleur héroïque de ses derniers moments. Lorsque le poète renvoie, bien plus loin

Dans la première version de *La Franciade* (1572), cependant, cet ami accède à une forme d'existence poétique par le biais de la « lamentable plainte » que Francus exhale seul sur le rivage, une fois la cérémonie funèbre terminée et « le peuple » en allé (*Fr.* III. 748). Cette lamentation contient trois éléments principaux. D'abord, en témoignage de deuil, Francus offre à son ami ses cheveux tondus :

> Francus qui veut soubs les ombres descendre
> Tond ses cheveux et les mist sur la cendre :
> Cher compagnon pren de moy ce present
> Tesmoin du dueil que mon courage sent
> Pour le regret d'une si chere perte [.] (*Fr.* III. 749-53).

Le narrateur précise que Francus « avoit autrefois / Promis [ces mêmes cheveux] en vœux au grand fleuve gaulois » (*Fr.* III. 755-56). Suit une déploration élégiaque des doux moments passés avec le disparu :

> Nous n'irons plus comme nous soulions faire
> Tous deux seulets en un lieu solitaire [...]
> La Mort te tient de silence suivie,
> Et maugré moy je traine ceste vie,
> Qui m'estoit douce alors que je pouvois
> Voir ton visage, et entendre ta vois,
> Soulagement de ma fortune extresme. (*Fr.* III. 757-65)

Enfin, Francus évoque le tombeau qu'il bâtira pour son ami si les dieux favorisent son entreprise :

> Cher compagnon, ainçois second moymesme,
> Je te suply ne te fache de quoy
> Plus grands presens tu n'a receu de moy,
> Qui suis bany sans foyer et sans terre,
> Qui pour partage ay la mer et la guerre.
> Mais si le ciel qui predit mon bonheur
> Me fait un jour de ce peuple seigneur
> Que Seine embrasse en son giron fertille,
> Je batiray de ton nom une ville,
> Et couvriray d'un tombeau solennel
> Tes os couchez en repos eternel. (*Fr.* III. 766-76).

Ce nom, que le lecteur ignore toujours, sera donc immortalisé non seulement par un monument, mais encore par la toponymie d'une terre à conquérir par le langage comme par les armes. Il n'est pas, pour les héros d'une entreprise épique, de meilleure épitaphe que ce nom transmis aux lieux : il est dit et redit que France et Françonie tiennent leur nom de Francus, et les compagnons de

---

dans son texte, à l'intervention de la nymphe Leucothoé, l'ami est encore désigné par cette image emblématique : le « mort / Qui d'un sanglier avoit l'haine tranchée » (*Fr.* III. 672-73, version 1572).

Misène, on s'en souvient, baptisent un mont en son honneur[30]. En fait, Paul Laumonier comme la nouvelle équipe éditoriale des *Œuvres* de Ronsard dans la *Bibliothèque de la Pléiade* signalent divers liens entre ce passage de *La Franciade* et les vers que Virgile consacre à Misène[31]. Puisque Ronsard illustre justement par l'exemple de Misène sa conception théorique de l'épitaphe dans le poème épique, on doit peut-être lire le développement consacré à l'ami de Francus comme le meilleur exemple d'épitaphe dans *La Franciade*. Cela tient du paradoxe si l'on se limite à la courte définition de l'épitaphe offerte par la *Preface*, mais prend sens pour peu que l'on considère l'ensemble du contexte entourant cette définition, et le facteur clé de l'émotion présent à la fois dans le texte théorique, dans les passages du texte virgilien donnés en exemple (Misène, mais aussi Euryale, Lausus), et dans le passage consacré à l'ami de Francus. À l'égard de ce facteur émotionnel, la réflexion qui se dessine dans la *Preface [...] touchant le Poëme Heroïque* autour de la question de l'épitaphe est beaucoup plus proche de la version originale de *La Franciade* que des versions subséquentes, puisque Ronsard supprime dès 1573 toute la plainte élégiaque de Francus, ne gardant que les trois vers où le Troyen offre ses cheveux, et retire encore en 1578 un sizain peignant la vive douleur du jeune homme[32].

Lorsqu'on explore les modèles épiques de Ronsard et le livre d'épitaphes qu'il a composé, ce *topos* du don des cheveux dévoile sa richesse. D'une part, Achille fait ce même sacrifice au livre XXIII de l'*Iliade*, lors de la cérémonie funèbre destinée à Patrocle (*Iliade*, XXIII. 142) — derrière Francus et son ami se profile ce parangon d'une parfaite amitié héroïque. Mais puisque le lecteur de *La Franciade* ne découvre cette amitié qu'au moment où il faut en lamenter la perte, l'intensité de sa réaction émotionnelle, dont Ronsard théoricien se préoccupe pourtant vivement, est forcément inférieure à ce qu'elle aurait été s'il avait pu découvrir progressivement l'ami de Francus et s'attacher à lui. Au contraire, dans l'*Iliade*, la mort de Patrocle s'insère dans une trame

---

[30] Sur *Francus* et *France/Françonie* : I. 184-87, I. 244-46 ; IV. 1075 (édition 1572). Voir aussi la « Prosopopee de feu François de Lorraine, Duc de Guise [...] » : « Ne dressez un tombeau par artifice humain / Et tant de marbre dur ne polissez en vain. / Pour tombe dressez moy de Mets la grande ville, / Les grands murs de Calais, et ceux de Thionville, [...] / Assemblez sur mon corps la France et l'Italie, / Et toutes les citez qui sentirent les coups / De ma dextre inveincue, et m'enterrez dessous » (*Céard et al.*, t. II, pp. 916-17, v. 15-28). Et l'« Epitaphe de Hercule Strosse [...] » : « Les murs de tant de villes prises / Et les proues de tant de naux / Te serviront par toy conquises / Et de tiltres et de tombeaux » (*Céard et al.*, t. II, p. 923, v. 4-8).

[31] Essentiellement pour la description des rites accomplis. Mais il y a d'autres liens, plus généraux, tels que cette mort causée de manière inattendue par une divinité, et annoncée au héros lors d'un plus long discours concernant le progrès de son entreprise, comme une digression.

[32] Ce sizain : « A tant se teut : les larmes respanduës / Dessus la face en roulant descenduës / L'une sur l'autre à goutes se hastoient, / Et les soupirs l'estomac luy batoient, / Blasmant la mort d'une plainte profonde, / Qui rien de bon ne laisse vivre au monde » (*Fr.* III 771-76).

narrative qui en exploite le potentiel à tous égards : longuement préparée, ses échos se répercutent du chant XVI (mort de Patrocle) au chant XXIII (cérémonie funèbre)[33].

D'autre part, Ronsard a déjà évoqué ce modèle de parfaite amitié dans une épitaphe où il se met lui-même en scène de manière extensive, soit l'« Elegie, en forme d'epitaphe, d'Anthoine Chasteigner [...] ». Cette pièce paraît tout d'abord dans *Le Cinquième Livre des Odes* en 1553, avant de se joindre au livre des *Poemes* en 1560 et, finalement, à la section des *Epitaphes* à partir de 1567. Ronsard présente ses rapports avec le jeune Chasteigner sous les traits d'une vive affection fraternelle ; comme l'ami de Francus, le jeune Chasteigner était tout en promesse, puisque ses *Poésies françoises* n'avaient pas encore été publiées[34]. C'est surtout la fin de cette épitaphe qui intéresse le lecteur de *La Franciade*, lorsqu'il entend Ronsard s'adresser à Chasteigner en ces termes :

> Comme Achille à Patrocle, je te tons mes cheveux
> Que dés long temps j'avois promis en vœux
> À mon fleuve du Loir, si j'eusses par ma peine
> Conduit Francus au rivage de Seine,
> Qui depuis s'orgueillit de l'honneur de son nom,
> Et qui se vante encor de mon renom. (*Céard et al.*, t. II, p. 928, v. 175-80)

Pour honorer l'ami disparu, Achille, Ronsard et Francus rompent donc un vœu formulé antérieurement. Le fils de Pélée, ce faisant, connaît déjà le caractère illusoire de ce vœu, et l'échec final qui attend son entreprise, c'est-à-dire sa mort en territoire ennemi ; de même, Ronsard se peint renonçant, en hommage à Chasteigner, à son projet d'écrire une *Franciade*, projet qu'il ne reprendra que beaucoup plus tard et ne mènera jamais à terme[35]. Cette tonte des cheveux est donc un geste ultime : pour le personnage qui l'accomplit, soit Achille dans l'*Iliade* et le personnage de Ronsard dans l'*Élégie* à Chasteigner, il constitue le sacrifice d'une ambition légitime et un relatif constat d'échec. Dans l'*Iliade* comme dans l'*Élégie*, ce geste appartient d'ailleurs au mouvement conclusif de l'œuvre. Francus, cependant, se trouve dans une situation toute différente de celles d'Achille et de Ronsard, et le même geste a pour lui des échos différents. Pour ce fils d'Hector, le temps n'est pas venu d'interrompre un cheminement héroïque qui s'amorce à peine, alors que celui d'Achille est pleinement accompli. Et ce cheminement héroïque ne peut non plus souffrir de déplacement, puisqu'il s'inscrit dans un plan divin ; au contraire, le personnage

---

[33] C'est la question, cruciale, de la gestion de la matière dans un *long* poème.

[34] « Hélas! ami, quel destin ou quel sort, / Hélas! s'opposa tant à ta gloire premiere, / Qu'avant mourir ne misses en lumiere / Tes beaux vers amoureux qui chantoyent à leur tour / Et l'amer fiel, et le doux miel d'amour ? » (*Céard et al.*, t. II, p. 925, v. 48-52). Ronsard formule le souhait suivant : « mesme place ensemble nous ayons, / Et vifs et morts ensemble nous soyons » (*Céard et al.*, t. II, p. 927, v. 155-56).

[35] Homère, *L'Iliade*, traduction nouvelle avec une introduction et des notes par Eugène Lasserre, Bordas, Paris, Bordas, « Classiques Garnier », 1988, p. 414, lignes 140-54 (chant XXIII).

de Ronsard peut modifier son itinéraire poétique et renoncer dans l'*Élégie* à sa *Franciade* sans abandonner pour autant l'essentiel de ses ambitions littéraires[36]. Dans le vœu rompu de Francus, le lecteur entrevoit toute la fragilité de ce nouveau héros, et peut-être encore celle du projet épique de Ronsard. En effet, en reprenant dans sa *Franciade* un *topos* déjà associé à l'abandon de celle-ci, Ronsard ne laisse-t-il pas présager la fin prématurée de deux entreprises : la conquête des Gaules par Francus, et celle du genre héroïque par le poète lui-même ?

Lorsqu'il s'agit du poème héroïque, les rapports entre théorie et pratique ronsardiennes ne se laissent pas facilement cerner, et le caractère souvent fragmentaire, décousu, voire discordant de la réflexion théorique compte pour beaucoup dans cette situation. Dans le cas de l'épitaphe, ce problème se pose de façon aiguë en raison de l'absence de correspondance manifeste entre le précepte et l'exemple choisi pour l'illustrer : il n'est pas possible de déterminer précisément à quels vers du texte virgilien renvoie Ronsard, et la combinaison des diverses possibilités ruine à elle seule l'une des caractéristiques de l'épitaphe selon le précepte donné, soit son caractère formulaïque, son extrême brièveté.

Cette constatation invite à poser la question du rapport entre le poéticien et l'œuvre modèle qui nourrit sa réflexion. Le texte de l'*Énéide*, par exemple, est omniprésent dans la théorie poétique de la Renaissance, mais sous quelles formes ? De quelle *Énéide* s'agit-il ? À force de relire, le lecteur poéticien, surtout s'il est lui-même poète, ne finit-il pas toujours par récrire ? Pour expliquer l'estime qu'il porte à Virgile, Ronsard peint en ces termes ses rapports envers l'œuvre du grand poète :

> soit que dés ma jeunesse mon Régent me le lisoit à l'escole, soit que depuis je me sois fait une Idee de ses conceptions en mon esprit (portant tousjours son livre en la main) ou soit que l'ayant appris par cœur dés mon enfance, je ne le puisse oublier. (*Pr. 87* 339)

Une telle appropriation, malgré sa nature intime, voire peut-être justement en raison de cette nature, ne va pas sans approximation. Comment le lecteur de la *Preface* peut-il prendre en compte ce caractère approximatif sans pourtant renoncer à sa recherche de sens ? Entre la règle formulée par Ronsard et la réalité du texte virgilien, laquelle doit primer quand les deux ne correspondent pas ? Faut-il conserver le précepte et accepter de l'illustrer par un exemple tiré d'une *Énéide* virtuelle, celle que Ronsard semble avoir récrite dans sa mémoire et dont on suppose qu'elle illustre efficacement son précepte ? Faut-il au contraire relativiser l'importance du précepte et s'en tenir plutôt à l'*Énéide* de

---

[36]   En fait, en 1553 et encore pendant quelques années, Ronsard souhaite vraiment se lancer dans la composition de sa *Franciade* : le renoncement ne vaut que dans les limites de l'« Elegie » (voir l'introduction de Paul Laumonier dans *Lm*, t. XVI, vol. 1, p. vi et suiv.).

Virgile, en méditant sur la puissance poétique du passage évoqué, qui a su marquer la mémoire du lecteur-poète-poéticien quoiqu'il y ait subi des transformations ? Ou faut-il encore, afin de réconcilier le précepte de Ronsard et l'exemple virgilien, accepter les risques d'une enquête herméneutique en principe étrangère à l'esprit d'un texte didactique[37] ? C'est peut-être cette dernière voie qui fait le mieux ressortir la richesse et la cohérence de la réflexion poéticienne de Ronsard, et permet le dialogue le plus instructif entre la *Preface* et *La Franciade*. *La Franciade* n'est pas une mise en œuvre de la théorie ronsardienne, pas plus que celle-ci n'est une mise en règle de celle-là, mais, loin d'être étrangères l'une à l'autre, toutes deux sont animées par les mêmes préoccupations. L'écart, lorsqu'il est présent, est lourd de sens.

Le rapport qui se dessine chez Ronsard entre le modeste ruisseau de l'épitaphe et l'océan que forme le poème héroïque, tient du rapport entre microcosme et macrocosme. En effet, les vers consacrés au compagnon fauché par la mort constituent un modèle d'épitaphe dans le genre épique tel que Ronsard le concevait, mais un modèle imparfait ; ils permettent au lecteur d'entrevoir deux lacunes dont souffre l'œuvre dans son ensemble, et qui éclairent en partie son inachèvement. La première de ces lacunes est l'absence de développements narratifs qui donneraient aux défunts une stature héroïque, et dont l'anonymat est le signe le plus manifeste : sans histoires familiales (leurs origines) ni personnelles (leurs exploits), les compagnons de Francus et même son ami le plus cher meurent avant d'avoir vécu aux yeux du lecteur. Privés d'un nom qui aurait de toute manière peu de résonance, ils ne peuvent s'inscrire dans la mémoire d'une collectivité elle-même encore inexistante, toute à construire, et la signification de leur mort, c'est-à-dire la fondation d'un lien entre le passé, le présent et le futur d'une collectivité, s'en trouve considérablement réduite. Loin de donner lieu à des épitaphe « mémoratives », ces morts révèlent une troublante amnésie. Quant à la seconde lacune, elle découle de la première, et on peut en mesurer l'étendue grâce aux réflexions théoriques où le poète rapproche les questions de l'épitaphe et de l'émotion : « esmouvoir les passions & affections de l'ame », enseigne Ronsard au futur poète, « est la meilleure partie de ton mestier ». Or, dans une narration épique, il est caractéristique que cette émotion atteigne des sommets lors du récit de la mort des héros familiers au lecteur, et des lamentations, cérémonies et épitaphes qui s'ensuivent : faute d'avoir créé de tels héros dans ses quatre premiers livres, Ronsard se prive d'une matière de premier choix pour éveiller chez son lecteur ces émotions proprement épiques. Pour apprécier *La Franciade*, au fond si peu épique, le lecteur devra cueillir l'émotion dans un autre registre. Il lui faudra apprendre à lire l'héroïsme non

---

[37]   Ce n'est pas seulement la poétique de Ronsard qui exige ce genre de travail herméneutique : chez Peletier, chez Scaliger aussi, le rapport entre le précepte et l'exemple n'est pas toujours aisément saisissable.

seulement lorsque celui-ci se manifeste à tout venant, par des pierres, des villes et des monts qui inscrivent dans l'Histoire autant de messages à la fois douloureux et triomphants, mais encore et surtout lorsque cet héroïsme s'ébauche dans le cheminement hésitant d'une âme inquiète.

Claudine JOMPHE
Saint Louis University

WORDS ON PASSING/PASSING ON THE WORD:
RONSARD'S *EPITAPHES* AND THE
GLIMPSES OF A GRAVESIDE POETIC

To say that Pierre de Ronsard, the favorite poet of the Pierides and princes of Renaissance France, took an interest in the allied themes of relentlessly passing time and inescapable death is at once an understatement and a half-truth. As many have shown before — including the man whose life and scholarly achievements this colloquium aspires to memorialize — the Vendomois laureate was fully *obsessed* with the topics,[1] especially to the extent they are corollaries of two other dominant ideas, which are simultaneously the objects of a philosophical and poetic wish: the taming or transcendence of the temporal flow and the perpetuation of the living spirit. Although these related fixations emerge at all stages of Ronsard's forty-year career and in virtually every poetic genre he practiced, it is their appearance in the over fifty sepulchral poems classified as "épitaphes"[2] that prompts the remarks that follow. Published under a variety of titles and individually or in variously constituted collections from 1550 through the posthumous *Œuvres* of 1587, the epitaphs come to represent what Isidore Silver once described as the poet's deepest and most extensive "meditation on the destiny of man."[3] Taken a step further, his point may be amended to say that the poems likewise afford some of Ronsard's most vivid and, ultimately, encouraging words on *passing* — i.e., the passing of time

---

[1]   On time, see Isidore Silver, *Three Ronsard Studies* (Geneva: Droz, 1978) 51-107; Yvonne Bellenger, "Temps mythique et mythes du temps dans les 'Hymnes' de Ronsard," in *Le temps et la durée* (Reims: Nizet, 1986) 179-92. On the prominent place reserved for death, Silver notes, "the passages on death that occur throughout the poetry of Ronsard are beyond number": *The Intellectual Evolution of Ronsard: II. Ronsard's General Theory of Poetry* (St. Louis: Washington University Press, 1973) 306.

[2]   Margaret de Schweinitz counts fifty-three French pieces and three Latin poems: *Les épitaphes de Ronsard: étude historique et littéraire* (Paris: PUF, 1925). For the convenience of the present study I accept her classifications while acknowledging that the corpus might legitimately be expanded to include memorials not officially ranked as "epitaphs" (cf. the *Vers et Stances sur la mort de Marie*).

[3]   Silver offers this conclusion in the light of Ronsard's decision to make a tome of epitaphs the concluding word of the 1587 *Œuvres*, the last edition overseen by the author (*Evolution* II, 310).

and the fatal consequences of that passage for man: the passing from life into death. Moreover, the epitaphs register what I here propose to call an overarching "graveside poetic": a theory about the function of poetry relating specifically to his notions of passing. The aim of the present study is to shed further light on the nature of these notions while exposing the basic tenets of the affiliated poetic.

* * *

There is no dispute that much in Ronsard's sepulchral poems derives from the epitaph tradition that began in the funeral songs of ancient Greece and Rome and that regained popularity, during the early modern period, in the tumulary verses of neo-latin authors in Italy like Pontano and Marullo or vernacular poets in France such as Villon, Marot, Crétin, and Bouchet.[4] Following those antecedents, Ronsard's epitaphs generally contain four basic topical elements: a lamentation (*deploratio*) and an adulation (*laudatio*) for the deceased, words of condolence (*consolatio*) to both the deceased and the bereaved, and an invective (*exsecratio*) against pitiless death. As a result, they likewise exhibit a pronounced predilection for the dialogical style of discourse: a language charged with interrogatives, apostrophes (including the prosopopoeia), and deictics (or shifters) that imitates or implies the exchange between a locutor (most commonly the poet or the deceased's own spirit) and a real or imaginary interlocutor (ranging from the Almighty Creator to the departed individual being eulogized).[5]

As usual, however, Ronsard is loath to allow his debt to convention shackle his creative disposition. Despite initial appearances, the constraints of the genre do little to contain the callings of his personal Muse or his ability to provide those callings with an original inscription.[6] On the contrary, they afford

---

[4]   See especially Schweinitz vii-xv.

[5]   All of these features are codified in the writings of the Portuguese poet and grammarian, Thomas Correa. For more on this and other theorists of the *epitaphios*, see Michel Simonin, "Ronsard et la tradition de l'Epitaphios", in *La mort dans le texte*, ed. Gilles Ernst (Lyon: Presses Universitaires de Lyon, 1988) 85-99 (esp. 86-88). For more on the linguistic characteristics of dialogue, see Oswald Ducrot and Tzvetan Todorov, *Dictionnaire encyclopédique des sciences du langage* (Paris: Seuil, 1972) 387-88.

[6]   Again, see Michel Simonin, who after insisting that "les contraintes du genre ne laissaient guère de liberté," goes on to assert that "[e]ntre tant d'obstacles, Ronsard s'est efforcé de naviguer," but "moins dans ce qu'il a fait et dit, que dans ses réticences": "Epitaphios," 96. In contrast, M. de Schweinitz clearly acknowledges Ronsard's personalized approach: "Si Ronsard se laisse influencer par [les] poètes latins . . . ce n'est pas cependant qu'il les suive de très près. En vérité il se montre très personnel, tantôt développant une idée antique lorsqu'elle se rapporte à son propre sujet, tantôt adaptant à son usage les termes et les figures qu'il aime chez d'autres" (77). Nathalie Dauvois takes a similar stand in her study of the epitaphs in

the precise mode of expression that permits him to reveal his innermost metaphysical, moral, and poetic concerns. The actual or implied dialogue[7] in the vast majority of the epitaphs plays a key role in this regard. The interlocutory discourse allows our poet not only to give the most dramatic expression to his profound *anxieties* about time, death, and "life" in this world and the next, but also to reveal and activate the powers of poetry most suited to managing those phenomena and his trepidations about them.

In her seminal book on Ronsard's epitaphs, Margaret de Schweinitz considers some of the basic rhetorical effects of the feature. For this critic, "la forme dialoguée" serves effectively to "mettre en relief" the biographical facts incorporated in the poems.[8] Concerning the epitaph for Loyse de Mailly, in particular, she notes how Ronsard's dialogized lamentations attain "une plus large envergure et . . . une langue plus riche" than the monologue one finds in Du Bellay's memorial to the same pious Abbess of Caen and niece of Anne de Montmorency.[9] Hélène Moreau cites a similar advantage in her analysis of the epitaph for Artuse de Vernon. The polyphony and theatricality of the poet's apostrophes to the late "demoiselle d'honneur" of Marguerite de France and friend of the Coligny family are perceived to intensify the affective impact of the piece, to stimulate the reader's interest in the *laudatio* of Artuse's virtues and the *deploratio* over her demise.[10] While acknowledging the same effects, Nathalie Dauvois distinguishes a more consequential benefit as well: the liveliness of the dialogue furthers the proper mnemonic function of the genre. In short, it helps to make the memory of the deceased more memorable. The dialogized "jeu d'énigmes" between the "Passant" and the "Génie" in the epitaph for Quelus, a "mignon" of Henri III, for example, serves both to hold the reader's attention through the culminating *laudatio* of the poem and to make that adulation easier to recollect by virtue of the pleasing ludic quality of the discourse.[11]

    Mnémosyne: Ronsard, une poétique de la mémoire (Paris: Champion, 1992) 39-78, esp. 56-63. The present study clearly sides with the latter two critics on this topic.

[7] Dialogue manifests itself in different degrees and ways in the epitaphs. While seven pieces reproduce actual exchanges between interlocutors (the epitaphs for Jean Martin, Philippes de Commines, Albert de Ripa, Beaumont, the Seigneur de Quelus, Niobé, and François de Saint-André), seventeen others record virtual conversations in one or more apostrophes to the passerby. The remaining epitaphs may be said to inscribe implied colloquies through their inclusion of prosopopoeia directed by the poet-narrator and/or deictic allusions to the subjects, objects, and circumstances of enunciation (including the classic "cy gist").

[8] Schweinitz 91.

[9] Ibid. p. 69.

[10] Hélène Moreau, "La morte et le passant. À propos d'Artuse de Vernon, recherche sur la poétique de l'épitaphe," in *Centenaire* 193-200 (esp. 195-96).

[11] Dauvois 50-51; 56-57.

Beyond these fundamentally rhetorical benefits, it is also important to recognize the role dialogue plays in determining and reflecting the philosophical substance of Ronsard's epitaphs. Moreau's comment on the place of the Artuse poem within the genre of sepulchral literature in general is helpful in this regard. Her remarks insightfully remind us that the "fonction par excellence" of the epitaph is "l'exploration et la suggestion de cette terre intermédiaire et inconnue, située aux confins de la vie et de la mort dont le face à face de la morte et du passant [in the Artuse poem] constitue l'emblème."[12] Expanding on this idea, I would propose that the paramount function of the dialogical discourse in Ronsard's epitaphs is to preserve this interface, such that time becomes suspended in the repeatability of the colloquy and, consequently, the dead — whether they play an active role in the exchange (via prosopopoeia) or not — are never fully divorced from the living.

Although retrospective narrative remains a major component of all the poems under consideration (this in agreement with the sepulchral aesthetics of Greece and Rome and the revival of those cultures during the Renaissance[13]), our laureate is rarely content with a recitation of past glories and virtues alone. A restriction of commentary to ulterior events, after all, would amount to a concession that Chronos and Pluto retain ultimate authority over every creature's destiny, that time and death will invariably put an end to every mortal's story. Of course, on an intellectual level Ronsard understands perfectly well that all earth's creatures must one day expire. He makes this awareness clear, for example, in the 1560 epitaph for André Blondet, treasurer and personal secretary of Henri II who died in late 1558 or early 1559. It emerges amid a variation on the *miseria hominis* topos, where the poet portrays death as the cruel price human beings must pay in exchange for their god-like gift of reason:

> Mais tout cela qui vit dessous la nue
> Et de ses pieds foule la terre nue,
>
> . . . .
> Doivent mourir: ils sont engendrez tels,
> Et de la mort sont appellez mortels.
>   Mais par-sur tous l'homme qui est semblable
> D'esprit aux Dieux, est le plus miserable:
> Et la raison, qui vient divinement,
> Luy est vendue un peu trop cherement.
> (*Céard et al.* II:942, vv. 15-26; *Lm* 10:309)[14]

---

[12]   Moreau 194.

[13]   See Erwin Panofsky, *Tomb Sculpture: Four Lectures on Its Changing Aspects from Ancient Egypt to Bernini*, ed. H. W. Janson (New York: Harry N. Abrams, 1964), esp. 27-37 and 67-92.

[14]   All citations of Ronsard's poetry are from the *Œuvres complètes*, ed. Jean Céard, Daniel Ménager, and Michel Simonin, 2 vols (Paris: Gallimard, 1993-94). Quotation locations shall

The *necessitas mortis* idea appears again in the 1571 epitaph for Claude de l'Aubespine, an unusually gloomy lamentation over the demise of the twenty-six-year-old secretary of state and close friend of Charles IX. In this instance, however, the notion is recast as an aphoristic reprise of the *nascentes morimur* theme: "Il faut partir: car tout ce qui est né, / Est pour mourir un jour predestiné" (*Céard et al.* II:948, vv. 149-50; *Lm* 15:302).[15]

Notwithstanding such admissions, Ronsard is unwilling to accept that our eventual submission to time and death should constitute a descent into the cold black hole of oblivion. This is the worst of all possible fates, and a prospect that haunts the Vendomois throughout the epitaphs, from his allusion to the "nuit Oblivieuse" in his earliest sepulchral tribute, the 1550 *Epitaphe de François de Bourbon, conte d'Anguien* (*Céard et al.* II:915, vv. 6-7; *Lm* 1:234), to (and beyond) his chilling description of the "froid Oubly" in the 1565 *Epitaphe de feu Monsieur d'Annebault*:

> Mais quand la Parque a tranché nos fuseaux,
> Sans plus jouyr du sejour de ce monde
> L'homme là-bas s'en va boire de l'onde
> Du *froid Oubly, qui sans esgard ny chois*
> *Perd en ses eaux* les bergers et les Rois.
> (*Céard et al.* II:918, vv. 30-34; *Lm* 13:183-84: my emphasis).[16]

As a conscientious man of orders, Ronsard predictably ascribes some measure of comfort to the orthodox Catholic view that the souls of the faithful departed shall eventually attain eternal life with God. His remark about the perpetual animation of the "ames des fidelles" in the 1553 memorial to the architect and author, Jan Martin, constitutes the first such declaration:

---

be indicated, parenthetically, with *Céard et al.* followed by the volume, page, and verse in this edition. For the convenience of the reader, citations are also accompanied by a reference to the volume and page in the Laumonier edition (20 vols [Paris: Hachette, 1914-75]). The latter shall be distinguished, again parenthetically, by *Lm.*

[15] Cf. Ronsard's comment on the fate of Marie Brachet's son, Jean II Prévost, in the epitaph for that virtuous lady (the mother of Bernard Prévost, second president of the Parlement of Paris, who commissioned the poem): "le dard aveugle et sourd / De la Mort l'a tué, pour faire à tous cognoistre / Que l'ordre s'entresuit de mourir et de naistre" (*Céard et al.* II:957, vv. 32-34; *Lm* 18:156-57).

[16] Cf. the "froideur" of a "tombe pesante" that produces only "le sommeil, le silence et la nuit" in the 1567 *Dialogue de Beaumont, levrier du Roy Charles IX, et de Charon* (*Céard et al.* II:970-71, vv. 139-42; *Lm* 2:119); and the "dormir de fer . . . [qui] sille la paupiere / D'un eternel sommeil" that Ronsard contrasts with the "mort vaine" (fake death) of the princes and kings of the theater in the *Epitaphe de Jean de la Peruse, Angoumois* (*Céard et al.* II:955, vv. 15-20; *Lm* 7:94). See also the 1567 epitaph for *Courte* (*Céard et al.* II:967, vv. 91-96; *Lm* 14:113), to which I shall return below.

Tandis que tu es en vie,
Pour Dieu, Passant, n'aye envie
De sçavoir que fait çà-bas
L'esprit apres le trespas:
Et ne trouble les genies
Des personnes sevelies,
Mais croy par foy seulement,
Sans en douter nullement,
Que *les ames des fidelles*
Vivent tousjours eternelles,
Et que la Parque n'a lieu
Dessus les esleus de Dieu.
(*Céard et al.* II:98, vv. 81-92; *Lm* 5:256-57: my emphasis)

Hope is voiced again two years later, in the *Epitaphe de Loyse Mailly*, as the spirit of the virtuous Abbess of Caen and Notre-Dame du Lis reflects on the fate of every "bon pelerin":

»Comme un bon pelerin s'esjouit en son cœur
»D'avoir de son voyage accomply la longueur
»Pour revoir au logis la face de son pere:
»Ainsi tout homme doit (pensant à la misere
»Qu'apporte jour et nuit ce voyage mondain)
»Rire d'aise en son cœur de l'accomplir soudain
»Pour voir son Dieu là-haut, et pour estre delivre
»Des Maux ausquels il faut en ce bas monde vivre:
Ainsi que maintenant en un plus heureux lieu,
Loin de soucis humains, je vy pres de mon Dieu
Avecques ses esleuz, qui comme moy, se rient
Des vanitez du monde et de ceux qui s'y fient.
(*Céard et al.* II:944-45, vv. 29-40; *Lm* 8:230-31)[17]

Given this lady's religious vocation, and the fact that her epitaph was originally published in the 1555 *Hymnes*, along with the *Hymne de la Mort*, the apology for death containing one of our poet's most ardent reminders of Christ's pledge to reward the faithful with citizenship in the heavenly kingdom,[18] it is easy to understand the zeal in this comment.

---

[17] The epitaph for Jan Martin first appeared in the liminary pages of that author's posthumous translation of Alberti's *Architecture* (1553). See also two of the 1574 sonnets for the late Charles IX, *A Monsieur Sorbin, predicateur dudit feu Roy Charles IX* (*Céard et al.* II:903; *Lm* 17:12-13), and *A luy-mesme* (*Céard et al.* II:903-04; *Lm* 17:383-84).

[18] In the *Hymne de la Mort* (*Céard et al.* II:601-09; *Lm* 8:161-79) see vv. 191-206 and esp. 333-36.

Unlike his predecessor, Clément Marot, however, the Vendomois hardly makes such a belief the mainstay in his defense against the oblivion of death.[19] Nor, it must be emphasized, does Ronsard fully accept that personal virtue by itself has the power to protect us from the abyss of eternal effacement. While optimistic about its potential in the pieces previously cited for their statement of the oblivious-death idea,[20] Ronsard most often places a contingency on virtue that substantially attenuates its independent effectiveness.[21]

The condition that satisfies this contingency is likewise Ronsard's preferred solution to the threat of a "nuit Oblivieuse": namely, the inscription of the deceased's life in poetry, and specifically in dialogue-filled epitaphs like his own. They are the poet's versified sepulchral colloquies that afford their recently departed subjects the greatest chance for real immortality and, thus, the best protection from the Lethean night.

The earliest epitaph to affirm the impact of poetry on the durability of virtue is the *Elegie, en forme d'épitaphe, d'Anthoine Chasteigner* published originally in the 1553 *Cinquiesme Livre des Odes*. Ronsard's comment on the enduring fame of the feats and merits of Homer's Agamemnon, Achilles, and Ajax puts his point into sharp relief:

> . . . mort est Agamemnon,
> Achille, Ajax, mais non pas leur renom:
> *Par les vers animez leur vive renommée*
> *Ne se voit point des siecles consommée.*
> »*Les vers tant seulement peuvent frauder la mort.*
> (*Céard et al.* II:925, vv. 43-47; *Lm* 5:246: my emphasis).

Culminating a forty-seven-verse exordium modeled closely after Ovid's epitaph for Tibullus in the *Amores* (3.9), these lines reassure the spirit of the young poet that although even the greatest heroes must one day die, their virtues can live on in verse.

---

[19] Here we highlight one of the principal points of divergence between Ronsard's epitaphs and those of his predecessor, Clément Marot, whose wishes for the devoted departed inscribe a confidence in the resurrection and God's promise of eternal paradise (cf. *Cymetière* [1533-34]: *De la Royne Claude, De feu Monsieur de Precy, De Messire Jan Cotereau Chevalier, Seigneur de Maintenon*, the *Epitaphe des Allemans de Bourges..., De Jan de Montdoulcet*, etc.).

[20] The epitaphs for François de Bourbon and Monsieur [Jean] d'Annebaut. Cf. also the sonnet "Pour le mesme" following the *Epitaphe du Seigneur de Quelus*. Here the poet rejects the need for a marble tomb with the understanding that all he truly requires is "l'honneur et la vertu qui dure" (*Céard et al.* II:961, v. 11; *Lm* 18:160).

[21] I differ in this regard from Dauvois, who detects far more confidence in Ronsard's attitude toward virtue than a careful reading of the evidence bears out (see esp. Dauvois 45-47).

The 1567 *Epitaphe de Courte, chienne du Roy Charles IX* likewise resurrects the specter of an oblivious death, and once more past virtue must rely on poetry for perpetuation. After calling upon the people of France to follow the model of the dog's unfailing devotion to his master, Charles IX ("Peuples François, venez apprendre / De ceste beste sage, à rendre / Amour, devoir fidelité / À la royale Majesté . . . ": *Céard et al.* II:966, vv.49-52; *Lm* 14:112), the poet proceeds to an aphoristic *memento mori* that climaxes with the threat of an eternal "Oubly":

> »L'Empereur, le Pape et le Roy
> »Marcheront aussi bien que toy.
> »Car telle voye froide et brune
> »À tous les peuples est commune,
> »D'où plus jamais on ne revient:
> »Car le long Oubly les retient.
> (*Céard et al.* II:967, vv. 91-96; *Lm* 14:113)

In response to this peril, and in an act of faithful obedience to his royal master analogous to the behavior of his canine subject, Ronsard has composed "ceste histoire," the epitaph in question,[22] which, as he underscores in the concluding stanza, has the power to preserve Courte's virtue-filled memory from a second and definitive demise:

> Il [Charles IX] veut que tu sois icy mise,
> A fin que l'âge qui tout brise,
> Et qui les villes fait perir,
> Ne te face plus remourir,
> Gardant à jamais ta memoire
> Par le bien-fait de ceste histoire.
> (*Céard et al.* II:967, vv. 109-14; *Lm*14:114)

The most evocative exposition of this idea, though, is the one that appears in the 1569 epitaph for Anne de Montmorency. In this, the last of many tributes to the loyal constable of four French kings following his death, after the

---

[22]   On one level, Ronsard's insistence on the royal provenance of the project suggests some reservation in his thinking. It is as if he were registering an apology for expending poetic energy to memorialize such an unworthy subject (i.e., a dog). Nevertheless, in composing this piece, Ronsard joins in a long tradition of writing epitaphs for animals. His debt to the *Greek Anthology* (cf. the sepulchral epigrams for insects, birds, animals, and dolphins in Book 7 [esp. 189-216]) and other poets of the period (including Marot and Du Bellay) is unmistakable (cf. Paul Laumonier, *Ronsard poète lyrique* [Paris: Librairie Hachette, 1923] 265). It is also important to recognize the relative freedom such a subject afforded. In some ways his dog epitaphs permitted a degree of thematic playfulness not allowed in the epitaphs for humans.

battle of Saint-Denis, on 11 November 1567,[23] Ronsard links the idea of immortality through poetry with the *paragone* contest, the aesthetic debate over the relative value of the verbal and plastic arts. This connection underlies the poet's Pindaric and Horatian appeals to Montmorency's sons to forego construction of a marble tomb for their father in favor of the verbal memorial he has written:

> Vous doncques fils heritiers d'un tel pere,
> ....
> Ne fendez point le marbre Parien,
> Et ne fondez des coulonnes de cuivre
> Pour faire icy vostre pere revivre:
> En lieu de marbre et de piliers divers,
> Enterrez-moy vostre pere en ces vers,
> Et l'honorez de nostre Poësie.
>   Une coulonne à la fin est moisie,
> Et les tombeaux par l'âge sont dontez,
> Non pas les vers que la Muse a chantez.
> (*Céard et al.* II:934, vv. 237-48; *Lm* 15:11)

As I have shown elsewhere, reprises of the *exegi monumentum* topos like the one rehearsed here and many times over throughout the sepulchral pieces are a mainstay in Ronsard's paragone-inspired arguments for the supremacy of poetry over the plastic arts.[24] What emerges in the present epitaph, however, is the facet of poetry from which both this supremacy and the power of verses over the "nuit Oblivieuse" derive. Indeed, that facet is not only divulged, but it is demonstrated as well.

This revelation occurs in the second stanza, the poignant injunction to whomever might pass by Montmorency's tomb to read the poet's "discours":

> Quiconque sois, despeche toy de lire
> Tout ce discours, pour t'en retourner dire
> À tes enfans les gestes et l'honneur
> D'un si vaillant et vertueux Seigneur,

---

[23] Anne de Montmorency was seventy-four when he received his mortal wound, a bullet in the kidneys. For more on the Constable's final moments, see Francis Decrue de Stoutz, *Anne de Montmorency, grand maître et connétable et pair de France sous les rois Henri II, François II et Charles IX* (Paris: Librairie Plon, 1889) 470 ff. Ronsard's other major praises for Montmorency include his *Au Roy Henry II, sur la paix* (1550), *Le Temple de Messeigneurs le Connestable et des Chastillons* (1555), and *Le Retour d'Anne de Montmorency connestable de France* (1559).

[24] "Mannerist Conflict and the Paragone in Ronsard's *Temple des Messeigneurs*," *L'Esprit Créateur* 33 (1993):9-19; and *Ronsard's Contentious Sisters: The Paragone between Poetry and Painting in the Works of Pierre de Ronsard* (Chapel Hill: NCSRLL, 1998), esp. 138-62.

À fin que d'âge en âge on le cognoisse,
Et son tombeau pour exemple apparoisse
À tous François de ne faulser sa foy,
De craindre Dieu et mourir pour son Roy.
(*Céard et al.* II:928-29, vv. 13-20; *Lm* 15:2)

Besides reminding us that the epitaph (or part of it) was destined to accompany one of Montmorency's actual burial monuments (reportedly as the inscription on a plaque in the sacristy near the mausoleum commissioned by his wife, Madeleine de Savoie, in the Eglise Saint-Martin de Montmorency[25]), these verses make the point that, unlike the "marbre" and "piliers divers" of the physical tomb, the poet's words are infinitely portable, and so free from the constraints and ravages of materiality and time. The verbal monument can be read by a passerby or anyone ("quiconque sois"), who in turn can repeat its splendid praises and wisdom to his children, and so on, uncorrupted, throughout the ages ("d'âge en âge"). What is more, in the dialogical act of addressing the passing reader, the poet exercises the very power he is promoting: he exemplifies the supremacy of poetry over all other arts by initiating the process that will sustain the deceased's memory forever.

This purpose no doubt has an influence on the prevalence of explicit apostrophes to, and full-fledged dialogues with, the "Passant" (also "Chemineur" and "Viateur") in Ronsard's epitaphs. Although such addresses and exchanges are indeed quite common throughout the Vendomois' principal ancient and neo-Latin sources,[26] they are proportionally more numerous in his own sepulchral poetry. Among the thirty-eight pieces that comprise the *Epitaphes de divers sujets* of 1584, for example, fifteen — fully 40% — contain distinct references to the curious wayfarer. And when we extend the search to the forty-eight poems that found their way, at some point or another, into one or more of the six official editions of the *Epitaphes* (those of 1560, 1567, 1571-73, 1578, 1584, and 1587), the numbers are even more impressive: twenty-two poems — about 46% — incorporate such allusions.

---

[25] The last mention of this plaque dates from the mid eighteenth century. Since then, the ravages of time have taken their toll, just as Ronsard had predicted. For more on the destiny of this monument, see M. de Schweinitz 35 (repeated in *Lm* 15:1 and *Céard et al.* II:1558).

[26] Cf. especially the sepulchral poems of Antipater of Sidon, Leonidas, and Meleager recorded among the hundreds of epitaphs assembled in Book 7 of the *Greek Anthology*, and the *Tumuli* of Giovanni Pontano. In the last case, for example, direct apostrophes to the "viator" appear in only eighteen of the 113 epitaphs (about 16%) collected in the two books of his *De tumulis* (see Joannis Joviani Pontani, *Carmina: ecloghe, elegie, liriche*, ed. Johannes Oeschger [Bari: Gius. Laterza & Figli, 1948]).

This is not to say that this abundance is due solely to Ronsard's engagement in the inter-art rivalries of his day. It is likewise a consequence of the rich metaphorical significance that accrues to the wayfaring interlocutor. Every evocation of the "passant" inscribes at once a *memento mortui*, a reminder of the eulogized subject who has passed, and a *memento mori*, a reminder that all God's creatures — including all of the mortals who *pass by* on this earth — must one day make the fatal journey. Moreover, each such allusion is an encouragement to remember what Ronsard wrote in 1574, during one of the infrequent moments of fervent Christian optimism, in his memorial sonnet for his dearly departed sovereign and friend, Charles IX: "la Mort n'est plus rien qu'*un passage*" (*Céard et al.* II:904, v. 11; *Lm* 17:384: my emphasis). Just as life is a series of journeys from one experience to another, from one moment to the next,[27] death itself is a passage, the transition between life in this world and eternal life with God in heaven.

* * *

Manifestly, the discourse to or with the "Passant" plays a critical part in advancing Ronsard's philosophical and poetic agendas. In addition to explaining the circumstances and nature of the memorialized individual's passing, it provides reassurance, by its own example, that death, however unavoidable, need not be definitive — need not be a descent into the endless void of oblivion. As long as one's memory is honored and repeated through words and, especially, a poet's melodious verses, the link between the living and the departed cannot be entirely broken. Moreover, by the very nature of its repeatability, the fact it is available for transmission from one passerby to the next, from generation to generation, this discourse enacts one of the highest hopes of our poet in his paragone-related quest to reaffirm the predominance of poetry in the hierarchy of human arts — the hope that verbal monuments truly can outlast their counterparts in stone. Indeed, to the degree that the passerby becomes efficient

---

[27] Examples of Ronsard's perspective on the transience of our earthly existence are omnipresent. See, for example, his comments on the mutability of man in the *Hymne de la mort:* "l'homme n'est sinon, durant le temps qu'il vit, / Qu'une mutation qui n'a constance aucune, / Qu'une proye du temps, qu'un jotlet de Fortune" (*Céard et al.* II:605, vv. 162-64; *Lm* 8:170-71). The idea is inscribed throughout his representations of love as well. In addition to his many evocations of the *carpe diem* and *carpe floram* topoi, Ronsard reminds us that our only relief from the sufferings of unrequited love is the passage of time. Cf. the opening verses to the 1571 *Elegie* for Genèvre: "Le temps se passe & se passant, Madame, / Il faict passer mon amoureuse flame" (*Céard et at.* II:379, vv. 1-2; *Lm* 15:326).

in discharging his assignment to pass on the word, it may well be said that Ronsard's hopes have been far surpassed, for his art form would then be beyond the very grasp of Chronos and Pluto themselves.

Roberto E. CAMPO
University of North Carolina, Greensboro

RONSARD ET LA POÉTIQUE DU MONUMENT
DANS LES *ŒUVRES* DE 1578

Comment rendre un plus bel hommage à Isidore Silver qu'en parlant de celui à qui il avait consacré toute son existence de chercheur, Pierre de Ronsard ? C'est donc au poète vendômois que nous aimerions consacrer ces quelques pages pour revenir sur la question décisive des *Œuvres* et des éditions collectives. I. Silver avait contribué à renouveler la connaissance des textes ronsardiens au moyen de deux éditions : l'édition communément appelée Laumonier, pour la Société des Textes Français Modernes à laquelle il avait collaboré après le décès du pionnier des études ronsardiennes ; et l'édition posthume de 1587[1]. La première de ces éditions invite le lecteur à découvrir les poésies dans leur édition princeps et avec leurs variantes postérieures. La seconde révèle la dernière version des *Œuvres* telle que l'aurait souhaitée Ronsard. Deux lectures de l'œuvre (diachronique et synchronique) qui ont divisé la critique et posent problème car, dans les deux cas, nous ne pouvons qu'avec grande difficulté reconstituer les étapes importantes de la genèse des poèmes comme totalité (7 éditions). Que l'on choisisse celle de 1584 (la dernière publiée du vivant de l'auteur[2]) ou l'édition posthume, aucune ne donne la mesure de la création ronsardienne. Quant à l'édition Laumonier, elle présente une série de « photographies » de l'œuvre au moment de son apparition, une présentation utile mais qui ne permet pas de percevoir clairement la totalité du texte présenté et réorganisé en monument par le poète.

Cette économie générale de l'œuvre ronsardienne a mobilisé récemment l'attention des universitaires : M. Simonin, J. Céard, D. Fenoaltea, R. Melançon et Y. Bellenger[3]. Tous s'accordent à penser qu'à partir de l'édition collective de

---

[1]   *Œuvres complètes*, éd. chronologique par P. Laumonier, R. Lebègue et I. Silver, 20 tomes, Paris, STFM, 1914-1974 ; *Œuvres complètes* (texte de 1587), par I. Silver, Chicago, Univ. of Chicago Press, et Paris, Didier, 1966-1970.

[2]   Dans la formidable édition procurée par Céard *et al.*, t. 2.

[3]   Voir M. Simonin, « Ronsard et la poétique des *Œuvres* », *Centenaire*, t. I, pp. 47-59 ; J. Céard, « D'une ode à l'autre : la disposition des livres des *Odes* », *Ronsard*, colloque de Neuchâtel, éd. A. Gendre, Genève, Droz, 1987, pp. 179-91 ; D. Fenoaltea, *Du palais au jardin. L'architecture des Odes de Ronsard*, Genève, Droz, 1990 ; R. Melançon, « L'édification d'un monument : les *Œuvres* de Ronsard (1560) », *Les voies de l'invention aux XVIe et XVIIe siècles*, dir. B. Beugnot et R. Melançon, *Paragraphes*, 9, 1993, pp. 69-84 ; Y. Bellenger, « L'organisation du *Bocage royal* de 1584 », *Centenaire*, t. I, pp. 61-68.

1560, Ronsard n'envisage plus la diffusion de ses pièces individuelles qu'à travers l'ensemble de l'œuvre. Et que celle-ci ne peut se comprendre qu'à l'étude minutieuse des mouvements internes qui s'opèrent d'une édition collective à l'autre.

De notre côté, plutôt que de refaire l'analyse de l'édition de 1560[4], ou encore des deux dernières, le plus souvent choisies par les ronsardisants, nous voudrions revenir sur l'édition charnière de 1578. Nous verrons pourquoi. Avant d'en venir à l'examen des composantes de cette 5ᵉ édition collective, puis à l'agencement des *Odes* où l'on perçoit le mieux cette poétique du monument, il faudrait d'abord tenter de replacer l'édition de 1578 dans la série des *Œuvres* et dans la genèse de l'œuvre.

I. *L'édition de 1578 dans le cycle des éditions collectives*

Nous ne proposons ici que quelques remarques pour rappeler brièvement les grandes étapes de la constitution du monument que sont les *Œuvres* (avec ses additions, ses suppressions, ses remaniements).

Ce que nous croyons, c'est que Ronsard est hanté dès ses débuts (*Odes*, 1550) par le souci d'organiser ses poésies en bloc cohérent répondant à une logique interne. Dès 1550, avec le « Bocage » de ses poèmes non mesurés, irréguliers, Ronsard adopte une attitude de censeur, opérant une hiérarchie des genres et des pièces. Ainsi, Ronsard ne peut se résoudre ni à inclure les pièces du « Bocage » dans les quatre livres des *Odes* en 1550, ni à les supprimer. C'est là le signe d'un poète copieux, soucieux de garder ses enfants, de les reléguer en fin de volume provisoirement pour leur donner plus tard une nouvelle place et une nouvelle vie dans les *Œuvres*. Cette attitude, et la prémonition du grand œuvre à venir, existent bien en 1550, avant la parution du *Bocage* (1554) et des *Meslanges* (1555) dans lesquels la critique a vu, à juste titre, des « recueils d'attente »[5]. Le rêve du monument poétique est consubstantiel à la rédaction des premiers poèmes.

Seconde remarque : la parole poétique ronsardienne est régie par le principe de l'inflation. L'œuvre ne cesse de gonfler, d'accroître ses sections pour répondre au désir de totalité éprouvé par son créateur. Ronsard, on le sait, ajoute plus qu'il ne supprime, rebaptise certaines pièces pour les déplacer dans son œuvre.

Jusqu'à l'édition collective de 1572-1573, le poète insère peu de nouvelles pièces à l'occasion de la parution d'une étape des *Œuvres*. Ronsard se contente de remanier des poèmes antérieurs et d'ajouter au bloc déjà constitué des recueils publiés séparément. À partir de 1578, ce n'est plus vrai : 238 nouvelles pièces voient le jour grâce à la nouvelle édition des *Œuvres* chez

---

[4]   Voir R. Melançon, art. cité, et M. Dassonville, *Ronsard. Étude historique et littéraire*, t. IV : *Grandeurs et servitudes*, Genève, Droz, 1985, pp. 77-82.

[5]   Cf. M. Simonin, art. cité, p. 54.

Buon. Les nouvelles compositions naissent à travers les *Œuvres* comme si Ronsard accordait plus d'importance à la totalité qu'à la particularité et souhaitait frapper fort, en imposer au lecteur. Peut-être aussi qu'avec l'âge et la maladie voulait-il ne pas être pris de court et assurer une place immédiate de ses nouveaux poèmes à l'intérieur du monument. Par-là, il tente d'asseoir, de fixer la nouveauté, et en même temps les pièces insérées renouvellent nettement (*La Franciade* en 1572 ; *Sonnets pour Helene* dans les *Amours* en 1578 ; le *Bocage royal* en 1584) ou plus discrètement la façade du bâtiment des *Œuvres*. Toute nouvelle version des *Œuvres* apparaît alors comme « provisoirement définitive » (R. Melançon)[6], fait figure de bilan, de coup éditorial répété, d'autant que la publication d'œuvres poétiques complètes du vivant d'un auteur est rare pour l'époque.

Toujours est-il que la publication d'une édition d'œuvres sera pour Ronsard l'occasion d'ajouter de nouvelles pierres à l'édifice. Comme le montre bien ce tableau des éditions successives des *Œuvres* :

ÉD.	FORMAT	VOL./ TOMES	SECTION	PIÈCES NOUV.	RÉF. LAUM.
1560	in-16	4	4	24	t.X
1567	in-4°	4/6	6	14	t.XIV
1571	in-16	5/6	6	29	t.XV
1572/1573	in-16	5/6	6+1	1	t.XV-XVI
1578	in-16	5/7	7	238	t.XVII
1584	in-folio	1/7	7	32	t.XVIII
1587	in-12	5/10	10	27+3	t.XVIII

L'architecture de la première édition collective illustre une sobriété dans la symétrie : « La recherche de la symétrie s'affiche dans une structure d'esprit classique, savamment équilibrée en quatre parties de deux, cinq, cinq et deux livres respectivement : un double corps de logis flanqué de part et d'autres d'ailes » (R. Melançon)[7]. Avec cette édition de 1560, Ronsard entre dans l'histoire littéraire et offre un nouveau visage, celui d'un poète moderne dont la présence physique dans le livre est exhibée d'entrée de jeu[8].

L'édition suivante (1567) multiplie les sections et en ajoute deux à la suite des quatre premières de 1560 : les *Elegies* et les *Discours*. La symétrie se voit amplifiée par le grossissement des *Hynnes* à présent divisés en quatre

---

[6]   Cf. art. cité, p. 72.

[7]   *Ibid.*, p. 83. Pour une analyse détaillée de cette édition, voir R. Melançon, pp. 80-84, et D. Ménager, *Ronsard. La Trompette et la Lyre*, catalogue de l'exposition Ronsard, Bibliothèque Nationale, 1985, p. 173 (« Les *Œuvres* »).

[8]   Voir Laumonier, et l'introduction au t. X des *Œuvres complètes*, p. XX, qui fait remarquer que l'imprimeur reproduit en tête de chacun des volumes le portrait du poète. Sur la représentation de l'image de Ronsard dans ses *Œuvres*, on consultera la belle étude de M.-M. Fragonard, « Ronsard en poète : portrait d'auteur, produit du texte », *Figures*, pp. 15-41.

livres[9], l'insertion des *Discours* publiés auparavant en plaquette, et la création de quatre livres d'*Elegies* qui regroupent surtout des pièces parues dans les *Elegies et mascarades* (1565) mais qui offrent de nouvelles compositions de circonstances par lesquelles Ronsard tente de se rapprocher du Roi et de la Reine mère. Les *Discours* ferment la marche comme en 1571, 1572-1573 et 1584.

L'édition de 1571 ne bouleverse guère cet équilibre atteint, Ronsard se contentant d'accroître le nombre de livres des *Elegies et mascarades* (5). La répartition des *Œuvres* en six tomes se décalque sur l'édition précédente, même si le poète procède à de nombreux déplacements à l'intérieur de ce cadre fixe (*Poemes* et *Elegies*)[10].

L'édition suivante (1572-1573) ne se différencie de la précédente que par l'ajout de *La Franciade* en quatre livres, qui constitue la 7e et dernière partie non tomée d'une édition en six tomes répartis en cinq volumes, et dont la place est mal définie encore en 1578. C'est seulement dans la dernière édition publiée du vivant de Ronsard que l'épopée trouve sa place définitive, juste après les *Odes* avec lesquelles elle entretient des liens forts de parenté. Cette édition royale de 1584 en folio comporte sept parties, toutes placées sous l'égide de la monarchie, de Henri II à Henri III. Ronsard tend à réduire le nombre de livres par section pour multiplier les subdivisions, leur donner un nouveau titre et un statut à part. Le *Bocage royal* fait son apparition en deux parties, suivi des *Eclogues et mascarades*, des *Mascarades, combats et cartels*, des *Elegies* regroupées en un seul bloc, des *Hynnes* en deux livres, des *Poemes*, à présent en deux livres, des *Epitaphes* promues à l'indépendance, et des *Discours*.

L'édition posthume de 1587 ne bouleverse guère cet ordre. Par souci de conférer au monument la dimension funéraire, Binet et Galland intervertissent les *Discours* et les *Epitaphes*, lesquelles ouvrent le cycle de la poésie funèbre et précèdent les *Derniers vers* et le *Tombeau de Ronsard*.

Bref, si l'amour a toujours occupé le frontispice de l'architecture, en reproduisant le cycle de la vie amoureuse (de la jeunesse à la mort, Cassandre, Hélène, Marie), de la même manière les *Amours* orientent le parcours des *Œuvres* qui, de la passion et des sources de vie, avancent inéluctablement vers la mort. Dans cette économie générale des *Œuvres*, on perçoit un savant équilibre entre formes concurrentes et une double structure : aux extrémités la forme concise du sonnet (*Amours, Derniers vers*) et au centre une succession de pièces aux formes fixes, semi-fixes (odes) et surtout libres (*Poemes, Elegies, Discours, La Franciade*) qui s'accordent plus ou moins à un ton, à un sujet. La succession des formes poétiques et des sections semble reproduire une quête de la grandeur (proportion croissante de vers par poème ; élévation morale du sujet ; gravité du ton).

---

[9]   Division artificielle car le livre III, nouveau, accueille seulement les quatre « Hymnes des Saisons », et le livre IV des pièces provenant du livre II (1560).
[10]   Voir *Céard et al.*, t. II, pp. 1486-89 et pp. 1390-94.

Ces aspects, souvent perçus par la critique, paraissent être déterminés par les deux dernières éditions au moment où Ronsard se rapproche de la mort. Mais sont-ils vraiment une nouveauté de l'édition de 1584 ? En fait, les grandes lignes de la poétique monumentale, énoncées dès 1560 (et sans doute avant), prennent une nouvelle orientation avec l'édition de 1578.

II. L'édition des Œuvres de 1578

De 1560 à 1573, Ronsard a déjà fait paraître quatre éditions des *Œuvres*. Pourquoi une cinquième en 1578 ? Ronsard se sent-il soudain affaibli sous le poids des ans et par la maladie ? Ou bien l'accession d'Henri III au trône appelle-t-elle avec urgence une nouvelle édition des *Œuvres* placée sous l'égide du nouveau roi ? La question reste posée. En tout cas, depuis le 10 novembre 1577, « c'est Buon qui est dépositaire du privilège comme si le poète souhaitait déjà s'en remettre à d'autres du soin de veiller sur son enfant » (M. Simonin)[11].

Mais avant d'aborder l'étude de l'économie générale de cette édition, nous voulons justifier le choix de cette version qui a souvent gagné la faveur des ronsardisants. Laumonier, d'abord, qui a bien remarqué que le travail déterminant de correction « s'est manifesté de façon très vive dès ce moment-là »[12]. Hugues Vaganay, ensuite, qui a reproduit cette édition en 1923, chez Garnier, en sept tomes. Pourtant, cette louable entreprise est motivée par des raisons spécieuses. Le choix de Vaganay est appuyé par son préfacier, Pierre de Nolhac, pour qui le texte de 1578 « est celui de la maturité de Ronsard [qui] aurait eu l'approbation certaine des contemporains les plus lettrés »[13]. Et de citer les jugements d'Étienne Pasquier et de Claude Dupuy. Mais faut-il confondre ici l'intention créatrice de Ronsard et les vœux de ses contemporains ? Suffisent-ils pour conclure hâtivement que l'édition de 1578 soit la seule valable et capable de « présenter au mieux l'œuvre du grand Vendômois »[14], comme le prétend Vaganay ?

Ce critique estime que Ronsard, menacé par l'ascension rapide de Desportes à la Cour, aurait composé les *Sonnets pour Helene* pour rivaliser avec le poète chartrain. Cet objectif justifierait, selon lui, la parution de la 6ᵉ édition collective. Certes, Ronsard entend bien rester le premier poète de France mais n'a-t-on pas surestimé la rivalité de Desportes ?[15] Par ailleurs, Vaganay défend l'édition de 1578 en décriant toutes les autres comme si elles ne présentaient aucun intérêt à ses yeux. Ainsi, l'édition de 1560 est taxée de « servilité »[16] ; la

---

[11] Voir *Pierre de Ronsard*, Paris, Fayard, 1990, p. 353.
[12] *Ronsard poète lyrique*, Paris, Hachette, 1932 (Genève, Slatkine Reprints, 1972), p. 353.
[13] Voir le t. I de l'éd. citée, p. XXXVI.
[14] *Ibid.*, p. XL.
[15] Voir M. Simonin, *op. cit.*, p. 352.
[16] Éd. citée, t. I, p. XLI. Et il ajoute : « Quatre des cinq volumes de 1560 reproduisent avec trop de servilité les recueils antérieurs, et trop de pièces importantes sont de composition postérieure pour que cette édition puisse servir de modèle ».

suivante, dit-il, objet de « spéculation de l'éditeur », « Ronsard s'en désintéressa ». Celle de 1571 « suit trop fidèlement les éditions antérieures ». Le texte de 1584 n'échappe pas à son dédain : bien que « vénérable », il « n'est guère qu'une copie, infidèle souvent, de celui de 1578 ». Quant à l'édition posthume, Vaganay doute de l'authenticité des révisions de Ronsard[17]. Bref, Vaganay élimine les autres éditions pour ne garder que celle qui retient sa préférence. « Très homogène », « moins abondante en folastries que 1571 », offrant une disposition que nous pouvons estimer « définitive », dénuée du « bizarre *Bocage royal* de 1584 »[18], l'édition de 1578 est la « vraie ».

Même s'il est aveuglé par ses préjugés, Hugues Vaganay a cependant raison de valoriser cette édition de 1578 qui s'impose par l'accroissement considérable de la section des *Amours* (*Sonnets pour Helene* en deux livres), et au total par l'ajout de 238 pièces nouvelles.

Même format (in-16) qu'en 1571-1573 mais disposition nouvelle. La page de couverture indiquait expressément que Ronsard offrait au public une édition revue et augmentée. À elle seule l'édition de 1578 apporte plus de nouvelles compositions que n'en présentent toutes les autres éditions collectives réunies. En ce sens, on peut dire que cette édition est sans doute la plus complète. Mais il faut tenir compte du fait que les nouvelles pièces (238) concernent les *Sonnets pour Helene* essentiellement. Pour le reste, Ronsard a tendance à supprimer parfois (environ cent poèmes qui concernent le livre II des *Amours*), à déplacer souvent. Ajouts mais aussi corrections : Louis Terreaux a bien montré à propos des *Amours* et des *Odes* que les principales modifications apportées au texte, à la langue, avaient été effectuées du début à la fin de la carrière de Ronsard, mais étaient plus notables et nombreuses en 1578 pour les *Amours* et en 1555 pour les *Odes*[19]. Enfin, l'intention qui a présidé à la réorganisation des poèmes dans les sections semble être une volonté de concentration. Tout en gardant le même nombre de tomes (7) et en insérant un grand nombre de nouvelles pièces, Ronsard a regroupé au maximum ses poésies. Ainsi, le nombre de livres pour les *Poemes* passe à deux (au lieu de cinq en 1571-1573) ; de même pour les *Elegies* et pour les *Hynnes*. Ronsard allègera ensuite le volume des *Elegies* en déplaçant quelques-unes de ses pièces vers le *Bocage royal* nouvellement créé en 1584.

Par rapport à l'édition de 1573, l'ordre des sections évolue peu : Ronsard intervertit seulement les *Hynnes* et les *Elegies*. Celles-ci passent devant les *Hynnes* et sont toutes vouées au roi et à la famille royale. Est-ce pour cette

---

[17]   *Ibid.*, p. XLI-XLII.
[18]   *Ibid.*, p. XLII-XLIII. Et d'ajouter : « Le bizarre *Bocage royal* de 1584 n'existait pas en 1578, et ce n'est pas un des moindres mérites de notre édition que de l'avoir fait disparaître en rétablissant l'ordre ancien des *Poèmes* ».
[19]   Voir *Ronsard correcteur de ses œuvres. Les variantes des Odes et des deux premiers livres des Amours*, Genève, Droz, 1968, p. 697 pour la conclusion générale, et pp. 374, 472, 516, 569, 696-97 pour les types de corrections apportées.

raison (la dignité royale précédant la tutelle de Marguerite de Savoie sous l'égide de laquelle se place le livre I) que Ronsard bouscule l'ordre ? Ou bien parce qu'il lui semblait plus logique de rapprocher d'un côté les *Poemes* et les *Elegies*, de l'autre les *Hynnes* et les *Discours* du fait de leur parenté d'inspiration ?

En tout cas, cette édition, sans avoir le privilège de connaître les honneurs du format in-folio, accroît ou accentue sa dimension monarchique, nationale. Le « caractère royal » de l'édition de 1584, judicieusement souligné par I. Silver[20], est déjà nettement mis en valeur dans l'édition précédente. Tout commence là et l'édition de 1584 viendra entériner des choix arrêtés six ans plus tôt.

Qu'on en juge à la lecture des *Amours*, fortement remaniées en 1578, comme on l'a vu : *Les Amours d'Eurymedon et de Callirée* célèbrent les amours de Charles IX et d'Anne d'Atri d'Aquaviva ; les *Sonnets et madrigals pour Astrée*, celles d'Henri III et de Gabrielle d'Estrées. Quant aux *Sonnets pour Helene,* Ronsard déclare ne les avoir composés qu'à l'invitation du roi (Henri III)[21]. Enfin, les *Amours diverses* sont dédiées à Nicolas de Neufville, le secrétaire du Roi, les *Sonnets à diverses personnes*, compositions nouvelles de 1578, s'ouvrent sur une série de cinq sonnets dédiés au Roi.

Les autres sections des *Œuvres* renforcent aussi les liens souhaités par Ronsard entre son œuvre et le destin de la France. Laissons de côté, pour le moment, la section des *Odes*, et considérons les autres sections. En 1578, les *Poemes* sont dédiés à Marguerite de France et Marie Stuart, alors qu'ils étaient offerts à Jean Du Thier, Pierre Lescot et Jean de Morel dans l'édition de 1571-1573. En 1584, seule Marie Stuart gardera ce privilège tutélaire. Les *Elegies* sont adressées directement au roi Henri III en 1578, alors qu'elles étaient dédiées à Claude de Beaune, Monsieur de Foix, au seigneur de Castelnau, à Monsieur de L'Huillier et à Monsieur Brulard en 1571 ; elles seront placées sous l'autorité d'Anne de Joyeuse en 1584. En réduisant progressivement le nombre de livres d'*Elegies*, Ronsard a simultanément regroupé ses pièces sous la figure unique du roi. Encore en 1584, juste derrière Joyeuse, le roi est le destinataire de la première élégie, où le poète déclare avec ferveur se vouer tout entier au service du culte du roi :

> Je resemble, mon Prince, au Prestre d'Apollon,
> Qui n'est jamais attaint du poignant aiguillon
> Ou soit de Prophetie, ou soit de Poësie,
> S'il ne sent de son Dieu son ame estre saisie[22].

---

[20] *Lm*, t. XVIII, p. XXVI et n.1 : « On serait donc en droit de supposer, pour le moins, que les transformations opérées par Ronsard en 1584 avaient pour but la création d'une édition royale [...] ».

[21] Sur ce point, voir l'introduction de M. Smith à son édition des *Sonnets pour Helene*, Genève, Droz, TLF, 1970, p. 9.

[22] *Céard et al.*, t. II, p. 299, début.

Les *Hynnes* de leur côté sont toujours dédiés à la duchesse de Savoie (livre I) et à Odet de Coligny (livre II), les *Discours* sont placés sous l'égide de la reine de Médicis mais présentent pour la première fois « L'Hydre deffaict » où Ronsard loue le duc d'Anjou devenu Henri III. Enfin, *La Franciade* reste dédiée à Charles IX, même si celui-ci s'était éteint en 1574.

On a souvent dit que Ronsard rebaptisait ses pièces en fonction des circonstances, changeant le nom des destinataires. C'est vrai, mais en 1578 on a plutôt l'impression que le poète resserre le nombre des dédicaces et les destine à un nombre limité de personnes détentrices du prestige monarchique. Malgré la disparition des puissants, Ronsard reste fidèle à certaines figures, comme Henri II et Charles IX. Mieux, il renforce l'image d'Henri III et son influence dominante sur l'inspiration poétique, une présence dans le monument poétique qui ne cessera de grandir.

En fait, Ronsard est un farouche défenseur de la continuité monarchique et en maintenant intact le nom des rois qu'il a servis, il entend plus que jamais unir étroitement le pouvoir et la poésie, et placer son œuvre sous le patronage non plus des rois seuls mais de la monarchie toute entière. Les rois passent, le poète reste.

Dès lors, faut-il s'étonner de constater que, dans l'édition « royale » de 1584, au portrait de Ronsard se voit associé celui d'Henri III ? Bien que ce portrait soit absent de l'édition de 1578, la présence du roi, elle, se fait sentir partout. C'est ce que l'on observe avec force dans la section des *Odes*.

III. Les Odes en 1578 : un monument dans le monument

Cette section est un excellent point d'observation du travail de correction apporté par Ronsard. Louis Terreaux montre bien dans son ouvrage devenu classique que l'édition collective de 1578 constitue une nouvelle étape décisive dans le façonnement des pièces.

Au niveau de la section, on observe un changement intéressant : à partir de 1578, Ronsard réduit le nombre de ses pièces, il élague plus qu'il n'ajoute. De 194 pièces dans l'édition de 1560, il en reste encore 186 en 1567, 185 en 1571 et 1573. Mais à partir de 1578, ce nombre baisse inexorablement : 178 en 1578, 156 en 1584 et seulement 144 en 1587. Cette tendance est d'autant plus significative que Ronsard ne déplace que fort peu d'odes à d'autres endroits des *Œuvres*. Le résultat d'ensemble est bien l'élimination de poèmes. Pour six pièces nouvellement insérées en 1578[23], treize sont supprimées et une déplacée. Ronsard compense alors cette perte par l'apport de pièces venant d'autres sections. Voilà pour les chiffres.

Le plus notable dans ce travail de révision est le soin mis par le poète à souligner les pivots, les limites de l'ossature d'ensemble. C'est avec raison que

---

[23]   Sur ce point, voir P. Laumonier, *Ronsard poète lyrique*, *op. cit.*, p. 258 et suiv.

J. Céard observe que les remaniements postérieurs à 1560 effectués sur le livre II « veillent souvent à rendre visibles les enchaînements »[24]. En fait, Ronsard tend à encadrer chacun de ses livres d'odes par des frontières associant thématiquement le pouvoir politique et le génie poétique. Ainsi, le livre I se voit précédé d'une dédicace générale « Au Roy » (Henri II), redoublée dans l'ode liminaire de chacun des cinq livres. C'est de l'autorité royale que le poète tire sa légitimité qui lui permet ensuite de développer les autres pièces. On remarque, enfin, la place antépénultième qu'occupe le poème « Les Estoilles » juste avant l'adieu à la Muse au livre V, un poème envoyé à Pibrac et qui unit parfaitement la double thématique de la célébration officielle et de l'inspiration individuelle[25].

De la même manière, chacune des odes finales des cinq livres revient sur le génie créateur. « A sa lyre » (I.12), l'« Ode à Loménie » (II.38)[26], l'ode à Odet (III.34), le « Dialogue des Muses et de Ronsard » (IV.46) et l'ode finale « A sa Muse » (V.36) suggèrent toutes une réflexion sur la poésie et montrent le regard du poète porté sur son travail.

Exercice de célébration et de recherche introspective, le lyrisme des odes amorce aussi une réflexion sur sa fragilité et ses limites. Face aux épreuves du temps que ponctuent les odes morales aux amis (livres II-V), le poète relance son appel aux Muses et à Apollon qui permettrait à sa voix d'échapper au silence. Aux extrémités des livres, le roi, d'une part, et la Muse, de l'autre, sont les garants de la pérennité du chant poétique. Le roi appelle la parole poétique que la Muse devra éterniser. Ce retour à la source s'accompagne d'ailleurs d'un vœu (le plus cher de tout poète), celui de voir ses poèmes chantés par ses contemporains, la foule et la postérité. Ainsi, l'ode « A sa lyre » (I.22) et celles « A Odet » (III.34) et « A sa Muse » (V.36) suggèrent que le poète est reconnu du passant et du courtisan dans la rue, mais elles suggèrent aussi, avec les autres pièces finales des livres II et IV, que la renommée est incertaine et la postérité souvent ingrate.

On le voit, l'architecture d'ensemble tend à renforcer la clôture, l'autonomie de chacun des livres, mais aussi leur identité paradigmatique : cinq volets constitués sur le même modèle. Autonomie de la section des *Odes* par rapport au reste des *Œuvres* puisque la figure tutélaire est celle d'Henri II et non du roi actuel en 1578, son fils Henri III.

Par ailleurs, en 1578, Ronsard apporte des modifications sensibles à l'intérieur des livres. Il fait le ménage en supprimant les dédicaces. Les noms

---

[24] Cf. art. cité, p. 188.
[25] Sur le sens de ce poème, voir P. Laumonier, *op. cit.*, pp. 250-53, J. Céard, *La nature et les prodiges*, Genève, Droz, « Titre courant », 1996, p. 225 (1ère éd. 1977).
[26] Nous ne tenons pas compte ici des deux odes qui concluent le livre (à Maclou et à Peletier), reléguées par Ronsard en fin de parcours parce qu'elles sont « non mesurées ny propres à chanter ». Leur présence en 1578 s'explique peut-être par leur thématique (l'amitié) qui est celle d'un cycle entier qu'elles poursuivent. En 1584, elles seront supprimées et l'ode à Loménie refermera le livre II.

cités en titre sont ceux des gens qui comptent : les princes, les grands poètes, les amis et les maîtresses. Cet effacement relatif du nom des destinataires profite à l'unité de contenu. La qualité du propos l'emporte sur celle du destinataire. Et l'on observe, en effet, en 1578, un effort plus soutenu de Ronsard pour souligner les cycles d'odes à l'intérieur des livres, les transitions thématiques, les échos, les parallélismes.

Prenons les livres d'*Odes* un par un. Le premier ne présente aucun changement par rapport à 1560. Son destin est scellé dès cette date. Ronsard y fait se succéder les odes pindariques puis les odes amoureuses à partir de l'ode « A Bertran Berger » (I.16) qui sert de pivot.

Le deuxième livre évolue sensiblement à partir de 1578 du fait de la réduction des pièces (48 en 1560, 40 en 1578, et 30 en 1584 !). Les onze premières odes restent inchangées depuis 1550[27]. La célébration poétique se voit diversifiée et s'y fait sentir un lyrisme plus réflexif, où la mort, l'amour et l'amitié partagent plus ou moins équitablement les pièces du livre. Si on regarde de près le mouvement des pièces par rapport à 1571[28], on s'aperçoit que Ronsard veut mettre de l'ordre afin de renforcer l'unité des suites thématiques. Ainsi, l'ode 36 du livre II devient l'ode 28 (« Palinodie à Denise ») et sa nouvelle place correspond au cycle des vœux. De même, les odes finales à Maclou et à Peletier, par leur contenu (l'amitié) conviennent bien à la place que Ronsard leur donne en 1578. La recherche d'unité dans l'ensemble s'impose dans ces manipulations d'agencement.

Même tendance pour le livre III mais ici le nombre de pièces reste stable par rapport aux éditions collectives antérieures (39 en 1560, 35 en 1571-1573, 34 en 1578). Et une seule suppression par rapport à 1573. L'ordre reste fidèle à 1560 pour les huit premières pièces. La neuvième, « A Charles de Pisseleu », devient la 25ᵉ en 1578 où elle est encadrée par des poèmes évoquant l'infortune. Renforcement de l'unité de groupe donc, là encore. De plus, en supprimant la 22ᵉ ode de 1571, Ronsard opère le rapprochement de deux pièces unies par le motif de l'automne en 1578. La suppression de cette pièce s'explique sans doute par sa thématique différente de celle des pièces qui l'entourent en 1571-1573, et parce que Ronsard y disait son impuissance à chanter une épopée, propos devenu désuet après la publication de *La Franciade* en 1572. Au total, le nouvel ordre de 1578 sera conservé en 1584 et 1587. La cinquième édition collective joue bien un rôle déterminant ici.

Le livre IV, comme le suivant, va renforcer l'unité thématique des pièces. À partir de 1578, Ronsard réduit le nombre de ses odes : 52 en 1560, 50 encore en 1571-1573, mais 46 en 1578 puis 41 en 1584. L'édition de 1578 donne une nouvelle impulsion à l'économie du livre. 1578 est aussi une date charnière : pour la dernière fois, les odes 5, 8, 14, 35 et 46 sont présentées au

---

[27]   Voir sur ce point l'analyse de J. Céard, art. cité, p. 184.
[28]   À partir du tableau de l'origine et du mouvement des pièces qui figure dans *Céard et al.*, t. I, pp. 1479-88.

lecteur. Par ailleurs, les odes 7, 41 et 46 de l'édition de 1573 ont disparu définitivement. Ces suppressions sont partiellement compensées par l'arrivée de 4 nouvelles pièces. Avec la disparition de l'ode 7 de 1571 (« A Cassandre fuiarde »), l'ode « A Gui Pecate » et le « Vœu à Lucine » sont rapprochées ; le badinage amoureux s'efface et permet d'unir deux pièces d'inspiration grave (la mort et la maladie). Un effet semblable est produit par la suppression de l'ode 41 (1573) qui resserre les odes à deux amis (Jamyn et Pasquier) en 1578. Toutes deux sont des invites à l'écriture pour se consoler des tracas de la vie. Avec le retrait de l'ode 46 (1573), saynète anacréontique, les odes 42 et 43 de 1578 sont rapprochées naturellement car elles illustrent le motif du *carpe diem* autour du couple formé par Bacchus et Vénus. La tonalité mélancolique se voit donc renforcée en 1578 dans une suite de pièces plus homogènes. Et l'ode finale 46 (« En dialogue »), où Ronsard fait remarquer aux Muses la condition douloureuse d'être poète, rappelle, il est vrai, que la gloire acquise par l'écriture, surpasse la mort, mais surtout cette ode accentue l'inflexion générale du lyrisme, teintée de mélancolie, qui est celle de ce livre depuis 1560.

Enfin, le livre V se singularise dans la démarche générale de Ronsard. À l'inverse des autres livres, celui-ci augmente en proportion. De 32 odes jusqu'ici, un nombre stable entre 1560 et 1573, leur nombre passe à 36 (37 en 1584). Premier constat : Ronsard accroît l'effet de clôture de son livre, l'idée de perfection et d'achèvement du projet. En 1573, le livre V se refermait sur l'ode « A son livre » où le poète exhortait la Renommée à répandre son nom malgré l'absence encore d'une épopée qui lui assurerait une gloire posthume. L'édition de 1578 proclame l'achèvement des *Odes*. Les éditions collectives suivantes ne démentiront pas ce dessein. En 1578, cette ode se voit définitivement retirée des *Œuvres*. Ronsard conclut les *Odes* sur la pièce « A sa Muse », qui fait figure de bilan et où le poète proclame avec assurance : « Je volerai cygne par l'Univers » (v.10). Ce cri de victoire balaie d'un coup les doutes du livre IV.

Le début du livre V reste proche de l'édition de 1573. Mais Ronsard y renforce la composante royale en ajoutant le vœu à Phébus pour guérir Charles IX (7) et des « Estreines » (8) au même roi. Simultanément, cette ode 7 se rattache à la veine funèbre des précédentes pièces issues du *Tombeau de Marguerite de Navarre*. Les autres pièces insérées grossissent avec justesse le cycle où elles prennent place : l'ode 14 (« Nicolas faisons bonne chere ») s'inscrit entre deux suites de pièces dédiées à la nature et à l'amitié. L'ode 17 développe la thématique de l'invitation à boire comme les poèmes qui l'encerclent. L'odelette 30 sur le motif du *carpe diem* relie naturellement l'ode précédente et la suivante sur le thème de l'amour. La suppression de l'ode à Isabeau en 1578 (n°29 en 1573) permet de rapprocher les odes 33 et 34 qui assurent une transition vers la gravité, la solennité finale du livre V. L'ode suivante, n°35 (« Les Estoilles »), outre le parallèle thématique qu'elle offre avec L'« Hymne triumphal » de Marguerite (V.5), permet à Ronsard d'ouvrir son recueil à l'actualité et de le placer sous l'égide du nouveau roi.

En effet, si la section des *Odes* constitue la célébration du règne d'Henri II et sa fin, elle laisse entrevoir aussi le début d'un nouveau règne, celui du duc d'Anjou, roi de Pologne en 1574 puis sacré roi de France l'année suivante. L'insertion des « Estoilles » dans les *Odes* en 1578 montre le souci de Ronsard de placer l'ensemble de la section dans la continuité monarchique pour s'accorder les faveurs du prince régnant. Geste ponctuel et sans suite car, en 1584, Ronsard déplace ce poème dans la section des *Hynnes* (livre I, fin).

En somme, les remaniements dont les *Odes* font l'objet en 1578 sont motivés par deux raisons. Comme l'ensemble des *Œuvres*, cette section se voit étroitement associée à la monarchie (raison politique). Par ailleurs, Ronsard tente de resserrer l'unité thématique de cette partie et les transitions entre les cycles de poèmes (raison esthétique). Le sens général conféré à la section est celui de la grandeur et de la solennité.

Ronsard procède ainsi à donner à cette section des *Odes* un nouveau visage. À chaque nouvelle édition collective correspond une économie particulière des pièces qui répond au goût actuel du poète et aux circonstances du moment. Contrairement à l'opinion de D. Fenoaltea, pour qui l'architecture des *Odes* s'effondre et le monument se voit démantelé en 1560[29], il nous semble que Ronsard, jamais satisfait de l'ordre de ses poèmes, fait preuve de recherche et de perpétuelle expérimentation. Le monument des *Odes* ne disparaît pas à partir de 1560. Il présente une nouvelle physionomie, et cela est vrai pour chacune des éditions de 1567, 1571-1573 et, on l'a vu, de 1578 et 1584. Loin d'éparpiller son inspiration[30] et de dédaigner l'architecture des *Odes*, Ronsard cherche plutôt une nouvelle cohésion des parties et du tout, et place son œuvre sous l'égide du destin monarchique. Le monument ne s'effrite pas en 1560 parce qu'il n'est jamais figé. La section des *Odes* n'est qu'une pièce de l'édifice en 1560 et elle change de forme, de taille, de couleur rhétorique au cours des éditions collectives. Et l'idée d'une recherche incessante de Ronsard vers le progrès, vers l'organisation définitive des *Œuvres* — souvent partagée par la critique (H. Naïs, I. Silver, P. de Nolhac, L. Terreaux)[31] — nous paraît faussée par une vision positiviste de la création poétique. Il nous semble que l'esthétique de Ronsard répond à un principe de mouvance et d'inachèvement. Tendue entre le mouvement et le repos[32], l'écriture ronsardienne est tentée par la stabilité de l'architecture (le château, le tombeau, le temple) mais poussée par l'exploration incessante et une force expansionniste. Les *Odes* comme les *Œuvres* ne figurent

---

[29] Voir son beau livre, déjà cité, p. 99 (« effritement »), p. 110 (« démantèlement »). Voir aussi pp. 112-13, 115 (« effondrement »), p. 118 (« écroulement »).

[30] Voir *ibid.*, p. 113.

[31] Voir H. Naïs, « À propos des corrections de Ronsard dans les *Œuvres complètes* », *Bibliothèque d'Humanisme et Renaissance*, XX, 1958, p. 420.

[32] Voir ces deux réseaux métaphoriques qui décrivent l'aventure poétique dans le voyage et la conquête, le temple et le repli. Sur ce point, nous nous permettons de renvoyer à notre *Apothéose d'Orphée. L'esthétique de l'ode en France au XVI siècle de Sébillet à Scaliger (1548-1561)*, Genève, Droz, 1994, pp. 100-22 et pp. 159-92.

pas « un monument à l'abandon » (D. Fenoaltea)[33]. Elles sont au contraire le chantier d'un temple (celui de Mémoire) dont les pierres sont sans cesse recomposées[34].

L'œuvre de Ronsard fait l'objet de manipulations qui condamnent toute tentation à la fixité définitive. Elle conduit Ronsard à publier à intervalles réguliers une nouvelle édition complète de ses *Œuvres* (un caprice qui rendrait fou tout éditeur de notre époque !) parce qu'au moment où elle paraît, le poète éprouve déjà son insuffisance et le besoin d'en éditer une nouvelle. « Tout se passe donc comme si l'œuvre en progrès effaçait au fur et à mesure la trace de ses pas, comme si chaque nouvelle édition avait pour première ambition de rendre caduque la précédente » (M. Simonin)[35].

Chaque nouvelle édition permet de comprendre les éditions antérieures, d'éclairer a posteriori la démarche poétique, mais aussi de constater les hésitations et les choix auxquels le poète a dû s'astreindre, et de laisser entrevoir les virtualités d'agencement dont certaines apparaîtront dans les états futurs du texte. L'œuvre de Ronsard impose ainsi trois modes de lecture spécifiques. On peut la découvrir d'abord dans son premier jet (la version princeps d'un poème). On gagne ensuite à l'observer dans ses rééditions en repérant les révisions effectuées à partir de l'original. Il faut enfin la deviner dans ses futures métamorphoses car chaque version du texte en annonce une nouvelle. Et l'édition de 1587, voulue par Ronsard, n'aurait sans doute pas été l'édition définitive des *Œuvres* si leur auteur ne s'était tu en 1585. En ce sens, aucune édition collective ne donne une bonne idée du cheminement ronsardien car elle n'est qu'une des photographies instantanées et figées d'une œuvre en constante évolution. Il faudrait lire l'œuvre simultanément selon les trois points de vue que nous venons d'indiquer, ce qui n'est pas, on en conviendra, une chose aisée.

François ROUGET
Queen's University (Canada)

---

[33] *Op. cit.*, p. 119.
[34] Voir G. Mathieu-Castellani, qui constate à propos des *Amours* que c'est « ce Temple de Mémoire que veut construire le recueil : le livre figure ce temple, tombeau des souvenirs » (« L'inscription épitaphe ou le tombeau figuré », in *Le tombeau poétique en France*, dir. D. Moncond'huy, Poitiers, La Licorne, 1994, p. 151).
[35] Art. cité, p. 53.

ABRÉVIATIONS UTILISÉES

Lm	*Pierre de Ronsard, Œuvres complètes*, éd. P. Laumonier, I. Silver, R. Lebègue.
Céard et al.	*Pierre de Ronsard, Œuvres complètes*, éd. J. Céard, D. Ménager, M. Simonin.
Centenaire	*Ronsard en son IVe centenaire.*
Figures	*Les figures du poète. Pierre de Ronsard.*

INDEX DES NOMS

INDEX DES TITRES

I. Titres des poèmes et des œuvres de Ronsard cités et étudiés

II. Ronsard. Ouvrages critiques cités

TABLE DES ILLUSTRATIONS

TABLE DES MATIÈRES

IMPRIME
RIE MEDE
CINE m+h
HYGIENE

octobre-2002